Systema Eleutheratorum: Secundum Ordines, Genera, Species, Adiectis Synonymis, Locis, Observationibus, Descriptionibus, Volume 1...

Johann C. Fabricius

IOH. CHRIST. FABRICII.

HIST. NAT. OECONOM. ET CAMERAL. P. P. O.
SOCIET. HAFN. NORW. NAT. CVRIOS. BEROL. LIPS. LVND.
PETR. OECON. TAVR. LOND. HIST. NAT. IENENS.
BOVRD. NEC NON PARIS. AGRICVLT. HIST. NAT.
ET PHILOM. MEMBR.

SYSTEMA ELEVTHERATORVM

SECVNDVM

ORDINES, GENERA, SPECIES

ADIECTIS

SYNONYMIS, LOCIS, OBSERVATIONIBVS, DESCRIPTIONIBVS.

────────────────

TOMVS I.

────────────────

KILIAE

IMPENSIS BIBLIOPOLII ACADEMICI NOVI.

1801.

ELEVTHERATA.

Infecta hexapoda, coleoptrata; antennis duabus in-
struicta, faepius alata.

Caput rudimentum cerebri, fenforium commune
fenfusque proferens, thoraci infertum aut exfertum, interdum in roftrum protractum, antice fronte, fupra vertice, fubtus gula conti-
net os oculos, aures? antennas.

Os, quo cibum hauriunt, inftrumenta praebet cibaria differentia fecundum numerum, fitum,
figuram et proportionem. Sunt vero:

   Labrum horizontale, os fuperne tegens, faepe
   inflexum, corneum, transuerfum aut rotundatum.

Max-

Mandibulae transuerfales latera oris fuperne includentes, corneae, validae, faepius dentatae, rarius exfertae aut membranaceae.

Maxillae transuerfales, latera oris inferne includentes, corneae, aut membranaceae, vnidentatae, bifidae aut integrae, palpos anteriores proferentes.

Palpi articulati, fenforii, mobiles quatuor aut fex:

> *anteriores*, fi fex; breuiores, maxillae incumbentes, biarticulati, maxillae dorfo adhaerentes;

> *intermedii* aut anteriores, fi quatuor; longiores, quadriarticulati, maxillae dorfo inferti;

> *pofteriores* plerumque breuiores, triarticulati, ligulae faepius adnati.

Ligula membranacea, faepius bifida, tenera, a labio plerumque omnino diftincta, palpigera.

Labium corneum, transuerfum, os inferne tegens, articulatione a capitis fubftantia cornea diftincta, ligulam tegens.

Oculi duo globofi, prominuli, oblongi, reniformes, marginales, interdum clypeo immerfi, vt fuperne inferneque obferuent.

Aures nondum obferuatae funt, fed ex analogia ad antennarum bafin fitas effe, credere fas eft.

Anten-

Antennae duae, articulatae: articulis faepe vndecim, capiti infertae, figura, fitu, proportione diftinctae.

Thorax organa circulationis refpirationisque continens fupra dorfo, fubtus pectore, fterno diuifo, antice pofticeque interdum porrecto aut fpinofo.

Scutellum thoraci poftice additum ad expanfionem alarum, rarius elongatum, rotundatum aut triangulum, elytris connatis omnino nullum.

Abdomen vifceribus genitalibusque fetum, fegmentis diftinctis annulatum porisque lateralibus refpirantibus pertufum, fupra tergo, fubtus ventre, terminatur ano interdum aculeato, exitu communi pro genitura et excrementis.

Artus eleutheratorum funt Alae, Pedes.

Alae duae membranaceae, neruofae, hyalinae, complicatae teguntur coleoptris duris corneis, futura in elytra mobilia longitudine abdominis diuifis, rarius abbreuiatis aut connatis absque alis.

Pedes fex, thoraci affixi, conftant femore faepe fulcro fuffulto, tibia, tarfo articulato, digito, vngue, at natatorii mutici, compreffi, ciliati.

Sexus eleutheratorum duplex:

Mas minor, agilis, generans, viuificans, feminam obruens, deprimens.

Femina

Femina craffior, tardior, interdum aptera, concipiens, ouipara, marem attrahit aut fono aut luce phofphorea.

Generatio ideo aequiuoca, androgyna, hermaphrodyta, aut neutra, in eleutheratorum claffe omnino nulla.

Ouum fumma matris cura loco proprio, idoneo pofitum, deponit tunicas vnam poft alteram, quo mutata ftructura, Larua, Pupa, Imago, prodeunt.

Larua maior, aptera, mollis, fuccofa, hexapoda, vorax, crefcens, fterilis, plerumque annua, rarius perennis, infans.

Pupa coarctata, minor, ficcior, durior, fterilis, nuda, quiefcens, imaginem fimilans, adolefcens.

Imago declarata, perfecta, agilis, faepius volitans, vorax, annua, generans, ouipara, virilis aetas.

Numerus eleutheratorum ftupendus ad determinationem et denominationem fpecierum fyftemate certo omnino eget, at hic labor, hoc opus. Animalcula faepius minima, quid ideo mirum, fi partes, ex quibus characteres defumuntur, difficilius et oculo tantum armato eruuntur. Multi quidem infectorum ordines naturales crepant; ex omnibus corporis partibus characteres defumentes, at perperam. Vix fpecies, in qua haud vna alteraue pars a reliquis

fpecie-

fpeciebus eiusdem generis aberrat, ideoque tot fere genera forent, quot infectorum fpecies.

Infrumenta cibaria ideo introduxi. Praeftant numero et certitudine characterum, quos praebent, praeftant generibus naturalioribus, quae indicant. Figura enim oris eadem eundem victum, eandem oeconomiam, idem genus eandemque certe claffem demonftrat. Vidimus eorum praeftantiam in mammalium claffe, et forte in reliquis omnibus, fi rite elaborentur, idem praeftarent.

Genera firma certitudinem fyftematis continent, et characteres naturales eorum funt cuftodes. Entomologus verus ideo in hisce enucleandis *lege artis et fyftematis* defudabit. Genera adhuc plura conficienda, quae attingere nondum valui, at genus proponere, absque charactere, aut cum charactere vacillante, omnino abfurdum. Genera fic multiplicata fcientiae nitorem polluunt.

Habitus eft conuenientia partium omnium fpecierum inter fe. In generibus conficiendis femper occulte confulendus, at nunquam generum characteres intrat, faepius enim fallit. Addidi quidem tyronum cauffa characteres fecundarios ex habitu, at minus valent. Difficillime comparatione omnium fpecierum eruuntur, faepius fallunt et omnino nil demonftrant. Exempla in fyftemate noftro haud pauca inueniuntur, me fpecies haud rite examinatas, ex habitu, ad falfa genera, quid? quod

ad

ad plura genera retuliffe; nec fane miror, nam differens dies differentem affinitatem obferuat. Vnica vbi tantum fpecies, habitus et defcriptio idem.

Nomina valent vti nummi, prétio certo, determinato. Optima funt, quae omnino nil fignificant. Characterem generis effentialem generico nomine indicare impoffibile, nec opus eft. Charactere genus diftinguimus, nomine appellamus. Character autem accidentalis ex habitu, loco aut colore defumtus vnius fpeciei, faepius aliis contrarius, ideoque nomine haud exprimendus, fub quo omnes fpecies militant. Lagria glabra contradictio in adiecto. Optima funt breuiffima, nec fono inconfueto, rauco aures laedentia. Plurima inprimis Linnaeana, bene compofita fancte feruaui. Quaedam mutaui, partim nefcius, ad quodnam genus pertinerent, partim iure meritoque, partim fi duo aut plura eidem generi impofita.

Vfus eleutheratorum in oeconomia naturae eximius. Mole quidem parua, at numero ftupendo foecunditateque immenfa, naturae opus perficiunt. Detondent quotannis vegetabilia, ne luxurient. Penetrant, auferunt immunda, emortua, putrida, languida, vt nitor aulae femper fulgeat. Rodunt, deftruunt afferuata, accumulata, vt natura omnia in nouas formas redigat.

Aucto-

Auctores huius claſſis numeroſi, qui impari paſſu arenam mouent, at omnes ſcientiam augere tentant.

Scientiae heroes ſyſtemata condunt et characteribus generum certis, bene elaboratis firmant. Linné, Geoffroy, Illiger, Latreille, Clairville.

Ichniographi iconibus accuratiſſimis eleutheratorum figuram exprimunt. Voet, Roeſel, Drury, Olivier, Panzer, Creutzer, Schaeffer.

Deſcriptores eleutheratorum ſpecies ſaepius nimia verboſitate deſcribunt. Scopoli, Paykull.

Obſeruatores oeconomiam et mores eleutheratorum obſeruant. Reaumur, Degeer, Swammerdam.

Fauniſtae eleutherata regionis vniusilluſtrant. Illiger, Panzer, Paykull.

Monographi vnum alterumue genus elaborant. Clairville, Latreille, Paykull.

Damnandae vero memoriae John Hill et Louis Renard, qui inſecta ficta propoſuere.

His vtere L. B. vsque dum alii plura meliora-
que fiftant.

Dab. Kiliae d. 10. April. 1801.

CHARA.

CHARACTERES GENERVM.

*** Antennis roftro corneo elongato infidentibus.*

158. **CALANDRA.** Mandibula lata, fornicata, truncata. Antennae fractae: claua articulo vltimo fpongiofo, retractili.

159. **RHYNCHAENVS.** Maxilla cylindrica, vnidentata. Antennae fractae: claua triarticulata.

160. **LIXVS.** Palpi breuiffimi: articulo vltimo fubulato. Maxilla breuiffima, cornea, integra. Antennae fractae: claua triarticulata.

161. **COSSONVS.** Mandibula arcuata. Antennae fractae: claua vniarticulata.

162. **CVRCVLIO.** Maxilla breuis, cornea, apice dilatata, truncata. Antennae fractae: claua triarticulata.

163. **BRENTVS.** Roftrum rectum, porrectum, cylindricum. Antennae moniliformes.

156. **ATTELABVS.** Roftrum elongatum, incuruum. Maxilla bifida. Antennae extrorfum craffiores.

157. **RHINOMACER.** Palpi quatuor, extrorfum craffiores: articulo vltimo obliquo, truncato. Antennae fetaceae.

154. **ANTHRIBVS.** Maxilla bifida. Ligula bifida. Antennae articulis rotundatis: vltimis tribus oblongis, craffioribus; vltimo acuto.

155.

155. BRACHYCERVS. Os roftro breui apice incraffato. Antennae breues, extrorfum craffiores.

152. HYLESINVS. Os roftro obfoleto. Antennae fractae: claua triarticulata acuminata.

** *Antennis claua lamellata.*

131. LVCANVS. Ligula bifida, penicillata.

133. PASSALVS. Maxilla cornea, arcuata, dentata acuta.

132. AESALVS. Palpi inaequales, filiformes. Maxilla breuiffima, apice palpigera.

3. SCARABAEVS. Labium emarginatum: apicibus elongatis palpigeris. Ligula nulla.

2. GEOTRVPES. Labium ouatum, pilofum, integrum corneum.

4. ONITIS. Palpi poftici compreffi pilofi. Mandibula membranacea. Ligula bifida: laciniis obouatis.

5. COPRIS. Mandibula compreffa, membranacea. Ligula bifida: laciniis linearibus intus dentatis.

6. ATEVCHVS. Mandibula breuis, membranacea, rotundata, ciliata. Ligula bifida: laciniis acutis.

7. APHODIVS. Mandibula membranacea, compreffa. Labium corneum: lateribus rotundatis, apice palpigerum.

15. TROX. Palpi quatuor, capitati. Maxilla bifida.

8. HEXODON. Palpi antici fubclauati. Maxilla cornea tridentata: dentibus fiffis.

127. MELOLONTHA. Maxilla breuis cornea, apice multidentata.

125. TRICHIVS. Palpi quatuor, filiformes. Maxilla bifida.

126. CETONIA. Maxilla apice fetofa. Ligula coriacea, emarginata, palpos tegens.

149. SINODENDRON. Palpi filiformes. Ligula cornea, filiformis, apice palpigera.

67. DORCATOMA. Palpi inaequales, fecuriformes. Maxilla bifida.

108. PAVSVS. Palpi quatuor inaequales. Antennae bi-articulatae: articulo vltimo maximo.

1. LETHRVS. Mandibula adunco falcata. Antennae claua truncata, tunicata.

*** *Antennis claua perfoliata.*

150. APATE. Palpi aequales, filiformes. Maxilla vniden-tata. Ligula membranacea, truncata.

61. MELYRIS. Palpi aequales, filiformes. Maxilla vni-dentata, acuta. Ligula clauata, emarginata.

172. IPS. Palpi aequales filiformes: articulo vltimo obtufo, truncato. Maxilla bifida. Ligula emarginata.

13. BYRRHVS. Palpi aequales: articulo vltimo obtufo, truncato, fubcraffiori. Ligula bifida: laciniis conniuen-tibus.

164. COLLYDIVM. Palpi aequales clauati. Ligula bifida.

54. TRICHODES. Palpi inaequales: extrorfum fubcraffio-res. Ligula breuis, emarginata.

63. CORYNETES. Palpi inaequales, filiformes. Maxilla bifida. Ligula rotundata.

62. DERMESTES. Palpi inaequales, filiformes. Maxilla bifida. Ligula cornea, obtufa.

171. SCAPHIDIVM. Palpi inaequales, filiformes: articulo vltimo acuto. Maxilla membranacea, bifida.

10. SPHAERIDIVM. Palpi inaequales, filiformes. Ligula quadrata emarginata.

11. ANISOTOMA. Palpi inaequales, filiformes. Ligula breuis, bifida: laciniis rotundatis.

170. TETRATOMA. Palpi inaequales, crassiusculi. Maxilla membranacea, bifida. Ligula breuis, rotundata, integra.

117. COSSYPHVS. Palpi inaequales: anteriores securiformes. Maxilla bifida. Ligula integra.

169. TRITOMA. Palpi antici securiformes. Ligula emarginata.

88. AEGITHVS. Palpi inaequales: anteriores malleiformes, posteriores capitati.

87. EROTYLVS. Palpi inaequales: anteriores malleiformes, posteriores filiformes.

89. EVMORPHVS. Palpi inaequales: anteriores filiformes, posteriores capitati.

72. PELTIS. Maxilla vnidentata. Ligula apice dilatata, truncata.

70. NECROPHORVS. Ligula cordato - emarginata, crenata.

71. SILPHA. Maxilla vnidentata. Ligula dilatata, bifida.

45. HYDROPHILVS. Palpi filiformes. Maxilla bifida. Ligula subemarginata.

176. DIAPERIS. Palpi subfiliformes. Maxilla bifida. Ligula cylindrica, apice palpigera.

46. SPERCHEVS. Palpi sex filiformes. Labium corneum, quadratum.

**** *Antennis claua solida.*

9. HISTER. Maxilla vnidentata. Labium corneum, cylindricum, integrum.

151. BOSTRICHVS. Maxilla cornea. Labium cylindricum, apice palpigerum.

168. LYCTVS. Palpi breuissimi, filiformes. Maxilla membranacea, bifida.

14. ANTHRENVS. Palpi inaequales, filiformes. Maxilla linearis, bifida. Labium integrum.

179. STENVS. Palpi inaequales: articulo longiori acuto.

50. ELOPHORVS. Maxilla cornea apice membranacea. Labium corneum, quadratum, apice palpigerum.

73. NITIDVLA. Palpi filiformes. Maxilla cylindrica, membranacea. Labium cylindricum, integrum, medio palpigerum.

75. COCCINELLA. Palpi antici securiformes, postici filiformes.

***** *Antennis flabelliformibus.*

167. HYPOPHLOEVS. Palpi aequales, clauati. Maxilla membranacea, vnidentata. Ligula filiformis, medio palpigera.

66. PTILINVS. Palpi subaequales, filiformes. Maxilla bifida. Ligula breuis, subemarginata.

68. **MELASIS.** Palpi clauati: articulo vltimo ouato. Ligula membranacea, integra.

122. **RHIPIPHORVS.** Palpi inaequales, filiformes. Maxilla breuissima, ouata. Ligula acuta.

****** *Antennis extrorsum crassioribus.*

145. **MEGALOPVS.** Palpi aequales, filiformes: articulo vltimo acuto. Maxilla cornea: intus ferrata. Ligula bifida: laciniis approximatis.

28. **TROGOSITA.** Palpi aequales: articulo vltimo obtuso, truncato. Maxilla vnidentata. Labium corneum, bifidum: laciniis rotundatis, ciliatis.

165. **MYCETOPHAGVS.** Palpi inaequales: articulo vltimo obtuso. Labium rotundatum, integrum.

175. **VPIS.** Palpi inaequales, clauati. Ligula breuis membranacea, emarginata.

166. **CATOPS.** Palpi inaequales, fubulati. Ligula membranacea, bifida: laciniis breuibus, acutis.

27. **TENEBRIO.** Palpi inaequales, antici fubclauati, poftici filiformes. Maxilla bifida. Labium corneum, integrum.

16. **BOLITHOPHAGVS.** Palpi inaequales, filiformes. Labium corneum, cordatum, ciliatum.

110. **MYLABRIS.** Palpi inaequales, filiformes. Maxilla cornea, bifida. Ligula fubemarginata.

51. **CLERVS.** Palpi inaequales: anteriores filiformes; pofteriores fecuriformes. Ligula bifida: laciniis breuibus, diftantibus.

53. NOTOXVS. Palpi inaequales, fecuriformes. Ligula bifida, laciniis conniuentibus obtufis.

64. ANOBIVM. Palpi aequales, clauati. Maxilla cornea.

83. HELODES. Palpi fex inaequales. Labium emarginatum.

####### *Antennis cylindricis.*

102. HISPA. Palpi aequales, medio craffiores. Maxilla bifida. Labium integrum.

103. CVPES. Palpi aequales: articulo vltimo craffiori, truncato. Ligula breuis, bifida.

99. SAGRA. Palpi inaequales, filiformes. Maxilla cornea, vnidentata. Labium breue, fiffum.

69. PARNVS. Palpi quatuor clauati: claua orbiculata. Maxilla bifida.

65. SARROPRIVM. Palpi filiformes: articulo vltimo obtufo. Maxilla bifida.

72. IMATIDIVM. Os apertura orbiculata. Palpi breues, fubulati. Maxilla membranacea, vnidentata.

98. ALVRNVS. Palpi fex breuiffimi. Maxilla cornea, fornicata.

######## *Antennis moniliformibus.*

18. ERODIVS. Palpi aequales, filiformes. Maxilla cornea, bifida. Labium emarginatum.

107. CEROCOMA. Palpi aequales, filiformes. Maxilla linearis, integra. Ligula bifida.

b

148.

148. SPONDYLIS. Palpi aequales, fubfiliformes. Maxilla conica, integra. Labium bifidum.

81. CRIOCERIS. Palpi aequales, filiformes. Maxilla bifida. Labium integrum.

178. STAPHYLINVS. Palpi aequales, filiformes. Ligulá trifida.

114. CVCVIVS. Palpi aequales: articulo vltimo truncato, craffiori. Ligula breuis, bifida: laciniis linearibus.

129. TRACHYS. Palpi aequales, breuiffimi. Maxilla bifida.

19. SCAVRVS. Palpi inaequales, filiformes. Maxilla vnidentata. Labium truncatum, integrum.

95. ZYGIA. Palpi inaequales, filiformes. Maxilla vnidentata. Ligula elongata.

177. MELOE. Palpi inaequales, filiformes. Maxilla recta bifida. Ligula cylindrica, late emarginata.

85. ENDOMYCHVS. Palpi inaequales: articulo vltimo truncato. Labium elongatum, integrum.

111. HORIA. Maxilla vnidentata. Ligula bifida: laciniis linearibus, diftantibus.

26. BLAPS. Palpi inaequales, clauati. Maxilla bifida. Ligula fiffa.

25. PLATYNOTVS. Palpi inaequales: anteriores articulo vltimo dimidiato. Labium vtrinque vnidentatum.

29. HELOPS. Palpi inaequales: anteriores fecuriformes, pofteriores clauati. Labium integrum.

12. CHELONARIVM. Palpi inaequales: anteriores articulo vltimo maiori, ouato. Maxilla bifida.

181. PAEDERVS. Palpi inaequales: anteriores capitati. Ligula cylindrica, integra.

76. CAS-

76. CASSIDA. Palpi inaequales: anteriores capitati. Maxilla simplex. Ligula elongata, integra.

17. OPATRVM. Palpi inaequales: anteriores clauati; claua oblique truncata. Labium subemarginatum.

123. MORDELLA. Palpi inaequales: anteriores clauati. Maxilla bifida. Ligula bifida.

180. OXYPORVS. Palpi inaequales: posteriores clauati. Ligula emarginata cum mucrone.

78. CHRYSOMELA. Palpi sex filiformes. Labium integrum.

20. SCARITES. Palpi sex filiformes. Labium corneum, dentatum.

********** *Antennis filiformibus.*

97. APALVS. Palpi aequales, filiformes. Maxilla cornea, vnidentata. Ligula truncata, integra.

32. MANTICORA. Palpi filiformes. Maxilla cornea, acutissima. Labium trifidum.

22. PIMELIA. Palpi filiformes. Maxilla vnidentata. Ligula breuissima, truncata.

49. GYRINVS. Palpi aequales, filiformes. Maxilla vnidentata, acutissima. Labium emarginatum.

116. BRONTES. Palpi aquales, filiformes. Maxilla bifida.

24. AKIS. Palpi inaequales, filiformes. Maxilla compressa, ciliata. Ligula elongata, cordata.

74. HETEROCERVS. Palpi aequales, filiformes. Maxilla vnidentata. Ligula late emarginata.

101. CHRYPTOCEPHALVS. Palpi aequales, filiformes. Maxilla vnidentata. Labium integrum.

153. BRVCHVS. Palpi aequales, filiformes. Maxilla membranacea, bifida. Ligula breuis, acuminata.

64. PTINVS. Palpi aequales, filiformes. Maxilla bifida. Ligula bifida.

100. CLYTHRA. Palpi inaequales, filiformes. Mandibula bifida. Ligula emarginata.

119. OMALYSVS. Palpi extrorfum crafsiores. Maxilla bifida. Ligula emarginata.

79. ADORIVM. Palpi extrorfum crafsiores. Maxilla bifida. Ligula rotundata, integra.

121. LYCVS. Os roftro cylindrico, inflexo. Palpi articulo vltimo crafsiori, truncato.

91. CEBRIO. Palpi inaequales, filiformes. Maxilla vnidentata. Ligula apice palpigera.

82. LEMA. Palpi inaequales, filiformes. Maxilla cornea, bifida. Ligula rotundata, bifida.

59. MALACHIVS. Palpi inaequales, filiformes: articulo vltimo fetaceo. Ligula rotundata.

128. BVPRESTIS. Palpi filiformes: articulo vltimo obtufo, truncato. Ligula cylindrica, acuminata.

92. ATOPA. Palpi aequales, filiformes. Ligula bifida: laciniis linearibus, diftantibus.

93. CISTELA. Palpi inaequales, filiformes. Maxilla bifida. Ligula rotundata, integra.

106. DASYTES. Palpi inaequales, filiformes. Maxilla vnidentata. Ligula fubemarginata.

21. SEPIDIVM. Palpi inaequales, filiformes. Maxilla vnidentata. Labium breue, emarginatum.

146. NECYDALIS. Palpi filiformes. Ligula late emarginata.

86. **CYPHON.** Palpi inaequales: pofteriores articulo vltimo bifido. Ligula bifida.

120. **PYROCHROA.** Palpi inaequales, fubfiliformes. Maxilla integra. Ligula lata, bifida: laciniis aequalibus.

118. **LAMPVRIS.** Palpi inaequales, fubclauati. Maxilla bifida. Labium integrum.

23. **EVRYCHORA.** Palpi inaequales, filiformes. Maxilla bifida, truncata. Labium integrum.

58. **CANTHARIS.** Palpi inaequales, fecuriformes. Maxilla bifida. Ligula integra.

90. **CNODVLON.** Palpi inaequales: anteriores fecuriformes, pofteriores capitati. Ligula rotundata, integra.

130. **ELATER.** Palpi fecuriformes. Maxilla obtufa. Ligula bifida.

77. **COLASPIS.** Palpi inaequales: anteriores articulo vltimo craffiori, ouato. Ligula breuis, integra.

138. **CALOPVS.** Palpi anteriores clauati, pofteriores filiformes. Ligula bifida.

109. **LYTTA.** Palpi inaequales: pofteriores clauati. Maxilla bifida. Labium truncatum.

112. **LYMEXYLON.** Palpi anteriores porrecti: articulo penultimo magno: appendiculo ouato, fiffo, vltimo ouato acuto.

30. **MELANDRYA.** Palpi inaequales: anteriores porrecti ferrati: articulo vltimo ouato, pofteriores capitati.

105. **LAGRIA.** Palpi inaequales: anteriores fecuriformes: pofteriores extrorfum craffiores. Ligula integra.

58. TILLVS. Palpi inaequales: posteriores securiformes. Labium integrum.

104. DRYOPS. Palpi inaequales: anteriores securiformes; posteriores filiformes. Ligula late emarginata.

113. DIRCHAEA. Palpi inaequales: anteriores porrecti; articulo vltimo maximo, trilobo.

54. ANTHICVS. Palpi inaequales: anteriores securiformes. Ligula truncata.

78. EVMOLPVS. Palpi sex inaequales: intermedii articulis duobus vltimis craffioribus, ouatis. Ligula integra.

34. ANTHIA. Palpi sex: articulo vltimo cylindrico, obtufo. Labium corneum, porrectum, fornicatum, integrum.

83. GALERVCA. Palpi sex: articulo vltimo acuto. Ligula bifida.

115. PYTHO. Palpi sex, extrorfum craffiores. Ligula breuis, quadrata, emarginata.

44. SCOLYTVS. Palpi sex filiformes: articulo vltimo obconico. Maxilla cornea, integra. Ligula acuminata.

*********** *Antennis fetaceis.*

124. DONACIA. Palpi aequales, filiformes. Maxilla vnidentata. Ligula integra.

135. CERAMBYX. Palpi aequales, filiformes: articulo vltimo fetaceo. Ligula bifida.

134. PRIONVS. Palpi aequales, filiformes. Maxilla cylindrica, integra. Ligula breuiffima, rotundata.

140. GNOMA. Palpi aequales: articulo vltimo fetaceo. Maxilla bifida. Ligula fubemarginata.

141. SAPEPDA. Palpi fubaequales, filiformes. Maxilla bifida. Ligula cordata, truncata.

136. LAMIA. Palpi fubaequales, filiformes. Maxilla cornea, bifida. Ligula cornea, bifida.

144. LEPTVRA. Palpi inaequales, filiformes: articulo vltimo truncato. Ligula bifida.

147. MOLORCHVS. Palpi inaequales, filiformes. Maxilla bifida. Ligula bifida.

143. C' YTVS. Palpi breues, extrorfum craffiores. Maxilla bifida. Ligula breuis, truncata, integra.

142. CALLIDIVM. Palpi aequales fubclauati. Maxilla bifida. Ligula bifida: laciniis tenuiffimis.

139. RHAGIVM. Palpi inaequales, capitati. Maxilla vnidentata. Ligula bifida: laciniis rotundatis.

138. STENOCORVS. Palpi inaequales: poftici clauati.

42. ODACANTHA. Palpi fex filiformes. Maxilla arcuata, fpinofa. Labium breue, integrum.

89. AGRA. Palpi fex: intermedii longiores, fecuriformes.

40. DRYPTA. Palpi fex. Ligula filiformis, anguftiffime integra.

41. COLLYRIS. Palpi fex.

43. CICINDELA. Palpi fex filiformes: pofteriores pilofi, multiarticulati.

33. CARABVS. Palpi fex: articulo vltimo truncato. Ligula truncata. Labium trifidum.

32. CYCHRVS. Palpi fex: articulo vltimo obconico. Maxilla intus ciliato-dentata. Labium bifidum.

34. GALERITA. Palpi fex: articulo vltimo craffiori, oblique truncato. Ligula acuminata, vtrinque feta fuffulta.

35.

35. TACHYPVS. Palpi fex: articulo vltimo ouato, obtufe. Ligula truncata, tridentata. Labium emarginatum.

36. CALOSOMA. Palpi fex inaequales: anteriores breuif-fimi, capitati. Labium breue, acuminatum.

44. ELAPHRVS. Palpi fex filiformes. Labium rotunda-tum, acuminatum, integrum.

47. DYTISCVS. Palpi fex filiformes. Labium truncatum, integrum.

1. LETHRVS. *Mandibula* aduncofalcata. *Antennae* claua truncata, tunicata.

1. **L.** corpore fubrotundo nigro. Ent. fyft. 1. 1. 1. *cephalotes.*
Lethrus cephalotes. Oliv. Inf. 1. 24. 1. tab. 1. fig. 1.
Lethrus cephalotes. Illig. Fn. Bor. 1. 1. 1.
Bulbocerus cephalotes. Act. Sv. 1781. 246. tab. 5. fig. 3 - 12.
Lucanus apterus. Pall. Icon. Inf. 1. tab. A. fig. 1.
Lucanus cephalotes. Pall. Itin. 1. App. 461. 23.
Lucanus apterus. Laxm. Nov. Comm. Petrop. 14. 59. 4. tab. 24. fig. 1.
Clunipes fcarabaeoides. Act. foc. Berol. 6. 347. tab. 8. fig. 7. 8.
Panz. Fn. Germ. 28. tab. 1.
Habitat in Europae auftralioris defertis, aridis, monogamus, fodiens. *Feml-*

Lethri corpus fubrotundum, gibbum, glabrum, tardum, capite plano longitudine thoracis, mandibulis arcuatis, prominulis intus ferratis, maris fubtus dente longiffimo, arcuato, clypeo late emarginato, oculis paruis, rotundatis, lateralibus, antennis capite breuioribus, pone bafin mandibularum infertis, thorace gibbo, lateribus deflexis, rotundatis, fcutello nullo, elytris connatis, abdomine longioribus: margine deflexo, linea vnica ante marginem carinata, apice inflexa, pedibus breuibus, validis, compreffis, tibiis anticis dentatis, pofticis ciliatis; tarfis quinquearticulatis, colore nigro aut aeneo.

A

Femina mandibulis craffis exfertis et absque dente laterali arcuato thoracisque margine minus dilatato,

aeneus.   2. **L.** corpore oblongo viridi-aeneo.

Habitat in Norfolk maris pacifici Infula. Muf. Dom. Banks.

Forte proprii generis. Magnitudo praecedentis. Antennae extrorfum craffiores, breues, nigrae, apice pertufae. Caput viridi-aeneum triangulo medio eleuato. Mandibulae magnae, exfertae, validae, recuruae, apice truncatae, emarginatae, intus ferrugineo-hirtae. Maxillae breues, membranaceae, fetofae. Labium corneum, rotundatum, integrum. Thorax magnus, aeneus, fubpunctatus margine vtrinque angulo deflexo. Elytra fubrugofa, aenea, nitida, immaculata, haud connata. Pedes aenei tibiis latioribus, dentatis.

2. **GEOTRVPES.**   *Palpi* quatuor filiformes.
                       Labium pilofum, ouatum, integrum, palpigerum.
                       Antennae clauato-lamellatae.

* *thorace cornuto.*

Hercules.   1. **G.** thoracis cornu incuruo maximo fubtus barbato vtrinque vnidentato, capitis recuruato dentatq. Ent. fyft. 1. 2. 1.

                                       Scara-

Geotrupae corpus magnum, oblongum, gibbum, immarginatum, tardum; fupra glabrum, fubtus pilofum, clypeo os tegente breui, faepius bidentato, maris cornuto, feminae tuberculato, oculis magnis, globofis, vtrinque confpicuis, margine poftico infertis, vtrinque hamo firmatis, antennis bre-

Scarabaeus Hercules. Linn. fyft. Nat. 2. 541. 1.
Muf. Lud. Vlr. 3. Iabl. Coleopt. 1. tab. 1.
fig. 1. 2. Oliv. Inf. 1. 3, 6. tab. 1. fig. 1.
tab. 23. fig. 1.

Degeer Inf. 4. tab. 18. fig. 9.

Roeff. Inf. 2. fcarab. 1. tab. A. fig. 1. et 5.
- - - - tab. 5. fig. 3.

Voet. Inf. 1. tab. 12. fig. 99.

Drury Inf. 1. tab. 30. fig. 1. 2.

Scarabaeus fcaber fcutellatus clypei centro prominulo, elytris antice fcabris. Mant. Inf. 1. 9.
79. Linn. fyft. Nat. 2. 549. 37. Muf. Lud.
Vlr. 17. femin.

Habitat in America meridionali.

Thoracis cornu longiffimum, fubtus barbatum,
antice nudum, emarginatum.

Variat capitis cornu bidentato et tridentato, elytrisque piceis et glaucis nigro - punctatis.

Femina mutica vertice prominulo thorace elytrisque rufo-hirtis, elytris bafi fcabris lineisque
tribus eleuatis.

2. G. thoracis cornu incuruo fubtus barbato vni- **Alcides.**
dentato, capitis recuruato mutico. Ent. fyft.
1. 3. 2.

Scarabaeus Alcides. Oliv. Inf. 1. 3. 7. 2. tab. 1.
fig. 2.

Habitat in India orientali. Muf. D. Banks.

Differt

---

breuibus, ante oculos infertis, thorace rotundato, gibbo,
maris faepius cornuto: marginibus rotundatis, fcutello
rotundato, elytris longitudine abdominis, pedibus breuibus, validis, femoribus compreffis, tibiis dentatis tarfis
quinque - articulatis, colore nigro aut obfcuro. Goetrupae
in ligno putrefcente degunt, Scarabaei in animalium ftercore. Ligula omnino nulla.

Differt a G. Hercule, cui affinis magnitudine mi_
nore, cornu capitis inermi, thoracis dentibus
magis verfus bafin nec apice emarginato.
Conf. *Scarabaeus Perfeus* Oliv. Inf. 1. 3. 8. 3.
tab. 1. fig. 3. vix diftinctus videtur.

Gideon. 3. G. thoracis cornu incuruo maximo apice bifido,
capitis recuruato bifido fupra vnidentato.
Scarabaeus Gideon. Ent. fyft. 1. 4. 3. Linn.
fyft. Nat. 2. 541. 2. Iabl. Coleopt. 1. tab. 1.
fig. 3.
Roeff. Inf. 2. fcar. 1. tab. A. fig. 5.
Oliv. Inf. 1. 3. 14. 10. tab. 11. fig. 102.
Edw. Av. tab. 40.
Voet. Scar. tab. 12. fig. 100.
Habitat in Indiis.
Femina minor, obfcura mutica capite tuberculis
fubtribus: pofteriore minore, thorace fubfca-
bro.

Oromedon. 4. G. thoracis cornu breui emarginato, capitis re-
curuato bifido.
Scarabaeus Oromedon. Ent. fyft. 1. 4. 4. Iabl.
Col. 1. tab. 2. fig. 2.
Oliv. Inf. 1. 3. 17. 14. tab. 18. ffg. 65.
Voet. Col. tab. 13. fig. 102.
Aubent. Mifcell. tab. 40. fig. 4.
Habitat in Indiis.
Femina minor, obfcurior, mutica, capite tuber-
culis duobus thoraceque punctato.

Centaurus. 5. G. thoracis cornu incuruo bafi bidentato apice
bifido, capitis recuruato vnidentato.
Scarabaeus Centaurus. Ent. fyft. 1. 4. 5. Iabl.
Col. 1. tab. 2. fig. 1.
Oliv. Inf. 1. 3. 14. 9. tab. 11. fig. 104.
Drury Inf. 1. tab. 36. fig. 1.
Habi-

Habitat in India orientali, Africa.

Variat dente capitis cornu obtufiffimo et acutiore.

Femina mutica capitis tuberculo magno transuerfo, emarginato; thoraceque antice fcabro.

6. G. thoracis cornu incuruo fubulato, capitis breui *Ganyme-*
recuruo, *des.*

Habitat in Guinea. Muf. Dom. Lund.

Statura et magnitudo G. Centauri. Capitis clypeus breuis, bidentatus, cornu eleuato, breui
incuruo. Thorax laeuis cornu porrecto, incuruo, inermi. Elytra laeuia, picea. Tibiae piceae.

Variat capitis thoracisque cornu adhuc triplo
breuioribus.

7. G. thoracis cornu incuruo bafi bidentato apice *Iephta.*
fimplici, capitis recuruato vnidentato.

Habitat in Guinea. Muf. Dom. de Seheftedt.

Affinis certe G. Centauro eiusdemque magnitudinis. Differt in primis thoracis cornu, apice
fimplici. Femora antica vnidentata.

8. G. rufus thoracis cornu breui incuruo fubtus bar- *Aegeon,*
bato, capitis recuruo fubulato.

Scarabaeus Aegeon. Ent. fyft. 1. 4. 6. Iabl. Col.
1. tab. 1. fig. 4.

Oliv. Inf. 1. 3. 26. tab. 26. fig. 219.

Drury Inf. 2. tab. 30. fig. 5.

Habitat in Indiis.

9. G. thoracis cornu incuruo craffiffimo apice bi- *Chorinaeus*
fido, capitis longiore bifido.

Scarabaeus Chorinaeus. Ent. fyft. 1. 5. 8. Iabl.
Col. 1. tab. 2. fig. 5.

Oliv. Inf. 1. 3. 15. 10. tab. 2. fig. 4.

Aubent. Mifcell. tab. 15. fig. 4.

Voet. Inf. tab. 13. fig. 104.

Habitat in Brafilia. Muf. D. Tunftall.

10. G.

dichotomus 10. G. thoracis cornu bidentato, capitis dichotomo,
elytris rufis. Ent. fuppl. 9. 9.
Scarabaeus dichotomus. Ent. fyft. 1. 5. 9. Linn.
Mant. 1. 529. Iabl. Coleopt. 1. tab. 2. fig. 6.
Oliv. Inf. 1. 3. 20. 17. tab. 17. fig. 156.
Aub. Mifcell. tab. 40. fig. 5.
Voet. Inf. tab. 14. fig. 107.
Sulz. Hift. Inf. tab. 1. fig. 1.
Habitat in Indiis.

claviger. 11. G. rufus thoracis cornu eleuato, capitis fubu-
lato recuruo. Ent. fuppl. 10. 10.
Scarabaeus claviger. Ent. fyft. 1. 6. 10. Linn.
Mant. 1. 529.
Oliv. Inf. 1. 3. 20. 18. tab. 5. fig. 40.
Drury Inf. 3. tab. 48. fig. 3.
Voet. Col. tab. 14. fig. 108.
Aubent. Mifcell. 1. tab. 40. fig. 1.
Habitat in Indiis.

haftatus. 12. G. thoracis cornu breui fornicato haftato fub-
tus hirto, capitis recuruo. Ent. fuppl. 10. 11.
Scarabaeus haftatus. Ent. fyft. 1. 6. 11. *
Oliv. Inf. 1. 3. 21. 19. tab. 19. fig. 175.
Habitat in America meridionali. Muf. Dr. Hunter.

Enema. 13. G. thoracis cornu incuruo fimplici bafi craffiffi-
mo, capitis recuruo bifido. Ent. fuppl. 10. 12.
Scarabaeus Enema. Ent. fyft. 1. 6. 12. *
Oliv. Inf. 1. 3. 22. 20. tab. 12. fig. 114.
tab. 17. fig. 157.
Habitat in India. Muf. Dr. Hunter.

Pan. 14. G. thoracis cornu incuruo bafi craffiffimo apice
bifido, capitis recuruo vnidentato. Ent. fuppl.
11. 13.
Scarabaeus Pan. Ent. fyft. 1. 6. 13. *
Habitat in Indiis. Dom. Drury.
Affinis videtur G. Chorinaeo.   15. G.

15. G. thorace prominente bilobo, capitis cornu fim- *bilobus.*
plici, elytris ftriatis. Ent. fuppl. 11. 14.

Scarabaeus bilobus. Ent. fyft. 1. 7. 14. Linn.
fyft. Nat. 1. 2. 544. 12. Iabl. Col. 1. tab. 31.
fig. 2.

Oliv. Inf. 1. 3. 31. 33. tab. 5. fig. 35.

— — — — tab. 23. fig. 35.

— — — — tab. 1. fig. 5.

Edw. Av. tab. 105. fig. 2.

Voet. Col. tab. 14. fig. 106.

Aubent. Mifcell. tab. 15. fig. 3.

Habitat in Europa auftrali.

16. G. thorace eleuato fornicato, capitis cornu elon- *Croefus.*
gato recuruo.

Habitat in Iaua. Muf. Dom. Lund.

Magnitudo G. nafcornis. Clypeus fubemargina-
tus, cornu magno compreffo, recuruo fimplici.
Thorax retufus dorfo valde eleuato, fornicato,
fubrugofo, obtufiffimo. Elytra laeuia.

17. G. thorace antice fornicato excauato: cornu *Daedalus.*
breuiffimo, capitis cornu plano vtrinque impreffo. Ent. fuppl. 11. 15.

Scarabaeus Daedalus. Ent. fyft. 1. 7. 15.

Habitat in India orientali. Muf. D. de Seheftedt.

Femina thorace mutico, capitis cornu breui apice emarginato et vtrinque vnidentato.

18. G. thorace retufo cornu breui truncato, capite *truncatus.*
mutico. Ent. fuppl. 11. 16.

Scarabaeus truncatus. Ent. fyft. 1. 7. 16. Oliv.
Inf. 1. 3. 31. 32. tab. 11. fig. 103.

Voet. Col. tab. 5. fig. 38.

Habitat in noua Hollandia. Muf. D. Banks.

19. G. thorace antice retufo mucronato, capitis cor- *Zoilus.*
nu breuiffimo recuruo. Ent. fuppl. 11. 17.

Scara-

Scarabaeus Zoilus. Ent. fyft. 7. 17. ✿
Oliv. Inf. 1. 3. 45. 51. tab. 9. fig. 84.
Habitat Cajennae. Muf. Dom. Olivier.

Actaeon.   20. G. glaber thorace bicorni, capitis cornu vni-
dentato bifido, elytris laeuibus.   Ent. fuppl.
12. 18.
Scarabaeus Actaeon. Ent. fyft. 1. 18. Linn. fyft.
Nat. 2. 541. 3. Muf. Dom. Vlr. 4.
Iabl. Col. 1. tab. 3. fig. 4.
Oliv. Inf. 3. 20. 5. tab. 5. fig. 32.
Aubent. Mifcell. tab. 6. fig. 49.
-    -   - tab. 15. fig. 5.
Voet. Col. tab. 16. fig. 111. 112.
Roeff. Inf. 2. fcarab. 1. tab. A. fig. 2.
Habitat in America meridionali.
Variat elytris nigris et glaucis nigromaculatis.
Femina minor, obfcura, mutica, capitis vertice
prominulo, acuto, clypei margine eleuato api-
ce bidentato, thorace elytrorumque bafi inae-
qualibus.

Simfon.   21. G. thorace bicorni, capitis cornu apice bifido,
clypeo denticulato. Ent. fuppl. 12. 20.
Scarabaeus Simfon. Ent. fyft. 1. 8. 19. Linn.
fyft. Nat. 2. 542. 4.   Muf. Lud. Nr. 5.
Oliv. Inf. 1. 3. 13. 8. tab. 15. fig. 142.
Habitat in Indiis. Muf. Britann.

Elephas.   22. G. villofus thorace gibbo bicorni, capitis cornu
vnidentato apiceque bifido. Ent. fuppl. 12. 20.
Scarabaeus Elephas. Ent. fyft. 1. 8. 20. ✿
Oliv. Inf. 1. 3. 11. 6. tab. 15. fig. 138.
Olear. Muf. tab. 16. fig. 2.
Habitat in Guinea. Muf. Britann.

Boas.   23. G. thorace retufo excauato bidentato, capitis
cornu recuruo fimplici. Ent. fuppl. 12. 21.

                                                        Scara-

Scarabaeus Boas. Ent. fyft. 1. 8. 21. *

Oliv. Inf. 1. 3. 35. 38. tab. 4. fig. 24.

Scarabaeus Augias. Ent. fyft. 1. 16. 47. *

Oliv. Inf. 1. 3. tab. 24. fig. 212.

Habitat in Africa meridionali.

Femina thorace mutico ciliato antice retufo, vertice eleuato, acuto.

24. G. thorace excauato bidentato, capitis cornu *Ianus.*
recuruo intus canaliculato emarginato.

Habitat in Guinea. Muf. Dom. Lund.

Corpus paruum, atrum. Clypeus apice tridenta-
tus. Capitis cornu porrectum, recuruum, fcabrum, intus canaliculatum, apice late emarginatum. Thorax laeuis, nitidus, in medio valde
excauatus dentibus duobus craffis, eleuatis,
obtufiufculis. Elytra ftriata.

25. G. thorace bicorni, capitis cornu recuruo vni- *bicornis.*
dentato, elytris rufis. Ent. fuppl. 13. 23.

Scarabaeus bicornis. Ent. fyft. 1. 9. 23. * Iabl.
Col. 1. tab. 4. fig. 1.

Leske Anf. Gr. 1. tab. 9. fig. 1.

Aubent. Mifcell. tab. 15. fig. 2.

Habitat in America meridionali.

26. G. brunneus thorace bicorni; cornubus com- *Orion.*
preffis, capite tricorni: intermedio breuiffimo.
Ent. fuppl. 13. 24.

Scarabaeus Orion. Ent. fyft. 1. 9. 24. *

Oliv. Inf. 1. 3. 47. 52. tab. 4. fig. 30.

tab. 5. fig. 30.

Habitat in Senegallia. Muf. Dom. Olivier.

27. G. thorace retufo bidentato, capitis cornu breui *bicolor.*
erecto plano.

Voet. Scarab. tab. 20. fig. 31.

Habi-

Habitat in India orientali. D. Daldoiff. Muf. D.
Lund.

Paruus. Capitis clypeus rotundatus, integer, cornu breui, eleuato, fubtus plano. Thorax faeuis, retufus denticulis duobus compreffis. Elytra vix ftriata. Color fupra higer fubtus brunneus.

Tityus. 28. G. glaucus thorace tricorni: lateralibus breuiffimis fubulatis, medio fubtus barbato, capitis recuruo fimplici. Ent. fuppl. 13. 25.

Scarabaeus Tityus. Ent. fyft. 1. 10. 25. Linn. fyft. nat. 2. 542. 5. Am. acad. 6. 391. L
Oliv. Inf. 1. 3. 9. 4. tab. 4. fig. 31.
- - - tab. 10. fig. 31.
Iabl. Col. 1. tab. 4. fig. 2.
Voet. Col. tab. 12. fig. 99.
Degeer Inf. 4. tab. 8. fig. 10.
β. *Scarabaeus Marianus.* Ent. fyft. 1. 30. 95.
Linn. fyft. Nat. 2. 549. 35. Fem.
Aubent. Mifcell. 1. tab. 40. fig. 2.
Habitat in America meridionali.
Variat colore nigro grifeo maculato et grifeo nigro maculato.
Femina mutica capite tuberculo medio clauato.

Atlas. 29. G. thorace tricorni: intermedio breuiffimo, capitis recuruo intus ferrato. Ent. fuppl. 14. 26.
Scarabaeus Atlas. Ent. fyft. 1. 10. 26. Linn. fyft. Nat. 2. 542. 6. Muf. Lud. Vlr. 6.
Voet. Col. 1. tab. 15. fig. 109.
Oliv. Inf. 3. tab. 28. fig. 242.
Habitat in America meridiouali.
Capitis cornu intus ferratum.

Caucafus. 30. G. thorace tricorni: intermedio breuiffimo, capitis cornu recuruo intus bidentato.

Iabl.

Iabl. Col. 1. tab. 4. fig. 3.
Voet. Col. 1. tab. 15. fig. 110. ⟩ at dentes cornu
Oliv. Inf. 3. tab. 28. fig. 242. b. ⟩ capitis defunt.
Habitat in India orientali. Muf. D. de Seheftedt.
Affinis certe G. Atlas at diftinctus mihi videtur.
Differt capitis cornu intus haud ferrato, at bi-
dentato: dente pofteriore longiore, validiore,
acutiufculo. Elytra viridi nitidula.

31. G. thorace excauato tricorni: lateralibus com- *Geryon.*
preffis vnidentatis, capitis recuruo fimplici.
Ent. fuppl. 14. 27.
Scarabaeus Geryon. Ent. fyft. 1. 10. 27. *
Oliv. Inf. 1. 3. 30. 31. tab. 24. fig. 208.
Iabl. Col. 1. tab. 4. fig. 5.
Drury Inf. 2. tab. 30. fig. 6.
Habitat in Indiis.

32. G. thorace tricorni: intermedio longiori fim- *Aloeus.*
plici, capite fubmutico, elytris vniftriatis. Ent.
fuppl. 14. 28.
Scarabaeus Aloeus. Ent. fyft. 1. 11. 28. Linn.
fyft. Nat. 2. 54. 27. Muf. Lud. Vlr. 7.
Iabl. Col. 1. tab. fig. 3.
Oliv. Inf. 1. 3. 23. 22. tab. 3. fig. 22.
Aubent. Mifcell. tab. 15. fig. 7.
Voet. Col. tab. 18. fig. 122. mas.
          tab. 19. fig. 128. fem.
Roeff. Inf. 2. fcarab. 1. tab. A. fig. 6.
Habitat in America meridionali.
Femina minor thorace retufo antice dente bre-
uiffimo, elytrisque ftria vnica ad futuram.

33.

Characterem generis naturalem in Entomologiae fyftemati-
cae fupplemento dedi.

Typhon. 33. G. thorace tricorni: intermedio emarginato, capitis longiori recuruo bafi vnidentato apice, bifido. Ent. fuppl. 15. 29.

Scarabaeus Typhon. Ent. fyft. 1. 11. 29. *

Oliv. Inf. 1. 3. 12. 7. tab. 16. fig. 152.

Habitat - - - Muf. Britann.

Vulcanus. 34. G. thorace tricorni: lateralibus breuioribus compreffis ante apicem dilatatis, capite mutico, elytris ftriatopunctatis. Ent. fuppl. 15. 30.

Scarabaeus Vulcanus. Ent. fyft. 1. 11. 30. *

Habitat in Infula Guadeloupe Americis.

Semiramis. 35. G. thorace tricorni: cornubns breuibus compreffis, clypeo reflexo bidentato.

Habitat in America meridionali. Muf. Dom. Seheftedt.

Forte potius femina. Caput in medio punctis duobus eleuatis. Thorax rugofus, in medio retufus, cornubus tribus: intermedio breuiffimo, obtufiffimo, canaliculato. Elytra laeuia ftria vnica ad futuram. Subtus hirtus, piceus.

Antaeus. 36. G. thorace tricorni: intermedio longiori fimplici, capite mutico, elytris laeuiffimis. Ent. fuppl. 15. 31.

Scarabaeus Antaeus. Ent. fyft. 1. 12. 31. *

Iabl. Col. 1. tab. 5. fig. 4. 5.

Oliv. Inf. 1. 3. 25. 23. tab. 12. fig. 105. tab. 14. fig. 125.

Voet. Col. 1. tab. 17. fig. 115.

Drury Inf. 1. tab. 34. fig. 1.

Habitat in America meridionali.

Syphax. 37. G. thorace tricorni: intermedio longiori fimplici, capite mutico, elytris punctatis. Ent. fuppl. 25. 32.

Scarabaeus Syphax. Ent. fyft. 1. 12. 32. *

Oliv.

Oliv. Inf. 1. 3. 25. tab. 11. fig. 99.
- - - tab. 22. fig. 99.
- - - . tab. 25. fig. 99.
Habitat in America.

38. G. thorace tricorni: cornubus aequalibus bre- *Maimon.*
uiffimis, elytris laeuibus. Ent. fuppl. 15. 33.
Scarabaeus Maimon. Ent. fyft. 1. 12. 33. *
Oliv. Inf. 1. 3. 29. 30. tab. 11. fig. 101.
Habitat in America. Muf. Dom. Banks.

39. G. thorace tricorni: intermedio longiori apice *Titanus.*
bifido, lateralibus fubarcuatis acutis, capite mu-
tico. Ent. fuppl. 16. 34.
Scarabaeus Titanus. Ent. fyft. 1. 13. 36. ª
Iabl. Col. 1. tab. 6. fig. 3.
Oliv. Inf. 1. 3. 26. 25. tab. 5. fig. 38.
Drury Inf. 1. tab. 36. fig. 3. 4.
Habitat in America.

40. G. thorace tricorni: medio longiori emargina- *Aenobar-*
to lateralibus obtufis, capite bituberculato. *bus.*
Ent. fuppl. 16. 35.
Scarabaeus Aenobarbus. Ent. fyft. 1. 13. 37. ª
Oliv. Inf. 1. 3. 28. tab. 16. fig. 147.
Habitat in America. Muf. Dr. Hunter.

41. G. thorace prominentia triplici, capitis cornu *naficornis.*
recuruo, elytris laeuibus. Ent. fuppl. 16. 36.
Scarabaeus naficornis Ent. fyft. 1. 14. 38. Linn.
fyft. Nat. 2. 544. 14. Fn. Sv. 378.
Iabl. Col. 1. tab. fig. 4. 5.
Roeff. Inf. 2. fcarab. 1. tab. 6. 7.
Oliv. Inf. 1. 3. 37. 41. tab. 3. fig. 19.
Habitat in Europae ramis putrefcentibus.
Femina thorace antice retufo et rudimento par-
uo cornu capitis.
Larua grifea capite, fpiraculis pedibusque rufis.

42.

Syluanus. 42. G. thorace retufo: prominentia triplici: inter-
media obfoleta, capitis cornu recuruo. Ent.
fuppl. 16. 37.
Scarabaeus Syluanus. Ent. fyft. 1. 14. 39. *
Oliv. 1. 3. 29. 29. tab. 12. fig. 107.
Habitat in Brafilia. Muf. Dom. Banks.

quadrifpi- 43. G. thorace retufo: prominentia quadruplici, ca-
nofus. pitis cornu recuruo. Ent. fuppl. 16. 38.
Scarabaeus fpinofus. Ent. fyft. 1. 15. 41. *
Oliv. Inf. 1. 3. 33. 35. tab. 19. fig. 179.
Habitat Cajennae. Muf. Dr. Hunter.

Milon. 44. G. thorace cornubus quinque: poftico longiori
incumbente, capitis recuruo ferrato. Ent. fuppl.
17. 40.
Scarabaeus Milon. Ent. fyft. 1. 16. 45. *
Oliv. Inf. 1. 3. tab. 20. fig. 185.
Habitat in Brafilia.

Ajax. 45. G. thorace antice foueato quiquedentato, capitis cornu recuruo.
Habitat in Infula Iava. Muf. Dom. Bofc.
Minor G. naficorni. Capitis clypeus breuis, tri-
dentatus cornuque medio eleuato, recuruo capitis longitudine obtufo. Thorax antice vtrinque retufus vel potius fouea lata dentem exteriorem medii amplectens, compreffus, medio
prominulo, tridentato: dente intermedio acutiore lateribus carinatis, vnidentatis vel potius
fere finuatis, poftice laeuis, ater, nitidus. Elytra punctatoftriata. Corpus nigrum tarfis anticis articulo vltimo incraffato, pollicato vngue
valido incuruo.

* *Thorace inermi, capite cornuto.*

Rhinoce- 46. G. thorace retufo fubbituberculato, capitis cor-
ros. nu fimplici, clypeo bifido, elytris punctatis.
Ent. fuppl. 17. 41. *Sca-*

Scarabaeus Rhinoceros,.   Ent. fyft. 1. 16. 46.
  Linn. fyft. Nat. 2. 544. 14. Muf. Lud. Vlr. 10.
Iabl. Col. 1. tab. 9. fig. 5. 6.
Oliv. Inf. 1. 3. 34. 36. tab. 18. fig. 166.
Voet. Col. tab. 18. fig. 117. 118.
Barrel. Icon. tab. 163.
Wulf. Inf. Cap. tab. 2. fig. 18.
Roeff. Inf. 2. fcar. 1. tab. A. fig. 7.
Petiv. Gazoph. tab. 44. fig. 9.
    —   —   tab. 100. fig. 3.
Habitat in Afia.
Magnitudine valde variat.

47. G. thorace inermi antice fcabro, capitis cornu *Barbarof-*
    recuruo breui. Ent. fuppl. 17. 42.   *fa.*
  Scarabaeus Barbaroffa. Ent. fyft. 1. 17. 48.
  Iabl. Col. 1. tab. 9. fig. 7.
  Oliv. Inf. 1. 3. 32. 34. tab. 12. fig. 109.
  Habitat in noua Hollandia. Muf. D. Banks.

48. G. thorace antice retufo, capitis cornu *Stentor.*
    breui, clypeo bidentato.
  Habitat in Isle de France. Muf. D. Billardiere.
  Maior G. Iamaicenfi. Caput paruum clypeo an-
    tice dentibus duobus validis cornuque medio,
    capite breuiori, obtufo, recuruo. Thorax lae-
    uis, glaber, nitidus, antice retufus. Elytra pi-
    cea, ftriata, fubrugofa. Corpus atrum pedibus
    piceis.

49. G. thorace inermi antice truncato, capitis cornu *Satyrus.*
    recuruo capite longiori. Ent. fuppl. 18. 43.
  Scarabaeus Satyrus. Ent. fyft. 1. 17. 49.
  Oliv. Inf. 1. 3. 39. tab. 11. fig. 94.
  Drury Inf. 1. tab. 34. fig. 1, 2.
  Habitat in America boreali. Muf. Dom. Banks.
  Femina clypeo tuberculato, thorace plano.

                                    50.

Iamaicen- 50. G. thorace inermi antice retufo, capitis cornu
fis.   recuruo, elytris ftriatis. Ent. fuppl. 18. 44.
          Scarabaeus Iamaicenfis. Ent. fyft. 1. 17. 50.
          Oliv. Inf. 1. 3. 40. 44. tab. 16. fig. 148.
          Habitat in Iamaica.
          Femina mutica.

Silenus. 51. G. thorace inermi antice excauato, capitis cor-
          nu recuruo, elytris laeuiffimis. Ent. fuppl.
          18. 45.
          Scarabaeus Silenus. Ent. fyft. 1. 18. 51. ʊ
          Oliv. Inf. 1. 3. 41. 45. tab. 8. fig. 62.
          Scop. Del. Fl. et Fn. Inf. 1. tab. 21. fig. 61.
          Roff. Fn. Etrufc. 1. 3. 8.
          Barrel. Plant. Hifp. tab. 163.
          Iabl. Col. 1. tab. 10. fig. 2.
          Habitat in Europa auftraliori.
          Variat minor elytris fublaeuibus.

Syrichtus. 52. G. thorace inermi rotundato, capitis cornu re-
          curuo. Ent. fuppl. 19. 47.
          Scarabaeus Syrichtus. Ent. fyft. 1. 18. 52. ♂
          Oliv. Inf. 1. 3. 50. 57. tab. 6. fig. 48.
          —   —   —   tab. 20. fig. 48.
          Iabl. Col. 1. tab. 11. fig. 4.
          Voet. Col. tab. 20. fig. 138.
          Habitat in America. Muf. Dom. Banks.

Hylax. 53. G. thorace inermi, capitis cornu emarginato, ti-
          biis pofticis breuiffimis apice fpinofis. Entom.
          fuppl. 19. 43.
          Scarabaeus Hylax. Ent. fyft. 1. 19. 54. *
          Oliv. Inf. 1. 3. 50. 58. tab. 11. fig. 95.
          Habitat in Africa. Muf. Dom. Lee.
          Forte potius Trichius. Scutellum triangulum,

54. G. thorace inermi rotundato, capitis cornu *Aries.*
breuiffimo, fubulato, corpore fubtus rufo-pi-
lofo. Ent. fuppl. 19. 49.
Scarabaeus Aries. Ent. fyft. 1. 19. 55. *
Iabl. Col. 1. tab. 10. fig. 3.
Habitat ad Cap. B. Spei. Dom. Vahl.

55. G. thorace inermi rotundato, capitis tubercu- *Monodon.*
lo eleuato fubcornuto, corpore fubtus nudo.
Ent. fuppl. 19. 50.
Scarabaeus Monodon. Ent. fyft. 1. 20. 57. *
Iabl. Col. 2. tab. 17. fig. 4.
Habitat in Hungaria, Dom. Smidt.
G. Ariete minor.

56. G. thorace inermi, capitis clypeo poftice emar- *coronatus.*
ginato. Ent. fuppl. 20. 51.
Scarabaeus coronatus. Ent. fyft. 1. 20. 50. *
Oliv. Inf. 1. 3. 52. 61. tab. 12. fig. 140.
Habitat in Iava. Muf. Dom. Banks.

57. G. thorace inermi excauato, capitis cornu re- *Dionyfius.*
curuo depreffo apice craffiori. Ent. fuppl. 20.
52.
Scarabaeus Dionyfius. Ent. fyft. 1. 20. 59. *
Habitat Tranquebariae. Muf. Dom. Lund.

58. G. thorace inermi antice inaequali, capitis cor- *Meliboeus*
nu breuiffimo truncato, elytris ftriatis. Ent.
fuppl. 20. 52.
Scarabaeus Meliboeus. Ent. fyft. 1. 20. 60. *
Habitat in America boreali. Dom. Lee.

59. G. depreffus thorace foffula excauato, capite *Didymus.*
tricufpide, elytris ftriatis. Ent. fuppl. 20. 54.
Scarabaeus Didymus. Ent. fyft. 1. 20. 61.
Linn. fyft. Nat. 2. 545. 19. Muf. Lud. Vlr.
14.

B Oliv.

Oliv. Inf. 1. 3. 42. 46. tab. 2. fig. 9.
Petiv. Gazoph. tab. 27. fig. 7.
Drury Inf. tab. 32. fig. 3.
Iabl. Col. 1. tab. 11. fig. 2.
Voet. Scarab. tab. 19. fig. 126.
Habitat in America.
Alter fexus in antico thoracis margine, mucrone parao eleuato armatus.

valgus. 60. G. depreffus thorace fulcato mucronato, capite cornubus duobus breuibus. Ent. fuppl. 20. 55.
Scarabaeus valgus. Ent. fyft. 1. 21. 62. Linn. fyft. Nat. 2. 546. 20. Muf. Dom. Vlr. 15.
Oliv. Inf. 1. 3. tab. 17. fig. 160.
Petiv. Gazoph. tab. 27. fig. 8.
Habitat Cajennae.
Affinis praecedenti, at minor.

depreffus. 61. G. thorace punctato, capite bituberculato clypeoque acuminato reflexo.
Habitat in America meridionali. Muf. Dom. de Seheftedt.
Magnitudo et ftatura depreffa G. valgi. Caput tuberculis duobus eleuatis in medio, clypeoque acuminato, reflexo. Thorax depreffus, punctatus, in medio fubcanaliculatus. Elytra fulcata fulcis punctatis. Corpus atrum.

hircus. 62. G. thorace inermi fcabro, capite linea transuerfa carinata, clypeo bidentato. Ent. fuppl. 21. 56.
Scarabaeus hircus. Ent. fyft. 1. 21. 63.
Iabl. Col. 1. tab. 10. fig. 5.
Habitat Tranquebariae. Dr. Koenig.

punctatus. 63. G. thorace inermi punctato, capitis clypeo integro: dentibus duobus eleuatis obtufis. Ent. fuppl. 21. 57.

Sca

Scarabaeus punctatus. Ent. fyſt. 1. 21. 64. *
Roſſ. Fn. Etruſc. 9. 19. tab. 1. fig. 1.
Oliv. Inſ. 1. 3. 52. 60. tab. 8. fig. 70.
Iabl. Col. 2. tab. 17. fig. 6.
Habitat in Italia. Dr. Allioni.

64. G. brunneus capite ſubbicorni, elytris puncta- *farctus.*
to - ſtriatis apice nigris. Ent. ſuppl. 21. 58.
Scarabaeus farctus. Ent. fyſt. 1. 22. 65. *
Scarabaeus Cephus. Oliv. Inſ. 1. 3. 68. 76.
tab. 11. fig. 96.
Voet. Col. tab. 10. fig. 92.
Habitat in Penſyluania.
Forte potius Scarabaeus, mihi haud rite notus.

65. G. thorace retuſo, capitis cornu breui plano, *retuſus.*
femoribus poſticis incraſſatis. Ent. ſuppl. 21.
59.
Scarabaeus retuſus. Ent. fyſt. 1. 22. 66. *
Oliv. Inſ. 1. 3. 46. 55. tab. 11. fig. 100.
Habitat ad Cap. Bon. Spei. Muſ. Dom. Banks.

66. G. piceus thorace inermi glabro, capite bicor- *piceus.*
ni, elytris ſtriatis. Ent. ſuppl. 21. 60.
Scarabaeus piceus. Ent. fyſt. 1. 22. 67. *
Oliv. Inſ. 1. 3. 52. 63. tab. 24. fig. 211.
Iabl. Col. 1. tab. 11. fig. 3.
Fyesl. Col. 1. 4. 6. tab. 19. fig. 1.
Habitat in Indiis. Dom. Drury.

*** *Mutici capite thoraceque inermi.*

67. G. muticus thorace retuſo mucronato, clypeo *excauatus*
reflexo integro. Ent. ſuppl. 22. 61.
Scarabaeus excauatus. Ent. fyſt. 1. 31. 100. *
Scarabaeus Candidae. Petagna Spec. Cal. vlter.
3. 9. tab. 1. fig. 6.
Cyrill. Neap. Ent. 1. tab. 1. fig. 12.
Melolontha cornuta. Oliv. Inſ. 1. 5. 20. 16.
tab. 9. fig. 74. B 2 Habi-

Habitat in regno Neapolitano. Muf. D. de Schlanbufch.

deutatus. 68. G. muticus punctatus clypeo multidentato.
Habitat in Sumatra. Dom. Daldorff.
Statura G. Talpae, at maior. Capitis clypeus muticus tuberculis duobus paruis approximatis, eleuatis, apice fexdentatus dentibus duobus lateralibus maioribus connatis. Thorax et elytra punctata, fufca. Pedis fub vngulis feta, longitudine vngulorum, apice emarginata.

Talpa. 69. G. muticus thorace antice mucronato, capitis clypeo reflexo, elytris ftria futurali. Ent. fuppl. 22. 62.
Scarabaeus Talpa. Ent. fyft. 1. 32. 101.
Habitat in Infula Bartholomaei Indiae occidentalis. Dom. de Pavkull.
Affinis certe G. Iuuenco, at triplo minor. Clypeus rugofus, reflexus, integer. Thorax antice rugofus niger, nitidus, antice mucrone paruo, eleuato, craffo. Elytra fublaeuia, ftria vnica ad futuram, nigra. Corpus hirtum, piceum.
Femina minor thorace antice fubretufo: mucrone minutiffimo.

euniculus. 70. G. muticus thorace punctato fubmucronato, capitis clypeo bidentato, elytris ftriatis.
Habitat in America.
Duplo minor G. Talpa et omnino diftinctus. Capitis clypeus ftriga media eleuata apiceque reflexus, bidentatus. Thorax vage punctatus, nitidus puncto antico impreffo, et ante hoc punctum mucro paruus, eleuatus. Elytra ftriata. Corpus hirtum, piceum.

Iuuencus. 71. G. muticus thorace antice impreffo mucronato, clypeo fubemarginato. Ent. fuppl. 22. 63.
Soa-

Scarabaeus Iuuencus. Ent. fyft. 1. 32. 102.
Oliv. Inf. 1. 3. 45. 50. tab. 16. fig. 143.
- - - tab. 8. fig. 66.
Habitat in America. Muf. Dom. Banks.

72. G. muticus rufus, capite thoraceque linea ca- *veter.*
rinata eleuata.
Scarabaeus *veter.* Ent. fyft. 1. 33. 104.
Habitat in India orientali. Dom. Vahl.

73. G. muticus ater thorace punctato, elytris ftria- *laborator*
tis, clypeo emarginato.
Scarabaeus *laborator.* Ent. fyft. 1. 33. 105.
Oliv. Inf. 1. 3. 53. 62. tab. 14. fig. 132.
Habitat in ftercore bouino Brafiliae. Muf. D. Banks.
Forte potius Scarabaeus mihi haud examinatus.

74. G. muticus ater thorace punctato, elytris ftria- *morator.*
tis, clypeo reflexo integro.
Scarabaeus *morator.* Ent. fuppl. 24. 104.
Habitat in India orientali. Dom. Hybner.

75. G. muticus niger thorace laeui, elytris puncta- *arator.*
to - ftriatis.
Scarabaeus *arator.* Ent. fyft. 1. 33. 106.
Habitat ad Cap. Bon. Spei.

76. G. muticus thorace elytrisque punctatis ob- *globator.*
fcure nigris.
Scarabaeus *globator.* Ent. fyft. 1. 33. 107.
Melolontha *globator.* Oliv. Inf. 1. 5. 40. 49.
tab. 6. fig. 60.
Habitat ad Cap. Bon. Spei. Muf. D. Banks.
An potius Melolontha?

3. SCA-

3. **SCARABAEVS.** *Palpi* quatuor filiformes.

Mandibula cornea, arcuata, acuta.

Labium late emarginatum.

Antennae clauato - lamellatae.

* *Thorace cornuto.*

difpar. 1. S. thoracis cornu fubulato protenfo`, capitis fubulato fubrecuruo, fcutello cordato. Ent. fyft. 1. 5. 7.

Geotrupes *difpar.* Ent. fuppl. 9. 7.

Oliv. Inf. 1. 3. 58. 64. tab. 3. fig. 20.

Pall. Icon. Inf. 1. tab. A. fig. 3. A. B.

Roff. Fn. Etr. 1. 4. 6.

Iabl. Col. 1. tab. 2. fig. 3. 4.

Habitat in regionibus Roffiae auftralioribus. Muf. D. Banks.

Mas capitis thoracisque cornu fubulato. *Femina* capitis medio antico denticulis duobus erectis acutis, thorace antice dentibus duobus eleuatis, prominulis.

Coryphae- 2. Sc. thorace bicorni, corpore ferrugineo. Ent. *us.* fyft. 1. 9. 22. *

Geotrupes *Coryphaeus.* Ent. fuppl. 13. 22.

Oliv.

Scarabaei corpus rotundatum, breue, gibbum, immarginatum, glabrum, tardum, capitis clypeo breui, rotundato, integro; oculis vtrinque pertufo - rotundatis, in medio faepius prominulo, rarius tornuto; antennis longitudine capitis, fub clypeo infertis, thorace rotundato, laeui marginibus deflexis, rarius cornuto; fcutello rotundato; elytris longitudine abdominis, cingentibus, rigidis; pedibus breuibus validis, femoribus compreffis, tibiis omnibus dentatis, tarfis quinquearticulatis; colore nigro aut obfcuro.

Oliv. Inf. 1. 3. 61. 68. tab. 16. fig. 150.
Habitat ad Cap. Bon. Spei. Dom. Lee.

3. Sc. thorace tricorni: intermedio minori, latera- *Typhoeus.*
libus porrectis longitudine capitis mutici. Ent.
fyft. 1. 12. 34.   Linn. fyft. Nat. 2. 543. 9.
Muf. Lud. Vlr. 8.
Geoff. Inf. 1. 72. tab. 1. fig. 3.
Iabl. Col. 1. tab. 6. fig. 1. 2.
Oliv. Inf. 1. 3. 59. 68. tab. 7. fig. 52.
Voet. Col. tab. 19. fig. 124. 125.
Degeer Inf. 4. tab. 10. fig. 5.
Frifch. Inf. 4. tab. 10. fig. 8.
Schaeff. Icon. tab. 26. fig. 4.
Habitat fub ftercore ouino, cuniculos in terra pro-
fundos fodiens nidulansque.
Variat cornubus capite aequalibus et duplo lon-
gioribus.
Femina minor, thorace antice vtrinque denticulis
duobus, lineaque media transuerfa eleuatis.

4. Sc. thorace tricornis intermedio breuiffimo, ely- *Momus.*
tris breuibus. Ent. fyft. 1. 13. 35.
Habitat in India orientali. Dom. Lee.

5. Sc. thorace trituberculato, capitis cornu breui *Lazarus.*
emarginato. Ent. fyft. 1. 14. 40.
Oliv. Inf. 1. 3. 63. 70. tab. 16. fig. 146.
Habitat in America boreali. Dom. Yeats.
Varietas maior clypeo cornubus duobus breuibus
emarginatis vno pone alterum vix diftincta in
Mufeo Dom. Bofc.

6. Sc. thorace quadridentato, capitis cornu eleuato *quadri-*
fimplici, corpore ferrugineo. Ent. fyft. 1. 15. *dens.*
42.
Oliv. Inf. 1. 3. 62. 69. tab. 12. fig. 108. fem.
Panz. Beytr. Inf. Gefch. 1.
Habi-

Habitat in India orientali. Muf. D. Banks.
Femina vix minor, thorace antice linea eleuata, tranuerfa, acuta abbreuiata, capitis vertice prominulo.

mobilicornis. 7. Sc. thorace quadridentato, capitis cornu recuruo mobili. Ent. fyft. 1. 15. 43.
Scarabaeus armiger. Laichart. 1. 18. 11. tab. 1. fig. 11.
Oliv. Inf. 1. 3. 63. 71. tab. 10. fig. 88. mas. tab. 25. fig. 88. fem.
Iabl. Col. 1. tab. 8. fig. 6. 7.
Habitat in Germania, Anglia.
Femina vix minor, thorace fubinermi capiteque tuberculo vnico.

Cyclops. 8. Sc. thorace quadricorni: cornubus lateralibus maioribus, capite bidentato, corpore ferrugineo. Ent. fyft. 1. 15. 44.
Geotrupes Cyclops. Ent. fuppl. 17. 39.
Oliv. Inf. 1. 3. 60. 67. tab. 15. fig. 140.
Habitat in Indiis. Muf. D. Lee.

** *Mutici thorace inermi.*

longimanus. 9. Sc. muticus, pedibus anticis arcuatis longiffimis. Ent. fyft. 1. 30. 96. Linn. fyft. Nat. 2. 549. 39. Muf. Lud. Vlr. 18.
Oliv. Inf. 1. 3. 48. 55. tab. 4. fig. 27.
Iabl. Col. 2. tab. 17. fig. 1.
Aubent. Mifcell. tab. 41. fig. 1.
Voet. Scarab. tab. 11. fig. 79.
Habitat in Indiis.

stercorarius. 10. Sc. muticus ater, clypeo rhombeo: vertice prominulo, elytris fulcatis. Ent. fyft. 1. 30. 97.
Linn. fyft. Nat. 2. 541. 32. Fn. Sv. 388.
Geoff. 1. 75. 9.
Oliv. Inf. 1. 3. 54. 72. tab. 5. fig. 39.
Panz.

Panz. Fn. Germ. 2. tab. 23.

Schaeff. Icon. tab. 5. fig. 1.

Voet. Scarab. tab. 20. fig. 134.

Habitat in Europa fub ftercore fodiens.

Vefperi-circumuolitat magno cùm fufurro fere-
num diem annuntians. Infeftatur Acaris, Ich-
neumone.

Alium fimillimum ad fubtus aeneum nitidiffimum
ex Italia Dr. Allioni, at vix differt.

Variat rariffime elytris brunneis.

11. Sc. hemifphaericus clypeo rhombeo: vertice *fyluaticus*
prominulo, elytris ftriatis: ftriis fubrugofis.

Scarabaeus fyluaticus. Illig. Fn. Bor. 1. 9, 3.

Habitat in Germaniae Boletis. Dom. Meyerlee.

Medius inter Sc. ftercorarium et vernalem; fubtus
cyaneus, nitidus, fupra niger. Thorax punctis
paucis fparfis impreffus.

12. Sc. muticus, elytris glabris laeuiffimis, clypeo *vernalis*
rhombeo: vertice prominulo. Ent. fyft. 1.
31. 98. Linn. fyft. Nat. 2. 541. 83. Fn. Sv.
389.

Geoff. Inf. 1. 77. 10.

Voet. Scarab. tab. 20. fig. 135.

Oliv. Inf. 1. 3. 66. 74. tab. 2. fig. 15.

Herbft. Col. 2. tab. 18. fig. 1.

Habitat in Europae ftercore, Mofchum fpirans.

A. Lanio Collurione et Excubitore aculeis Pruni
fpinofae affigitur.

13. Sc. muticus laeuiffimus opacus, thorace longi- *laeuigatus*
tudine elytrorum. Ent. fuppl. 25. 98.

Scarabaeus hemifphaericus. Oliv. 1. 3. 66.
75. tab. 2. fig. 15.

Habitat in Tangier. D. Sehousboe. Muf. Dom.
Seheftedt.

cordatus. 14. Sc. muticus ater, thorace antice cordato impreffo mucronato, capite bituberculato. Ent. fyft.
1. 31. 99. °
Habitat in Infula Guadeloupe. Muf. Dom. Lund.

fplendidus 15. Sc. muticus viridi-nitens, elytris ftriatis. Ent.
fyft. 1. 32. 103. °
Oliv. Inf. 1. 3. 67. 75. tab. 14. fig. 126.
Habitat in America. Dom. Drury.

Blackbur- 16. Sc. muticus, thorace nigro-aeneo, elytris ftria-
nii.   tis atris. Ent. fyft. 1. 35. 113. °
Habitat in America. Muf. D. Blackburn.
Statura omnino Sc. vernalis, at duplo fere minor.

teftaceus. 17. Sc. muticus, capite bituberculato, elytris pun-
ctato-ftriatis. Ent. fyft. 1. 27. 83.
Oliv. Inf. 1. 3. 69. 77. tab. 17. fig. 138.
Iabl. Col. 1. tab. 12. fig. 3.
Habitat in Anglia. Dom. Lee.
Forte varietas Sc. mobilicornis feminae.

4. ONITIS. *Palpi* poftici compreffi pilofi.
Mandibula compreffa, membrana-
cea.
Ligula bifida: laciniis obouatis,
palpigeris.
Labium emarginatum.
Antennae clauato-lamellatae.

* *Scutellati.*

Inuus. 1. O. fcutellatus, capite quadrituberculato, corpore
viridi-aeneo. Ent. fuppl. 25. 1.

Sca-

Onitis corpus medium, depreffum, planiufculum, immarginatum, tardum; ore hirto, clypeo porrecto, rotundato, integro,

Scarabaeus Inuus. Ent. fyft. 1. 22. 68. *

Oliv. Inf. 1. 3. 138. 165. tab. 14. fig. 135.

Iabl. Col. 2. tab. 11. fig. 4.

Habitat in Sierra Leon. Africae.

2. O. fcutellatus, capite tuberculato, elytris tefta- *Aygulus.*
   ceis. Ent. fuppl. 25. 2.

Scarabueus Aygulus. Ent. fyft. 1. 23. 68.

Oliv. Inf. 1. 3. 136. 164. tab. 13. fig. 120.

— — — — tab. 4. fig. 28.

Voet. Col. tab. 28. fig. 42.

Habitat in India. Muf. Dom. Banks.

3. O. fcutellatus, thorace vtrinque dilatato, elytris *Lophus.*
   cinereo fufcoque variis. Ent. fuppl. 26. 4. *

Habitat in Barbaria. Dom. Sehousboe. Muf. D.
   Lund.

4. O. fcutellatus, capitis clypeo rotundato: cornu *Clinius.*
   medio breuiffimo. Ent. fuppl. 25. 3.

Scarabaeus Clinius. Ent. fyft. 1. 19. 56.

Scarabaeus Hungaricus. Iabl. Col. 2. tab. 16.
   fig. 4.

Scarabaeus Moeris. Pall. Icon. Inf. tab. A. fig. 2.

Scarabaeus irroratus. Roff. Fn. Etr. 7. 16.

Habitat in Europa auftraliori. Dom. Hybner.

5. O.

---

gro, interdum tuberculato, oculis magnis, rotundatis,
vtrinque confpicuis, hamo anteriore firmante dimidiatis,
poftice infertis, thorace laeui, puuctis quatuor impreffo,
marginibus deflexis, rotundatis, fcutello interdum nullo,
interdum breui, triangulari, elytris planiufculis, longitudine abdominis, pedibus breuibus validis, femoribus craffis,
compreffis, tibiis anticis arcuatis, extus dentatis, tarfis
nullis, pofticis breuibus, apice craffioribus, dentatis, tarfis
quinquearticulatis.

Onitis genus Copridi certe affine. Differt tamen Ligulae figura. Characterem generis naturalem in Entomologiae fupplemento dedi.

Vandelli. 5. O. fcutellatus thorace inermi capitis clypeo acuto: cornu poftico breuiffimo.

Habitat in Lufitania. Muf. D. Lund.

Statura et fumma affinitas O. Cliniae, at capitis
clypeus haud rotundatus, fed acutus et cornu
fere in ipfo margine poftico pofitus.

Apelles. 6. O. fcutellatus, capitis cornu breuiffimo, elytris
cinereis: punctis eleuatis atris. Ent. fuppl.
26. 5.

Scarabaeus Apelles. Ent. fyft. 1. 18. 53. *

Oliv. Inf. 1. 3. 41. 170. tab. 11. fig. 97.

Iabl. Coleopt. 2. tab. 13, fig. 9.

Voet. Col. tab. 25. fig. 33.

Habitat ad Cap. Bon. Spei. Muf. Dom. Banks.

** *Exfcutellati fcutello omnino nullo.*

Bifon. 7. O. exfcutellatus, thorace antice mucronato, capite cornubus duobus lunatis.

Scarabaeus Bifon. Ent. fyft. 1. 50. 164. Linn.
fyft. Nat. 2. 547. 27.

Oliv. Inf. 1. 3. 120. 140. tab. 6. fig. 43.

Iabl. Col. 2. tab. 15. fig. 6.

Roff. Fn. Etr. 12. 25.

Habitat in Gallia, Hifpania.

Femina thoracis margine antico ftriga marginata
capitisque clypeo dentibus tribus eleuatis.

Iafius. 8. O. exfcutellatus, thorace antice bidentato, capite
cornubus duobus breuibus bafi connatis.

Scarabaeus Iafius. Oliv. Inf. 1. 3. tab. 7. fig. 50.

Voet. Col. 1. tab. 12. fig. 12.

Habitat in America meridionali. Muf. Dom. Lund.

Statura et magnitudo omnino O. Bifontis. Capitis
clypeus rotundatus, in medio acute bidentatus
centroque eleuato cornubus duobus paruis,
acutis. Thorax eleuatus, bidentatus vtrinque
puncto

puncto posticeque duobus impreffus. Elytra
striata. Corpus nigrum subtus hirtum.

9. O. exfcutellatus, niger opacus, capite fubcornu- *Sphinx.*
to. Ent. fuppl. 26. 6.

Scarabaeus Sphinx. Ent. fyft. 1. 53. 173.

Scarabaeus fulcratus. Wulff. Inf. Cap. tab. 2.
fig. 17.

Oliv. Inf. 1. 3. 135. 162. tab. 7. fig. 57.
Iabl. Coleopt. 2. tab. 13. fig. 8.
Voet. Col. tab. 26. fig. 30.
Herbft. Arch. tab. 19. fig. 17.
Drury Inf. 1. tab. 35. fig. 8.
Habitat in India orientali.
O. Inuo nimis affinis.

10. O. exfcutellatus, thorace mutico, capite lineis *Belial.*
duabus transuerfis, femoribus tibiisque anticis
acute dentatis. Ent. fuppl. 27. 8.

Scarabaeus cupreus. Oliv. Inf. 1. 3. tab. 7.
fig. 58.

Habitat Cajennae. Dom. Richard.

11. O. exfcutellatus, thorace inermi, capite lineis *vnguicula-*
duabus transuerfis, femoribus dentatis, tibiis *tus.*
anticis fubtus vnguiculatis. Ent. fuppl. 27. 7.

Scarabaeus vnguiculatus. Ent. fyft. 1. 53.
174.

Oliv. Inf. 1. 3. 157. 192. tab. 20. fig. 180.
Habitat in Senegallia. Muf. Dom. Olivier.

12. O. exfcutellatus, thorace mutico, capitis cornu *Nicanor.*
recuruo bidentato, elytris ftriatis.

Scarabaeus Nicanor. Ent. fyft. 1. 54. 174.
Scarabaeus fulcatus. Drury Inf. 1. tab. 35. fig. 1.
Iabl. Col. 2. tab. 15. fig. 8.
Habitat in America.

Menalcas. 13. O. exfcutellatus aeneus, elytris teftaceis: lineis eleuatis aeneis.

Scarabaeus Menalcas.   Pall, Icon. 1, tab. A. fig. 4.

Habitat in Roffia. Dom. Weber.

Elytris teftaceis aeneo-lineatis diftinctus.

Philemon. 14. O. exfcutellatus obfcure aeneus thorace mutico, capite fubcornuto, elytris fulcatis.

Habitat in India orientali. Dom. Daldorff.

Summa affinitas O. Sphingis, cuius varietatem olim credidi, at diftinctus videtur. Differt duplo fere minor, colore obfcure aeneo, elytrisque magis fulcatis.

5. COPRIS. *Palpi* poftici pilofi.

Mandibula compreffa membranacea.

Ligula bifida: laciniis linearibus intus dentatis.

Labium rotundatum apice emarginatum.

Antennae clauato-lamellatae.

* *Thorace cornuto.*

Oedipus. 1. C. thoracis cornu plano fubtus dentato, capitis truncato tridentato.

Sca-

Copridis corpus magnum, gibbum, immarginatum, tardum, clypeo magno, rotundato, faepius integro, oculis paruis rotundatis, vtrinque confpicuis, poftice infertis, thorace rotundato, gibbo: marginibus deflexis, faepius cornuto, aut inaequali fcutello nullo, elytris rigidis longitudine abdominis, pedibus breuibus, validis, femoribus craffis, rotundatis, tibiis dentatis, tarfis quinquearticulatis, colore faepius nigro interdum aeneo aut rufo.

Scarabaeus Oedipus. Ent. fyft. 1. 40. 132. ♂
Oliv. Inf. 1. 3. 112. tab. 13. fig. 121.
Habitat ad Cap. Bon. Spei. Muf. Dom. Banks.

2. C. thorace late foueolato antice cornu recuruo, *Rhadami-*
capite inermi, elytris rufis: futura punctisque   *ftus.*
duobus nigris.

Scarabaeus Rhadamiftus. Ent. fyft. 1. 40.
133. ♀
Habitat in Coromandel. Dr. Koenig.

3. C. thorace cornubus duobus porrectis acutis, ca- *nemeftri-*
pitis erecto fubulato.   *nus.*

Scarabaeus nemeftrinus. Ent. fyft. 1. 41. 134. ♀
Scarabaeus tricornutus. Degeer Inf. 7. 6. 37.
tab. 47. fig. 16.
Oliv. Inf. 1. 3. 104. 120. tab. 12. fig. 115.
Iabl. Col. 1. tab. 7. fig. 6.
Herbft. Arch. tab. 48. fig. 1.
Habitat ad Cap. Bon. Spei. Muf. Dom. Banks.

4. C. thorace prominente bilobo, capitis recuruo *Iachus.*
fimplici.

Scarabaeus Iachus. Ent. fyft. 1. 41. 135. ♀
Oliv. Inf. 1. 3. 105. 121. tab. 22. fig. 195.
Iabl. Col. 1. tab. 7. fig. 7.
Habitat ad Cap. Bon. Spei. Muf. D. Banks.

5. C. thorace prominente fubemarginato, capite mu- *haftator.*
tico. Ent. fuppl. 28. 135. ♀
Habitat in America boreali. Dr. Hirfchel.

6. C. thorace prominentia duplici, capitis cornu ere- *Sabaeus.*
cto fimplici longitudine thoracis.
Scarabaeus Sabaeus. Ent. fyft. 1. 41. 136. ♀
Oliv. Inf. 1. 3. 118. tab. 9. fig. 185.
Habitat in Coromandel. Dr. Koenig.
Femina thorace mutico, capitis linea media transe
uerfa eleuata.

7. C.

Nanus.   7. C. thorace prominentia duplici, capitis cornu erecto simplici longitudini capitis.

Scarabaeus *Nanus.* Ent. fyft. 1. 42. 137. *

Habitat Tranquebariae. Muf. D. Lund.

Femina minor thorace mutico, capitis clypeo linea media transuerfa eleuata.

fplendidu-   8. C. thorace aeneo: cornubus duobus compreffis
lus.   nigris, capitis erecto apice compreffo.

Scarabaeus *fplendidulus.* Ent. fyft. 1. 42. 138.

Oliv. Inf. 1. 3. 111. 128. tab. 2. fig. 18.

Habitat in America meridionali. Muf. Dr. Hunter.

confpicil-   9. C. viridis, thorace retufo bidentato, capite atro:
latus.   cornu recuruo.

Habitat in Brafilia. Dom. Weber.

Statura omnino C. feftiui. Clypeus rotundatus, ater, cornu erecto, recuruo. Thorax viridis antice in medio valde retufus, vtrinque dente breui, compreffo obtufo maculaque magna nigra. Punctum vtrinque impreffum, poftice inter elytra acuminatus. Elytra fulcata, viridia, immaculata. Corpus nigrum.

feftiuus.   10. C. thorace gibbo bicorni, capitis cornu erecto, elytris rubro - aeneis.

Scarabaeus *feftiuus.* Ent. fyft. 1. 42. 139. F.

Linn. fyft. Nat. 2. 552. 52.

Roef. Inf. 2. fcar. 1. tab. B. fig. 3.

Voet. Scarab. tab. 23. fig. 5. 7.

Oliv. Inf. 1. 3. 110. 127. tab. 3. fig. 21.

Iabl. Coleopt. 1. tab. 7. fig. 8. 9.

Habitat in America.

Femina minor thorace mutico aequali nigro maculato, capite mutico.

Harpax.   11. C. auratus, thorace bidentato, capitis cornu elongato recuruo, elytris teftaceis.

Habi-

Habitat in Guinea. Muf. Dom. de Sehestedt.

Statura et summa affinitas C. Pactoli. Clypeus rotundatus, aeneus, pallide villosus, cornu elongato, recuruo, atro, edentulo. Thorax antice bidentatus, aeneus, margine antico et laterali villosis, pallidis. Elytra striata, testacea. Corpus aeneum.

Variat capitis cornu dimidio breuiore.

12. C. thorace bidentato, capitis cornu elongato re- *Pactolus.* curuo: medio bidentato.

Scarabaeus Pactolus. Ent. syst. 1. 42. 140. *
Oliv. Inf. 1. 3. 119. 139. tab. 16. fig. 144.
Iabl. Col. 1. tab. 8. fig. 1.
Habitat in America. Muf. Dr. Hunter.

13. C. thorace bidentato, aeneus, capitis cornu elon- *aurata.* gato: medio bidentato.

Habitat in Guinea. Muf. Dom. de Sehestedt.
Affinis certe C. Pactolo, at corpus totum aeneum.

14. C. thorace bicorni: cornubus breuissimis, capi- *Pithecius.* tis cornu erecto subulato.

Scarabaeus Pithecius. Ent. syst. 1. 43. 141. *
Oliv. Inf. 1. 3. 117. 136. tab. 9. fig. 73.
Iabl. Col. 1. tab. 8. fig. 2. 3.
Habitat in Indiis. Muf. Britann.

15. C. thorace antice, clypeo postice bicorni. *Seniculus.*

Scarabaeus Seniculus. Ent. syst. 1. 43. 142. *
Oliv. Inf. 1. 3. 124. 146. tab. 7. fig. 56.
Panz. Naturforsch. 24. 4. 5. tab. 1. fig. 5.
Iabl. Col. 1. tab. 8. fig. 4. 5.
Herbst. Arch. tab. 19. tab. 16.
Habitat Tranquebariae. Muf. Dom. Schulz.
Variat puncto vno alteroue flauescente apicis.

16. C. thorace gibbo, antice bidentato, capitis cor- *Iauana.* nubus duobus distantibus erectis.

Habitat in Iaua Infula. Muf. Dom. Bofc.

Statura et magnitudo C. Seniculi. Capitis clypeus rotundatus, integer, vtrinque cornu breui
recto, erecto, fere marginali. Thorax valde
eleuatus, gibbus, punctatus, niger, antice ob-
tufus, tuberculis duobus paruis, obtufis. Elytra ftriata, obfcura, bafi parum pallefcentia.

metallica. 17. C. thorace aeneo antice denticulis duobus compreffis, capitis clypeo linea eleuata carinata.
Ent. fuppl. 28. 142. *

Habitat in India orientali. Dom. Daldorff.

Guineenfis. 18. C. thorace bidentato aeneo, capitis cornu eleuato breui.

Scarabaeus Guineenfis. Ent. fyft. 1. 43. 143. *
Habitat in Guinea. Dom. Ifert.

Femina clypei linea transuerfa carinata, vtrinque
in cornu acutum porrecta.

Canadenfis. 19. C. viridis, thorace fupra caput porrecto: cornubus duobus apice emarginatis, capite inermi.
Habitat in Canada. Muf. Dom. Bofc.

Paruus. Capitis clypeus porrectus, fubangulatus,
viridis. Thorax planus, punctatus, antice valde fupra caput protenfus, bicornis vel potius
late emarginatus: laciniis incraffatis, emarginatis. Elytra fubftriata, viridia.

latebrafus. 20. C. thorace fcabro fupra caput protenfo fubbi-
fido, capitis clypeo apice reflexo acuto.
Habitat in Carolina. Muf. Dom. Bofc.

Paruus. Capitis clypeus apice valde reflexus acutus. Thorax niger punctis eleuatis, fcaber, antice fupra caput porrectus, bidentatus, vix tamen cornutus. Elytra ftriis punctatis nigra.
Corpus nigrum.

Femi-

Femina clypeo fubreflexo thoraceque antice vix
porrecto.

21. C. thorace bidentato aeneo, clypeo mutico emar- *pygmaea.*
ginato, elytris teftaceis nigro - punctatis,
Scarabaeus pygmaeus. Ent. fyft. 1. 44. 144. *
Act. Hall. 1. 239.
Habitat Tranquebariae. Dom. Hybner.

22. C. ater, thorace bidentato, capitis cornu erecto *Pardalis.*
breui. Ent. fuppl. 29. 144. *
Habitat in India orientali. Dom. Daldorff.

23. C. thorace antice bidentato, clypeo lineis dua- *Catta.*
bus eleuatis transuerfis carinatis.
Scarabaeus Pardalis. Ent. fyft. 1. 43. 145. *
Oliv. Inf. 1. 3. 124. 147. tab. 23. fig. 201.
Habitat in Coromandel. Dom. Zfchuck.

24. C. thorace antice bicorni, poftice eleuato tri- *Rofalia.*
corni, capitis cornu compreffo ferrato.
Scarabaeus Rofalius. Ent. fyft. 1. 44. 146.
Habitat in America. Dom. Baker.

25. C. thorace tridentato, capitis cornu recuruo, *Ammon.*
elytris ftriatis.
Scarabaeus Ammon. Ent. fyft. 1. 44. 147. *
Oliv. Inf. 1. 3. 123. 145. tab. 12. fig. 111.
Iabl. Col. 1. tab. 9. fig. 1.
Habitat in America. Muf. Dom. Banks.

26. C. thorace tricorni: cornubus fubaequalibus de- *Eryx.*
preffis, capite cornubus duobus erectis, bafi
connatis.
Habitat in Guinea. Muf. D. de Seheftedt.
Statura et magnitudo C. Hamadryadis. Capitis
clypeus rotundatus, dilatatus, in medio fiffus.
Cornua duo erecta, capite longiora, bafi connata. Thorax fcaber, eleuatus, dorfo plano cor-

nubus

                      nibus tribus planis, depressis aequalibus. Ely-
tra striata, basi tuberculis aliquot eleuatis.

Midas.   27. C. thorace tricorni, capitis clypeo sinuato bicorni.

        Scarabaeus Midas. Ent. syst. 1. 45. 148. ♂
        Oliv. Inf. 1. 3. 99. 114. tab. 20. fig. 183.
        Habitat in America. Muf. Dom. Banks.

Hama-   28. C. thorace tricorni: intermedio plano acuto bi-
dryas,   dentato, clypeo reflexo bicorni.

        Scarabaeus Hamadryas. Ent. syst. 1. 45. 149. ♀
        Oliv. Inf. 1. 3. 98. 112. tab. 10. fig. 92.
                            tab. 23. fig. 92.
        Habitat ad Cap. Bon. Spei. Muf. Dom. Banks.

lunaris,   29: C. thorace tricorni: medio obtufo bifido, capitis cornu erecto, clypeo emarginato.

        Scarabaeus lunaris. Ent. syst. 1. 46. 150. Linn.
        syst. Nat. 2. 543. 10. Fn. Sv. 379.
        Oliv. Inf. 1. 3. 114. 132. tab. 5. fig. 36.
        Geoff. Inf. 1. 88. 1.
        Iabl. Col. 1. tab. 8. fig. 7.
        Roef. Inf. 1. fcarab. tab. B. fig. 2.
        Frifh. Inf. 4. tab. 7.
        Schaeff. Icon. tab. 63. fig. 3.
        Voet. Scarab. 1. tab. 25. fig. 24. 25.
                     tab. 26. fig. 26.
        Habitat in Europae ftercore.

        Clypeus in vtroque fexu cornutus, at femina tho-
race mutico.

        Character generis in Entomologiae fupplemento
datus, emendandus.

        Palpi quatuor inaequales, filiformes, *anteriores*
paullo longiores, quadriarticulati: articulis
fubaequalibus; vltimo cylindrico, acutiufculo,
adhaerentes maxillae dorfo, *pofteriores* bre-
                            uiores.

uiores, pilofi, triarticulati: articulo vltimo
breui, fubglobofo, adnati fub ligulae apice.
Labrum reconditum, rotundatum, membranaceum, ciliatum. *Mandibula* membranacea,
compreffa, ciliata. *Maxilla* bafi cornea, apice
membranacea, rotundata, vnidentata. *Ligula*
membranacea, bifida: laciniis linearibus, intus
denticulatis. *Labium* breue, corneum, rotundatum, apice emarginatum.

30. C. thorace inaequali fubtricorni, capitis cornu *emargina-*
erecto, emarginato. Illig. Fn. Bor. 1. 30. 1. β. *ta.*
Scarabaeus emarginatus. Ent. fyft. 1. 46. 151.°
Oliv. Inf. 1. 3. 115. 133. tab. 8. fig. 64.
Degeer Inf. 4. 257. 2. tab. 10. fig. 1.
Schaeff. Icon. tab. 63. fig. 2.
Habitat in Europae ftercore.
Praecedentis videtur varietas.

31. C. thorace triretufo tricorni: medio quadriden- *caelata*
tato, capitis cornu elongato recuruo intus vnidentato. Ent. fyft. App. 435. 9
Voet. Col. tab. 23. fig. 6.
Habitat ad Cap. Bon. Spei.

32. C. thorace prominentia triplici, capite tricorni; *Belzebub*
medio maiori.
Scarabaeus Belzebul. Ent. fyft. 1. 46. 152.
Oliv. Inf. 1. 3. 107. 124. tab. 14. fig. 136.
Habitat in America. Dom. Drury.

33. C. thorace prominentia triplici, capitis cornu *bifafciata*
erecto, elytris nigris: fafciis duabus rufis.
Scarabaeus bifafciatus. Ent. fyft. 1. 47. 153. 9
Oliv. Inf. 1. 3. 129. 135. tab. 13. fig. 119.
Iabl. Col. 2. tab. 9. fig. 2.
Habitat in Coromandel. Muf. Dom. Banks.

34.

Dromeda-
rius.
34. C. thorace prominentia triplici rufo, elytris fla-
nis: puncto fasciaque nigris. Ent. suppl. 29,
153.

Habitat in India orientali. Muf. D. de Seheftedt.

Sinon.
35. C. thorace quadridentato, capitis cornu recuruo
fubulato.
Scarabaeus Sinon. Ent. fyft. 1. 47. 154. *
Oliv. Inf. 1. 3. 128. 144. tab. 9. fig. 79.
Habitat in Infula Goree Africae.

Faunus.
36. C. thorace quadricorni: cornubus mediis breuiffimis, capitis cornu recuruo ferrato.
Scarabaeus Faunus. Ent. fyft. 1. 47. 155. *
Oliv. Inf. 1. 3. 103. 119. tab. 7. fig. 87.
tab. 22. fig. 87.

Iabl. Col. 1. tab. 9. fig. 3.
Drury Inf. 3. tab. 48. fig. 6.
Voet. Col. tab. 24. fig. 15.
Habitat Cajennae.

Pirmal.
37. C. thorace quadricorni: cornubus intermediis
depreffis, capitis cornu breui obtufo. Ent.
suppl. 29. 155.
Habitat in India orientali. Daldorff. Muf. de
Seheftedt.

Tarandus.
38. C. thorace quadricorni, capite cornubus duobus
compreffis.
Scarabaeus Tarandus Ent. fyft. 1. 48. 156. *
Habitat in India orientali. Dom. Lee.

Capucinus.
39. C. thorace quadridentato, capitis cornu recumbente: vtrinque vnidentato.
Scarabaeus Capucinus. Ent. fyft. 1. 48. 156. *
Oliv. Inf. 1. 3. 117. 135. tab. 2. fig. 12.
tab. 25. fig. 12.

Iabl. Col. 1. tab. 9. fig. 4.

Habi-

Habitat in India orientali. Muf. D. Banks.
Femina thorace mutico, capite linea eleuata, carinata.

40. C. thorace fubquadridentato, capitis cornu ele- *Carmelita.*
uato intus bidentato.
Habitat in Guinea. Muf. Dom. Lund.
Statura C. Capucini, at duplo minor. Capitis clypeus rotundatus, reflexus, integer. Cornu capite longius, eleuatum, intus denticulis duobus breuibus, approximatis. Thorax eleuatus, denticulis fere obfoletis punctoque vtrinque impreffo. Elytra ftriata.

41. C. thorace quadridentato, capitis cornu breuiffi- *lucida.*
mo transuerfo, elytris teftaceis: futura nigra.
Habitat in Auftria. Dom. Mecherle.
Statura C. Lemuris. Clypeus pubefcens, rotundatus, emarginatus, poftice cornu breui, vel potius linea transuerfa eleuata. Thorax pubefcens, ater antice denticulis quatuor. Elytra ftriata, liuida, futura nigra. Corpus pubefcens, nigrum.

42. C. thorace quadridentato cupreo, clypeo poftice *Lemur.*
transuerfo carinato, elytris teftaceis.
Scarabaeus Lemur. Ent. fyft. 1. 48. 158.
Oliv. Inf. 1. 3. 129. 152. tab. 21. fig. 191.
Iabl. Col. 2. tab. 16. fig. 9.
Panz. Naturf. 24. 5. 6. tab. 1. fig. 6.
Habitat in Germania haud infrequens.

43. C. thorace quadridentato, clypeo poftice bicorni *Camelus.*
corpore atro.
Scarabaeus Camelus. Ent. fyft. 1. 49. 159.
Oliv. Inf. 1. 3. 149. tab. 20. fig. 181.
Herbft. Col. 2. tab. 14. fig. 9.
Illig. Col. Bor. 1. 44. 6.
Panz.

Panz. Naturf. 24. 6. 7. tab. 1. fig. 7.

Habitat in Germaniae ftercore.

Femina clypeo linea duplici transuerfa carinata: pofteriore maiore.

Vertagus. 44. C. thorace fubquadridentato, clypeo poftice linea eleuata bicorni: Ent. fuppl. 30. 159. *

Habitat in China. Muf. Dom. Lund.

Melitaeus. 45. C. thorace quadridentato, clypeo reflexo poftice bicorni, corpore atro. Ent. fuppl. 30. 159. *

Habitat in Tangier. D. Sehousboe. Muf. Dom. de Seheftedt.

vnifafcia-ta. 46. C. thorace quinquedentato, ater elytris teftaceis: fafcia nigra.

Scarabaeus vnifafciatus. Ent. fyft. 1. 49. 160. *

Act. Hall. 1. 240.

Habitat Tranquebariae. Dom. Hybner.

Aefon. 47. C. thorace fexdentato, clypeo rhombeo: centro prominulo, elytris laeuibus.

Scarabaeus Boas. Ent. fyft. 1, 49. 161. *

Habitat in India. Dom. Daldorff.

Statura omnino Scarabaei, at exfcutellatus.

Antenor. 48. C. thorace truncato, multidentato, capitis cornu eleuato tridentato,

Scarabaeus Antenor. Ent. fyft. 1. 49. 162. *

Oliv. Inf. 1. 3. 97. 111. tab. 6. fig. 42.

Habitat in Senegallia, Dom. Olivier.

** *Thorace inermi, capite cornuto.*

Bonafus. 49. C. thorace prominentia duplici, capite bicorni: cornubus lateralibus maioribus arcuatis,

Scarabaeus Bonafus. Ent. fyft. 1. 50. 163. *

Oliv. Inf. 1. 3. 121. 142. tab. 9. fig. 82.

Iabl. Col. 2. tab. 13. fig. 3. 4.

Herbft. Arch. tab. 43. fig. 2.

                                        Pall.

Pall. Icon. 5. tab. A. fig. 5.
Schroet. Abh. 1. tab. 3. fig. 5.
Habitat in India orientali.

50. C. thorace antice mucronato, capitis cornu foli- *fagittarius.*
tario erecto.

Scarabaeus fagittarius. Ent. fyft. 1. 50. 165.
Oliv. Inf. 1. 3. 126. 148. tab. 14. fig. 133.
Habitat in China. Muf. D. Lund.

51. C. thorace antice mucronato, capite linea trans- *Nimrod.*
uerfa carinata vtrinque cornuta.

Habitat in Guinea. Muf. D. de Seheftedt.

Statura et magnitudo praecedentis. Capitis clypeus rotundatus, integer, obfcurus, in medio
linea valde eleuata, transuerfa, carinata, vtrinque porrecta. Thorax aeneus medio antico
mucronato anguloque vtrinque porrecto. Elytra teftacea fafcia lata nigra.

52. C. thorace antice mucronato, capitis cornu por- *Venator.*
recto bifido.

Habitat in Iava. Muf. Dom. Bofc.

Statura et magnitudo C. fagittarii. Capitis clypeus apice rotundatus, fubfenuatus, pallefcens,
cornu elongato, recuruo, apice bifido. Thorax
obfcurus, vtrinque macula marginali, pallefcente, antice mucronatus in fpinam prominentem,
validam, acutam. Elytra ftriata, liuida. Corpus obfcurum, pedibus quatuor pofticis pallidis.

53. C. thorace antice mucronato, capite cornubus *Vulcanus.*
duobus recuruis,

Habitat Tranquebariae. Muf. D. Lund.

Statura parua praecedentium. Capitis clypeus
rotundatus, reflexus, integer, cornubus duobus, capite longioribus, recuruis, fere truncatis. Thorax punctatus, obfcure aeneus, antice
valde

valde mucronatus. Elytra fubftriata, nigra apice rufa.

Bucepha-
las.

54. C. thorace retufo quadridentato, capitis clypeo angulato: cornu breui erecto.

Scarabaeus Bucephalus. Ent. fyft. r. 5r. 166.
Oliv. Inf. 1. 3. 99. 113. tab. 4. fig. 26.⎫
              tab. 10. fig. 92.⎬ omnes
              tab. 22. fig. 92.⎭ feminae.

Iabl. Col. 2. tab. 13. fig. 1. 2. mas.

Habitat in India orientali, Guinea.

Cornu capitis maris erectum, haud emarginatum.

Femina minor, thorace linea transuersa, carinata, capitisque clypeo cornu eleuato, breui, truncato, fubemarginato.

Gigas.

55. C. thorace retufo: margine eleuato repando, capitis cornu breuiffimo tridentato, clypeo repando.

Scarabaeus Gigas thorace inermi retufo, capite inermi fupra margineque angulato. Linn. fyft. Nat. 2. 549. 36. Muf. Lud. Vlr. 16.

Oliv. Inf. 1. 3. tab. 14. fig. 137.

Habitat in India orientali. Muf. D. de Seheffedt.

Corpus maximum. Clypeus porrectus rotundatus margine repando. Thorax eleuatus margine antico valde prominente, repando. Elytra fubftriata.

Moloffus.

56. C. thorace retufo bidentato vtrinque impreffo, clypeo lunato vnicorni integro, elytris laeuibus. Ent. fyft. 1. 51. 167.

Scarabaeus Moloffus. Linn. fyft. Nat. 2. 543. 8. Muf. Dom. Vlr. 11.

Oliv. Inf. 1. 3. 100. 115. tab. 5. fig. 37.

Iabl. Col. 1. tab. 8. fig. 10.

Drury Inf. 1. tab. 32. fig. 2.

Habitat in China officinalis.

57. C.

57. C. thorace bidentato: vtrinque impreſſo, capitis *Vrſus.*
cornu breui vtrinque baſi vnidentato.
Oliv. Inſ. 1. 3. tab. 4. fig. 25.
tab. 19. fig. 25.
Habitat in China. Muſ. D. de Seheſtedt.
Statura omnino C. Moloſſi, cuius varietatem olim
credidi. Clypeus porrectus, rotundatus, cornu
erecto breui, baſi craſſiori, vtrinque vnidentato. Thorax in medio linea eleuata, carinata,
abbreuiata, vtrinque vnidentata. Punctum magnum vtrinque impreſſum. Elytra laeuia.
Femina minor, thorace linea parua eleuata, capiteque linea transuerſa carinata.

58. C. violaceus, thorace dentato, capitis cornu an- *lancifer.*
gulato, elytris fulcatis.
Scarabaeus lancifer. Linn. ſyſt. Nat. 2. 544.
13. Ent. ſyſt. 1. 51. 168.
Oliv. Inſ. 1. 3. 102. 117. tab. 4. fig. 32.
Iabl. Col. 2. tab. 15. fig. 1.
Voet. Col. tab. 23. fig. 1. 2.
Schroet. Abhandl. 1. tab. 3. fig. 4.
Habitat in America meridionali.

59. C. thorace retuſo eleuato, capitis cornu recur- *Paniſcus.*
uo, clypeo fiſſo.
Scarabaeus Paniſcus. Ent. ſyſt. 1. 51. 169. *
Linn. ſyſt. Nat. 2. 546. 20. Muſ. Lud. Vlr.
15.
Oliv. Inſ. 1. 3. 112. 130. tab. 5. fig. 34.
Habitat in Europa auſtrali, Mauritania.

60. C. thorace retuſo binodi, capitis cornu erecto *Carolina.*
breuiſſimo, clypeo integro, elytris fulcatis.
Scarabaeus Carolinus. Ent. ſyſt. 1. 52. 170. °
Linn. ſyſt. Nat. 2. 545. 16.
Oliv. Inſ. 1. 3. 134. 160. tab. 12. fig. 113.
Iabl.

Iabl. Col. 2. tab. 14. fig. 2.
Drury Inf. 1. tab. 35. fig. 2.
Voet. Scarab. tab. 24. fig. 14.
Habitat in Carolina.

Nifus. 61. C. thorace inermi rotundato, capitis cornu breuiffimo emarginato.
Scarabaeus Nifus. Ent. fyft. 1. 52. 171. *
Oliv. Inf. 1. 3. 139. 166. tab. 2. fig. 17.
Habitat Cajennae. Muf. D. Olivier.
Femina minor, tuberculo capitis transuerfo.

Meleager. 62. C. thorace inermi, capitis cornu breui compreffo truncato, corpore virefcente. Ent. fuppl. 30. 172. *
Habitat Cajennae. Dom. Cuvier.

orientalis. 63. C. thorace rotundato, capitis cornu breuiffimo, elytris ftriatis.
Scarabaeus orientalis. Ent. fyft. 1. 52. 172. *
Habitat in India orientali. Muf. D. Banks.

Dorcas. 64. C. ater nitidus, thorace rotundato, capitis cornu recuruo. Ent. fuppl. 31. 172. *
Habitat in Mauritania. D. Sehousboe. Muf. Seheftedium.

Tullius. 65. C. thorace canaliculato vtrinque retufo, capitis cornu breuiffimo, elytris ftriatis.
Scarabaeus Tullius Oliv. Inf. 1. 3. tab. 19. fig. 88.
tab. 11. fig. 98.
Habitat in India orientali. Muf. D. Lund.
Affinis certe C. orientali, at thorax dorfo canaliculato antice vtrinque retufo.

Plutus. 66. C. thorace mutico, vtrinque puncto impreffo, capitis cornu breuiffimo fubulato.
Scarabaeus Plutus. Ent. fyft. App. 4. 436. 172. *
Habitat in India orientali. Dom. Daldorff.

Femina

Femina minor capitis tuberculo eleuato, obtufo.-

67. C. thorace antice eleuato, capitis cornu trunca- *Fricator.*
to, fubemarginato, corpore aeneo.
Scarabaeus *Fricator*. Ent. fyft. 1. 54. 176.
Oliv. Inf. 1. 3. 122. 143. tab. 16. fig. 149.
Habitat in India. Muf. Dr. Hunter.

68. C. thorace mutico retufo angulato, capite ob- *Mimas.*
folete bicorni, elytris ftriatis inauratis.
Scarabaeus *Mimas*. Ent. fyft. 1. 54. 177. Linn.
fyft. Nat. 2. 545. 17. Muf. Lud. Vlr. 9.
Oliv. Inf. 1. 3. 108. 123. tab. 7. fig. 50.
Iabl. Col. 2. tab. 15. fig. 2. 3.
Voet. Col. tab. 23. fig. 4.
Roef. Inf. 2. Scarab. 1. tab. B. fig. 1.
Sulz. Hift. Inf. tab. 1. fig. 4.
Habitat in America meridjonali.
Forte ad Onitis genus amandandus.

69. C. thorace mutico, occipite cornubus duobus *Taurus.*
reclinatis arcuatis.
Scarabaeus *Taurus*. Ent. fyft. 1. 54. 178.
Linn. fyft. Nat. 2. 547. 26. Geoff. Inf. 1. 92.
Oliv. Inf. 1. 3. 144. 174. tab. 8. fig. 73.
Iabl. Col. 2. tab. 13. fig. 6. 7.
Voet. Col. tab. 24. fig. 16.
Schaeff. Icon. tab. 63. fig. 4.
Illig. Col. Bor. 1. 44. 8.
Panz. Fn. Germ. 12. tab. 3.
Habitat in Germania, Gallia.
Variat cornubus duplo breuioribus.
Femina lineis duabus eleuatis transuerfis clypei.

70. C. thorace aeneo acuminato, occipite fpina ere- *Vacca.*
cta gemina.

Sca-

Scarabaeus Vacca. Ent. fyft. 1. 55. 179. Linn.
fyft. Nat. 2. 547. 23.
Oliv. Inf. 1. 3. 128. 151. tab. 8. fig. 65.
Geoff. Inf. 1. 90. 5.
Iabl. Col. 2. tab. 14. fig. 3. 4.
Schaeff. Icon. tab. 73. fig. 4. 5.
Panz. Fn. Germ. 12. tab. 4. fem.
Illig. Col. Bor. 1. 41. 3.
Habitat in Germaniae ftercore bouino.
Femina clypeo lineis duabus eleuatis.

media. 71. C. thorace nigro acuminato, occipite fpina ge-
mina breui, elytris griffis nigro-punctatis.
Copris media. Illig. Col. Bor. 1. 41. 4.
Scarabaeus medius. Panz. Fn. Germ. 37. tab. 4.
Habitat in Auftria. Dom. Mecherle.

Capra. 72. C. thorace mutico, occipite cornubus duobus
fubarcuatis, corpore nigro obfcuro.
Scarabaeus Capra. Ent. fyft. 1. 55. 180. *
Scarabaeus recticornis. Leske Iter. 45. tab. A.
fig. 9.
Oliv. Inf. 1. 3. 145. 175. tab. 20. fig. 182.
Habitat Halae Saxonum. Dom. Hybner.
Mera varietas C. Tauri, obferuante D. Helwig.

Ceruus. 73. C. thorace mutico, capite cornubus duobus fub-
flexuofis, elytris bafi apiceque rufis. Ent.
fuppl. 31. 180. *
Habitat in India orientali. Dom. Daldorff.

Ibex. 74. C. thorace mutico, capite cornubus duobus bre-
uiffimis, elytris nigris flauo-maculatis.
Scarabaeus Ibex. Ent. fyft. 1. 55. 181. *
Habitat in India orientali. Dom. Lee.

Alces. 75. C. thorace mutico biretufo, capitis clypeo linea
eleuata transuerfa fubbicorni, corpore laeui
atro.

Sca-

Scarabaeus Alces. Ent. fyft. 1. 56. 182. *
Habitat in Hungaria. Dom. Hybner.

76. C. thorace fubmutico aeneo, occipite cornubus *Gazella*.
    duobus arcuatis, elytris teftaceis.
Scarabaeus Gazella. Ent. fyft. 1. 56. 183. *
Habitat in Guinea. Muf. Dom. Lund.

77. C. thorace mutico: margine antico flauefcente, *femorata*.
    capitis clypeo bidentato.
Copris femoratus. Illig. Wiedem. Arch. 1. 2.
    108. 5.
Copris bidens. Web. Inf. 36. 2.
Habitat in Sumatra. Dom. Daldorff.
Statura praecedentis. Clypeus rotundatus, inte-
    ger, occipite denticulus duobus eleuatis, bre-
    uibus. Thorax linea media bafeos impreffa
    punctatus, niger, antice fubretufus margine
    flauefcente. Elytra profunde ftriata, nigra.
    Corpus obfcure rufum.
Femina thoracis margine minus flaui capitisque
    clypeo denticulis minutiffimis.

78. C. thorace fubmutico, clypeo antice cornubus *Oryx*.
    duobus erectis, elytris grifeis.
Scarabaeus Oryx. Ent. fyft. 1. 56. 184. *
Habitat in China. Muf. Dom. Lund.

79. C. thorace mutico, capitis clypeo cornubus duo- *nuchidens*.
    bus erectis, coleoptrorum limbo grifeo.
Habitat Tranquebariae. Dom. Daldorff.
Corpus paruum, nigrum. Clypeus rotundatus,
    margine fubreflexo, in medio linea eleuata,
    acuta, poftice cornubus duobus erectis, breui-
    bus. Antennae teftaceae. Thorax ater, niti-
    dus, laeuus. Coleoptra ftriata, nigra limbo
    omni grifeo. Pedes nigri femoribus ferrugineis.

                   Variat

Variat elytris tantum lituris nigris et grifeis immaculatis.

Femina fimillima, at inermis.

Tragus. 80. C. thorace mutico, capite cornubus duobus rectiffimis, corpore atro.

Scarabaeus Tragus. Ent. fyft. 1. 56. 185. ✿

Habitat in China. Muf. D. de Seheftedt.

Antilopa. 81. C. thorace mutico aeneo, clypeo cornubus duobus erectis, corpore ferrugineo.

Habitat in India. Dom. Daldorff.

Statura omnino praecedentium. Capitis clypeus rotundatus: occipite cornubus duobus erectis. Thorax laeuis, aeneus, nitidus. Elytra ftriata vti totum corpus ferruginea.

Femina fimillima, at clypeo mutico.

Dama. 82. C. thorace mutico, clypeo cornubus duobus erectis, cotpore aeneo. Ent. fuppl. 32. 185. ✿

Habitat in India orientali. Dom. Daldorff.

Femina minor mutica.

Vitulus. 83. C. ater, thorace mutico retufo, capite cornubus duobus bafi connatis. Ent. fuppl. 82. 184. ✿

Habitat in India orientali. Dom, Daldorff.

Carnifex. 84. C. thorace mutico angulato, capitis cornu reflexo, corpore aeneo.

Scarabaeus carnifex Ent. fyft. 1. 57. 186. Linn. fyft. Nat. 2. 546. 22.

Oliv. Inf. 1. 3. 135. 161. tab. 6. fig. 46. tab. 10. fig. 86.

Iabl. Col. 2. tab. 15. fig. 4. 5.

Drury Inf. 1. tab. 35. fig. 3. 5.

Petiv. Gazoph. tab. 27. fig. 8.

Habitat in America.

Femina inermis.

85. C. thorace inermi cupreo, capite bafi tridenta- *tridens.*
to, elytris nigris.

Scarabaeus tridens. Ent. fyft. 1. 57. 187. *
Oliv. Inf. 1. 3. 139. 167. tab. 12. fig. 106.
Habitat in Africa. Muf. Dom. Banks.

86. C. thorace mutico retufo, clypeo cornuto emar- *Hifpanus.*
ginato, elytris ftriatis.

Scarabaeus Hifpanus. Ent. fyft. 1. 57. 188.
Linn. fyft. Nat. 2. 546. 21. Muf. Lud. Vlr. 12.
Oliv. Inf. 1. 3. 113. 131. tab. 6. fig. 47.
Iabl. Col. 2. tab. 16. fig. 3.
Petiv. Gazoph. 13. tab. 8. fig. 4.
Roff. Fn. Etr. 12. 26.
Voet. Scarab. 1. tab. 24. fig. 13.
Habitat in Europa auftraliori.

87. C. niger, thorace rotundato mutico, capitis cor- *Mopfus.*
nu erecto breuiffimo.

Scarabaeus Mopfus. Ent. fyft. 1. 58. 189. ✿
Habitat in India orientali. Dom. Lee.

88. C. thorace rotundato mutico, occipite fpina re- *fpinifex.*
curua.

Scarabaeus fpinifex. Ent. fyft. 1. 58. 196. *
Oliv. Inf. 1. 3. 148. 180. tab. 12. fig. 112.
Habitat in Coromandel. Muf. Dom. Banks.

89. C. thorace mutico retufo viridi, capitis cornu
bafi dilatato apice nutante. *Coenobita.*

Scarabaeus Coenobita. Ent. fyft. 1. 58. 191. ✿
Oliv. Inf. 1. 3. 147. 178. tab. 26. fig. 228.
Iabl. Col. 2. tab. 14. fig. 7. 8.
Voet. Col. tab. 25. fig. 20.
Schaeff. Icon. tab. 73. fig. 2. 3.
Illig. Col. Bor. 1. 49. 2.
Panz. Fn. Germ. 48. tab. 6.
Habitat in Germania. Dom. Smidt.

D   *Femi-*

Femina clypeo lineis duabus transuerfis, eleuatis, thorace antice prominulo.

nuchicor- 90. C. thorace rotundato mutico, occipite fpina ere-
nis.   cta armato, clypeo emarginato.

 Scarabaeus nuchicornis. Ent. fyft. 1. 58. 192.
  Linn. fyft. Nat. 2. 547. 24. Fn. Sv. 381.
 Oliv. Inf. 1. 3. 6. 14. 177. tab. 7. fig. 55.
 Iabl. Col. 2. tab. 14. fig. 5. 6.
 Geoff. Inf. 1. 89. 3. 4.
 Panz. Fn. Germ. 4. tab. 1.
 Illig. Col. Bor. 1. 42. 5.
 Roef. Inf. 2. Scar. 1. tab. A. fig. 4.
 Schaeff. Icon. tab. 96. fig. 1.
 Habitat in Europae ftercore.
 Femina lineis clypeis duabus transuerfis, vtrin-
  que connexis.

fracticor- 91. C. thorace mutico fcabro, occipite fpina erecta
nis.   flexuofa, elytris ferrugineo variis.

 Scarabaeus fracticornis. Panz. Fn. Germ.
 Habitat in Auftria. Dom. Meyerle.
 Statura et magnitudo C. nuchicornis. Capitis clypeus pilofus, rotundatus, margine reflexo, occipite fpina bafi dilatata, apice flexuofa. Thorax eleuatus, fcaber. Elytra ftriata nigro ferrugineoque varia.

Xiphias. 92. C. thorace mutico antice fubacuminato, occipite
 fpina erecta, clypeo integro.

 Scarabaeus Xiphias. Ent. fyft. 1. 59. 193. *
 Habitat Halae Saxonum. Dom. Hybner.
 Femina clypeo lineis duabus transuerfis, ele-
  uatis.

nutans. 93. C. thorace antice impreffo, occipite fpina erecta apice nutante, corpore nigro.

 Sca-

*S*carabaeus nutans. Ent. fyft. 1. 59. 194. *

Oliv. Inf. 1. 3. 145. 176. tab. 21. fig. 188.

Illig. Col. Bor. 1. 44. 7.

Panz. Fn. Germ. 6. tab. 1.

Iabl. Col. 2. tab. 14. fig. 10.

Panz. Naturf. 24. 7. 8. tab. 1. fig. 8.

Habitat Halae Saxonum.

Femina lineis clypei duabus transuerfis eleuatis, thorace antice prominulo.

94. C. aureus thorace fubretufo, capitis cornu elon- *Ciconia.* gato recumbente.

Habitat in Guinea. Muf. Dom. de Seheftedt.

Statura parua praecedentium. Caput angulatum, clypeo antice incraffato, acutiufculo. Cornu elongatum, recumbens. Thorax punctatus cupreus, angulo antico vtrinque prominente. Elytra fubftriata. cuprea. Abdomen nigrum.

95. C. thorace mutico, aeneus, capitis cornu erecto *aenea.* truncato.

*S*carabaeus aeneus. Ent. fyft. 1. 59. 195.

Oliv. Inf. 1. 3. 131. 155. tab. 14. fig. 128.

Iabl. Col. 2. tab. 14. fig. 12.

Herbft. Arch. tab. 43. fig. 4. fem.

Act. Hall. 1. 238.

Habitat Tranquebariae.

Femina obfcurior thorace antice tuberculis duobus eleuatis.

96. C. niger, thorace fubbidentato, capitis cornu *Hyaena.* erecto breui bafi dilatato.

Habitat ad Cap. Bon. fpei. Dom. Daldorff.

Statura C. nuchicornis, at minor. Clypeus rotundatus, integer linea in medio eleuata et pone hanc cornu breue, erectum, bafi dilatatum. Thorax antice fubretufus denticulus duobus

bus obtufis breuiffimis. Elytra fubftriata. Corpus nigrum.

Femina eiusdem magnitudinis et clypeo linea
eleuata carinata.

thoracicus. 97. C. thorace inermi cupreo nitido, capitis cornu
elongato fimplici, elytris teftaceis: fafcia ni-
gra.

    Scarabaeus thoracicus. Ent. fyft. 1. 60. 196. ☺
    Oliv. Inf. 1. 3. 149. 181. tab. 28. fig. 218.
    Habitat in Senegallia.

centricornis 98. C. thorace mutico aeneo, capitis cornu erecto
acuto, elytris teftaceis. Ent. fuppl. 33. 196. ☺
    Habitat Tranquebariae. Dom. Daldorff.

vnicornis. 99. C. nigra thorace mutico, capitis clypeo fubreflexo: cornu erecto acuto. Ent. fuppl. 33.
196. ※
    Habitat Tranquebariae. Dom. Daldorff.

fcabrofa. 100. C. thorace mutico rugofo, capitis cornu erecto
breuiffimo, elytris teftaceis nigro-fcabris.
    Scarabaeus fcabrofus. Ent. fyft. 1. 60. 197. ☺
    Voet. Scarab. tab. 25. fig. 23.
    Iabl. Col. 2. tab. 13. fig. 9.
    Habitat Surinami. Dr. Schulz.

furcula. 101. C. thorace mutico rotundato, clypeo emarginato: poftice cornubus tribus erectis; medio
breuiore. Ent. fuppl. 33. 197. ☺
    Habitat in India orientali. Dom. Daldorff.

furcata. 102. C. thorace inermi rotundato, capite cornubus
tribus erectis approximatis: medio breuiori,
clypeo rotundato.
    Scarabaeus furcatus. Ent. fyft. 1. 60. 198. ☺
    Oliv. Inf. 1. 3. 150. 182. tab. 8. fig. 61.
    Iabl. Col. 2. tab. 13. fig. 5.

                                           Roff.

Roff. Fn. Etr. 1. 14. 31.
Laich. Inf. tab. 1. fig. 20.
Panz. Naturf. 24. tab. 1. fig. 9.
Habitat in Europa auftraliori.

103. C. thorace mutico grifeo nigro - punctato, ca- *verticicor-*
pitis cornu erecto breuiffimo. *ais.*
Scarabaeus *verticicornis.* Ent. fyft. 1. 61.
199.
Habitat in Anglia. Muf. Dom. Tunftall.

104. C. ater, capitis tuberculo vnico, elytris ftriatis. *fulcator.*
Scarabaeus *fulcator.* Ent. fyft. 1. 61. 200.
Oliv. Inf. 1. 3. 142. 171. tab. 26. fig. 225.
Habitat Cajennae. Dom. Mallet.

105. C. ater, thorace mutico, capite bituberculato, *4puftula-*
elytris maculis duabus rubris. *tus.*
Scarabaeus *quadripuftulatus.* Ent. fyft. 1. 61.
201.
Oliv. Inf. 1. 3. 175. 219. tab. 15. fig. 141.
Habitat in noua Hollandia. Muf. Dom. Banks.

106. C. niger thorace mutico, capite trituberculato, *reflexus*
clypeo reflexo emarginato.
Scarabaeus *reflexus.* Ent. fyft. 1. 61. 202.
Voet. Scarab. tab. 27. fig. 36.
Scarabaeus *Oryctes.* Herbft. Col. 2. 215. tab.
14. fig. 14.
Habitat in China. Muf. D. Banks.

107. C. ater, thorace inermi, clypeo tuberculis tri- *Hybneri.*
bus: intermedio fubcornuto.
Scarabaeus *Hybneri.* Ent. fyft. 1. 61. 203.
Scarabaeus *Tages.* Oliv. Inf. 1. 3. 143. 173.
tab. 9. fig. 76.
Habitat in Hungaria. Dom. Hybner.

108.

4cornis. 108. C. ater, thorace vtrinque retufo, capite cornubus quatuor: lateralibus longioribus ar-
cuatis.

Habitat Tranquebariae. Dom. Daldorff. Muf. de
Seheftedt.

Statura parua praecedentium. Capitis clypeus rotundatus, integer poftice cornubus duobus porrectis, arcuatis et inter haec duo breuiffima,
erecta. Thorax ater, nitidus, antice vtrinque
retufus. Elytra ftriata, atra.

4dentatus. 109. C. ater, thorace mutico, capitis clypeo poftice
quadridentato. Ent. fuppl. 34. 203.

Habitat Tranquebariae Dom. Daldorff.

Femina fimillima, at omnino mutica.

criftatus. 110. C. niger, thorace mutico crenato, clypeo tuberculato quadridentato.

Scarabaeus criftatus. Ent. fyft. 1. 62. 204. ✿

Habitat in Aegypto. Prof. Forfkahl.

Forte potius ad fequens genus amandandus mihi
haud rite notus.

6. ATEVCHVS.

Palpi poftici ligulae bafi adnati.

Mandibula breuis, membra-
nacea, rotundata, ciliata.

Labium corneum, integerri-
mum.

Antennae clauato - lamellatae.

facer. 1. A. clypeo fexdentato, thorace inermi crenulato,
tibiis pofticis ciliatis, elytris laeuibus.

Sca-

Ateuchi corpus medium, ouatum, faepius gibbum, immarginatum,

Scarabaeus facer. Ent. fyft. 1. 62. 205. Linn.
    fyft. Nat. 2. 545. 18. Muf. Lud. Vlr. 18.
Oliv. Inf. 1. 3. 150. 183. tab. 8. fig. 59. b.
Iabl. Col. 2. tab. 20. fig. 2.
Sulz. Hift. Inf. tab. 1. fig. 3.
Voet. Scarab. tab. 27. fig. 39. 40.
Schaeff. Icon. tab. 201. fig. 3.
Degeer Inf. 7. tab. 47. fig. 8.
Habitat in Europa auftrali, in Roffiae aridis glo-
    bum e ftercore bouino voluens.
Variat rarius dentibus clypei obfoletis tibiisque
    pofticis minus ciliatis *Scarabaeus impius*
    Auct. at vix diftinctus.

2. A. clypeo fexdentato niger, elytris fulcatis.   *laticollis.*
Scarabaeus laticollis. Ent. fyft. 1. 62. 206.
    Linn. fyft. Nat. 2. 549. 38.
Oliv. Inf. 1. 3. 152. 185. tab. 8. fig. 68.
Iabl. Col. 2. tab. 20. fig. 6.
Geoff. Inf. 1. 89. 2.
Voet. Col. 2. tab. 27. fig. 41.
Habitat in China, in Europa auftraliori.

3. A. clypeo fexdentato ater, thorace punctato ely- *femipuncta-*
    tris laeuibus.   *tus.*
Scarabaeus femipunctatus. Ent. fyft. 1. 63.
    207. *
Habitat in Barbariae ftercore. Dom. Vahl.

                                  4. A.

---

natum, tardum, clypeo porrecto, rotundato, faepius dentato, oculis paruis, rotundatis, vix prominulis, poftice
infertis, antennis breuibus, fub clypeo infertis, thorace
rotundato, faepius gibbo, mutico, fcutello nullo, elytris
longitudine abdominis, rigidis, tegentibus, pedibus breuibus, validis, femoribus craffis, compreflis, tibiis dentatis,
tarfis quinquearticulatis, colore vario.

variolofus. 4. A. clypeo fexdentato elytrisque nigris: impreffis
variolofis.

> *Scarabaeus variolofus.* Ent. fyft. 1. 63. 208. ✳
> Oliv. Inf. 1. 3. 131. 184. tab. 8. fig. 60.
> Habitat in Europa auftraliori. Dom. Saldoner.

miliaris. 5. A. clypeo fexdentato, thorace elytrisque nigris:
maculis eleuatis atris.

> *Scarabaeus miliaris.* Ent. fyft. 1. 63. 209. ✳
> Oliv. Inf. 1. 3. 167. 206. tab. 18. fig. 164.
> Habitat in India. Muf. Dr. Hunter.

fanctus. 6. A. clypeo fexdentato cupreo nitens, thorace
vtrinque ferrato, elytris porcatis.

> *Copris fancta.* Ent. fuppl. 34. 209. ✳
> Habitat Tranquebariae. Muf. D. Seheftedt.

morbillofus 7. A. clypeo fexdentato, thorace punctato, elytris
ftriis eleuatis vndatis, tibiis pofticis hirfutis.

> *Scarabaeus morbillofus.* Ent. fyft. 1. 63. 210. ✳
> Habitat in Guinea. Dom. Ifert.

intricatus. 8. A. clypeo fexdentato, thorace punctato: linea
dorfali eleuata, elytris lineis punctorum qua-
dratorum.

> Habitat ad Cap. Bon. Spei. Muf. Dom. Lund.
> Statura, magnitudo et fumma affinitas A. mor-
> billofi, cuius forte mera varietas. Thorax pun-
> ctatus, ciliatus linea, dorfali parum eleuata.
> Elytra lineis punctorum eleuatorum, quadra-
> torum. Pedes poftici ciliati.

profanus. 9. A. clypeo fexdentato, nigro-cyaneus, elytris laeuibus.

> *Scarabaeus profanus.* Ent. fyft. 1. 64. 211. ✳
> Habitat in Guinea. Dom. Ifert.

cyaneus. 10. A. clypeo fexdentato cyaneus, thorace punctato, elytris rugofis.

Co-

Copris cyaneus. Ent. fuppl. 34. 211. *

Habitat Tranquebariae. Dom. Daldorff.

11. A. clypeo fexdentato nigro, pedibus pofticis *minutus.*
elongatis.

Scarabaeus minutus. Ent. fyft. 1. 70. 236. *

Scarabaeus longipes. Oliv. Inf. 1. 3. 154. 202.
tab. 19. fig. 177.

Habitat ad Cap. Bon. Spei. Dom. Lee.

12. A. clypeo quadridentato, thorace gibbo, elytris- *Bacchus.*
que glabris, tibiis vndique ferratis.

Scarabaeus Bacchus. Ent. fyft. 1. 64. 212. *

Oliv. Inf. 1. 3. 153. 186. tab. 17. fig. 161.

Iabl. Col. 2. tab. 19. fig. 4.

Habitat ad Cap. Bon. Spei. Muf. Dr. Schulz.

13. A. clypeo quadridentato nigro, elytris bafi gib- *gibbofus.*
bere notatis.

Scarabaeus gibbofus. Ent. fyft. 1. 64. 213. *

Oliv. Inf. 1. 3. 154. 188. tab. 16. fig. 151.

Habitat in America.

14. A. clypeo quadridentato laeuis cyaneus, thorace *azureus.*
vtrinque puncto impreffo.

Habitat in Guinea. Muf. Dom. Lund.

Statura omnino A. finuati. Clypeus rotundatus,
quadridentatus: dentibus intermediis maioribus. Corpus planum, laeue, cyaneum, nitens.
Thorax vtrinque puncto impreffo. Elytra margine parum finuato.

15. A. clypeo quadridentato ater, elytris fulcatis. *Hollandiae.*

Scarabaeus Hollandiae. Ent. fyft. 1. 65. 214. *

Oliv. Inf. 1. 3. 174. 217. tab. 13. fig. 117.

Habitat in noua Hollandia. Muf. Dom. Banks.

16. A. obfcure cupreus fubtus niger, clypeo emar- *Leei.*
ginato.

Sca-

Scarabaeus Leei. Ent. fyft. 1. 65. 215. *
Habitat in India orientali. Dom. Lee.
Variat ex Guinea totus cupreus, magis inaequalis
S arabaeus fulgidus. Oliv. Inf. 1. 3. tab.
22. fig. 199. vix diftinctus.

fmaragdu- 17. A. clypeo bidentato aeneus nitidus laeuiffimus.
lus. 　　Scarabaeus fmaragdulus. Ent. fyft. 1. 70.
　　　　234. *
　　Oliv. Inf. 1. 3. 159. 194. tab. 14. fig. 131.
　　Habitat in America meridionali. Muf. Dr. Hunter.

muricatus. 18. A. clypeo fubbidentato, thorace antice vtrinque
　　　　vnidentato, elytris fpinofo - ftriatis, pedibus
　　　　elongatis.
　　　　S arabaeus muricatus. Ent. fyft. Append. 436.
　　　　215. *
　　　　Oliv. Inf. 1. 3. tab. 27. fig. 240.
　　　　Habitat in America.

Koenigii. 19. A. clypeo bidentato, thorace fcabro, elytris va-
　　　　riolofis.
　　　　Scarabaeus Koenigii. Ent. fyft. 1. 65. 216. *
　　　　Oliv. Inf. 1. 3. 163. 200. tab. 9. fig. 77.
　　　　Iabl. Col. 2. tab. 19. fig. 8.
　　　　Pall. Icon. 17. tab. A. fig. 7.
　　　　Habitat Tranquebariae. Dr. Koenig.
　　　　Os maxillis palpisque. Palpi quatuor inaequales,
　　　　anteriores longiores, quadriarticulati: articulo
　　　　vltimo parum longiori, cylindrico, obtufo ad-
　　　　haerentes maxillae dorfo, pofteriores breues,
　　　　pilofi, triarticulati: articulis fubaequalibus ad-
　　　　nati ligulae bafi. Labrum reconditum, mem-
　　　　branaceum, rotundatum, integrum. Mandi-
　　　　bula breuis, membranacea, apice rotundata,
　　　　ciliata. Maxilla bafi cornea, in medio vniden-
　　　　tata, apice membranacea, rotundata. Ligula
　　　　　　　　　　　　　　　　　　　　　mem-

membranacea, bifida: laciniis compreffis, acutis, intus ciliatis. *Labium* breue, corneum, rotundatum, integrum.

20. A. clypeo emarginato cinereo, pubefcens, tho- *granulatus* race elytrisque punctis eleuatis atris.
Scarabaeus granulatus. Ent. fyft. 1. 65. 217. *
Oliv. Inf. 1. 3. tab. 8. fig. 67.
Habitat Tranquebariae. Muf. D. de Sehestedt.

21. A. clypeo emarginato nigro cupreus, thorace *cupreus.* gibbo.
Scarabaeus cupreus. Ent. fyft. 1. 66. 218. *
Habitat in Africa aequinoctiali. Dom. Yeats.

22. A. clypeo emarginato, niger, thorace elytrisque *flagellatus.* fcabris.
Scarabaeus flagellatus. Ent. fyft. 1. 66. 219. *
Oliv. Inf. 1. 3. 162. 199. tab. 7. fig. 5.
Iabl. Col. 2. tab. 20. fig. 4.
Habitat ad Cap. Bon. Spei, in Europa auftraliori.
Varietas maior e Barbaria in Mufeo Dom. Lund.
vix diftincta.

23. A. clypeo emarginato, thorace laeui, elytris *fcabratus.* fcabris.
Scarabaeus fcabratus. Ent. fyft. Append. 436.
219. *
Habitat ad Cap. Bon. Spei. Dom. Daldorff.

24. A. clypeo emarginato, thorace rotundato, ely- *Schaefferi.* tris triangulis, femoribus pofticis elongatis dentatis.
Scarabaeus Schaefferi. Ent. fyft. 1. 66. 220.
Linn. fyft. Nat. 2. 550. 41.
Geoff. Inf. 1. 92. 9.
Oliv. Inf. 1. 3. 164. 201. tab. 5. fig. 41.
Iabl. Col. 2. tab. 20. fig. 3.

Schaeff.

Schaeff. Icon. tab. 3. fig. 8.

Voet. Scarab. tab. 25. fig. 17.

Habitat in Galliae, Germaniae collibus apricis, globulos e ftercore ouino confectos volnens.

Helwigii. 25. A. clypeo emarginato, gibbofus laeuis ater, pedibus elongatis.

Copris Helwigii. Ent. fuppl. 35. 220. *

Habitat Tranquebariae. Muf. Dom. de Seheffedt.

voluens. 26. A. clypeo emarginato, niger opacus laeuis, thorace poftice rotundato, elytris integris.

Scarabaeus voluens. Ent. fyft. 1. 66. 221. *

Oliv. Inf. 1. 3. 161. 197. tab. 10. fig. 89.

Drury Inf. 1. tab. 35. fig. 7.

Voet. Col. tab. 27. fig. 37.

Degeer Inf. 4. tab. 18. fig. 14.

Habitat in Europa auftraliori globulos e ftercore conficiens, voluens.

pillularius. 27. A. clypeo fubemarginato, niger opacus laeuis, clypeo lineis duabus eleuatis obliquis, antennis nigris.

Scarabaeus pillularius. Ent. fyft. 1. 67. 222. *

Linn. fyft. Nat. 2. 550. 40. Muf. Lud. Vlr. 19.

Geoff. Inf. 1. 91. 8.

Oliv. Inf. 1. 3. 161. 198. tab. 10. fig. 91.

Pall. Icon. 1. tab. A. fig. 3.

Sulz. Icon. tab. 1. fig. 7.

Habitat in Europa auftraliori.

finuatus. 28. A. clypeo emarginato, niger nitens, elytrorum margine finuato, antennis flauis.

Scarabaeus finuatus. Oliv. Inf. 1. 3. tab. 10.

fig. 93.

tab. 21. fig. 189.

Habitat in China. Muf. Dom. Lund.

Affinis

Affinis certe A. pilulario, at tamen diftinctus
videtur. Clypeus magis fiffus. Corpus magis
planum, latius, nitidulum. Elytra fubftriata
margine finuato. Antennae flauae. Thorax
poftice vtrinque in angulum acutum excurrit.

29. A. clypeo integro, fufcus, thorace aeneo: antice
vtrinque oblique retufo. *obliquus.*
Scarabaeus obliquus. Ent. fyft. 1. 67. 223. * obliquus.
Oliv. Inf. 1. 3. 165. 203. tab. 9. fig. 78.
Habitat in Senegallia. Dom. Olivier.

30. A. clypeo emarginato, ater, elytris ftriatis. *fqualidus.*
Scarabaeus fqualidus. Ent. fyft. 1. 68. 224.
Habitat in ftercore bouino Brafiliae. Muf. Dom.
Banks.
Affinis A. Koenigii, at thorax laeuis, obfcurus
et elytra fimpliciter ftriata.

31. A. clypeo emarginato, niger, thorace elytris- *planus.*
que eleuato-ftriatis.
Habitat in Infula Iaua. Muf. D. Bofc.
Statura parua depreffa A. Schreberi. Capitis clypeus late emarginatus. Thorax niger lineis
fex eleuatis, poftice rotundatus. Elytra depreffa, plana, lineis eleuatis plurimis, duabus
exterioribus diftinctioribus. Tibiae anticae
valde dentatae.

32. A. clypeo fubemarginato, ater nitidus, elytris *Schreberi.*
maculis duabus rubris.
Scarabaeus Schreberi. Ent. fyft. 1. 68. 225.
Linn. fyft. Nat. 2. 551. 45.
Geoff. Inf. 1. 91. 7.
Oliv. Inf. 1. 3. 172. 214. tab. 19. fig. 176.
Iabl. Col. 2. tab. 20. fig. 8.
Schaeff. Icon. tab. 73. fig. 6.
Illig. Col. Bor. 45. 9.

Panz.

Panz. Fn. Germ. 28. tab. 14.

Habitat Halae Saxonum.

Varietas fimillima vix diftincta e Germania maior et thorace quadrituberculato.

bidens.   33. A. clypeo bidentato, ater nitidus, elytris laeuiffimis teftaceis: macula marginali fufca.

Habitat in America meridionali. Smidt. Muf. D.
Lund.

Statura parua A. Schreberi. Clypeus ater, apice
bidentatus. Thorax ater aeneo parum mixtus,
nitidiffimus, margine rotundato. Elytra laeuiffima, nitida brunnea: macula marginali triangulari, fufca.

glabratus.   34. A. glaber ater, pedibus obfcure rufis.

Scarabaeus glabratus. Ent. fyft. 1: 68. 226. *

Habitat in Barbaria. Muf. Dom. Desfontaines.

laeuigatus.   35. A. clypeo rotundato, glaber ater, elytris ftriatis.

Copris laeuigata. Ent. fuppl. 35. 226. *

Habitat in India orientali. Dom. Daldorff.

capiftratus.   36. A. clypeo bidentato, ater nitidus, elytris ftriatis, antennis flauis.

Habitat in Carolina. Muf. Dom. Bofc.

Paullo maior A. Schreberi. Capitis clypeus magnus, rotundatus, antice late emarginatus vel
potius bidentatus. Thorax ater, nitidus, vix
punctatus: poftice lineola parua media, impreffa. Elytra nitida, fimpliciter ftriata. Pedes
nigri.

2puftulatus   37. A. c'ypeo rotundato, ater, elytris bafi macula
rufa.

Scarabaeus 2puftulatus. Ent. fyft. 1. 68.227. *

Oliv. Inf. 1. 3. 175. 218. tab. 13. fig. 118.

Habitat in noua Hollandia. Muf. Dom. Banks.

38.

38. A. clypeo rotundato, capite thoraceque pallido *pallipes.*
.viridique variegatis, pedibus pallidis.
Scarabaeus pallipes Ent. fyft. 1. 68. 228. *
Habitat in Coromandel. Muf. D. Banks.
Mas capitis cornu breui, erecto, compreffo.

39. A. clypeo rotundato, nigricans, thoracis margi- *flauipes,*
nibus elytris pedibusque flauefcentibus. .
.*Scarabaeus flauipes.* Ent. fyft. 1. 70. 233. °
Schaeff. Icon. tab. 74. fig. 6.
Oliv. Inf. 1. 3. 169. 210. tab. 7. fig. 57.
Fabl. Col. 2. tab. 20. fig. 7.
Herbft. Arch. tab. 19. fig. 19.
Illig. Col. Bor. 1. 46. 11.
. Panz. Fn. Germ. 48. tab. 11.
- Habitat in Germaniae ftercore.

40. A. clypeo rotundato, pallens, thorace nigro *pallens.*
punctato, elytris ftriatis flauo-punctatis.
Scarabaeus pallens. Oliv. Inf. 1. 3. t. 23. f. 203.
Habitat in Marocco. Muf. de Seheftedt.
. Affinis certe A. flauipedis. Caput magis obfcurum.
Thorax planus pallens punctis nigris. Elytra
ftriata, pallida punctis aliquot flauis, fparfis,
minus tamen diftinctis.

41. A. clypeo rotundato, niger, elytrorum margine *cinctus.*
pallido.
Scarabaeus cinctus. Ent. fyft. 1. 69. 231. *
Oliv. Inf. 1. 3. 169. 209. tab. 10. fig. 90. at
fcutellatum pinxit Iabl. Col. 2. tab. 14. fig. 11.
Habitat in China. Dom. Drury.
. Clypeus vix emarginatus.
Spec. 38-41. forte potius ad Onitis genus aman-
dandae.

42. A. clypeo bidentato, niger, thoracis margine *triangula-*
obtufe angulato femoribusque pallidis. *ris.*

Sca·

Scarabaeus triangularis. Ent. fyft. 1. 69. 229. *
Oliv. Inf. 1. 3. 166. 204. tab. 13. fig. 139.
Iabl. Col. tab. 19. fig. 5. 6.
Voet. Scarab. tab. 28. fig. 40 - 44.
Drury Inf. 1. tab. 36. fig. 7.
Habitat Surinami.
Variat totus ater, femoribus pofticis tamen femper brunneis.

affinis. 43. A. clypeo bidentato, thorace aeneo: margine acute angulato, corpore nigro obfcuro.

Habitat in America meridionali.   Muf. D. de Seheftedt.

Statura et fumma affinitas praecedentis et fequentis, qui forte omnes merae varietates coloris. Clypeus rotundatus aeneus.   Thorax rotundatus aeneus, nitidus, margine in angulum acutam excurrente. Elytra fubftriata, nigra.

melano- 44. A. clypeo bidentato, teftaceus, capite thoracis-
cephalus.   que linea dorfali nigris.

Scarabaeus melanocephalus.   Ent. fyft. 1. 69. 230. °
Oliv. Inf. 1. 3. 173. 216. tab. 2. fig. 18.
Habitat in Americae Infulis. Dom. Olivier.

maculatus. 45. A. clypeo integro, capite thoraceque cupreis, elytris teftaceis nigro - maculatis.

Habitat in Guinea. Muf. Dom. Lund.

Statura et magnitudo praecedentium.   Capitis clypeus rotundatus, integer, cupreus. Thorax gibbofus, laeuis, cupreus, nitidus.   Elytra fubftriata, teftacea, ftrigis duabus e maculis quadratis nigris. Corpus atrum.

politus. 46. A. clypeo fubemarginato, ater nitidus, elytris grifeis: fafcia media atra.

                                                    Co

Copris polita. Entom. fuppl. 35. 231. ⚬

Habitat Tranquebariae. Dom. Daldorff.

47. A. clypeo emarginato, fufcus, thorace grifeo, *6punctatus.* punctis fex nigris.

Scarabaeus fexpunctatus. Ent. fyft. 1. 69. 232. ⚬

Oliv. Inf. 1, 3. 167. 205. tab. 2. fig. 16.

Habitat Cayennae. Dom. Olivier.

48. A. clypeo bidentato, laeuis violaceo nitens, *violaceus.* ano rufo.

Copris violacea. Ent. fuppl. 35. 233. ⚬

Habitat in Infula St. Domingo. Muf. Dom. Bofc.

49. A. clypeo bidentato, poftice bituberculato, tho- *bitubercu-* race aeneo nitidulo. *latus.*

Habitat in America meridionali. Muf. Dom. de Seheftedt.

Corpus paruum. Capitis clypeus rotundatus, niger, antice bidentatus, in medio tuberculis duobus eleuatis paruis. Antennae obfcurae. Thorax eleuatus, rotundatus, niger, aeneo mox magis, mox minus nititulus. Elytra fubftriata. Pedes nigri.

50. A. clypeo rotundato, nigricans, elytris tefta- *difcoideus.* ceis: macula communi transuerfa fufca.

Scarabaeus difcoideus. Ent. fyft. 1. 70. 235. *

Oliv. Inf. 1. 3. 171. 212. tab. 22. fig. 196.

Habitat in Africa. Muf. Dom. Olivier.

51. A. clypeo rotundato, ater, antennis teftaceis, *aterrimus.* elytris fubftriatis.

Copris aterrima. Ent. fuppl. 35. 236. *

Habitat in India orientali. Dom. Daldorff.

52. A. clypeo rotundato, niger, thorace rotundato *ouatus.* fubaeneo, elytris abbreuiatis.

E

Sca-

Scrabaeus ouatus. Ent. fyft. 1. 70. 237. Linn.
fyft. Nat. 2. 551. 46.
Oliv. Inf. 1. 3. 175. 220. tab. 20. fig. 187.
Illig. Col. Bor. 1. 45. 10.
Panz. Fn. Germ. 48. tab. 11.
Iabl. Col. 2. tab. 20. fig. 9.
Herbft. Arch. tab. 19. fig. 18.
Habitat in Europae ftercore bouino.

chryfis.   **53.** **A. clypeo** rotundato, viridiaeneus nitidus, antennis pedibusque teftaceis.

Habitat in America meridionali. Muf. Dom. de Seheftedt.

Paruus. Clypeus rotundatus, vix emarginatus, viridiaeneus. Antennae teftaceae. Thorax aeneus. Elytra ftriata aenea. Pedes teftacei.

Variat colore nunc fplendidiore, nunc magis infufcato.

pufillus.   **54.** **A. clypeo** rotundato, pubefcens obfcurus.

Copris pufilla. Ent. fuppl. 36. 238.
Habitat in India orientali. Dom. Daldorff.

variegatus. **55.** **A. clypeo** emarginato, thorace elytrisque fufco flauoque variegatis.

Copris variegata. Ent. fuppl. 36. 238.
Habitat in India orientali. Dom. Daldorff.

paruulus. **56.** **A. clypeo** emarginato, corpore nigro immaculato.

Copris paruula. Ent. fuppl. 36. 238.
Habitat in India orientali. Dom. Daldorff.

fufco-pun- **57.** **A. clypeo** emarginato, niger, thorace elytris-
ctatus.   que grifeis fufco-punctatis.

Copris fufco-punctata. Ent. fuppl. 36. 241.
Habitat in India orientali. Dom. Daldorff.

femoratus. **58.** **A. clypeo** emarginato, ater nitens, pedibus rufis: femoribus pofticis compreffis clauatis.

Habi-

Habitat in America meridionali. Muf. D. Lund.
Minutus. Capitis clypeus rotundatus, apice emarginato bidentatus. Thorax et elytra laenia,
atra, immaculata. Pedes omnes rufi, femoribus pofticis compreffis, craffioribus.

7. APHODIVS. *Palpi* poftici, articulis globofis, ligulae medio adhae-
rentes.

Mandibula membranacea
compreffa.

Labium corneum, lateribus
rotundatis, apice emargi-
natum.

Antennae clauato-lamellatae.

* *capite tuberculato.*

1. A. capite tuberculis tribus: medio fubcornuto, *Sorex.*
elytris ftriatis grifeis: margine nigro.
Scarabaeus Sorex. Ent. fyft. 1. 23. 71. *
Habitat in China. Muf. Dom. de Seheftedt.

2. A. thorace retufo, capite tuberculis tribus: me- *Foffor.*
dio fubcornuto.

Sca-

Aphodif corpus paruum, oblongum, gibbum, emarginatum,
tardum, clypeo os tegente porrecto, rotundato, interdum
tuberculato, oculis paruis, rotundatis, fupra vix confpicuis, angulo poftico marginis vtrinque infertis, antennis
breuibus fub clypeo ante oculos admatis, thorace gibbo,
laeui: marginibus deflexis, fcutello paruo, rotundato,
elytris longitudine abdominis, rigidis, includentibus, pedibus breuibus, validis, femoribus compreffis, tibiis anticis compreffis, apice latioribus, dentatis, pofticis denta-
to-ciliatis, tarfis quinque-articulatis, colore nigro aut
obfcuro,

E 2

Scarabaeus Foſſor. Ent. ſyſt. 1. 23. 72. Linn.
Syſt. Nat. 2. 548. 31. Fn. Sv. 384.
Illig. Col. Bor. 1. 19. 3.
Geoff. Inſ. 1. 82. 20.
Oliv. Inſ. 1. 3. 75. 78. tab. 20. fig. 148.
Iabl. Col. tab. 12. fig. 1.
Voet. Col. tab. 21. fig. 141. 142.
Schaeff. Icon. tab. 144. fig. 7. 8.
Degeer, Inſ. 4. tab. 10. fig. 7.
Habitat in Europae ſtercore.

Os maxillis palpisque. *Palpi* quatuor inaequales, filiformes: *anteriores* paullo longiores,
quadriarticulati: articulo ſecundo longiori,
tertio breui, vltimo longiori, cylindrico, obtuſo, adhaerentes maxillae dorſo: *poſteriores*
breuiores, triarticulati: articulis breuibus, rotundatis, piloſis, adnati ligulae medio exteriori.
Labrum reconditum, membranaceum, transuerſum, truncatum. *Mandibula* breuis, membranacea, compreſſa, rotundata, nuda. *Ligula*
membranacea, bifida: laciniis elongatis, in medio incraſſatis, palpigeris, apice obtuſis. *Labium* corneum, lateribus rotundatis, apice emarginatum.

Variat rarius elytris brunneis.

elongatulus 3. **A.** thorace laeui, capite tuberculis tribus: inter
medio longiori cornuto.
Habitat in China. Muſ. D. de Seheſtedt.
Statura omnino Aph. Foſſoris at duplo fere minor.
Capitis clypeus rotundatus, integer tuberculis
tribus eleuatis: intermedio longiori, cornuto.
Thorax laeuis nitidus. Elytra crenato-ſtria-
ta. Corpus ſubtus ferrugineum.

faſciatus. 4. **A.** capite trituberculato, elytris pallidis: faſcia
abbreuiata nigra.
Habi-

Habitat in Auftria. Dom. Mecherle.

Statura et magnitudo A. Foſſoris. Caput atrum,
ſubemarginatum, tuberculis tribus: medio maiori. Thorax punctatus, ater, nitidus antice
macula laterali, pallida. Elytra ſtriata, pallida: faſcia lata, dentata, atra, quae tamen marginem exteriorem haud attingit. Corpus nigrum.

5. A. capite tuberculis tribus, elytris abdomineque *ſcrutator.*
   rufis.
   Scarabaeus ſcrutator. Ent. ſyſt. 1. 24. 73. ᶜ
   Scarabaeus rabidus Oliv. Inſ. 1. 3. 77. 8. tab.
   26. fig. 224. Herbſt. Col. tab. 16. fig. 6.
   Habitat in Europa auſtrali. Dom. Prof. Helwig.

6. A. capite tuberculis tribus, elytris ſtriatis, teſta- *Hydrochoe-*
   ceis.   *ris.*
   Scarabaeus hydrochaeris Ent. ſuppl. 23. 1. ⁰
   Habitat in Tanger. Schouſtoe. Muſ. Dom. de Seheſtedt.

7. A. ater nitidus, capite tuberculis tribus validis, *ſulcatus.*
   elytris fulcatis: fulcis rugoſis.
   Scarabaeus ſulcatus. Ent. ſyſt. 1. 24. 74. ⁰
   Habitat in Germania. Muſ. Dom. de Loewen-
   ſkiold.

8. A. capite tuberculis tribus: medio acuto, ely- *foetens.*
   trorum limbo ferrugineo.
   Scarabaeus foetens. Ent. ſyſt. 1. 24. 75. ⁰
   Schaeff. Icon. tab. 144. fig. 5.
   Illig. Col. Bor. 1. 31. 24.
   Panz. Fn. Germ. 48. tab. 1.
   Herbſt. Col. 2. tab. 12. fig. 5.
   Habitat Halae Saxonum. Dom. Hybner.

9. A. capite tuberculis tribus aequalibus, niger, ely- *analis.*
   tris apice ferrugineis.

   Sca-

Scarabaeus analis. Ent. fyft. 1. 25. 76. ✷
Habitat in India orientali. Muf. Dom. Lund.

fcybalarius 10. A. capite tuberculis tribus: medio acuto, elytris ftriatis teftaceis.

Scarabaeus fcybalarius. Ent. fyft. 1. 25. 77. ✷
Scarabaeus fimetarius. Linn. fyft. Nat. 2. 548.
32. β.
Illig. Col. Bor. 1. 33. 26.
Oliv. Inf. 1. 3. 84. tab. 26. fig. 226.
Voet. Col. tab. 21. fig. 146.
Iabl. Col. 2. tab. 12. fig. 2.
Panz. Fn. Germ. 47. tab. 1.
Habitat in Germania.

prodromus. 11. A. capite tuberculis tribus, elytris crenato - ftriatis, grifeo - fufcis, thoracis margine pedibusque
flauis.

Aphodius prodromus. Illig. Col. Bor. 1. 26.
16. γ. δ.
Scarabaeus icterus. Payk. Fn. Sv. 1. 17. 21.
Habitat in Germania. Dom. Mecherle.
Paruus. Clypeus laeuis, emarginatus, niger, lateribus fubflauefcentibus, in medio tuberculis
tribus minutis. Thorax laeuis, ater, margine
flauo. Elytra crenato - ftriata, grifea, fufco-
nebulofa. Corpus nigrum, pedibus flauis.

obfoletus. 12. A. capite trituberculato, elytris ftriatis grifeis:
vittis duabus flauefcentibus futuraque nigra.
Habitat in India orientali. Dom. Daldorff.
Statura; parua praecedentis. Caput nigricans,
tuberculis tribus minutis. Thorax laeuis, ater,
lateribus flauefcentibus. Elytra ftriata, grifea,
vitta flaua fere marginali, aliaque ad futuram
poftice coeuntibus. Sutura ipfa atra. Pedes
obfcuri, femoribus pofticis flauis.

13.

13. A. capite tuberculis tribus aequalibus, elytris *terreſtris*.
  punctato-ſtriatis obſcurioribus.
  Scarabaeus terreſtris. Ent. ſyſt. 1. 25. 78. *
  Aphodius terreſtris. Illig. Col. Bor. 1. 24. 13.
  Oliv. Inſ. 1. 3. 77. 8. tab. 24. fig. 209.
  Panz. Fn. Germ. 47. tab. 3.
  Habitat in Anglia, Germania.

14. A. capite tuberculis tribus obſoletis, elytris *obſcurus*.
  ſtriatis.
  Scarabaeus obſcurus. Ent. ſyſt. 1. 25. 79. *
  Habitat in Germaniae ſtercore.

15. A. capite tuberculis tribus: medio ſubcornuto, *ater*.
  elytris ſtriis laeuiſſimis.
  Scarabaeus ater. Ent. ſyſt. 1. 26. 80. *
  Aphodius ater. Illig. Col. Bor. 1. 19, 4. ?
  Panz. Fn. Germ. 43. tab. 1.
  Habitat Kiliae.

16. A. capite tuberculis tribus: medio ſubcornuto, *Porcus*.
  elytris ſubſtriatis rufis.
  Scarabaeus Porcus. Ent. ſyſt. 1. 26. 81. *
  Scarabaeus Anachoreta. Panz. Fn. Germ. 36.
  tab. 1.
  Aphodius Porcus. Illig. Col. Bor. 1. 31. 22.
  Habitat Halae Saxonum. Dom. Hybner.

17. A. capite ſubtrituberculato, elytris ſtriatis: ma- *2maculatus*
  cula baſeos rufa.
  Scarabaeus 2maculatus. Ent. ſyſt. 1. 26. 82. *
  Oliv. Inſ. 13. 85. 91. tab. 9. fig. 72.
  Panz. Naturf. 24. 3. 2. tab. 1. fig. 2.
  Panz. Fn. Germ. 43. tab. 2.
  Iabl. Col. 2. tab. 12. fig. 14.
  Habitat in Germania. Dom. Hybner,
  Varietatem A. terreſtris; Dom. Illiger credit at
  vix merito.

  18.

fubterra- 18. A. capite tuberculis tribus, ater, elytris ftriis
neus. crenatis.

Scarabaeus fubterraneus. Ent. fyft. 1. 23. 70.
Aphodius fubterraneus. Illig. Col. Bor. 1. 20. 5.
Oliv. inf. 1. 3. 76. 79. tab. 18. fig. 162.
Iabl. Col. 2. tab. 11. fig. 6.
Panz. Fn. Germ. 28. tab. 3.
Habitat in Europae ftercore frequens.
Variat rarius elytris obfcure rufis.

fimetarius. 19. A. capite tuberculato, ater, elytris rufis.

Scarabaeus fimetarius. Ent. fyft. 1. 27. 84.
Linn. fyft. Nat. 2. 543. 32. Fn. Sv. 385.
Aphodius fimetarius. Illig. Col. Bor. 1. 32. 23.
Geoff. Inf. 1. 81. 18.
Oliv. Inf. 1. 3. 78. 82. tab. 18. fig. 167.
Iabl. Col. 2. tab. 12. fig. 4.
Frefh. Inf. 4. tab. 19. fig. 3.
Roeff. Inf. 2. tab. A. fig. 3.
Panz. Fn. Germ. 31. tab. 2.
Schaeff. Icon. tab. 144. fig. 6.
Voet. Scarab. tab. 21. fig. 147.
Habitat in Europae ftercore frequens.
Variat thorace antice retufo, forte fexu.

conflagra- 20. A. capite tuberculato, ater, thorace immacula-
tus. to, elytris ftriatis grifeis: macula nigra.

Scarabaeus conflagratus Ent. fyft. 1. 27. 85. ᵉ
Oliv. Inf. 1. 3. 89. 85. tab. 26. fig. 220.
Iabl. Col. 1. tab. 12. fig. 7.
Habitat in Germaniae ftercore, Dom. Smidt.
Varietatem A. fcybalarii putat Illiger, an merito?

erraticus. 21. A. capite tuberculo vnico, niger, elytris fufcis.
Sca-

Aphodii in ftercore degunt, at haud fub ftercore fodiunt, vti
Scarabaei; nec globulos e ftercore confectos voluunt, vti
Coprides.

Scarabaeus erraticus. Ent. fyft. 1. 27. 86. Linn
 fyft. Nat. 2. 548. 29. Fn. Sv. 383.
Aphodius erraticus. Illig. Col. Bor. 1. 34. 27.
Oliv. Inf. 1. 3. 179. 83. tab. 18. fig. 163.
Panz. Fn. Germ. 47. tab. 4.
Iabl. Col. 2. tab. 12. fig. 6.
Herbft. Arch. tab. 19. fig. 2.
Habitat in Europae ftercore.
Variat rarius elytris nigris: margine tantum ex-
 teriore fufco.

22. A. capite tuberculato, thoracis lateribus albidis, *confpurca-*
 elytris ftriatis grifeis, fufco-maculatis.   *tus.*
Scarabaeus confpurcatus. Ent. fyft. 1. 28. 87.
 Linn. fyft. Nat. 2. 549. 34. Fn. Sv. 387.
Geoff. Inf. 1. 82. 19.
Illig. Col. Bor. 1. 25. 15.
Oliv. Inf. 1. 3. 81. 86. tab. 24. fig. 210.
        tab. 25. fig. 214.
Iabl. Col. 2. tab. 12. fig. 8.
Habitat in Europae ftercore frequens.

23. A. capite trituberculato, elytris grifeis fufco- *inquinatus*
 maculatis.
Scarabacus inquinatus. Ent. fyft. 1. 28. 88.
Oliv. Inf. 1. 3. 348. 90. tab. 26. fig. 221.
Iabl. Col. 2. tab. 12. fig. 13.
Habitat in Europae ftercore.
Scarabaeus teffellatus. Paykull. 1. 20. 24. vix
 differt.
Ab A. confpurcato omnino diftinctus.

24. A. capite tuberculato, ater, thorace laeui, ely- *nigrita.*
 tris ftriatis, pedibus ferrugineis.
Habitat in Isle de France. Muf. D. de Seheftedt.
Paruus. Capitis clypeus rotundatus, tuberculis
 tribus, ater, antennis teftaceis. Thorax laeuis,
              ater,

ater, nitidus, immaculatus. Elytra ſtriata.
Corpus nigrum, pedibus ferrugineis.

futuralis. 25. A. capite trituberculato, nigricans, elytris teſtaceis, ſutura nigra.

Scarabaeus futuralis. Ent. ſyſt. 1. 28. 89. *
Habitat in Americae Inſulis. Dr. Pflug.

ſordidus. 26. A. capite tuberculato thorace nigro: margine
pallido, puncto nigro, elytris griſeis.

Scarabaeus ſordidus. Ent. ſyſt. 1. 29. 90. *
Aphodius ſordidus. Illig. Col. Bor. 1. 32. 25.
Oliv. Inſ. 1. 3. tab. 25. fig. 216.
Iabl. Col. 2. tab. 12. fig. 9.
Schaeff. Icon. tab. 74. fig. 3.
Herbſt. Arch. tab. 19. fig. 3.
Panz. Fn. Germ. 48. tab. 2.
Naturf. 24. 4. tab. 1. fig. 4.
Habitat in Europae ſtercore.

rufeſcens. 27. A. capite tuberculato, niger, elytris ſtriatis abdomineque rufis.

Scarabaeus rufus. Moll. Nat. Bric. 1. 160. 6.
Scarabaeus ſordidus. Paykull. Fn. Sv. 1. 12.
15. β.

Habitat in Europa boreali. Muſ. D. de Seheſtedt.
Statura omnino A. ſordidi, et forte mera eius varietas. Caput trituberculatum, minus nigrum.
Thorax niger, interdum macula apicis vtrinque
rufa. Elytra ſtriata, rufa: ſtriis laeuibus. Corpus obſcurum, abdomine pedibusque rufis.

Anachore- 28. A. capite tuberculo vnico, ater, elytrorum mar
ta. gine ſtriaque ad ſuturam palleſcentibus.

Habitat in Germania. Muſ. Dom. Boſc.
Paruus. Caput nigrum, antice palleſcens, margine antico ſubreflexo tuberculoque vnico eleuato, ſubcornuto. Thorax laeuis, ater, nitidus,
margine

margine omni pallefcente. Elytra ftriata, atra, margine lato pallefcente. Sutura nigra at ante futuram ftria pallefcens. Corpus et pedes pallefcentia.

29. A. clypeo tuberculo folitario, niger, elytris po- *granarius.* ftice teftaceis.

Scarabaeus granarius. Ent. fyft. 1. 29. 92. *
   Linn. Syft. Nat. 2. 547. 23.
Aphodius granarius. Illig. Col. Bor. 1. 22. 11.
Oliv. Inf. 1. 3. 82. 88. tab. 18. fig. 172.
Panz. Fn. Germ. 43. tab. 3.
Iabl. Col. 2. tab. 12. fig. 10.
Habitat in Europae ftercore.

30. A. capite tuberculato, thorace punctato, elytris *haemorrhoi-* ftriatis apice rufis. *dalis.*

Scarabaeus haemorrhoidalis. Ent. fyft. 1. 29.
   93. * Linn. Syft. Nat. 2. 548. 33. Fn. Sv.
   386.
Aphodius haemorrhoidalis. Illig. Col. Bor. 1.
   22. 12.
Panz. Fn. Germ. 28. tab. 8.
Oliv. Inf. 1. 3. 83. 89. tab. 26. fig. 223.
Iabl. Col. 2. tab. 12. fig. 11.
Herbft. Arch. tab. 19. fig. 4.
Habitat in Europae ftercore.

31. A. capite quadrituberculato, ater, elytris ftriatis. *quadritu-*
   Scarabaeus quadrituberculatus. Ent. fuppl. *berculatus.*
   23. 94. *
Habitat in America. Dom. Hybner.

32. A. capite quadrituberculato, ferrugineus, ely- *nitidulus.* tris pallidis.
   Scarabaeus nitidulus. Ent. fyft. 1. 30. 94. *
Habitat in Europae ftercore.

** fa-

** *capite mutico.*

7maculatus 33. A. muticus obfcurus, elytris ftriatis, pallidis, nigro-maculatis.

    Scarabaeus 7maculatus. Ent. fyft. 1. 34. 108. *
    Oliv. Inf. 1. 3. 86. 96. tab. 4. fig. 134.
    Habitat in Africa aequinoctiali. Muf. D. Banks.

2punctatus 34. A. muticus, thorace nigro, rubro-marginato, elytris rubris: puncto nigro.

    Scarabueus 2punctatus. Ent. fyft. 1. 34. 109. *
    Lepech. Itin. 2. 324. tab. 10. fig. 7.
    Pall. Icon. Inf. 1. 12. tab. A. fig. 12.
    Illig. Col. Bor. 1. 18. 1.
    Panz. Fn. Germ. 28. tab. 9.
    Iabl. Col. 2. tab. 16. fig. 10.
    Habitat in Europae ftercore equino.

rufipes. 35. A. muticus, ater, thorace glabro nitido, elytris ftriatis, pedibus rufis.

    Scarabaeus rufipes. Ent. fyft. 1. 34. 110. *
    Linn. fyft. Nat. 2. 559. 86. Fn. Sv. 403.
    Aphodius oblongus. Illig. Col. Bor. 1. 19. 2.
    Oliv. Inf 1. 3. 87. 94. tab. 18. fig. 171.
    Panz. Fn. Germ. 47. tab. 10.
    Iabl. Col. 2. tab. 28. fig. 2.
    Degeer Inf. 4. tab. 10. fig. 6.
    Habitat in Europae ftercore.

nigripes. 36. A. muticus, niger, thorace fubpunctato, elytris ftriatis, pedibus nigris.

    Scarabaeus nigripes. Ent. fyft. 1. 35. 111. *
    Aphodius rufipes. Illig. Col. Bor. 1. 28. 18.
    Panz. Fn. Germ. 47. tab. 9.
    Iabl. Col. 2. tab. 19. fig. 3.
    Habitat in Europae ftercore.

luridus. 37. A. muticus, ater, elytris grifeis, nigro-ftriatis.
    Scarabaeus luridus. Ent. fyft. 1. 29. 91. *

                      , *Apho-*

Aphodius rufipes. Illig. Col. Bor. 1. 18. γ.
Panz. Fn. Germ. 47. tab. 7. 8.
Iabl. Col. 2. tab. 18. fig. 3.
Schaeff. Icon. tab. 26. fig. 8.
Voet. Scarab. tab. 21. fig. 145.
Habitat in Europae ftercore.
Affinis praecedenti et fpecimina plura tranfitum
    ad A. nigripedem afficiunt forte generatione hy-
    brida orta. Vix tamen mera varietas praece-
    dentis.

38. A. muticus, niger, elytris ftriatis: maculis di- *lutarius*.
    ftinctis nigris.
Scarabaeus lutarius. Ent. fyft. 1. 35. 112. ✿
Habitat in Germaniae ftercore. Dom. Smidt.
Elytra crenato-ftriata, grifea, maculis aliquot di-
    ftinctis nigris.

39. A. muticus ater, elytris ftriatis grifeis: figna- *contamina-*
    turis fufcis.   *tus.*
Scarabaeus contaminatus. Ent. fyft. 1. 35.
    114. ✿
Aphodius contaminatus. Illig. Col. Bor. 1. 26.
    16. Creutz. Inf. 34. tab. 1. fig. 5.
Herbft. Arch. tab. 19. fig. 13.
Habitat in Germaniae ftercore. Dom. Smidt.
Thorax laeuis ater, vtrinque macula antica pallida.

40. A. muticus ater, thoracis margine pallido, ely- *confputus.*
    tris ftriatis grifeis: macula difci fufca.
Scarabaeus confputus. Creutz. Inf. 41. 11.
    tab. 1. fig. 6.
Habitat in ftercore humano.
Affinis certe A. contaminato, at margo thoracis
    totus pallidus et macula magna difci fufca.

41. A. muticus niger obfcurus, elytris ftriatis ob- *immundus.*
    fcure rufis.
                                            Habi-

Habitat in Germania.

Paullo minor A. Pecari et diftinctus. Caput et thorax nigra, obfcura. Elytra fimpliciter ftriata, obfcure rufa, fubholofericea. Corpus nigrum.

4maculatus 42. A. muticus oblongus niger, thorace, elytrorum maculis pedibusque rubris.

Scarabaeus 4maculatus. Ent. fyft. 1. 36. 115.*

Aphodius 4guttatus. Illig. Col. Bor. 35. 32.

Oliv. Inf. 1. 3. 92. 103. tab. 19. fig. 174.

Panz. Fn. Germ. 28. tab. 10.

Panz. Naturf. 24. 43. tab. 1. fig. 3.

Iabl. Col. 2. tab. 18. fig. 10.

Habitat in Anglia, Germania.

4puftulatus 43. A. muticus oblongus niger, thorace immaculato, elytris maculis duabus rubris, pedibus nigris.

Scarabaeus 4puftulatus. Ent. fyft. v. 36. 116.*

Scarabaeus 4maculatus. Linn. fyft. Nat. 2. 558. 84. Fn. Sv. 398.

Aphodius 4maculatus. Illig. Col. Bor. 1. 35. 33. Panz. Fn. Germ. 43. tab. 5.

Habitat Halae Saxonum. Dom. Hybner.

Sus. 44. A. muticus oblongus obfcure rufus, elytris teftaceis nigro-maculatis.

Scarabaeus fus. Ent. fyft. 1. 36. 117. *

Aphodius fus. Illig. Col. Bor. 1. 27. 17.

Oliv. Inf. 1. 3. tab. 1. fig. 14.

Panz. Fn. Germ. 28. tab. 11.

Habitat in Germaniae ftercore.

moeftus. 45. A. muticus, ater, thorace margine grifeo; puncto nigro, elytris ftriatis grifeis: maculis duabus nigris.

Habitat in India orientali. Dom. Daldorff.

Statu-

Statura et magnitudo omnino A. fordidi. Caput
laeue, muticum, atrum. Thorax ater margine
laterali et poftico grifeis, laterali puncto nigro.
Elytra ftriata, grifea, maculis duabus linearibus
difci nigris. Corpus obfcurum, pedibus grifeis.

46. A. muticus, gibbofus, ater, elytris crenato - ftria- *eleuatus.*
tis, clypeo emarginato.
Scarabaeus eleuatus. Ent. fyft. 1. 37. 118.
Oliv. Inf. 1. 3. tab. 21. fig. 190. a. b.
Habitat in Gallo prouincia. Muf. Dom. Olivier.

47. A. muticus, niger, elytris plaga rufefcente. *plagiatus.*
Scarabaeus plagiatus. Ent. fyft. 1. 37. 119. *
Linn. fyft: Nat. 2. 539. 85.
Oliv. Inf. 1. 3. 92. 104. tab. 25. fig. 215.
Habitat in Svecia.
Variat elytris totis nigris obferuante D. Helwig.

48. A. muticus, niger, thoracis elytrorumque mar- *marg nel-*
gine teftaceo. *lus.*
Scarabaeus marginellus. Ent. fyft. 1. 37. 120. *
Oliv. Inf. 1. 3. 91. 103. tab. 13. fig. 116.
Habitat in Coromandel. Muf. Dom. Banks.

49. A. muticus, niger, elytris ftriatis: margine fa- *fafciatus.*
fciaque poftica ferrugineis.
. *Scarabaeus fafciatus.* Ent. fyft. 1. 37. 121. *
Oliv. Inf. 1. 3. 90. 99. tab. 14. fig. 130.
Habitat in Kamtfhatka. Muf. Dom. Banks.

50. A. muticus, niger, elytris fulcatis, piceis, fer- *teftudina-*
rugineo - punctatis. *rius.*
Scarabaeus teftudinarius.. Ent. fyft. 1. 38.
122. *
Aphodius teftudinarius. Illig. Fn. Bor. 1. 35. 80.
Oliv. Inf. 1. 3. 93. 105. tab. 20. fig. 186.
Iabl. Col. 2. tab. 18. fig. 13.

Panz.

Panz. Fn. Germ. 18. tab. 12.
. Herbſt. Arch. tab. 19. fig. 7.
Habitat in Anglia. Dr. Solander.

Scrofa. 51. A. muticus, oblongus, niger, elytris ſubſtriatis fuſcis.

Scarabaeus Scrofu. Ent. ſyſt. 1. 38. 123. *
Aphodius Scrofa. Illig. Col. Bor. 1. 34. 29.
Panz. Fn. Germ. 47. tab. 12.
Habitat Halae Saxonum. Dom. Hybner.

merdarius. 52. A. muticus, elytris teſtaceis: ſutura nigra.
Scarabaeus merdarius. Ent. ſyſt. Append. 435.
123. Linn. ſyſt. Nat. 2. 558. 84.
Aphodius merdarius. Illig. Col. Bor. 1. 34. 28.
Oliv. Inſ. 1. 3. 94. 107. tab. 19. fig. 173.
Iabl. Col. 2. tab. 18. fig. 5.
Habitat in Europae ſtercore.

atricapil- 53. A. muticus, griſeus, capite atro.
lus. *Scarabaeus atricapillus.* Ent. ſuppl. 24. 124. *
Habitat in India orientali. Muſ. D. de Seheſtedt.

Pecari. 54. A. muticus, ater, nitidus, elytris ſtriatis rufis:
ſutura nigra, pedibus rufis.
Scarabaeus Pecari. Ent. ſyſt. 1. 38. 125. *
Aphodius Pecari. Illig. Col. Bor. 1. 29. 20.
Scarabaeus ſatellitius. Iabl. Col. 2. tab. 19.
fig. 1.
Panz. Fn. Germ. 31. tab. 3.
Habitat in Hungaria. Dom. Hybner.

depreſſus. 55. A. muticus, ater, nitidus, elytris ſtriatis rufis,
pedibus nigris.
Scarabaeus depreſſus. Ent. ſyſt. Append. 435.
125. *
Aphodius depreſſus. Illig. Col. Bor. 1. 28. 19.
Panz. Fn. Germ. 39. tab. 1.
Habitat in Germaniae ſtercore.

56.

56. A. muticus fuscus, elytris crenato-striatis.   *Sabuleti*
   Scarabaeus Sabuleti. Ent. suppl. 24. 125. *
   Aphodius Sabuleti. Illig. Col. Bor. 1. 21. 7.
   Panz. Fn. Germ. 37. tab. 3.
   Habitat in Svecia. Muf. Dom. Lund.
   Obscurus, minime nitens.

57. A. muticus fuscus, elytris porcatis.   *porcatus.*
   Scarabaeus porcatus. Ent. syst. 1. 38. 126. *
   Oliv. Inf. 1. 3. 90. 109. tab. 19. fig. 128.
   Iabl. Col. 2. tab. 18. fig. 12.
   Panz. Fn. Germ. 28. tab. 13.
   Herbst. Arch. tab. 19. fig. 9.
   Habitat in Saxoniae stercore.

58. A. muticus ater, elytris striato-crenatis, clypeo   *stercorator.*
    emarginato.
   Scarabaeus stercorator. Ent. syst. 1. 39. 127. *
   Oliv. Inf. 1. 3. 89. 98. tab. 17. fig. 155.
   Iabl. Col. 2. tab. 19. fig. 2.
   Habitat in America meridionali.

59. A. muticus ater, thorace variolofo, elytris cre- *tibialis.*
    nato-striatis.
   Scarabaeus tibialis. Ent. suppl. 24. 127. *
   Habitat in Tanger. D. Schousboe. Muf. Dom.
    de Sehestedt.

60. A. muticus ater, elytris striatis: margine ferru- *impudicus.*
    gineo.
   Habitat in India orientali. Dom. Daldorff. Muf.
    D. Lund.
   Paruus. Capitis clypeus rotundatus, vix emargi-
    natus. Thorax laeuis, ater, nitidus. Elytra
    simpliciter striata, atra: margine ferrugineo.
    Corpus atrum, pedibus ferrugineis.
   Varietas maior, vix distincta e Sumatra.

asper. **61.** A. muticus, capite thoraceque transuersim sul-
catis, elytris striatis.
Scarabaeus asper. Ent. syst. 1. 39. 128. *
Aphodius asper. Illig. Col. Bor. 1. 21. 8.
Oliv. Inf. 1. 3. 94. 106. tab. 23. fig. 204.
Panz. Fn. Germ. 47. tab. 13.
Herbst. Arch. tab. 19. fig. 10.
Habitat in Europae stercore.

rufus. **62.** A. muticus rufus, elytris striatis.
Scarabaeus rufus. Ent. syst. 1. 39. 129. *
Habitat in Suecia. Muf. D. de Sehestedt.
Femora postica incrassata.

arenarius. **63.** A. muticus ater, elytris striatis, tibiis piceis.
Scarabaeus arenarius. Ent. syst. 1. 39. 130. *
Aphodius arenarius. Illig. Col. Bor. 1. 22. 10.
Geoff. Inf 1. 86. 29.
Oliv. Inf. 1. 3. 96. 110. tab. 24. fig. 406.
Iabl. Col. 2. tab. 18. fig. 6.
Habitat in Sueciae arenosis.

foetidus. **64.** A. muticus ater, elytris crenato-striatis, rufis.
Scarabaeus foetidus. Ent. syst. 1. 40. 131. *
Aphodius foetidus. Illig. Col. Bor. 1. 30. 21.
Scarabaeus putridus. Iabl. Col. 2. tab. 12.
fig. 15.
Habitat in Germaniae stercore. Dom. Smidt.

caesus. **65.** A. muticus cylindricus niger, elytris simplici-
ter striatis, clypeo emarginato.
Scarabaeus caesus. Panz. Fn. Germ.   . tab. .
Habitat in Germania. Dom. Scheidler.
Differt a reliquis omnibus statura parua, cylin-
drica. Clypeus emarginatus. Thorax laeuis.
Elytra striata, at striis omnino simplicibus. Pe-
des obscure ferruginei.

8. HE-

8. HEXODON. *Maxilla* porrecta, cornea, apice tridentata, dentibus fiffis.

Labium late emarginatum.
Antennae lamellatae.

1. H. atrum elytris reticulatis grifeis. Ent. fyft. 1. *reticulatum* 71. 1. ✿
   Hexodon reticulatum. Oliv. Inf. 1. 7. t. 1. f. 1.
   Habitat in Madagafcar. Muf. Nat. Galliae.

2. H. atrum immaculatum. Ent. fyft. 1. 72. 2.   *vnicolor.*
   Hexodon vnicolor. Oliv. Inf. 1. 7. tab. 1. fig. 2.
   Habitat in Madagafcar. Muf. Nat. Galliae.

9. HISTER. *Maxilla* vnidentata.
   Labium corneum, cylindricum, integrum.
   Antennae clauae folidae.

* *Corpore ouato, conuexo.*

1. H. ater, elytris fubftriatis, thoracis marginibus *maior.* ciliatis. Ent. fyft. 1. 72. 1. Linn. fyft. Nat: 2. 566. 2.

Oliv.

———————————

Hexodontis corpus ouatum, fupra conuexum, fubtus planum, immarginatum, capite paruo, prominulo, oculis rotundatis, antennis breuibus: articulo primo craffiori, fecundo breuiffimo, vltimis tribus lamellatis, thorace lato, fcutello breui, lato, elytris longitudine abdominis, pedibus mediocribus, tibiis anticis dentatis, reliquis pilofis, tarfis quinquearticulatis, colore obfcuro.
Generis characterem naturalem in Entomologia fyftematica dedi.

———————————

Hifterum corpus fubrotundum, gibbum, antice pofticeque obtufum, fere truncatum, glabrum, rarius depreffum, planum,

capi-

　　　Oliv. Inf. 1. 6. 6. 3. tab. 1. fig. 4.
　　　Herbft. Col. 4. tab. 3. fig. 10.
　　　Voet. Col. tab. 31. fig. 6.
　　　Habitat in Africa.

inaequalis. 2. H. ater, nitidus, elytris externe ftriatis, mandi-
　　　　　bulis capite longioribus. Ent. fuppl. 37. 1. *
　　　Hifter laeuis. Roff. Fn. Etr. 1. 30. 68.
　　　Habitat in Germania. Dom. Panzer.

unicolor. 3. H. ater, elytris oblique triftriatis, tibiis tridenta-
　　　　　tis. Ent. fyft. 1. 72. 2. Linn. fyft. Nat. 2.
　　　　　567. 3. Fn. Sv. 440.
　　　Oliv. Inf. 1. 6. 7. 5. tab. 1. fig. 1.
　　　Geoff. Inf. 1. 91. tab. 1. fig. 4.
　　　Illig. Col. Bor. 1. 52. 2.
　　　Voet. Col. tab. 31. fig. 5.
　　　Panz. Fn. Germ. 4. tab. 2.
　　　Schaeff. Icon. tab. 42. fig. 10.
　　　Sulz. Icon. tab. 2. fig. 8. 9.
　　　Herbft. Col. 4. tab. 35. fig. 1.
　　　Habitat in Europae, Americae ftercore.

bis 6ftria- 4. H. ater, elytris ftriatis, pedibus rufis: tibiis an-
tus.　　　ticis tridentatis.
　　　Habitat in Auftria. Dom. de Meyerle.
　　　Minor H. 12ftriato. Thorax laeuis, linia tantum
　　　　　marginali impreffa. Elytra ftriata. Pedes rufi,
　　　　　tibiis anticis tridentatis.

　　　　　　　　　　　　　　5. H.

_____

capite paruo fubrecondito, antennis articulo primo longiffimo, vltimis tribus craffioribus, thorace glabro: margine
parum eleuato, fcutello minuto, triangulari, elytris abdomine breuioribus, truncatis, arcte adhaerentibus, pedibus
breuibus, validis, femoribus fubcompreffis, tibiis compreffis, anticis dentatis, pofticis fpinofis, tarfis quinquearticulatis, colore atro, nitido.

5. H. ater, elytris ftriatis, tibiis anticis quinqueden- *12ftriatus.*
tatis.
Hifter 12ftriatus. Illig. Col. Bor. 1. 53. 3.
Herbft. Col. 4. 29. 4. tab. 35. fig. 4.
Habitat in Germaniae ftercore.
Affinis certe H. vnicolori. Differt tantum ftriis
. elytrorum pluribus, tibiisque magis dentatis.

6. H. ater, nitidus, elytris ftriatis, capite punctis *impreffus.*
duobus compreffis. Ent. fuppl. 37. 2. ✿
Habitat Kiliae.

7. H. ater, nitidus, elytris bafi fubftriatis, thorace *nitidulus.* ✚
antice vtrinque impreffo.
Habitat in Germania. Dom. Smidt.
Statura et magnitudo H. vnicoloris; totus ater, aeneo colore nitidulus. Thorax difco glaberrimo
lateribus punctatis, et antice vtrinque puncto
impreffo. Elytra nitida, bafi parum ftriata,
apice punctata.

8. H. ater nitidus laeuiffimus, thoracis margine an- *angulatus.*
tico vtrinque prominulo.
Habitat in America meridionali. Muf. D. Lund.
Paulo maior H. vnicolore. Caput vix fub thorace
exfertum. Thorax margine antico vtrinque prominente laeuiffimus, nitidus, ater. Elytra laeuiffima, vix ftria vna alteraue verfus marginem, nitida, atra. Pedes nigri, tibiis anticis
dentatis.

9. H. ater nitidus, elytris punctato-ftriatis, longi- *glabratus.*
tudine abdominis.
Hifter glabratus. Ent. fyft. 1. 73. 3. ✿
Habitat in Germania. Dom. Smidt.

10. H. ater aeneo-nitidus, elytris bafi ftriis obliquis *femipuncta-*
apice obfolete punctatis. Ent. fyft. 1. 73. 4. ✿ *tas.*
Herbft.

Herbſt. Coleopt. 4. tab. 35. fig. 6.
Habitat in Barbaria. Muſ. Dom. Desfontaines.

acuminatus 11. H. ater nitidus, elytris abbreuiatis, abdomine
acuto. Ent. ſuppl. 37. 4. ✿
Habitat in Galliae Alpibus. Dom. Brognart.
Statura fere Scaphidii.

ſcaber. 12. H. niger punctis eleuatis ſcaber. Ent. ſyſt. 1.
73. 5. *
Habitat in Hiſpania. Dom. Prof. Vahl.

cyaneus. 13. H. thorace aeneo, elytris coeruleſcentibus.
Hiſter cyaneus. Ent. ſyſt. 1. 73. 6. ✿
Oliv. Inſ. 1. 6. tab. 3. fig. 17.
Habitat in noua Hollandia. Muſ. D. Banks.

bicolor. 14. H. thorace obſcure aeneo, elytris ſtriatis cyaneis.
Hiſter bicolor. Oliv. Inſ. 1. 6. tab. 3. fig. 20.
Habitat ad Cap. Bon. Spei. Muſ. D. de Seheſtedt.
Diſtinctus ab H. cyaneo, paullo minor. Caput et
thorax obſcure aenea, vix nitida. Elytra ſtriata, cyanea: margine poſtico parum rufeſcente.

brunneus, 15. H. ferrugineus elytris ſubſtriatis. Ent. ſyſt. 1.
74. 8. *
Oliv. Inſ. 1. 8. 17. 27. tab. 3. fig. 21.
Roſſ. Fn. Etruſc. 1. 29. 66.
Illig. Col. Bor. 1. 53. 4.
Herbſt. Col. 4. tab. 35. fig. 10.
Habitat in Europa boreali. Dr. Solander.

lunatus. 16. H. ater nitidus, elytris macula magna lunata ba-
ſeos rufa.
Hiſter quadrimaculatus. Illig. Col. Bor. 1. 56. 8?
Hiſter reniformis. Oliv. Inſ. 1. 8. tab. 1. fig. 5.
Habitat in Germania.

Ma-

Magnus, Caput atrum. Thorax laeuis, ftria marginali tantum impreffa. Elytra ftriis tribus aut
quatuor ad marginem exteriorem. Macula magna lunata (referente rubra. Tibiae anticae tri-
dentatae.

17. H. ater, elytris macula media finuata rufa.   *finuatus.*
Hifter finuatus. Ent. fyft. 1. 75. 15. *
Oliv. Inf. 1. 8. tab. 3. fig. 19.
Illig. Col. Bor. 1. 37. 9.
Voet. Col. tab. 31. fig. 3.
Habitat in Germania. Dom. Smidt.

18. H. niger, thorace laeui, elytris ftriatis: macula *purpura-*
disci rubra.   *fcens.*
Hifter purpurafcens. Illig. Col. Bor. 1. 54. 5.
Herbft. Col. 4. tab. 36. fig. 6.
Geoff. Inf. 1. 91. 2.
Voet. Col. 1. tab. 31. fig. 2.
Habitat in Europa boreali.
Affinis certe H. bimaculato, at thorax omnino
laeuis et macula purpurea in medio difci.

19. H. coleoptris teftaceis: cruce communi atra. *cruciatus.*
Ent. fyft. 1. 75. 16. *
Habitat in Barbaria. Muf. D. Desfontaines.

20. H. ater elytris ftriatis: puncto medio rubro, ca- *puftulatus*
pite retufo. Ent. fuppl. 38. 16.
Habitat in India orientali. Dom. Daldorff.
Differt omnino ab H. bimaculato, duplo maior.
Caput mandibulis exfertis muticis, fronte retufa. Thorax laeuis, ater, nitidus, angulo antico
vtrinque puncto impreffo. Elytra ftriata: ftria
inte-

Hifterum larua depreffa, brunnea: fegmentis decem vtrinque
prominulis, capite antice quadridentato, cauda ouata
vtrinque vnidentata.

interiore abbreuiata atra puncto medio diſtin-
cto, rubro. Tibiae anticae valde dentatae.

pulchellus. **21.** H. viridi-aeneus elytris ſtriatis: puncto poſtico
rufo, ano cupreo. Ent. ſuppl. 38. 16.

Habitat Tranquebariae. Muſ. D. de Seheſtedt.

Paruus. Caput èt thorax viridi-aenea, nitida, immaculata. Elytra, inprimis verſus marginem
ſtriata, puncto magno verſus apicem rufo.
Anus prominens cupro nitet.

erythropte- **22.** H. ater nitidus elytris ſtriatis apice rufis. Ent.
rus. ſuppl. 38. 16. *

Oliv. Inſ. 1. 8. tab. 2. fig. 12.

Habitat Tranquebariae. Muſ. D. de Seheſtedt.

2maculatus **23.** H. ater, thorace vtrinque foueolato, elytris ſtriatis, angulo poſtico rubro.

Hiſter 2maculatus. Ent. ſyſt. 1. 76. 17. Linn.
ſyſt. Nat. 2. 567. 5. Fn. Sv. 442.

Illig. Col. Bor. 1. 54. 6.

Herbſt. Col. tab. 36. fig. 8.

Habitat in Europae ſtercore bouino.

4maculatus **24.** H. ater, elytris macula humerali transuerſa rubra.

Hiſter 4maculatus. Ent. ſyſt. 1. 76. 18. Linn.
ſyſt. Nat. 2. 567. 6. Fn. Sv, 443.

Oliv. Inſ. 1. 8. 9. 7. tab. 3. fig. 18.

Schaeff. Elem. tab. 24. fig. 2.

Illig. Col. Bor. 1. 60. 14.

Herbſt. Col. tab. 25. fig. 2.

Habitat in Europa boreali,

Macula altera in diſco elytrorum ſupra deeſt.

aeneus. **25.** H. aeneus, elytris baſi ſtriatis apice punctatis,
tibiis anticis ſerratis. Ent. ſyſt. 1. 76. 19.

Hiſter aeneus. Illig. Col. Bor. 1. 59. 13.

Geoff.

Geoff. Inf. 1. 95. 3.
Oliv. Inf. 1. 8. tab. 2. fig. 16.
Herbft. Col. 4. tab. 35. fig. 5.
Habitat in Anglia, Gallia.

26. H. violaceus, nitidus, elytris bafi ftriatis apice *metallicus.*
    punctatis, tibiis anticis quadridentatis.
    Hifter metallicus. Illig. Col. Bor. 1. 60. 14.
    Herbft. Col. 4. 32. 7. tab. 35. fig. 7.
    Habitat in Germania.
    Affinis certe H. aeneo at totus cyaneus. Thorax
      fubtiliffime punctatus. Elytra bafi inter ftrias
      laeuia. Tibiae denticulis quatuor maioribus.

27. H. ater, nitidus, laeuiffimus, elytris punctis *4guttatus.*
    duobus albis. Ent. fuppl. 39. 18. *
    Habitat - - - Muf. Dom. Lund.

28. H. ater, nitens, elytris piceis apice obfcuris. *detritus.*
    Ent. fyft. 1. 76. 20. *
    Oliv. Inf. 1. 8. 12. 11. tab. 2. fig. 16.
    Roff. Fn. Etr. 1. 29. 67.
    Habitat in noua Hollandia. Muf. D. Banks.

29. H. ater, elytris crenato-ftriatis: ftriis interio- *abbreuia-*
    ribus abbreuiatis. Ent. fyft. 1. 75. 14. *   *tus.*
    Habitat in America boreali. Dom. Drury.

30. H. ater, elytris bafi ftriatis apice punctatis, ti- *pygmaeus.*
    biis muticis. Ent. fyft. 1. 74. 9.
    Hifter pygmaeus. Linn. Syft. Nat. 2. 567. 4.
    Fn. Sv. 441.
    Hifter vunctatus. Illig. Col. Bor. 1. 60. 15.
    Oliv. Inf. 1. 8. 28. 23. tab. 3. fig. 24.
    Habitat in Europa boreali.

31. H. ater, thorace lineis eleuatis quinque, elytris *fulcatus.*
    tribus: interftitiis puncatis. Ent. fyft. 1. 74.
    12. *
    Hifter globulofus. Oliv. Inf. 1. 8. tab. 2. fig. 15.
                       Illig.

Illig. Col. Bor. 1. 51. 1.

Habitat in Boletis plantisque putrescentibus Galliae, Germaniae.

striatus.   32. H. thorace, striis eleuatis quinque, elytris sex.

Hister sulcatus. Oliv. Inf. 1. 8. tab. 1. fig. 6.

Roff. Fn. Etr. 1. 31. 70. tab. 2. fig. 3.

Herbst. Col. 4. tab. 36. fig. 1.

Habitat in Europa auftraliori.

Statura omnino praecedentis at duplo fere minor, et striae elytrorum plures interstitiis haud punctatis.

rotundatus. 33. H. rotundatus, ater, elytris basi striatis apice punctatis: margine postico pedibusque piceis.

Hister rotundatus. Illig. Col. Bor. 1. 61. 16.

Habitat in Germania.

Hist. pygmaeo minor et magis rotundatus.

minutus.   34. H. subrotundus, piceus, thorace antice angustato.

Hister minutus. Illig. Col. Bor. 1. 62. 19.

Herbst. Col. 4. tab. 36. fig. 4.

Habitat in Germaniae Boletis.

fuluicornis. 35. H. ouatus, ater, elytris striatis, antennarum claua testacea.

Habitat in America meridionali. Muf. de Sehestedt.

Corpus paruum, ouatum, atrum. Antennae nigrae, claua testacea. Thorax laeuis, nitidus. Elytra striata.

** *Corpore depresso, plano, oblongo.*

planus.   36. H. planus, opacus, ater, elytris laeuissimis.

Ent. syst. 1. 73. 7. *

Illig.

Histeres ouati in stercore aut Boletis putrescentibus degunt, plani depressi sub arborum corticibus. Genere forte differunt.

Illig. Col. Bor. 1. 65. 25.
Oliv. Inf. 1. 8. 15. tab. 3. fig. 22.
Sulz. Hift. Inf. tab. 2. fig. 9.
Herbft. Col. 4. tab. 35. fig. 8.
Fuesl. Inf. Halv. 68.
Habitat in Europa auftraliori fub arborum corti-
  cibus.

Antennarum claua ferruginea.

37. H. depreffus, ater, nitidiffimus, elytris fubftriatis. *depreffus.*
  Ent. fyft. 1. 74. 10. *
  Oliv. Inf. 1. 8. 15. 17. tab. 2. fig. 9.
  Illig. Col. Bor. 1. 64. 23.
  Herbft. Col. 4. tab. 35. fig. 9.
  Habitat fub Betulae corticibus.

38. H. depreffus, ater, nitidiffimus, elytris laeuiffi- *corticalis.*
  mis abdomine dimidio breuioribus, mandibulis
  exfertis.
  Habitat in America meridionali. Muf. D. Lund.
  Diftinctus omnino ab H. quadridentato. Caput
    paruum, mandibulis exfertis, breuibus. Tho-
    rax et elytra laeuiffima, nitidiffima, atra, ely-
    tris abdomine dimidio breuioribus.

39. H. depreffus, ater, nitidus, elytris ftria vnica, *4dentatus.*
    mandibulis exfertis capite longioribus. Ent.
    fyft. 1. 74. 11. *
  Oliv. Inf. 1. 8. 14. 15. tab. 2. fig. 11.
  Voet. Col. tab. 31. fig. 8.
  Habitat in America boreali. Dom. Lee.

40. H. depreffus, ater, nitidus, elytris ftriatis, man- *maxillofus.*
    dibulis exfertis capite longioribus. Ent. fyft.
    Append. 437. 11. *
  Hifter maxillofus. Oliv. Inf. 1. 8. tab. 2. fig. 8.
  Drury. Inf. 3. tab. 48. fig. 4.
  Habitat in America boreali.

41.

oblongus. 41. H. depreſſus, ater, nitidus, elytris ſtriatis, cor
pore oblongo. Ent. ſyſt. 1. 75. 13. P
Illig. Col. Bor. 1. 63. 22.
Oliv. Inſ. 1. 8. tab. 2. fig. 14.
Habitat in Svecia in radicibus Fagi ſub cortice.
Dom. Afzelius.

picipes. 42. H. depreſſus, niger, elytris laeuiſſimis, antennis pedibusque piceis. Ent. ſyſt. 1. 77. 21.
Hiſter picipes. Illig. Col. Bor. 1. 60. 21.
Herbſt. Col. 4. tab. 35. fig. 11.
Habitat in Germania. Dom. Smidt.

caeſus. 43. H. niger, thorace ſulco transuerſo impreſſo, antennis ferrugineis. Ent. ſyſt. 1. 77. 22.
Hiſter caeſus. Illig. Col. Bor. 1. 67. 17.
Herbſt. Col. 4. tab. 36. fig. 3.
Habitat in Germania. Dom. Prof. Helwig.

10. SPHAERIDIVM. *Palpi* quatuor filiformes.
Labium quadratum, emarginatum.
Antennae claua perfoliata.

ſcarabaeoides. 1. S. ouatum atrum, elytris maculis duabus ferrugineis. Ent. ſyſt. 1. 77. 1.
Oliv. Inſ. 2. 45. 4. 1. tab. 1. fig. 1.
Linn. ſyſt. Nat. 2. 563. 17. Fn. Sv. 428.
Illig.

Sphaeridii corpus rotundatum, ſupra conuexum, ſubtus planum, glabrum, immarginatum, tardum, capite paruo inflexo, antennis breuibus: articulo primo longiſſimo, cylindrico, vltimis quatuor craſſioribus perfoliatis, thorace
conuexo, glabro, elytris laeuibus immarginatis, longitudine abdominis, pedibus breuibus, validis, femoribus compreſſis, tibiis ſpinoſis, tarſis quinquearticulatis, colore vario.

Illig. Col. Bor. 1. 65. 1.
Panz. Fn. Germ. 6. tab. 2.
Voet. Col. tab. 32. fig. 1.
Herbft. Col. 4. tab. 37. fig. 1.
Geoff. Inf. 1. 106. 17.
Degeer Inf. 4. tab. 12. fig. 17.
Habitat in Europae ftercore frequens.

S. ouatum atrum, elytris apice macula lunata lu- *lunatum.*
    tea. Ent. fyft. 1. 78. 2. *
Illig. Col. Bor. 1. 65. 1. β.
Habitat in Germania. Dom. Smidt.
Forte mera praecedentis varietas.

S. atrum nitidum elytris apice rubris, pedibus pi- *apuftula-*
    ceis. Ent. fyft. 1. 78. 3. *   *tum.*
Oliv. Inf. 2. 15. 5. 2. tab. 2. fig. 11.
Herbft. Col. 4. tab. 32. fig. 2.
Illig. Col. Bor. 1. 65. 1. β.
Habitat Kiliae in ftercore.
Varietatem praecedentium credit Illiger, atta-
    men corpus minus et elytra apice omnino rufa.

S. atrum elytrorum margine pedibusque ferrugi- *margina-*
    neis. Ent. fyft. 1. 80. 11. *   *tum.*
Oliv. Inf. 2. 15. 6. tab. 1. fig. 3.
Geoff. Inf. 1. 107. 18.
Herbft. Col. 4. 67. 3. tab. 37. fig. 3.
Illig. Col. Bor. 1. 65. 1. γ.
Habitat Halae Saxonum. Dom. Daldorff.
Forte praecedentis mera varietas.

S. atrum antennis pedibusque rufis, elytris laeui- *glabratum.*
    bus. Ent. fyft. 1. 79. 8. *
Oliv. Inf. 2. 15. 10. 12. tab. 2. fig. 9.
Habitat in Infula Madera, in Germania.
Praecedentibus nimis affinis. Antennae rufae cla-
ua nigra.

6. S.

abdominale 6. S. atrum nitidum, abdomine pedibusque ferrugineis. Ent. fyft. 1. 79. 10. *

Habitat in Americae meridionalis Infulis. Dr.
Pflug.

5maculatum. 7. S. atrum coleoptris obfcure rufis: maculis quinque nigris. Ent. fuppl. 39. 8. *

Habitat in India orientali. Dom. Daldorff.

dytifcoides. 8. S. ferrugineum elytris atris. Ent. fyft. 1. 79. 7. *
Oliv. Inf. 2. 15. tab. 2. fig. 10.

Habitat in Infula S. Helena. Muf. D. Banks.

fafciculare. 9. S. atrum elytris punctis fafciculatis ferrugineis.
Ent. fyft. 1. 81. 17. *

Byrrhus fafcicularis. Oliv. Inf. 2. 13. 8. 7.
tab. 2. fig. 7.

Habitat Parifiis. Muf. Dom. Bofc.

Colon. 10. S. lutum thorace punctis elytris macula marginali nigris. Ent. fyft. 1. 78. 4. *

Dermeftes Colon. Linn. fyft. Nat. 2. 564. 27.
Fn. Sv. 438.

Nitidula 4punctata. Illig. Col. Bor. 1. 391. 19.
Strongylus 4punctatus. Herbft. Col. 1. tab. 43.
fig. 5.

Habitat in Suecia. Dom. de Paykull.

Ab hoc genere cum fequentibus differre videtur.
Corpus magis globofum, antennarum articulus
primus breuior, rotundior, vltimi tres tantum
incraffati, palpi breuiores. Ad Nitidulas ea
amandauit Dom. Illiger, at vix rite. Nouum
genus forte conftituunt, at characteres mihi
adhuc defunt, ideoque hic ad vlteriorem dif-
quifitionem appofui.

globus. 11. S. globofum atrum thorace rufo. Ent. fyft. 1.
78. 5. *

Habitat Parifiis. Dom. Tigny.

12.

12. S. luteum elytris pubescentibus laeuibus. Ent. *luteum.*
    syst. 1. 79. 6. *
    Nitidula lutea. Illig. Col. Bor. 1. 390. 18.
    Nitidula lutea. Oliv. Inf. 2. 12. 16. tab. 3.
    fig. 28.
    Strongylus luteus. Herbst. Col. 4. tab. 43. fig. 3.
    Habitat in Suecia. Dom. de Paykull.

13. S. laeue testaceum elytris obscuris. *obscurum.*
    Habitat in America meridionali. Muf. D. de Se-
    heftedt.
    Statura gibba et fumma affinitas S. lutei. Corpus
    laeue, testaceum elytris folis obscuris.
    Magnitudine variat.

14. S. laeue obscurum pedibus rufis. *rufipes.*
    Habitat in America meridionali. Muf. D. Lund.
    Statura praecedentis at minus, gibbum, obscurum,
    pedibus folis rufis.

15. S. nigrum, elytris rufis apice nigris. *anale.*
    Habitat in America meridionali. Muf. de Se-
    heftedt.
    Statura parua, gibba praecedentium. Caput et
    thorax nigra, obscura. Antennae ferrugineae
    claua magna, perfoliata, nigra. Elytra fub-
    striata, rufa apice late nigra. Pedes ferru-
    ginei.

16. S. gibbum, fupra atrum, fubtus ferrugineum. *nitidulum.*
    Habitat in America meridionali. Muf. D. Lund.
    Statura omnino S. lutei. Corpus fupra totum lae-
    ue, atrum, nitidum, thoracis margine parum
    rufescente, fubtus ferrugineum.

17. S. gibbum laeue, flauum, nitidum. *flauum.*
    Habitat in America meridionali. Muf. D. de Se-
    heftedt.

Cor-

Corpus S. luteo minus, laeue, flauum, nitidum
interdum, elytris parum fufco-maculatis.

atomarum. 18. S. laeue, atrum, elytris ſtriatis. Ent. fyſt. 1.
80. 13.
Geoff. Inſ. 1. 107. 19.
Oliv. Inſ. 2. 15. 14. tab. 2. fig. 5.
Illig. Col. Bor. 1. 67. 3.
Panz. Fn. Germ. 23. tab. 3.
Herbſt. Col. 4. 78. 16.
Habitat in Europae ſtercore.

melanoce-   19. S. atrum glabrum, elytris griſeis: macula com-
  phalum.   muni baſeos nigra. Ent. fyſt. 1. 80. 14. ✺
Oliv. Inſ. 2. 15. 8. 9. tab. 1. fig. 4.
Linn. fyſt. Nat. 2. 563. 16. Fn. Sv. 425.
Illig. Col. Bor. 1. 66. 2.
Herbſt. Col. 4. tab. 37. fig. 10.
Habitat in Europae ſtercore.

lugubre. 20. S. atrum nitidum, elytris ſtriatis, pedibus rufis.
Ent. fyſt. 1. 81. 15.
Sphaeridium lugubre. Oliv. Inſ. 2. 15. 7. 7.
tab. 2. fig. 12.
Habitat Pariſiis. Dom. Boſc.

ſtercoreum. 21. S. ferrugineum, elytris laeuibus griſeis. Ent.
fyſt. 1. 81. 16. ✺
Illig. Col. Bor. 1. 69. 6.
Habitat in Germaniae ſtercore. Dom. Smidt.

haemor-   22. S. atrum. elytris apice rufis, pedibus nigris.
  rhoidale.   Ent. fyſt. 1. 81. 18. ✺
Oliv. Inſ. 2. 15. 9. 10. tab. 2. fig. 6.
Herbſt. Col. 4. tab. 37. fig. 9.
Illig. Col. Bor. 1. 68. 2. β.
Habitat in Europae ſtercore bouino.
Varietatem S. melanocephali credit Illiger, at
vix merito.
23.

23. S. atrum, elytris apice pedibusque rufis. Ent. *flavipes.*
  fyft. 1. 81. 19. *
  Habitat in Selandiae ftercore bouino. Muf. Dom.
  de Seheftedt.

24. S. atrum, coleoptris flauefcentibus: puncto *vnipuncta-*
  communi atro. Ent. fyft. 1. 81. 20. *tum.*
  Sphaeridium vnipunctatum. Oliv. Inf. 2. 15.
  6. 5. tab. 2. fig. 8.
  Coccinella vnipunctata. Linn. fyft. Nat. 2. 579.
  6. Fn. Sv. 470.
  Illig. Col. Bor. 1. 68. 5.
  Panz. Fn. Germ. 3. tab. 1.
  Herbft. Col. 4. tab. 37. fig. 4.
  β. *Scarabaeus quisquilius.* elytris liuidis imma-
  culatis. Ent. fyft. 1. 38. 124. Linn. fyft. Nat.
  2. 558. 83. Fn. Sv. 379. mas.
  Oliv. Inf. 1. 3. 95. 108. tab. 18. fig. 170.
  Iabl. Col. 2. tab. 18. fig. 15.
  Herbft. Arch. tab. 19. fig. 8.
  Habitat in Europae ftercore, tempore fereno per
  aërem volitans.

25. S. atrum nitidum, thoracis limbo rufo, elytris *limbatum.*
  laeuiffimis. Ent. fyft. 1. 82. 21. *
  Habitat in Germania. Dom. Smidt.

26. S. atrum nitidum, thorace pedibusque anticis *ruficolle.*
  rufis. Ent. fyft. 1. 82. 22. *
  Sphaeridium ruficolle. Oliv. Inf. 2. 15. 9. 11.
  tab. 2. fig. 7.
  Herbft. Col. 4. tab. 37. fig. 7.
  Habitat Halae Saxonum. Dom. Hybner.

27. S. atrum immaculatum, elytris laeuiffimis. Ent. *fimetarium.*
  fyft. 1. 82. 25. *
  Habitat in Europae ftercore.

teftaceum. 28. S. teftaceum, capite obfcuriore. Ent. fyft. 1. 83. 26. *

Habitat in Americae meridionalis Infulis. Dom. Smidt.

aeneum. 29. S. aeneum nitidulum, elytris laeuiffimis, pedibus nigris. Ent. fyft. 1. 83. 27. *

Habitat in Germania. Dom. Smidt.

minutum. 30. S. atrum, elytris ftriatis, pedibus concoloribus. Ent. fyft. 1. 83. 29.

Oliv. Inf. 2. 15. 11. 14. tab. 2. fig. 5.

Silpha atomaria. Linn. fyft. Nat. 2. 574. 35.

Habitat in Anglia, Germania.

pulicarium. 31. S. oblongum nigrum, elytris abbreuiatis, abdomine acuto. Ent. fyft. 1. 83. 30.

Nitidula pulicaria. Oliv. Inf. 2. 12. 20. 31. tab. 3. fig. 27.

Dermeftes pulicarius. Linn. fyft. Nat. 2. 564. 24.

Silpha pulicaria. ‒ ‒ ‒ 2. 574. 33.

Cateretes grauidus. Illig. Col. Bor. 1. 395. 1.

Habitat in Europae floribus.

Forte potius ad Nitidulas amandandum.

Wintherias 32. S. atrum nitidum, elytris ferrugineis. Ent. fuppl. 39. 29. *

Habitat in cortice Canellae albae. Muf. D. Lund.

II. ANI-

11. **ANISOTOMA.** *Palpi* inaequales, filiformes.

Maxilla membranacea,
bifida.

Antennae perfoliatae:
claua articulis quin-
que.

1. A. ferruginea, elytris ftriatis.   *ferruginea.*
Sphaeridium ferrugineum. Ent. fyft. 1.80. 12. ‡
Sphaeridium ferrugineum. Oliv. Inf. 2. 15. 7.
tab. 3. fig. 14.
Anifotoma ferruginea. Illig. Col. Bor. 1.75. 3.
Tritoma ferruginea. Herbft. Col. 4. tab. 38. fig. 9.
Habitat Kiliae. Dom. Daldorff.

2. A. atra nitida, elytris macula bafeos rubra.   *humeralis,*
Sphaeridium humerale. Ent. fyft. 1. 79. 9. ‡
Anifotoma humeralis. Illig. Col. Bor. 1. 76. 5.
Tritoma humeralis. Herbft. Col. 4. tab. 38. fig. 5.
Oliv. Inf. 2. 15. 8. 8. tab. 1. fig. 2. ‡
Panz. Fn. Germ. 23. tab. 1.
Habitat in Europae arboribus. Muf. D. Lund.
Os palpis maxillisque. *Palpi* quatuor inaequales,
filiformes: *anteriores* longiores, quadriarti-
culati: articulo primo paruo, fecundo obconi-
co, tertio breui, fubglobofo, vltimo oblongo
acuto

Anifotomae corpus paruum, ouatum, glabrum, laeue, nitidum, immarginatum, tardum, capite paruo deflexo, oculis
rotundatis, vix prominulis, lateralibus, pofticis, antennis
breuibus, ante oculos infertis, thorace gibbo latitudine
fere elytrorum, fcutello paruo triangulari, acuto, elytris
abdomine fublongioribus, apice acutiufculis, pedibus breuibus, validis, femoribus compreffis, tibiis rotundatis, tarfis quatuor, anticis quinque, pofticis quadriarticulatis, colore atro, aut brunneo, niddiufculo.

acuto maxillae dorfo adhaerentis. *pofterioris*
triarticulati: articulis fubaequalibus: vltimo
acuto, adnati ligulai latere exteriori. *Labrum*
breue, transuerfum, emarginatum. *Mandibula*
cornea, tenuis, incurua, acuta, edentula. *Ma-*
xilla bafi cornea, apice membranacea, bifida:
laciniis aequalibus: exteriore vix longiore,
truncata. *Ligula* breuis; membranacea, bifida: laciniis rotundatis. *Labium* breue, corneum, quadratum, integrum.

bicolor.   3. A. fupra atra, fubtus ferruginea, elytris glaberri-
mis: puncto ferrugineo.
Sphaeridium bicolor. Ent. fyft. 1. 82. 24. *
Anifotoma bicolor. Illig. Col. Bor. 1. 80. 13.
Habitat Halae Saxonum. Dom. Hybner.

nigripennis   4. A. rufa nitida, elytris atris, antennis fufcis.
Sphaeridium nigripenne. Ent. fyft. 1. 82. 23. °
Agathidium nigripenne. Illig. Col. Bor. 1. 84. 2.
Sphaeridium ruficolle. Naturf. 26. 121. 47.
Panz. Fn. Germ. 39. 3.
Habitat in Germania. Dom. Smidt.
Vix ab hoc genere differt.

feminulum.   5. A. atra, abdomine pedibusque rufis.
Sphaeridium feminulum. Ent. fyft. 1. 83. 28. *
Anifotoma feminulum Illig. Col. Bor. 1. 78. 7.
Dermeftes feminulum. Linn. fyft. Nat. 2. 570.
8. En. Sv. 447.
Panz. Fn. Germ. 23. tab. 2.?
Habitat in Europa, Anglia. Muf. Dom. Banks.

12. **CHELONARIVM.** *Palpi* inaequales:
   anteriores articulo vltimo maiori ouato.

   Antennae moniliformes: articulo primo secundoque maioribus compreffis, capitis apici infertis.

1. *Ch.* atrum, nitidum, pedibus antiefs piceis.　　*atrum.*

Habitat in America meridionali. Smidt, Muf. D. Lund.

Genus fingulare et valde diftinctum. Figura contracta Byrrhi. *Os* mandibulis palpisque. *Palpi* quatuor inaequales, fubfiliformes: *anteriores* longiores quadriarticulati; articulis fubaequalibus; vltimo maiori ouato, adhaerentes maxillae dorfo: *pofteriores* breuiores, triarticulati: articulis fubaequalibus; vltimi ouato adnati labii apice. *Mandibula* breuis, cornea, incurua, obtufa, edentula. *Maxilla* breuis, membranacea, bifida: laciniis rotundatis, aequalibus. *Labium* breue, rotundatum, corneum, integrum, apice palpigerum. *Antennae* approximatae, longitudinaliter fub fterno in-

---

Chelonarii *corpus* paruum, ouatum, fubuillofum, marginatum, tardum; *capite* minuto, fubrotundo; fub thoracis margine recondito, oculis paruis, oblongis frontalibus, *antennis* breuibus, fub fterno inflexis; thorace plano, marginato: margine fubreflexo, antice porrecto, rotundato, fcutello paruo rotundato, villofo; elytris rigidis, longitudine abdominis, margine inflexo; pedibus breuibus, validis, compreffis, tarfis quinquearticulatis, colore nigro obfcuro.

inflexae, 11articulatae: articulo primo secundoque multo maioribus, compressis, nigris, reliquis breuibus, moniliformibus, flauescentibus,
capitis apici insertae.

Corpus ouatum. Caput thoracis clypeo, superne
lateribusque tectum. Thoracis clypeus rotundatus, marginatus, laeuis, ater, immaculatus.
Scutellum cinereo-villosum. Elytra subglabra,
atra, laeuia, vix maculata. Corpus nigrum.
Alae basi flauae, apice nigrae. Pedes breues,
compressi, anteriores picei, tarsis nullis, vngui-
la magna, arcuata, flaua.

punctatum. 2. Ch. brunneum, elytris punctis villoso-albidis.
Habitat in America meridionali. Smidt, Mus. D.
de Sehestedt.
Statura omnino praecedentis at triplo minus, mi-
nusque nigrum, punctis plurimis elytrorum ●
villis albidis, quae tamen aetate euanescunt.

13. BYRRHVS. *Palpi* aequales, subclauati.
Maxilla bifida.
Labium bifidum.
Antennae claua, perfoliata.

gigas. 1. B. niger, elytris punctatis ferrugineis. Ent. syst.
1. 84. 1.

Ha-

Byrrhi corpus ouatum, gibbum, contractum, immarginatum,
tardum; capite paruo, deflexo, oculis ouatis, vix prominulis, lateralibus, posticis, antennis capite longioribus:
articulo primo crassiori, secundo breui, globoso, vltimis
ouatis, perfoliatis; thorace antice attenuato, postice latitudine elytorum, scutello minuto, rotundato; elytris rigidis, longitudine abdominis: margine inflexo, cingente; pedibus breuibus, validis, femoribus compressis, intus canaliculatis ad receptionem tarsorum, tarsis quinquearticulatis, colore obscuro, minime nitido.

Habitat in Auftria. Dom. Zfchuck.

Maior B. pillula. Pedes nigri, tibiis compreffis, incuruis.

Femina ano aculeato.

2. B. fufcus, elytris ftriis atris interruptis. Ent. *pilula.*
  fyft. 1. 84. 2. Linn. fyft. Nat. 2. 568. 4.
  Geoff. Inf. 1. 116. 1. tab. 1. fig. 8.
  Degeer. Inf. 4. tab. 7. fig. 23.
  Oliv. Inf. 2. 13. 5. 1. tab. 1. fig. 1.
  Schaeff. Icon. tab. 95. fig. 3.
  Voet. Col. tab. 32. fig. 3.
  Panz. Fn. Germ. 4. tab. 3.
  Habitat in Europae quisquiliis.
  Captus, pedes artusque contrahit vix diftin-
  guendos.

3. B. thorace cinereo nigroque vario, elytris nigris: *albo-punc-*
  ftriis duabus punctorum alborum. Ent. fyft. 1. *ctatus.*
  84. 3.
  Habitat in Germaniae quisquiliis. Dom. Daldorff.
  B. pilula forte nimis affinis. Thorax nigro cinereoque maculatus.

4. B. gibbus niger, elytris ftrigis duabus ante mar- *Dianae.*
  ginem coeuntibus albidis.
  Byrrhus Dianne. Illig. Col. Bor. 1. 92. 5.
  Habitat in Germania.
  Maior B. pilula et diftinctus figura breuiori et
  magis gibba. Thorax maculis variis albidis.
  Elytra vix ftriata, at in medio ftriae duae, an-
  te marginem exteriorem coeuntes albidae.

5. B. nigricans, elytris, fafcia vndata media rufa. *fafciatus.*
  Ent. fyft. 1. 85. 4. Linn. Syft. Nat. 2. 16.
  13. 8.
  Geoff. Inf. 1. 116. 2.
  Oliv. Inf. 2. 13. 6. 2. tab. 1. fig. 2.
  Voet.

Voet. Col. tab. 32. fig. 2.

Sulz. Hift. Inf. tab. 2. fig. 12.

Schaeff. Icon. tab. 158. fig 3.

Panz. Fn. Germ. 32. tab. 1.

Habitat in Europae quisquiliis.

Elytra ftriis interruptis, holofericeis, atris.

ater. 6. B. niger, immaculatus. Ent. fyft. 1. 85. 5.

Schaeff. Icon. tab. 258. fig. 6.

Panz. Fn. Germ. 32. tab. 2.

Habitat in Germania. Dom. de Hattorff.

Corpus totum atrum. Elytra obfolete ftriata.

dorfalis. 7. B. nigricans. coleoptris, macula tranfuerfa ferruginea. Ent. fyft. 1. 85. 6. Linn. Syft. Nat.
2. 16. 13. 7.

Byrrhus Moria. Illig. Col. Bor. 1. 93. 6.

Panz. Fn. Germ. 37. tab. 15.

Oliv. Inf. 2. 13. 7. 4. tab. 1. fig. 5.

Habitat Sicilia. Dom. Daldorff.

Praecedenti nimis affinis. Thorax maculis aliquot
obfoletis. Elytra nullo modo ftriata.

murinus. 8. B. murinus, elytris atro-lineatis. Ent. fyft. 4.
App. 437.

Panz. Fn. Germ. 25. tab. 1.

Illig. Col. Bor. 1. 95. 9.

Habitat in Germania. Dom. Prof. Helwig.

Praecedentibus duplo minor. Thorax vix maculatus. Corpus obfcurum.

femiftriatus 9. B. ater nitidus, antennis pedibusque flauis. Ent.
fyft. 4. App. 437.

Illig. Col. Bor. 1. 97. 13.

Panz. Fn. Germ. 25. tab. 2.

Habitat in Germania. Prof. Helwig.

Praecedente minor. Antennae flauefcentes, articulo primo craffiori nigro. Caput et thorax nigra,
nitida. Elytra bafi ftriata, nigra, nitida.

10.

30. B. niger, thorace aeneo, elytris ſtriatis viridi- *varius*
bus. Ent. ſyſt. 1. 85. 7. Linn. Syſt. Nat. 2.
16. 13.
Oliv. Inſ. 2. 13. 7. 5. tab. 1. fig. 6.
Voet. Col. tab. 32. fig. 4.
Schaeff. Icon. tab. 227. fig. 4.
Illig. Col. Bor. 1. 93. 7.
Habitat in Angliae arenoſis.

11. B. aeneus, ſcutello albo. Ent. ſyſt. 1. 86. 8. *aeneus*
Linn. Syſt. Nat. 2. 16. 13.
Ciſtela aenea. Laichart. Inſ. 1. 73. 3.
Oliv. Inſ. 2. 13. 8. 6. tab. 1. fig. 3.
Illig. Col. Bor. 1. 96. 11.
Habitat in Europa boreali.
Triplo minor B. pilula, ſupra totus aeneus, ſub-
tus murinus. Scutellum album.

12. B. thorace nigro, elytris aeneis nitidis, corpore *nitens*
ferrugineo.
Byrrhus nitens. Panz. Fn. Germ.
Byrrhus nitens. Illig. Col. Bor. 1. 96. 12.
Habitat in Germania auſtraliori. Dom. Schiedler.
Statura et magnitudo omnino B. aenei at diſtinctus. Caput et thorax nigricantia, aeneo colore obſcure nitido. Elytra aenea, laeuiſſima,
nitida. Scutellum concolor. Corpus ferrugineum.

13. B. niger obſcurus, elytris laeuiſſimis. Ent. ſyſt. *minutus*
4. 437. 9.
Habitat in Germania. Dom. Prof. Helwig.
Minutus et omnino diſtinctus, niger, obſcurus.

14. AN.

14. ANTHRENVS. *Palpi* inaequales, filiformes.

Maxilla membranacea, linearis, bifida.

Labium corneum, integrum.

Antennae claua folida.

Pimpinellae 1, A. niger, elytris fafcia alba : apice ferrugineis: litura alba. Ent. fyft. 1. 263. 1.

Geoff. Inf. L. 114. 1.

Illig. Col. Bor. 1. 398. 2.

Oliv. Inf. 2. 14. 7. 1. tab. 1. fig. 4.

Roff. Fn. Etr. 140. 96.

Habitat in Europae auftralioris Pimpinellae floribus.

Thorax niger: albo ferrugineoque maculatus.

hiftrio. 2. A. niger, elytris maculis duabus marginalibus ftrigaque poftica albis. Ent. fyft. 1. 264. 2.

Habitat in Germania. Dom. Smidt.

Varietatem praecedentis credit Illiger, an rite? Corpus albidum, punctis marginalibus atris. Pedes nigri.

elongatulus 3. A. niger, thorace elytrisque maculis plurimis cinereo-rufis.

Habitat in Auftria. Dom. Meyerle.. Re-

Anthreni corpus paruum, ouatum, villofum, contractum, immarginatum, tardum; capite paruo, ouato, recondito, oculis rotundatis, marginalibus, pofticis, antennis breuibus, fub thorace reconditis, ante oculos infertis; thorace antice anguftiori, poftice latitudine elytrorum, fcutello paruo, rotundato; elytris rigidis, vix ftriatis: margine inflexo longitudine abdominis; pedibus breuibus, validis, fub corpore recondendis, compreffis, tarfis quinquearticulatis; colore variegato, obfcuro.

Reliquis paullo longior. Corpus totum nigrum, villis plurimis maculas formantibus cinereis, rufo parum micantibus.

4. A. niger, elytris albo - maculatis: futura fangui- *Scrophula-* nea. Ent. fyft. 1. 264. 3. *riae.*
Byrrhus Scrophulariae. Linn. Syft. Nat. 2. 568.
1. Fn. Sv. 429.
Oliv. Inf. 2. 14. 9. tab. 1. fig. 5.
Illig. Col. Bor. 1. 398. 1.
Panz. Fn. Germ. 3. tab. 21.
Sulz. Hift. Inf. tab. 2. fig. 11.
Schaeff. Icon. tab. 176. fig. 4.
Degeer Inf. 4. tab. 7. fig. 20.
Habitat in Europae Scrophulariis.

5. A. nebulofus, elytris fubnebulofis. Ent. fyft. 1. *Mufeorum* 264. 4.
Byrrhus mufeorum. Linn. fyft. Nat. 2. 568.
2. Fn. Sv. 430.
Oliv. Inf. 2. 14. 8. 3. tab. 1. fig. 1.
Habitat in Mufeis, animalia afferuata deftruens.
Simillimus praecedenti, at minor et absque futura fanguinea.

6. A. cinereo - villofus, elytris nigris: fafcia media *Gloriofae.* cinerea.
Habitat in India orientali. Muf. D. de Sehestedt.
Statura et magnitudo A. Verbafci. Caput et thorax cinereo - villofa. Elytra laeuia, nigra, fafcia in medio lata, cinerea.

7. A. niger, elytris fafciis tribus vndatis albis. Ent. *Verbafci* fyft. 1. 264. 5.
Byrrhus Verbafci. Linn. fyft. Nat. 2. 568. 3.
Anthrenus varius. Illig. Col. Bor. 1. 399. 3.
Geoff. Inf. 1. 115. 2.

Ha

Habitat in Galliae Verbasco.
Minor A. Scrophulariae.

varius. 8. A. thorace elytrisque fufco cinereoque variis, corpore cinereo. Ent. fyft. 1. 264. 6. A

Illig. Col. Bor. 1. 399. 3.

Habitat Parifiis. Muf. Dom. Bofc.

Varietatem praecedentis credit Illiger, at vix merito.

Corpus fupra cinereo fufcoque varium, fubtus cinereum, immaculatum.

maculatus. 9. A. ater ferrugineus maculatus. Ent. fyft. fuppl.

Habitat in America Dom. Hybner.

Statura parua praecedentium. Corpus fupra atrum maculis ferrugineis fparfis, fubtus ferrugineo-pubefcens.

pubefcens. 10. A. thorace elytrisque grifeis pubefcentibus. Ent. fyft. 1. 265. 7.

Habitat in Germania. Dom. de Hattorff.

Antennae claua folida. Corpus paruum, fupra grifeum, nitidum, pilis erectis breuibus adfperfum.

hirtus. 11. A. ater, thorace elytrisque pubefcentibus. Ent. fyft. 1. 265. 8.

Illig. Col. Bor. 1. 402. 4.

Panz. Fn. Germ. 11. tab. 16.

Herbft. Arch. 4 tab. 21. fig. G.

Habitat in Germania. Dom. de Hattorff.

Praecedenti affinis, at totus ater.

ferraticornis. 12. A. niger albo-maculatus, antennis flauis: claua elongata ferrata. Ent. fyft. 1. 265. 9.

Habitat in Infula St. Crucis. Dr. Pflug.

Paruus. Antennae flauae claua valde elongata ferrata. Caput cinereum. Elytra nigra bafi albo-

bo

bo rufoque varia, in medio puncta tria diftincta alba et apice ftrigae duae vndatae albae.
Corpus nigrum pedibus piceis.

13. A. niger, thoracis margine flauefcente, elytris *denticornis.*
albo-punctatis, antennis flauis: claua elon-
gata ferrata. Ent. fyft. 1. 265. 10.
Habitat in Infula St. Crucis. Dr. Pflug.
Forte cum praecedente proprii generis mihi haud
rite examinatus. Antennae fingulares flauae:
claua valde elongata, ferrata. Thorax niger
lateribus late flauis. Elytra nigra, punctis albis
irrorata. Corpus nigrum, pedibus flauefcentibus. Praecedente duplo minor.

14. A. glaber ater, elytris punctatis. *glabratus.*
Habitat in Auftria. Dom. de Meyerle.
Magnitudo omnino A. Scrophulariae, at totus
glaber, ater, nitidus, immaculatus. Elytra vage punctata.

15. TROX. *Palpi* quatuor capitati.
Maxilla bifida.
Antennae clauato-lamellatae.

1. T. cinereus, thorace inaequali, elytris ftriatis *gemmatus.*
punctisque eleuatis atris. Ent. fyft. 1. 86. 1.
Trox

Trocis corpus ouatum, gibbum, vtrinque obtufum, luridum,
tardum; *capite* paruo. inflexo, oculis paruis, rotundatis lateralibus, *antennis* longitudine capitis, faepius pilofis:
claua ouata e lamellis tribus, breuibus, ante oculos infertis, *thorace* inaequali, marginato, fcutello paruo, rotundato, elytris inaequalibus, immarginatis, longitudine abdominis: margine deflexo; *pedibus* breuibus, validis, compreffis, tibiis apice dilatatis, triangularibus, edentulis,
tarfis quinquearticulatis; colore obfcure cinereo, nunquam
laete aut maculato.

Trox gemmatus. Oliv. Inf. 1. 4. 7. 5. tab. 1. fig. 3.

Trox monacha. Herbft. Col. 3. tab. 21. fig. 7.
Voet. Col. 1. tab. 11. fig. 53.

Habitat in Senegallia Muf. D. Olivier.

Antennae piceae, articulo primo hirto. Thoracis margo integer. Elytra crenato-ftriata, punctis eleuatis, atris, nitidis.

granulatus 2. T. cinereus, thorace inaequali, elytris punctis eleuatis ftriatis.

Habitat in Barbaria. Muf. D. Lund.

Maior T. fabulofo, at minor T. gemmato. Thorax inaequalis margine integro. Elytra punctis eleuatis, numerofis nigris ftriata. Differt inprimis a T. gemmato punctis pluribus eleuatis, in ftrias difpofitis.

fabulofus. 3. T. thorace inaequali, elytris ftriatis: ftriis rugofis. Ent. fyft. 1. 86. 2.

Trox fabulofus Oliv. Inf. 1. 4. 8. 6. tab. 1. fig. 1.

Scarabaeus fabulofus. Linn. fyft. Nat. 2. 551. 48. Fn. Sv. 390.

Degeer Inf. 4. tab. 10. fig. 12.

Herbft. Col. 3. tab. 21. fig. 1.

Illig. Col. Bor. 1. 98. 1.

Panz. Fn. Germ. 7. tab. 1.

Habitat in Europae borealis fabuletis.

hifpidus. 4. T. thorace fubinaequali, elytris ftriatis: ftriis bilofis.

Trox hifpidus. Oliv. Inf. 4. 8. tab. 2. fig. 9.

Laichart. 1. 30. 2.

Habitat in Germania, Gallia.

Nimis affinis T. fabulofo, cuius varietatem olim credidi. Differt tamen thorace minus inaequali,

li, elytrorum ftriis magis ciftinctis et fafciculis
pilorum inter ftrias.

5. T. thorace fubcanaliculato, elytris ftriatis, cor- *arenarius.*
pore obfcuro. Ent. fyft. 1. 87. 3.

Oliv. Inf. 4. 10. 9. tab. 1. fig. 7.

Trox barbofus. Laich. 1. 30. 3.

Silpha fcabra. Linn. fyft. Nat. 2. 573. 23.

Trox fcaber. Illig. Col. Bor. 1. 99. 2.

Oliv. Inf. 1. 4. tab. 1. fig. 7.

Herbft. Col. 3. tab. 21. fig. 2.

Habitat Halae Saxonum. Dom. Hybner.

Praecedente duplo minor. Antennae teftaceae.
Thoracis margo ferrugineo-ciliatus. Elytra
obfolete ftriata, punctisque numerofis e pilis
fafciculatis ferrugineis.

6. T. thorace marginato: margine poftico dentato, *fuberofus*
elytris ftriatis. Ent. fyft. 1. 87. 4.

Oliv. Inf. 1. 4. 6. 3. tab. 1. fig. 6.

Herbft. Arch. tab. 19. fig. 20.

— Col. 3. tab. 21. fig. 3.

Habitat in Brafilia. Muf. Dom. Banks.

Thorax carinatus, marginatus, poftice dente vnico armatus.

7. T. ater, thorace elytrisque fpinofis. Ent. fyft. 1. *horridus*
87. 5.

Oliv. Inf. 1. 4. 5. 1. tab. 1. fig. 2.

Pall. Icon. 1. 10. tab. A. fig. 10.

Herbft. Col. 3. tab. 21. fig. 4.

Habitat in India. Muf. Dr. Hunter.

Thorax marginatus, ciliatus, fpinisque plurimis,
breuibus, erectis armatus. Elytra ftriis quinque fpinofis margineque ciliatis.

8. T. niger, thorace marginato inaequali, elytris ftria- *luridus.*
te-fpinofis. Ent. fyft. 1. 87. 6.

Trox

Trox luridus Oliv. Inf. 1. 4. 5 2. tab. 1. fig. 5.
Scarabaeus Morticinii Pall. Inf. 2. tab. A. fig. 11.
Herbft. Col. 3. tab. 21. fig. 5.
Habitat ad Cap. Bon. Spei. Dom. Vahl.
Thorax inaequalis, at haud fpinofus.

cornutus.   9. T. thorace elytrisque fpinofis ferratisque, capite
cornubus duobus porrectis arcuatis. Ent. fyft.
1. 88. 7.
Habitat in Ceylonia. Dom. de Paykull.
Minor T. fabulofo. Caput paruum, obfcurum cornubus duobus arcuatis, longitudine fere thoracis, validis, apice obtufis, dentatis. Thorax
marginatus in medio parum eleuatus, vndique
fpinofus margineque ferrato.
Femina mari fimillima, at capite mutico.

fpinicornis. 10. T. nigricans, thorace poftice vtrinque emarginato, antennis fpinofis. Ent. fyft. 1. 88. 8.
Habitat   -   -   Muf. Dom. Tunftall.
T. fabulofo minor. Antennae lamellatae: articulo primo fpina longitudine fere ftipitis armato.
Clypeus rotundatus, integer. Thorax fcaber
angulis pofticis emarginatis. Elytra punctis
eleuatis vix ftriata. Pedes nigri.

16. BOLITOPHAGVS. *Palpi* inaequales, filiformes.
Labium corneum, cor-
datum, ciliatum.
Antennae monilifor-
mes, extrorfum craf-
fiores.

cornutus.   1. B. thorace cornubus duobus incuruis fubtus barbatis, capitis cornu erecto emarginato.   Opac

Bolitophagi corpus paruum, oblongum, fcabrum, tardum, ca-
piee

Opatrum bifurcum. Ent. fyft. fuppl. 40. 1. *

Opatrum cornutum. Panz. Fn. Am. boreal. Prod. tab. 1. fig. 5. 6.

Habitat in Carolinae fungis. Muf. Dom. Bofc.

Caput fufcum, cornu eleuato, capite longiore, lato apice truncato, emarginato. Thorax lineis eleuatis, in medio cornubus duobus porrectis, incuruis, fubtus barbatis. Margo valde dentatus. Elytra fufca lineis eleuatis quatuor nodulofis. Pedes fufci.

Femina capite mutico thoraceque tuberculis tantum duobus eleuatis.

2. B. thoracis margine crenato: angulo antico porrecto, poftico fpinofo, elytris fulcatis: fulcis punctatis. — *crenatus.*

Opatrum crenatum. Ent. fyft. 1. 88. 6.

Bolitophagus reticulatus, Illig. Col. Bor. 1. 105. 1.

Panz. Naturf. 24. 14. 19. tab. 1. fig. 19.

Herbft. Col. 5. 216. 4. tab. 52. fig. 6.

Habitat in Europae Boletis.

Os maxillis palpisque. *Labrum* reconditum, transuerfum. *Palpi* quatuor inaequales, filiformes; *anteriores* multo longiores, quadriarticulati: articulo primo paruo, fecundo oblongo, obconico, tertio breui, vltimo compref-
so,

---

pite exferto, ouato; *clypeo* rotundato, integro, *oculis* rotundatis, paruis, lateralibus, humo firmatis; *antennis* breuibus fub clypeo infertis; *thorace* faepius inaequali, marginato: margine crenulato anguloque antico porrecto latitudine elytrorum; *fcutello* paruo, rotundato, *elytris* ftriatis, rigidis longitudine abdominis, margine inflexo; *pedibus* mediocribus fubcompreffis, *tarfis* anticis quinque-, pofticis quadriarticulatis; *colore* obfcuro, grifeo, minime nitido.

H

fo, ouato, adhaerentes maxillae dorfo, *pofterio-*
res breuiffimi, triarticulati: articulo primo fecundoque breuibus, extremo ouato, acuto adnati labii lateribus. *Mandibula* breuis, cornea, dentata. *Maxilla* cornea, rotundata, ciliata, intus vnidentata. *Labium* corneum, cordatum, fiue apice dilatatum, emarginatum:
margine denfe ciliato.

agricola.   3. B. thorace laeui, elytris ftriatis.
Opatrum agricola. Ent. fyft. 1. 91. 14.
Bolitophagus agricola. Illig. Col. Bor. 1. 106. 2.
Eledma. Latreille Inf.
Oliv. Inf 56. tab. 1. fig. 11.
Panz. Fn. Germ. 43. tab. 9.
Herbft, Col. 5. 222. 14. tab. 52. fig. 9.
Habitat in Europae Boletis.
Corpus paruum, obfcure nigrum.

armatus.   4. B. capite bicorni, thorace inaequali: margine fer-
rato, elytris ftriato-echinatis.
Opatrum armatum. Panz. Fn. Germ.
Habitat in Auftria. Dom. Meyerle.
Corpus paruum, obfcurum, minime nitidum.
Caput cornubus duobus erectis, rectis. Thorax
inaequalis: margine ferrato. Elytra profunde
ftriata, ftriis echinatis.
Femina capite mutico.

17. OPA-

17. OPATRVM. *Palpi anteriores* clauati: claua oblique truncata; *poste-*
riores filiformes.
Labium fubemarginatum.
Antennae extrorfum craffiores.

1. O. cinereum, thorace plano, marginato, elytris *grifeum.*
ftriis tribus eleuatis, poftice dentatis.. Ent. fyft.
1. 88. 1.
Oliv. Inf. 56. tab. 1. fig. 1. a. b. c. d.
Roff. Fn. Etr. 57. 138.
Habitat in Italia. Dr. Allioni.
Corpus O. fabulofo maius, fupra cinereum, im-
maculatum, fubtus fufcum.

2. O. grifeum thorace plano marginato, elytris linea *fufcum.*
eleuata vnica fubdentata. Ent. fyft. fuppl. 40.
1.

Habitat in Hifpania. Prof. Abildgard. Muf. Dom.
Lund.
Statura et fumma affinitas praecedentis. Thorax
planus, canaliculatus, margine dilatato, reflexo.
Elytrorum linea media eleuata apicem haud at-
tingit.

3. O.

Opatri corpus paruum, oblongum, gibbum, glabrum, vtrinque obtufum, *capite* paruo in emarginatura lata thoracis,
fubrotundo, *oculis* rotundatis, lateralibus, *antennis* fub
oculis infertis; *thorace* glabro, marginato: margine rotundato, latitudine elytrorum; *fcutello* paruo, rotundato; *elytris* immarginatis, rigidis, abdomine longioribus:
margine inflexo; *pedibus* brenibus, validis, *tibiis* apice
dilatatis, edentulis, *tarfis* quinquearticulatis; *colore* obfcuro.

obscurum.   3. O. fuscum, thorace plano marginato, elytris eleuato-punctatis. Ent. syst. suppl. 40. 1. *

Habitat ad Cap. Bon. Spei. Muf. D. de Seheftedt.
Statura praecedentium. Thorax marginatus, canaliculatus. Elytra plana, punctis plurimis eleuatis.

porcatum.   4. O. grifeum, thorace plano marginato, elytris sulcatis: punctis interiectis, eleuatis, atris. Ent. syft. 1. 89. 2.

Habitat in Barbaria. Dom. Prof. Vahl.
Diftinctum elytris porcatis.

fabulofum.   5. O. fufcum, elytris lineis eleuatis tribus dentatis, thorace emarginato. Ent. fyft. 1. 89. 3.

Silpha fabulofa. Linn. fyft. Nat. 2. 572. 17. Fn. Sv. 456.
Oliv. Inf. 56. tab. 1. fig. 4.
Geoff. Inf. 1. 350. 7.
Illig. Col. Bor. 1. 107. 2.
Herbft. Col. tab. 52. fig. 5.
Panz. Fn. Germ. 3. tab. 2.
Habitat in Europae, Americae fabulofis.

gibbum.   6. O. nigrum, elytris lineis eleuatis plurimis obfoletis, tibiis anticis triangularibus. Ent. fyft. 1. 89. 4.

Oliv. Inf. 56. tab. 1. fig. 6.
Illig. Col. Bor. 1. 108. 3.
Panz. Fn. Germ. 39. tab. 4.
Habitat in Europae collibus arenofis.
Corpus magis oblongum et poftice magis gibbum.

depreffum.   7. O. grifeum, thorace elytrisque laeuibus, clypeo emarginato. Ent. fyft. fuppl. 41. 4. *

Habitat in India. Dom. Daldorff.
Statura et fumma affinitas O. glabrati, at duplo maius et clypeus emarginatus.

8. O.

8. O. nigrum, clypeo antice piceo, elytris fubftria- *laeuigatum* tis. Ent. fyft. 1. 89. 5.

Oliv. Inf. 56. tab. 1. fig. 8.

Habitat in noua Zelandia. Muf. D. Banks.

Caput et thorax laeuia, nigra, clypeo integro piceo. Thorax antice pofticeque truncatus, fubfinuatus.

9. O. atrum, thoracis margine rotundato, elytris *crenatum.* punctato - ftriatis.

Habitat in India orientali. Dom. Daldorff.

Statura omnino praecedentium, totum atrum et diftinctum, elytris ftriis punctatis fimplicibus.

10. O. nigrum, thorace elytrisque laeuibus cinereis, *glabratum,* clypeo integro. Ent. fyft. 1. 90. 7.

Habitat in India orientali.

Magnitudo O. fabulofi at corpus totum laeue, glabrum, fubtus nigrum.

11. O. grifeum, elytris ftriatis. Ent. fyft. 1. 90. 8. *arenarium,* Oliv. Inf. 56. tab. 1. fig. 7.

Habitat in Germania.

Clypeus emarginatus. Thorax laeuis. Pedes nigri.

12. O. cinereum, elytris albo - ftriatis: ftriis nigro- *pictum.* punctatis.

Habitat in Auftria. Dom. Meyerle.

Statura parua O. ftriati. Thorax cinereus, margine pallidiore punctisque duobus bafeos nigris. Elytra ftriata, cinerea, lineis obfoletis albis, et in his puncta plurima diftincta, alba.

13. O. oblongum, grifeum, clypeo reflexo bidenta- *oblongum.* to, elytris fubftriatis.

Habitat Tranquebariae. Muf. D. de Seheftedt.

Statura reliquis longior. Clypeus apice reflexus, bidentatus. Thorax marginatus, grifeus. Elytra fubftriata, grifea.

14.

clathratum. 14. O. nigrum, elytris ftriatis: ftriis punctatis. Ent.
fyft. 1. 90. 9.

Habitat Cayennae. Dom. v. Rohr.

Diftinctum elytrorum ftriis punctis impreffis duplici ferie.

planum. 15. O. depreffum, nigrum, opacum, elytrorum ftriis
fimplicibus, clypeo integro. Ent. fyft. 1. 90. 10.

Habitat in Sibiria. Muf. de Seheftedt.

Corpus magis depreffum, planum. Caput, tho-
ra. elytra omnino nigra, opaca, immaculata.

fimplex. 16. O. nigrum, opacum, elytrorum ftriis fimplicibus,
clypeo emarginato.

Habitat ad Cap. Bon. Spei. Muf. D. de Seheftedt.

Diftinctum fane a praecedentibus. Statura minus depreffa. Clypeus emarginatus. Elytra
fimpliciter ftriata.

granula-
tum. 17. O. atrum, thoracis margine fubreflexo: elytris
ftriis eleuatis tribus: fulcis punctatis. Ent. fyft.
1. 90. 11.

Habitat in Barbariae fabulofis. Muf. Dom. Desfontaines.

Caput et thorax laeuia, atra, immaculata, margine omni fubreflexo. Striae elytrorum laeues
poftice coeunt.

fubterra-
neum. 18. O. atrum, punctatum, tibiis anticis dilatatis, dentatis. Ent. fyft. fuppl. 41. 12. *

Habitat in India orientali. Muf. D. Lund.

Duplo maius O. tibiali. Corpus totum atrum, nitidum, punctatum. Pedes antici tibiis dilatatis
dentatis.

ferrugi-
neum. 19. O. thorace inaequali, elytris clathratis, tibiis anticis dilatato - triangularibus.

Habitat in Iaua. Muf. Dom. Lund.

Sta-

Statura et magnitudo O. orientalis; totum ferrugineum. Thorax marginatus, inaequalis, margine integro. Elytra clathrata. Tibiae anticae dilatato - triangulares.

20. O. cinereum, thorace elytrisque rugofis, tibiis *orientale.* anticis dilatato - triangularibus. Ent. fyft. 1. 91. 12.

Silpha multiftriata. Forfk. Defc. 77. 1.

Habitat in Oriente. Forfkahl.

Caput ruga transuerfali, eleuata, clypeoque fiffo. Pedes cinerei.

21. O. nigrum, elytris punctatis fubrugofis, tibiis *tibiale.* anticis compreffo triangularibus. Ent. fyft. 1. 91. 13.

Oliv. inf. 5. 6. tab. 1. fig. 10.

Illig. Col. Bor. 1. 107. 1.

Panz. Fn. Germ. 43. tab. 19.

Herbft. Col. tab. 52. fig. 8.

Habitat in Suecia fub lapidibus.

Clypeus emarginatus. Caput et thorax laeuia, nigra immaculata. Tibiae anticae bafi bidentatae, apice triangulares.

22. O. nigricans, thorace fcabro: margine integro, *ftrigatum.* elytris crenato - ftriatis, tibiis omnibus extus fubunidentatis. Ent. fuppl. 41. 13.

Habitat Tranquebariae. Dom. Daldorff.

Corpus totum paruum, grifeo - nigrum. Caput et thorax punctis eleuatis fcabra. Elytra crenato - ftriata. Tibiae omnes apicis margine exteriori dente paruo, acuto.

23. O. nigricans, thorace elytrisque hifpidis. *hifpidum.*

Opatrum hifpidum. Web. Inf. 38. 1.

Habitat in Sumatra. Dom. Daldorff.

Par-

Paruum. Thorax emarginatus pilis eleuatis, hifpidis. Elytra ftriata, hifpida. Corpus fubtus laeue glabrum.

sericeum.   24. O. fericeum grifeum, elytris fulcatis: fulcis punctatis.

·¹ Opatrum fericeum. Web. Inf. 38. 2.

Habitat in Sumatra. Dom. Daldorff.

Statura et magnitudo O. ferruginei. Antennae porrectae, nigrae. Clypeus integer. Thorax fubmarginatus, fericeus. Elytra fericea, multifulcata: fulcis punctatis. Pedes fimplices.

ouatum.   25. O. ouatum grifeum, elytris fubftriatis: margine albo vario.

Habitat in America meridionali. Smidt. Muf. D. Lund.

Corpus paruum, magis ouatum. Antennae breues, nigrae. Thorax marginatus. Elytra fubftriata grifea margine parum albo vario.

canaliculatum.   26. O. cinereum, elytris ftriatis: ftriis muricatis. Ent. fuppl. 42. 15.

Habitat Tranquebariae. Dom. Daldorff. Muf. D. de Seheftedt.

Corpus paruum, totum grifeum. Capitis clypeus integer. Thorax in medio canaliculatus, fcaber. Elytra ftriata: ftriis muricatis. Tibiae anticae dentatae.

minutum.   27. O. cinereum, thorace rugofo, elytris lineis eleuatis quatuor laeuibus. Ent. fyft. 1. 91. 15.

Habitat in Suecia.

Corpus paruum, totum cinereum, obfcurum. Elytra laeuia lineis eleuatis quatuor.

pufillum.   28. O. cinereum, thorace fcabro, elytris multoftriatis. Ent. fyft. 1. 91. 16.

Opa-

Opatrum pusillum. Roff. Fn. Etr. 57. 730.
Habitat in Hungaria. Dom. Hybner.
Statura parua praecedentis.

18. ERODIVS. *Palpi* quatuor filiformes.
     Maxilla truncata, cornea, bi-
      fida.
     Labium corneum emarginatum.
     Antennae moniliformes.

1. E. gibbus ater, elytris connatis, fcabris: lateribus *teftudina-*
    puluerulento-albidis. Ent. fyft. 1. 92. 1. *   *rius.*
  Habitat ad Cap. Bon. Spei. Muf. D. Banks.

2. E. gibbus ater, elytris lineis eleuatis tribus. Ent. *gibbus.*
    fyft. 1. 92. 2. *
  Habitat in Arabia. Prof. Forfkahl.

3. E. ater, elytris linea eleuata vnica. Ent. fyft. 1. *planus.*
    92. 3. *
  Habitat in Arabia. Prof. Forfkahl.

4. E. gibbus ater, elytris muricatis. Ent. fuppl. *muricatus.*
    42. 2. *
  Habitat ad Cap. Bon. Spei. Muf. Dom. Lund.

5. E. ater, elytris laeuiffimis. Ent. fyft. 1. 93. 4. * *minutus.*
  Habitat in Oriente. Prof. Forfkahl.

               19. SCAV-

Erodii corpus fubrotundum, gibbum, glabrum, immarginatum, tardum; *capite* ouato, arcte thoraci innato, *oculis*
paruis, rotundatis, lateralibus, *antennis* fub capitis margine infertis; *thorace* transuerfo, latitudine elytrorum; *fcutello* nullo; *elytris* connatis, abdomine longioribus, inflexis, rigidis, arcte adhaerentibus; *pedibus* breuibus, validis,
tibiis anticis compreffis, dentatis, reliquis apice bifpinofis,
tarfis quinquearticulatis, pofticis quadriarticulatis; *colore*
atro, opaco.

19. SCAVRVS. *Palpi* inaequales, filiformes.
          Maxilla obconica, vnidentata.
          Labium corneum, integrum.
          Antennae moniliformes.

atratus.   1. S. ater, elytris ftriato-punctatis. Ent. fyft. 1.
          93. 1. *
          Habitat in Aegypto. D. Prof. Forfkahl.

ftriatus.   2. S. ater, elytris lineis eleuatis tribus, femoribus
          anticis dentibus duobus. Ent. fyft. 1. 93. 2. *
          Scaurus calcaratus, ater, elytris ftria fesquial-
          tera, femoribus anticis dentibus duobus: exte-
          riore maiore arcuato. Ent. fuppl. 42. 4. °
          Habitat in Europa auftrali. Dom. de Slangbufch.
          Mas femoribus anticis dentatis, femina muticis.

fulcatus.   3. S. ater, elytris fulcatis, tibiis fpinofis. Ent. fyft.
          1. 93. 3. *
          Habitat in Gallia meridionali. Dom. Olivier.

punctatus.   4. S. ater, elytris punctatis: lineis eleuatis duabus,
          femoribus vnidentatis. Ent. fuppl. 43. 5. *
          Habitat in Marocco. Muf. Dom. Lund.

Scauri corpus oblongum, glabrum, immarginatum, tardum:
capite magno, prominulo, ouato: margine eleuato, *oculis*
rotundatis, lateralibus, *antennis* breuibus, fub capitis margine infertis; *thorace* plano, fubrotundo, latitudine elytrorum; *fcutello* nullo; *elytris* connatis, rigidis, margine apiceque inflexis, abdomine longioribus; *pedibus* validis, *femoribus* incraffatis, fubtus canaliculatis, *tibiis* compreffis,
intus vnidentatis, *tarfis* anticis quinque, pofticis quadriarticulatis; *colore* atro, opaco.

20. **SCARITES.** *Palpi* fex, filiformes.
Labium corneum, dentatum.
Antennae moniliformes.

1. S. thorace fubquadrato atro, elytris laeuiffimis. *depreffas.*
Ent. fyft. 1. 94. 1. *
Oliv. Inf. 36. tab. 2. fig. 15.
Habitat Cayennae. Muf. Dr. Hunter.

2. S. thorace fubquadrato, ater, elytris fulcatis: *marginatus*
margine cyaneo. Ent. fyft. 1. 94. 2. *
Oliv. Inf. 36. tab. 2. fig. 20.
Habitat Cayennae. Muf. Dr. Hunter.

3. S. teftaceus laeuiffimus, capite obfcuriore.   Ent. *teftaceus.*
fyft. Append. 437. 2.
Habitat in Senegallia. Dom. de Paykull.

4. S. ater, thorace rugofo, elytris ftriatis. Ent. *grandis.*
fuppl. 43. 2. 3.
Habitat in Brafilia. Dom. Weber.

5. S. ater, pedibus anticis palmato-digitatis, man- *gigas.*
dibulis fulcatis, thorace poftice dentato.   Ent.
fyft. 1. 94. 3. * Voet. Col. tab. 33. fig. 1.
Oliv. Inf. 36. tab. 1. fig. 1.
Herbft. Arch. tab. 47. fig. 4.
Habitat in Africa. Muf. D. Banks.

6. S.

Scaritis corpus oblongum, planiufculum, glabrum, immarginatum, agile; *capite* magno, ouato, inferto, antica impreffo, *mandibulis* exfertis, forcipatis, *oculis* paruis, rotundatis, lateralibus, *antennis* breuibus, ad bafin maxillarum
foueae infertis: articulo primo longiffimo; *thorace* tranfuerfo, angulo antico porrecto, poftice rotundato, latitudine
elytrorum; *fcutella* nullo; *elytris* connatis hifpidis, longitudine abdominis, *pedibus* validis, *femoribus* compreffis, *tibiis*
anticis digitatis, intermediis dentatis, pofticis cillatis, *tarfis* quinquearticulatis; *colore* atro.

Impreffus. 6. S. ater, pedibus anticis digitatis, thorace canaliculato poftice attenuato vtrinque impreffo.

Habitat in America meridionali. Muf. D. Lund.

Nimis certe affinis S. Giganti. Caput antice biful-
catum. Thorax poftice rotundatus, anguftatus,
vtrinque impreffus, denteque minuto, marginali.

quadratus. 7. S. ater, pedibus anticis digitatis, thorace quadrato, elytris ftriatis.

Habitat in Guinea. Muf. D. de Seheftedt.

Statura omnino S. fubterranei, at omnino diftinctus, thorace minus attenuato, omnino quadrato. Antennae fufcae.

fubterra-
neus. 8. S. ater, pedibus anticis digitatis, capite antice
fulcato, elytris ftriatis: ftriis laeuibus.

Carabus interruptus. Fuesl. Arch. 6. 133. tab.
24. fig. 4.

Scarites fubterraneus. Oliv. Inf. 2. 36. tab. 1.
fig. 10.

Scarites Indus. Oliv. Inf. 2. 36. tab. 1. fig. 2,
a. b. ex India orientali vix differt.

Carabus fpinipes. Sulz. Hift. Inf. tab. 7. fig. 4.
Voet. Scarab. tab. 33. fig. 2.

Habitat in America, Europa auftraliori.

laeuigatus. 9. S. thorace canaliculato; poftice rotundato, ater,
elytris laeuiffimis. Ent. fyft. 1. 95. 5. *

Habitat in Italia. Dr. Allioni.

porcatus. 10. S. ater nitidus, elytris obfcuris porcatis. Ent.
fuppl. 42. 4. *

Habitat in India orientali. Muf. D. de Seheftedt.

ruficornis. 11. S. ater, elytris ftriatis, palpis antennisque ferrugineis.

Habitat ad Cap. Bon. Spei. Muf. D. Lund.

Reli-

Reliquis minor et breuior. Caput antice impreffum, atrum. Mandibulae porrectae, intus dentatae. Palpi et maxillae ferrugineae. Antennae moniliformes ferrugineae. Thorax ater,
transuersim tenuiffime ftriatus, linea media impreffa. Elytra ftriata ftriis laeuibus. Tibiae
anticae fexdentatae, dentibus tribus exterlori-
bus validioribus, intermediae quadridentatae.

12. S. thorace fubquadrato ater, elytris ftriatis: *crenatus.*
ftriis crenatis, capite antice acuminato. Ent.
fyft. I. 95. 6. *
Habitat in India orientali. Muf. Dom. Lund.

13. S. cyaneus glaberrimus, antennis pedibusque *cyaneus.*
nigris. Ent. fyft. I. 95. 7. *
Habitat in noua Hollandia. Muf. Dom. Banks.

14. S. ater, elytris ftriatis: macula poftica ferrugi- *2puftulatus*
nea. Ent. fuppl. 44. 8. *
Carabus Schach. Ent. fyft. I. 153. 125. *
Habitat in Americae Infulis. Dr. Pflug.

15. S. piceus, pedibus anticis palmato - digitatis. *arenarius.*
Ent. fyft. I. 96. 9.
Tenebrio Foffor. Linn. fyft. Nat. 2. 675. 7.
Fn. Sv. 817.
Scarites Foffor Illig. Col. Bor. I. 211. 2.
Attelabus Foffor. Degeer. Inf. 4. 350. I. tab.
30. fig. 12.
Panz. Fn. Germ. 43. tab. II.
Oliv. Inf. 36. 19. 16. tab. I. fig. 6.
Voet. Col. tab. 33. fig. 3.
Habitat in Europae collibus arenofis.

16. S. aeneus, thorace fubglobofo, elytris punctato- *thoracicus.*
ftriatis.
Scarites thoracicus. Illig. Col. Bor. I. 111. 3.
Oliv.

Oliv. Inf. 36. 14. 17. tab. 2. fig. 14.

Roff. Fn. Etrufc. 1. 274. 568.

Habitat in Europa auftraliori.

Praecedente minor, et thoracis figura globofa omnino diftinctus.

gibbus. 17. S. ater, thorace articulato canaliculato, elytris ftriatis. Ent. fyft. 1. 96. 10. ✻

Illig. Col. Bor. 1. 112. 4.

Panz. Fn. Germ. 5. tab. 1.

Oliv. Inf. 36. 15. 19. tab. 2. fig. 16.

Herbft. Arch. 5. 142. 58. tab. 29. fig. 17.

Habitat in Germania. Dom. Smidt.

curfor. 18. S. teftaceus, thorace oblongo: angulis quinque denticulatis. Ent. fyft. 1. 96. 11.

Tenebrio curfor. Linn. fyft. Nat. 2. 675. 8. Fn. Sv. 818.

Müll. Zool. Dan. 74. 798.

Habitat in Europae fabulofis.

Arabs. 19. S. niger, thorace ferrato, antennis pedibusque teftaceis. Ent. fyft. 1. 97. 12. ✻

Habitat in Oriente. Dom. Forfkahl.

21. SEPIDIVM. *Palpi* quatuor, filiformes.

Maxilla breuis vnidentata.

Labium breue, corneum ad bafin emarginatum.

Antennae filiformes.

tricofpida- 1. S. thorace tricufpidato, corpore grifeo. Ent. fyft.
tum. 1. 97. 1. ✻ Herbft. Col. tab. 126. fig. 1.

Habitat in Arabia. Dom. Prof. Forfkahl.

2. S.

Sepidii *corpus* oblongum, inaequale, immarginatum, tardum; *capite* magno, ouali, *clypeo* truncato, *oculis* magnis,

2. S. thorace tricuspidato, obscurum, elytrorum dis-   *variegatum*
    co albido: lineolis obliquis fuscis. Ent. syst. 1.
    97. 2. °
    Habitat in Barbariae fabulofis. D. Desfontaines.

3. S. thorace tricuspidato cristato, corpore variega-   *cristatum.*
    to. Ent. syst. 1. 98. 3. *
    Pall. Icon. tab. 6. fig. 26.
    Herbst. Col. tab. 126. fig. 4.
    Habitat in Arabia. Prof. Forfkahl.

4. S. thoracis lateribus angulatis, elytris reticula-   *reticulatum*
    tis. Ent. syst. 1. 98. 4. *
    Herbst. Col. tab. 126. fig. 2.
    Habitat ad Cap. Bon. Spei.
    Cum sequentibus vix huius generis mihi haud ri-
    te examinatum.

5. S. thorace laeui nitido, atrum, elytris rugosis: li-   *rugosum.*
    nea eleuata vnica. Ent. syst. 1. 98. 5. °
    Habitat ad Cap. Bon. Spei.   Muf. Dom. Banks.

6. S. thorace subangulato, elytris atris: vittis dua-   *vittatum.*
    bus albis lineaque eleuata vnica. Ent. syst. 1.
    98. 6. °
    Herbst. Col. tab. 126. fig. 6.
    Habitat ad Cap. Bon. Spei.   Muf. D. Banks.

---

ghis, reniform.ibus, lateralibus; *antennis* breuibus in fouea sub capite insertis; *thorace* magno, inaequali, latitudine elytrorum; *scutello* nullo; *elytris* connatis, inaequalibus, rigidis, abdomine longioribus: margine inflexo;
pedibus mediocribus, simplicibus, tarsis anticis quinque,
posticis quadriarticulatis; *colore* griseo, obscuro.

b

22. PIMELIA. *Palpi* quatuor, filiformes.
Maxilla breuis, vnidentata.
Ligula breuiſſima, membrana-
cea, truncata.
Antennae filiformes.

ſtriata. 1. P. atra glabra, elytris ſtriis quatuor ſanguineis.
Ent. ſyſt. 1. 99. 1. *
Tenebrio glandiformis. Pall. Icon. 1. tab. C.
fig. 11. b.
Oliv. Inf. 59. tab. 1. fig. 11.
Wolff. Inf. Cap. tab. 2. fig. 16.
Habitat in India.

vnicolor. 2. P. glabra nigra, elytris lineis tribus eleuatis ob-
foletis. Ent. ſyſt. 1. 99. 2. *
Tenebrio gibbus. Pall. Icon. 1. tab. C. fig. 11. a.
Tenebrio gibbus. Degeer Inf. 5. tab. 13. fig. 8.
Oliv. Inf. 39. tab. 2. fig. 22.
Sulz. Hiſt. Inf. tab. 7. fig. 9.
Habitat ad Cap. Bon. Spei. Muf. Dom. Banks.

flauicollis. 3. P. glabra atra, capite poſtice albo villoſo. Ent.
ſyſt. Append. 438. 2. *
Oliv. Inf. 59. tab. 3. fig. 26.
Habitat ad Cap. Bon. Spei. Muf. D. Holthuyfen.

gibba. 4. S. atra, elytris linea eleuata abbreuiata laterali,
carinata. Ent. ſyſt. 1. 100. 3. *

. Pime-

Pimeliae *corpus* magnum, ouatum, glabrum, immarginatum,
gibbum, tardum; *capite* ouato, obtuſo, *oculis* magnis,
lateralibus, reniformibus, In medio coarctatis, firmatis;
antennis ſub capitis margine inſortis; *thorace* gibbo rotundato; *ſcutello* nullo; *elytris* connatis, rigidis, longitudine abdominis: margine inflexo; *pedibus* longiuſculis, ſim-
plicibus; *femoribus* compreſſis; *tarſis* anticis quinque-, poſticis quadriarticulatis; *colore* plerumque atro.

Pimelia planata. Thunb. nou. Inf. fp. 6. 120.
Oliv. Inf. 59. tab. 2. fig. 24.
Habitat in India. Muf. Dr. Hunter.

5. P. oblonga, atra, elytris laeuiffimis vnicoloribus. *laeuigata.*
Ent. fyft. 1. 100. 4. *
Habitat in Hungaria. Dom. Hybner.

6. P. thorace laeuiffimo, atra, elytris poftice fpino- *globofa.*
fis. Ent. fyft. Append. 438. 4. *
Habitat ad Cap. Bon. Spei. Dom. Paykull.

7. P. ouata, atra, elytris laeuiffimis vnicoloribus. *glabrata.*
Ent. fyft. 1. 100. 5. *
Oliv. Inf. 59. tab. 2. fig. 14.
Habitat in Germania. Dom. Smidt.

8. P. nigra, corpore muricato hifpido. Ent. fyft 1. *hifpida.*
100. 6. *
Tenebrio hifpidus. Forfkahl Defcr. 79. 8.
Tenebrio fetofus. Pall. Icon. 1. tab. C. fig. 7.
Oliv. Inf. 59. tab. 1. fig. 10. 12.
Habitat rarius in hortis Alexandrinis, fub farmen-
tis. Dom. Prof. Forfkahl.

9. P. nigra, elytris muricatis, pedibus elongatis. *longipes.*
Ent. fyft. 1. 100. 7. *
Oliv. Inf. 59. tab. 1. fig. 3.
Habitat in Aegypto. Prof. Forfkahl.

10. P. grifea, elytris linea eleuata vnica angulatis. *ruftica.*
Ent. fyft. Append. 438. 7. *
Habitat ad Cap. Bon. Spei. Dom. Paykull.

11. P. nigra, coleoptris obtufis: ftriis muricatis. *muricata.*
Ent. fyft. 1. 100. 8. *
Tenebrio muricatus. Linn. fyft. Nat. 2. 676.
17. Muf. Lud. Vlr. 100.
Tenebrio eohinatus. Pall. Icon. 1. 706. 51.

I   Roff.

Roff. Fn. Etr. 1. 229. 573.
Geoff. Inf. 1. 352.
Habitat in Europa auftrali, Oriente.

tuberculata 12. P. nigra, thorace fcabro, elytris tuberculato-muricatis. Ent. fyft. 1. 101. 9ʰ *

Habitat in Italia. Muf. Dom. de Schlangbufh.

morbillofa. 13. P. atra, thorace laeui, elytris tuberculis nume-rofis lineisque duabus eleuatis laeuibus, pedi-bus elongatis. Ent. fyft. App. 439. 9. *

Habitat ad Cap. Bon. Spei. Muf. Dom. Helwig.

3punctata. 14. P. atra, thorace globofo: punctis duobus im-preffis, elytris rugofis: ftriis tribus eleuatis laeuibus. Ent. fyft. 1. 101. 10. *

Habitat in Italia. Dr. Allioni.

fcabra. 15. P. atra, elytris fcabris, antennis pedibusque fu-fcis. Ent. fyft. 1. 101. 11. *

Oliv. Inf. 59. tab. 2. fig. 14.
Thunb. nou. Inf. fp. 6. pag. 19.
Habitat ad Cap. Bon. Spei. Muf. Dom. Banks.

Character generis emendatus. *Os* maxillis pal-pisque. *Palpi* quatuor inaequales, filiformes, *anteriores* longiores, quadriarticulati: articu-lo fecundo longiori, vltimo obtufo, truncato, adhaerentes maxillae dorfo, *pofteriores* bre-uiores, triarticulati: articulo vltimo obtufo, truncato, adnati labii bafi. *Mandibula* ma-gna, craffa, cornea, incurua, apice fiffa. *Ma-xilla* breuis, membranacea, vnidentata et fere bifida, dente valido, obtufo. *Ligula* membra-nacea, breuiffima, rotundata, truncata. *La-bium* corneum, breue, rotundatum, apice emar-ginatum.

groffa, 16. P. atra, elytris fcabris: lineis eleuatis tribus laeuibus. Ent. fyft. 1. 101. 12. *

Oliv.

Oliv. Inf. 59. tab. 1. fig. 5.

Habitat in Barbariae arenofis. Dom. Vahl.

17. P. elytris fpinofis: linea laterali eleuata ferra- *angulata.*
ta. Ent. fyft. 1. 101. 13. *

Pimelia angulofa. Oliv. Inf. 59. tab. 2. fig. 23.

Tenebrio fpinofus. Forfk. Defcript. 80. 18.

Tenebrio afperrimus. Pall. Icon. 1. 55. 22.

Habitat Alexandriae. Dom. Prof. Forfkahl.

18. P. thoracis lateribus fpinofis, elytris lineis tri- *echinata.*
bus eleuatis echinatis. Ent. fyft. 1. 101. 14. *

Oliv. Inf. 59. tab. 3. fig. 32.

Habitat ad Cap. Bon. fpei. Muf. Dom. Banks.

19. P. thorace fcabro, elytris pilofis muricatis, fe- *dentipes.*
moribus anticis vnifpinofis. Ent. fyft. 1. 102.
15. *

Habitat ad Cap. Bon. Spei.

20. P. thorace glabro, nigra, elytris fufcis: lineis *dentata.*
tribus eleuatis ferratis. Ent. fyft. 1. 102. 16. *

Habitat ad Cap. Bon. Spei. Muf. Dom. Lund.

21. P. thorace glabro, atra, elytris ftriis tribus ele- *crenata.*
uatis ferratis. Ent. fuppl. 44. 16. *

Habitat in Sapphi. D. Schousboe. Muf. Dom. de
Seheftedt.

22. P. thorace laeui nitido, elytris lineis eleuatis *porcata.*
tribus: interiectis punctis eleuatis. Ent. fyft.
1. 102. 17. *

Habitat ad Cap. Bon. Spei. Muf. Dom. Banks.

23. P. thorace nigro, elytris cinereis fufco-macu- *maculata.*
latis: lineis tribus eleuatis, fecunda fubundata.
Ent. fyft. 1. 102. 18. *

Oliv. Inf. 59. tab. 3. fig. 31.

Habitat ad Cap. Bon. Spei. Muf. Dom. Banks.

ferrata.   24. P. thorace variolofo, elytris lineis tribus eleuatis echinatis: interſtitiis rugoſis, pedibus elon-
gatis. Ent. ſyſt. 1. 103. 19. °
Habitat ad Cap. Bon. Spei. Muſ. Dom. Banks.

minuta.   25. P. thorace laeui obſcuro, elytris cinereis hiſpi-
dis: lineis tribus eleuatis laeuibus. Ent. ſyſt.
1. 103. 20. °
Oliv. Inſ. 59. tab. 2. fig. 21.
Habitat ad Cap. Bon. Spei. Muſ. Dom. Banks.

gemmata.   26. P. cinerea, thorace laeui vtrinque angulato, elytris punctis eleuatis atris.
Habitat in Guinea. Muſ. Dom. de Seheſtedt.
Corpus paruum, totum obſcure cinereum, minime nitens. Caput et thorax laeuia, thoracis
margine vtrinque in angulum excurrente. Elytra connata absque ſtriis eleuatis, at punctis plurimis, eleuatis, atris ſubnitidulis.

canalicu-   27. P. cinerea, thorace ſubcanaliculato vtrinque an-
lata.   gulato, elytris lineis eleuatis obſoletis.
Habitat in Guinea. Muſ. Dom. Lund.
Statura et magnitudo praecedentis. Thorax laeuis
canali medio laeuiſſimo exaratus margineque
vtrinque angulato. Elytra lineis eleuatis obſoletis.

coſtata.   28. P. gibba, atra, thorace ſcabro, elytris lineis eleuatis: interſtitiis laeuiſſimis.
Habitat ad Cap. Bon. Spei. Muſ. Dom. Lund.
Statura P. minutae at paullo minor. Antennae
moniliformes, articulo vltimo obconico. Caput
et thorax atra, ſubſcabra. Elytra gibba, atra,
lineis eleuatis tribus: interſtitiis laeuiſſimis.
Pedes ſcabri.

rugoſa.   29. P. thorace ſcabro, elytris rugoſis antice angu-
ſtioribus. Ent. ſyſt. 1. 103. 21. °
Ha-

Habitat in Aegypto. Dom. Prof. Forſkahl.

30. P. atra, thoracis margine rotundato, elytris ſtriis *variolaris*. plurimis echinatis.

Pimelia *variolaris*. Oliv. Inſ. 59. tab. . fig .

Habitat – – – Muſ. Dom. Boſc.

De genere haereo. Antennae breues articulis omnibus globoſis. Caput punctatum. Thorax planus, ſubpunctatus: lateribus rotundatis. Elytra ſtriis eleuatis plurimis, echinatis. Pedes ſimplices, nigri.

31. P. globoſa, atra, elytris crenato-ſtriatis. Ent. *pygmaea*. ſuppl. 45. 35. *

Pimelia *pygmaea* nigra, antennis breuiſſimis clauatis, elytris globoſis, crenato-ſtriatis. Payk. Fn. Sv. 3. 440. 1.

Habitat in Suecia ad littora argilloſa. D. Paykull.

23. EVRYCHORA. *Palpi* quatuor inaequales, filiformes.

Maxilla membranacea, bifida, truncata.

Labium corneum, integrum.

Antennae filiformes, articulo tertio longiori.

1. Eurychora. *ciliata*.

Pimelia *ciliata*. Ent. ſyſt. 1. 104. 28. *

Eurychora *ciliata*. Thunb. nou. ſp. 6. 116.

Oliv. Inſ. 59. tab. 2. fig. 19.

Herbſt. Col. tab. 119. fig. 109.

Voet. Col. 2. tab. 43. fig. 23.

Habitat ad Cap. Bon. Spei.

Os palpis maxillisque. *Palpi* quatuor inaequales, ſubfiliformes: *anteriores* longiores, quadriarticulati: articulo ſecundo longiori, vltimo ouato,

to, fubcraffiori, adhaerentes maxillae dorfo, *po-*
fteriores breuiffimi, triarticulati, fub labio inferti. *Mandibula* magna, cornea, arcuata,
denticulata, acuta. *Maxilla* breuis, membranacea, bifida, obtufa et fere truncata. *Labium*
breue, corneum, truncatum, integrum.
Genus fequenti affine, forte iungenda.

24. AKIS. *Palpi* quatuor, inaequales, filifor-
mes.
Maxilla compreffa, ciliata.
Ligula membranacea, elongata,
cordata.
Antennae filiformes.

* *thorace marginato.*

planata. **1.** A. thorace marginato, atra, elytris lineis duabus
lateralibus eleuatis.
Habitat Tanger. Dom. Schousboe.
Corpus magnum, laeue, atrum. Thorax planus,
marginatus: marginibus rotundatis, nullo modo fpinofis. Elytra connata, laeuia, lineis duabus lateralibus eleuatis; interiore abbreuiata.
Pedes inermes.
Variat rarius elytris poftice parum muricatis.

2. A.

Akis corpus medium, planiufculum, agile; *capite* magno,
ouato, inferto, *oculis* vix prominulis, ouatis, transuerfis
lateralibus; *antennis* breuibus: articulo tertio longiori fub
capitis clypeo infertis; *thorace* faepius plano, marginato,
marginibus rotundatis, faepe orbiculato, immarginato;
fcutello nullo; *elytris* connatis, interdum planis, interdum
gibbis, immarginatis, rigidis, longitudine abdominis margine inflexo, cingente; *pedibus* mediocribus muticis, femoribus compreffis, *tarfis* anticis quinque, pofticis quadriarticulatis; *colore* nigro.

2. A. thorace antice posticeque spinoso, elytris striis *spinosa.*
eleuatis laeuibus.

Pimelia spinosa. Ent. syst. 1. 103. 22. *

Tenebrio spinosus. Linn. syst. Nat. 2. 677. 24. 1.
Mus. Lud. Vlr. 111.

Akis spinosa. Herbst. Col. 8. 126. 1. tab. 125.
fig. 5.

Oliv. Ins. 59. tab. 3. fig. 35.

Habitat in Europa australi, Oriente.

Variat striis laeuibus et subserratis.

3. A. thorace marginato: marginibus antice postice- *acuminata.*
que spinosis, elytris laeuibus.

Pimelia acuminata. Ent. syst. 1. 103. 23. *

Akis acuminata. Herbst. Col. 8. 129. 3. tab. 125.
fig. 7.

Oliv. Ins. 59. tab. 3. fig. 36.

Habitat in Europa australi. Dom. Boeber.

4. A. thorace marginato: marginibus reflexis, ely- *reflexa.*
tris muricatis: linea laterali carinata laeui.

Pimelia reflexa. Ent. syst. 1. 104. 24. *

Oliv. Ins. 59. tab. 4. fig. 9.

Tenebrio vulgaris. Forsk. Descript. 79. 9.

Akis reflexa. Herbst. Col. 8. 128. 2. tab. 126.
fig. 6.

Habitat in Oriente. Prof. Forskähl.

** *thorace orbiculato.*

5. A. nigra, elytris laeuibus vniangulatis, thorace *collaris.*
angustiori, capite depresso angulato.

Pimelia collaris. Ent. syst. 1. 104. 26. *

Tenebrio collaris. Linn. Syst. Nat. 2. 671. 21.

Pimelia collaris. Herbst. Col. 8. 128. 1. tab.
125. fig. 3.

Oliv. Ins. 59. tab. 1. fig. 8.

Vill

Vill. Ent. 1. 319. 17.
Habitat in Europa auftraliori.

lineata. 6. A. thorace rotundato fcabro, elytris ftriis tribus
punctato-fcabris, poftice lineolis albis.
Piméliu lineata. Ent. fyft. 1. 105. 29. ○
Sepidium lineatum. Thunb. n. fp. Inf. 6. 48.
fig. 16.
Oliv. Inf. 59. tab. 2. fig. 20.
Habitat in Sibiria. Muf. Dom. Banks.

leucogra- 7. A. thorace rotundato fcabro, coleoptris cinereis:
pha. lineis eleuatis nouem nigris.
Pimelia leucographa. Ent. fyft. 1. 105. 30. ●
Tenebrio leucographus. Pall. Icon. tab. 6. fig. 20.
Habitat Halae Saxonum. Dom. Hybner.

glabra. 8. A. atra thorace rotundato, elytris glaberrimis.
Pimelia glabra. Ent. fyft. 1. 105. 31. ●
Tenebrio laeuis. Forfk. Defcr. 78. 7.
Tenebrio hypolithos. Inf. Roff. 1. 44. tab. G.
fig. 11.
Oliv. Inf. 59. tab. 2. fig. 13.
Voet. Col. tab. 32. fig. 5.
Habitat in Aegypto. Prof. Forfkahl.
Magnitudine variat.

punctata. 9. A. glabra atra, elytris ftriis punctatis.
Pimelia punctata. Ent. fuppl. 45. 31. ●
Habitat Tangeer. Muf. Dom. Lund.

abbreuiata. 10. A. grifea, punctis duobus impreffis, elytris ftriis
eleuatis plurimis abbreuiatis.
Habitat in Senegallia. Muf. D. de Seheftedt.
Statura omnino A. glabrae. Caput obfcurum.
Thorax dorfo plano punctis duobus impreffis.
Elytra grifea ftriis fex eleuatis, glabris, quae
tamen apicem haud attingunt.
Forte potius Scaurus mihi haud rite nota.

II.

11. A. glabra, thorace poftice anguftato, elytris acu- *anguftata.*
    minatis.
    Pimelia anguftata. Ent. fyft. 1. 105. 32. ✔
    Habitat in Oriente. Prof. Forfkahl.

12. A. glabra, thorace orbiculato, elytris acuminatis. *orbiculata.*
    Pimelia orbiculata. Ent. fyft. 1. 106. 34. *
    Tenebrio Vernus. Pall. Icon. tab. 6. fig. 9.
    Habitat in Oriente. Prof. Forfkahl.

13. A. glabra laeuis, elytris fubftriatis.   *laeuigata.*
    Tenebrio glabratus. Ent. fuppl. 49. 19. *
    Habitat in India orientali. Muf. Dom. Lund.
    Affinis certe A. glabratae, at quadruplo minor.

14. A. filiformis nigra, thorace elongato cylindrico, *filiformis.*
    elytris punctato-ftriatis.
    Tenebrio filiformis. Ent. fyft. 1. 114. 20.
    Stenofis anguftata. Herbft. Col. tab. 127. fig. 1.
    Rhinomacer Brentoides. Roff. Fn. Etr. 1. 135.
    tab. 3. fig. 14.
    Habitat in Barbaria. Muf. Dom. Desfontaines.
    Corpus paruum, fere filiforme, vix huius generis.
    Caput magnum ouatum, antennis articulis bre-
    uibus compreffis, vtrinque prominulis. Tho-
    rax elongatus, cylindricus, punctatus, Elytra
    connata, punctato-ftriata. Pedes nigri tibiis
    rufa.

25. PLATYNOTVS. *Palpi* quatuor inaequales,
anteriores articulo vl-
timo dimidiato.
Labium breue, corneum,
vtrinque vnidentatum.
Antennae apice moniliformes.

reticulatus. 1. P. obfcurum, elytris cinerafcentibus reticulatis.
Opatrum reticulatum. Ent. fuppl. 40. 1. *
Habitat in India orientali. Dom. Daldorff.
Os palpis maxillisque. *Palpi* quatuor inaequales,
anteriores longiores, clauati, quadriarticulati:
articulis fubaequalibus; vltimo dimidiato craffiori adhaerentes maxillae dorfo, pofteriores
triangulati: articulis fubaequalibus: vltimo
ouato adnati labii apici. *Labrum* breue tranf-
uerfum, membranaceum. *Mandibula* craffa,
cornea, incurua, apice fubemarginata. *Maxilla* elongata, cornea, fubflexuofa, vnidentata,
apice incraffata, acuta. *Labium* breue, corneum, ftriatum in medio, vtrinque vnidentatum, apice truncatum, obtusum. *Antennae*
apice parum craffiores, moniliformes: articulo
fecundo longiori.

excauatus. 2. P. thorace poftice angulato, elytris excauato-pun-
ctatis acutiufculis.
Blaps

Platynoti corpus oblongum, obfcurum, tardum, *capite* ouato,
clypeo rotundato, emarginato, *oculis* magnis, lateralibus,
transuerfis, antice firmatis; *antennis* breuibus fub capitis
clypeo infertis; *thorace* planiufculo, marginato: margine
rotundato antice pofticeque angulo acuto; *fcutello* paruo,
triangulari; *elytris* rigidis longitudine abdominis, margine
inflexo, cingente; *pedibus* validis, fimplicibus; *femoribus*
compreffis; *tarfis* anticis quinque-, pofticis quadriarticulatis, colore obfcuro.

Blaps excauata. Ent. syst. 1. 107. 4. *
Heiops Maurus. Ent. syst. 1. 120. 15. *
Petiv. Gazoph. tab. 92. fig. 14.
Act. Angl. 211. 861. 13.
Habitat in India orientali. Dom. Daldorff.

3. P. ater, thorace laeui vtrinque rotundato, elytris *crenatus,*
sulcatis: sulcis crenatis.
Habitat in India orientali. Muf. Dom. Lund.
Statura et magnitudo praecedentis. Caput et thorax atra, laeuia. Thoracis margo rotundatus,
parum reflexus, antice posticeque angulo acuto. Elytra atra, valde sulcata: sulcis crenatis.
Pedes inermes.

4. P. ouatus niger, thorace marginato, elytris cre- *dilatatus.*
nato - striatis.
Blaps dilatata. Ent. suppl. 47. 8. *
Habitat in Insula St. Thomae. Muf. D. Lund.

5. P. ater, elytris lineis eleuatis tribus punctisque *variolofus.*
granulatis, thorace emarginato.
Blaps variolofa. Ent. syst. 1. 108. 10. *
Silpha rugofa. Scop. carn. 53.
Oliv. Inf. 2. 11. 13. tab. 2. fig. 10.
Habitat in Africa. Dom. Prof. Vahl.

6. P. depressus ater, elytris lineis eleuatis tribus *laeuigatus.*
sublaeuibus.
Blaps laeuigata. Ent. syst. 1. 108. 11. *
Habitat in Marocco. Muf. D. de Sehestedt.

7. P. fuscus thorace marginato, elytris lineis eleua- *vndatus.*
tis tribus vndatis.
Habitat Cajennae. Muf. Dom. Richard.
Statura praecedentium, obscure fusca. Caput et
thorax laeuia thoracis margine exserto, rotundato. Elytra striis tribus valde vndatis, eleuatis.

tis, quae tamen apicem haud attingunt. Pedes
inermes.

ferratus, 8. P. thoracis margine incraſſato, elytris lineis
tribus eleuatis crenatis.

Blaps ferrata. Ent. ſyſt. ſuppl. 47. 12. *

Habitat ad Cap. Bon. Spei. Muſ. D. de Paykull.

rugoſus. 9. P. thorace marginato, elytris ſtriis tribus eleuatis: interſtitiis ſubrugoſis.

Habitat in Mauritania. Muſ. D. Lund.

Statura et magnitudo P. variolofae. Caput et thorax nigra, obſcura. Elytra ſtriis tribus eleuatis, abbreuiatis, fulcis ſubrugoſis. Pedes nigri.

dentipes. 10. P. niger, thoracis marginibus dilatatis, tibiis
quatuor anticis vnidentatis.

Blaps dentipes. Ent. ſyſt. App. 4. 439. 8. *

Habitat ad Cap. Bon. Spei. Dom. Paykull.

Huius generis videtur.

morbilloſus 11. P. thorace marginato: marginibus reflexis, elytris linea media eleuata dentata.

Pimelia variolofa. Ent. ſyſt. ſuppl. 45. 24. *

Pimelia variolofa. Panz. Fn. Germ.   tab.

Habitat in Germania auſtraliori. Dom. Panzer.

granulatus 12. P. ater, elytris granulato - ſubſpinoſis.

Blaps granulata. Ent. ſyſt. 1. 107. 5. *

Habitat ad Cap. Bon. Spei. Muſ. D. Lund.

26: BLAPS. *Palpi* quatuor inæquales, clauati.

Maxilla recta, bifida.

Ligula membranacea, fissa.

Antennae apice moniliformes.

1: B. nigra, thorace rotundato, elytris mucronatis *Gages.*
laeuissimis. Ent. syst. 1. 106. 1. ●

Tenebrio Gages. Linn. syst. Nat. 2. 676. 14.

Habitat in Europa australiori.

2. B. coleoptris mucronatis sulcatis. Ent. syst. 1. *sulcata.*
106. 2. ●

Tenebrio polychrestus. Forsk. Descript. 79. 10.

Habitat in Oriente. Prof. Forskahl.

3. B. atra, coleoptris mucronatis subpunctatis. Ent. *mortisaga.*
syst. 1. 107. 3.

Tenebrio mortisagus. Linn. syst. Nat. 2. 676.
15. Fn. Sv. 822.

Geoff. Ins. 1. 346.

Frish. Ins. 13. tab. 25.

Schaeff. Icon. tab. 36. fig. 6.
tab. 6. fig. 13.

Habitat in Europae suffocatis.

Mandibula cornea, crassa, apice emarginata.

4. B. oblonga atra coleoptris laeuibus obtusis. Ent. *obtusa.*
syst. suppl. 46. 3. ●

Habitat in Europa.

5.

Blaptis *corpus* oblongum, gibbum, glabrum, immarginatum,
tardum; *capite* prominulo, obtuso, *oculis* transuersis, lateralibus; *antennis* breuibus, ante oculos sub capitis margine insertis; *thorace* vix marginato: margine rotundato,
planiusculo, postice rotundato, latitudine elytrorum; *scutello* nullo; *elytris* connatis, rigidis, longitudine abdominis
margine inflexo, cingente; *pedibus* validis; *femoribus*
compressis, subtus canaliculatis, *tarsis* anticis quinque, posticis quadriarticulatis, *colore* atro.

fpinipes.   5. B. ouata atra, elytris laeuibus, tibiis anticis dila-
          tato-fpinofis. Ent. fyft. fuppl. 46. 5. *
          Carabus Blaptoides. Creutz. Inf. 112. 5. tab. 2.
          fig. 17.
          Habitat in Hungaria. Dom. Hybner.

calcarata.   6. B. ouata, elytris punctato-ftriatis, femoribus an-
          ticis dentatis. Ent. fyft. fuppl. 46. 5. *
          Habitat ad Cap. Bon. Spei. Dom. Weber.

tenebrofa.   7. B. ouata atra, elytris ftriatis, antennis tibiisque
          ferrugineis.
          Habitat in Germania. Muf. Dom. de Sehestedt.
          Statura omnino B. fpinipedis, at minor. Caput
          atrum palpis antennisque rufis. Thorax ater
          laeuiufculus margine deflexo. Elytra ftriata:
          ftriis fimplicibus. Pedes breues, ferruginei fe-
          moribus nigris.

bupreftoi-   8. B. ouata atra, elytris connatis laeuiffimis. Ent.
des.   fyft. 1. 107. 6. *
          Pall. Icon. 2. 719. 44.
          Habitat ad Cap. Bon. Spei.

dermeftoi- 9. B. ouata nigra, elytris obfolete ftriatis, clypeo
des.   emarginato. Ent. fyft. 1. 107. 7. *
          Illig. Col. Bor. 1. 120. 2.
          Habitat Halae Saxonum. Dom. Hybner.

emarginata 10. B. atra, elytris crenato-ftriatis, labio emargina-
          to. Ent. fyft. 1. 108. 9. *
          Helops triftis. Roff. Fn. Etr. 1.
          Habitat in Marocco. Muf. Dom. de Sehestedt.
          Forte potius ad Helopis genus amandanda.

triftis.   11. B. atra, elytris fulcatis: fulcis laeuibus. Ent.
          fyft. 1. 108. 12. *
          Habitat in Barbariae fabulofis. Muf. Dom. Des-
          fontaines.

                                    12.

12. B. atra, femoribus posticis subtus canaliculatis *femoralis*
ferrugineo-villosis. Ent. syst. 1. 109. 13. *
Opatrum femoratum. Illig. Col. Bor. 1. 109. 4.
Panz. Fn. Germ. 39. tab. 5.
Habitat in Germania. D. de Sehestedt.
Ab hoc genere cum sequentibus differre videtur.
Nullo modo tamen Opatra, forte potius Pla-
tynoti, mihi haud rite examinatae. Dom.
Latreille nouum genus: Pedinus ex his consti-
tuit, et quidem rite, vti mihi videtur, at cha-
racteres mihi adhuc desunt.

13. B. atra, elytris striatis, tibiis anticis dilatato- *tibialis.*
triangularibus. Ent. syst. suppl. 48. 13. *
Habitat ad Cap. Bon. Spei. Dom. de Paykull.

14. B. thorace postice angulato, griseo-fusca, ely- *crenata.*
tris crenato-striatis obtusis. Ent. syst. 1. 109.
14. *
Habitat in Coromandel. Muf. D. Banks.

15. B. oblonga atra, elytris laeuissimis. Ent. syst. 1. *glabra.*
109. 15. *
Habitat in Europae quisquiliis.

16. B. atra, antennis ferrugineis, elytris punctato- *punctata.*
striatis. Ent. syst. 1. 109. 16. *
Habitat in Americae meridionalis Insulis. Dom.
Smidt.

17. B. atra, elytris clathratis, antennis apice fer- *clathrata.*
rugineis.
Habitat in America meridionali. Dom. Smidt.

18. B. atra, supra aeneo-nitidula, elytris punctato- *metallica.*
striatis,
Habitat in Carolina. Muf. Dom. Bosc.
Praecedentibus paullo minor. Clypeus magnus,
obtusus et fere truncatus. Thorax subtilissime
pun-

punctatus, niger, aeneo - nitidulus,   Elytra
punctato - striata, aeneo - nitidula.   Corpus
atrum.

27. TENEBRIO. *Palpi* quatuor inaequales.
                    anteriores clauati.
                    posteriores filiformes.
            Maxilla bifida.
            Labium truncatum, integrum.
            Antennae moniliformes.

Gigas.   1. T. oblongus ater, elytris sulcatis.
        Tenebrio Gigas. alatus ater, elytris striatis, tho-
            race laeui. Linn. syst. Nat. 2. 674. 1.   Am.
            Acad. 6. 396. 26.
        Helops laminatus. Ent. syst. 1. 117. 1. *
        Mylabis Gigantes. Pall. Icon. tab. C. fig. 1.
        Vpis Gigas. Herbst. Col. tab. 90. fig. 1.
        Habitat in America meridionali.

punctula- 2. T. niger, thorace quadrato: marginibus subden-
tus.   ticulatis, elytris striato-punctatis.
        Helops punctulatus Ent. syst. 1. 117. 2. *
        Habitat in India orientali. Dom. Daldorff.

cupreus. 3. T. niger, thorace subquadrato: margine crenato,
            elytris punctatis cupreis. Ent. syst. 1. 116. 1. *
        Habitat in Guinea. Dom. Isert.

                                        Variat

———————————————————————————————————

Tenebrionis corpus oblongum, glabrum, immarginatum, tardum, *capite* subrotundo, obtuso, *oculis* ouatis, lateralibus,
   hamo antice firmatis; *antennis* breuibus sub capitis clypeo insertis; *thorace* planiusculo; *margine* rotundato, latitudine elytrorum; *scutello* paruo rotundato; *elytris* rigidis, longitudine elytrorum, margine vix inflexo; *pedi-*
   bus breuibus, validis, *femoribus* crassioribus, canaliculatis,
   tibiis incuruis, *tarsis* anticis quinque, posticis quadriarticulatis, *colore* plerumque obscuro.

Variat elytris virefcentibus et nigricantibus, femper tamen cupreo - nitidulis.

4. T. niger, thorace fubrotundato, integro, elytris *fulcatus.* ftriatis cupreis. Ent. fyft. 1. 110. 2. *

Habitat in Guinea. Dom. Ifert.

5. T. niger, thorace fubquadrato, elytris crenato - *curuipes.* ftriatis, tibiis anticis incuruis. Ent. fyft. 1. 111. 3. *

Tenebrio affinis. Roff. Fn. Etr. 1. 280. 578.

Tenebrio cylindricus. Herbft. Arch. 5. 144. 3.

Habitat in Germania. Dom. Smidt.

Conf. *Tenebrio loripes* Illig. Col. Bor. 1. 113. 2. *Tenebrio curuipes* Panz. Fn. Germ. 11. tab. 3. vix fatis diftinctus.

6. T. glaber, ater, elytris ftriatis, tibiis pofticis fer- *ferratus.* ratis. Ent. fyft. 1. 111. 4. *

Oliv. Inf 57. tab. 1. fig. 1.

Habitat in Sierra Leon. Muf. Dom. Banks.

7. T. ater, elytris ftriatis, tibiis anticis digitatis. *digitatus.*

Tenebrio foffor. Ent. fyft. 1. 112. 12. ?

Habitat in Guinea. Muf. D. de Seheftedt.

Statura et magnitudo omnino T. ferrati. Antennae breues, craffae, moniliformes: articulo vltimo maiori, compreffo. Caput et thorax atra, laeuia, nitida. Elytra ftriis laeuibus. Femora antica tridentata, tibiae digitatae. Pedes reliqui inermes.

8. T. oblongus, piceus, elytris ftriatis. Ent. fyft. 1. *molitor.* 111. 6.

Linn. fyft. Nat. 2. 674. 2. Fn. Sv. 875.

Oliv. Inf. 57. tab. 1. fig. 12.

Scop. carn. 254.

Geoff. Inf. 1. 349. 6.

K Illig.

Illig. Col. Bor. 1. 113. 1.

Panz. Fn. Germ. 43. tab. 12.

Frifh. Inf. 8. tab. 1.

Sulz. Inf. 7. fig. 52.

Habitat in farina, pane. *Blatta* veterum.

Mandibula crafla, cornea, incurua, apice emarginata. *Larua* pabulum lufciniarum.

obfcurus. 9. T. oblongus, niger obfcurus, thorace quadrato, elytris fubftriatis. Ent. fyft. 1. 111. 5. ✿

Panz. Fn. Germ. 43. tab. 13.

Habitat in Germania. Dom. Loewenfkiold.

An fatis a praecedente diftinctus? mihi haud *rite* notus.

impreffus. 10. T. niger obfcurus, thorace canaliculato, elytris crenato-ftriatis.

Habitat in Oceani auftralis Infulis. D. Billardiere.

Antennae moniliformes extrorfum parum craffiores. Thorax quadratus, in medio canaliculatus. Pedes omnes fimplices.

nitidulus. 11. T. ater, nitidus, laeuis, elytris punctato-ftriatis.

Habitat in India orientali.

Statura omnino T. impreffi, duplo fere minor *et* thorax laeuiffimus, nitidus.

laeuigatus 12. T. oblongus, ater, elytris laeuiufculis. Ent. fyft. 1. 111. 7. ✿

Habitat in Africa aequinoctiali. Muf. D. Banks.

Species indiftincta, mihi haud rite nota.

variolofus. 13. T. oblongus, ater, thorace quadrato, elytris punctis excauatis, pedibus muticis.

Habitat in America meridionali. Smidt. Muf. D. Lund.

Statura et magnitudo T. molitoris. Caput atrum, nitidum. Thorax quadratus, antice vtrinque

re-

retufis. Elytra punctis maioribus excauatis
ftriata. Pedes inermes, atri.

14. T. ater, elytris ftriatis, capite tuberculato. Ent. *abbreuia-*
fyft. 1. 112. 10. * *tus.*
Oliv. Inf. 57. tab. 11. fig. 21.
Habitat in India. Muf. Britann.
Species mihi haud rite nota.

15. T. thorace ferrugineo: maculis duabus impref- *depreſſus.*
fis, elytris ftriatis, ferrugineis, apice nigris.
Ent. fyft. 1. 112. 11. *
Habitat in Carolina meridionali. Muf. Gigot
d'Orcy.

16. T. thoracis marginibus crenatis angulisque pro- *cornutus.*
minulis, capite bicorni. Ent. fyft. 1. 112. 13. *
Oliv. Inf. 57. tab. 1. fig. 2.
Habitat Smyrnae. Dom. Drury.
Forte potius Trogofita.

17. T. oblongus, ater, nitidus, elytris ftriis fimpli- *variabilis.*
cibus.
Habitat in Tanger. Schousboe. Muf. Dom. de Seheftedt.
Corpus medium, reliquis longius. Antennae obfcurae, omnino moniliformes. Caput et thorax plana, laeuia, atra, immaculata. Elytra
ftriata: ftriis laeuibus. Pedes inermes.
Variat corpore ferrugineo, nullo modo diftinctus.

18. T. obfcure aeneus, fubtus niger, pedibus cya- *aerugina-*
neis. *fus.*
Tenebrio aeneocyaneus. Web. Inf. 40. 2.
Habitat in Sumatra. Dom. Daldorff.
Magnitudo T. molitoris. Caput aeneum, antennis nigris. Thorax laeuis, obfcure aeneus, vix
punctatus. Elytra ftriata, aenea, immaculata.

K 2 Cor-

Corpus nigrum, pedibus cyaneis. Femora clauata, tibiae incuruae.

ſcaber. 19. T. ater, thorace anguſtato, ſcabro, elytris punctis eleuatis lineatis.

Habitat in Sumatra. Dom. Daldorff.

Magnitudo fere T. molitoris. Antennae craſſae, moniliformes, extrorſum ſubcraſſiores. Caput exſertum, ſcabrum. Thorax magis rotundatus, elytris anguſtior, punctis eleuatis ſcaber. Elytra ſtriis quatuor et punctis eleuatis. Pedes inermes.

ſanguini- 20. T. ater, antennis pedibusque ſanguineis. *Ent.*
pes. ſyſt. I. 113. 14. °

Oliv. Inſ. 57. tab. I. I. fig. 20.

Habitat in noua Hollandia. Muſ. D. Banks.

culinaris. 21. T. ferrugineus, elytris crenato-ſtriatis, tibiis anticis dentatis. Ent. ſyſt. 1. 113. 16.° Linn. ſyſt. Nat. 2. 675. 5. Fn. Sv. 816.

Tenebrio culinaris. Illig. Col. Bor. 1. 114. 3.

Tenebrio ferrugineus. Panz. Fn. Germ. 9. tab. 1. 2.

Oliv. Inſ. 57. tab. 1. fig. 15.

Roſſ. Fn. Etr. 675. 5.

Habitat in Germaniae ligno putreſcente.

Differt paullo minor, nullo modo diſtinctus.

brunneus. 22. T. laeuis, ferrugineus, ore antennisque nigris. Ent. ſyſt. ſupplem. 49. 15. °

Habitat in America. Dom. Mauerhoff.

ferrugi- 23. T. ferrugineus, elytris ſtriatis ſubuillofis.
neus. *Helops ferrugineus.* Ent. ſyſt. ſuppl. 53. 26.°

Habitat in Tanger. Schousboe. Muſ. Dom. de Seheſtedt.

24.

24. T. pallide teftaceus, thorace transuerfo, elytris *pallens.*
laeuibus. Ent. fyft. 1. 113. 17. Linn. Syft.
Nat. 2. 874. 10. Fn. Sv. 820.
Oliv. Inf. 57. tab. 2. fig. 25.
Habitat in Europa boreali.

25. T. pallide teftaceus, elytris ftriatis, abdomine *cadaueri-*
fubtus nigricante. Ent. fyft. 1. 113. 18. * *nus.*
Habitat. in Germaniae cadaueribus. Dom. Smidt.

26. T. ferrugineus, thorace retufo, elytris ftriatis *retufus.*
nigris.
Habitat in America meridionali. Dom. Smidt.
Muf. D. Lund.
Magnitudo T. culinaris, magis gibbus. Caput
fufcum, antennis nigris. Thorax laeuis, rufus, antice in medio retufus. Elytra ftriata,
nigra. Corpus ferrugineum. Pedes inermes,
ferruginei.
Variat paullo minor, elytris apice rufis.

27. T. niger, fubtus piceus, elytris ftriatis. Ent. *mauritani-*
fyft. 1. 113. 15. * *cus.*
Tenebrio mauritanicus. Linn. Syft. Nat. 2.
674. 4.
Habitat in Americae meridionalis Infulis. Dr.
Pflug.
Simillimum, nullo modo diftinctum ex India orien-
tali accepi.

28. T. ater, nitidus, elytris maculis duabus ferru- *chryfome-*
gineis. *linus.*
Tenebrio chryfomelinus. Roff. Fn. Etr. 1. 283.
581.
Habitat in Europa auftraliori. Muf. Dom. Lund.
Statura T. cadauerino at minor. Antennae ferrugineae. Caput et thorax laeuia, atra, nitida.
Elytra laeuia, maculis duabus magnis ferrugineis,

neis, altera baſeos altera apicis. Corpus et pedes ferruginei.

villoſus. 29. T. fuſcus, cinereo - villoſus, elytris laeuibus fer-
rugineis. Ent. ſyſt. 1. 114. 19. *
Habitat in Europae quisquiliis.
Species mihi haud rite nota.

28. TROGOSITA.

Palpi quatuor, aequales: articulo vltimo truncato.
Labium corneum, bifidum, laciniis rotundatis, ciliatis.
Antennae moniliformes: ar-
ticulis tribus vltimis craſſioribus ſubcompreſſis.

retuſa. 1. T. atra, nitida, capite bidentato, thorace retuſo,
tibiis anticis ſerratis.
Habitat in Sumatra. Dom. Daldorff.
Magna in hoc genere. Antennae piceae, moniliformes: articulis inaequalibus, quibusdam altero latere dilatatis. Caput atrum, margine
recuruo, bidentato. Thorax depreſſus, punctatus, antice retuſus. Elytra ſtriata. Pedes
nigri, tibiis anticis valde ſerratis.

2. T.

Trogoſitae corpus elongatum, ſaepius depreſſum, planum,
glabrum, immarginatum, agile; *capite* ouato, mandibulis exſertis; *oculis* rotundatis, in medio marginis; *anten-*
nis breuibus, ante oculos inſertis; *thorace* ouato, plano,
poſtice rotundato, latitudine elytrorum; *ſcutello* minuto;
elytris rigidis, haud deflexis, longitudine abdominis; *pe-*
dibus breuibus, validis; *femoribus* compreſſis, tibiis rotundatis; *tarſis* omnibus quinquearticulatis; *colore* nigro,
ruſo, aut aeneo.

2. T. nigricans, capite thoracisque margine cinereo- *varia.*
   villofis.

   Habitat in Guinea. Muf. Dom. Lund.

   Magna in hoc genere. Caput cinereo - villofum,
   immaculatum, antennis nigris. Thorax fub-
   emarginatus, in medio canaliculatus, margine
   albo - villofo. Elytra ftriata, fufca, villis aliquot cinereis, fparfis. Subtus fufca, cinereo-
   villofa.

3. T. coerulea, nitida, capite linea impreffa. Ent. *coerulea.*
   fyft. 1. 124. 1, *

   Trogofita coerulea. Oliv. Inf. 2. 19. 6. 1. tab.
      1. fig. 1.

   Illig. Col. Bor. 1. 116. 1.

   Panz. Fn. Germ. 43. tab. 19.

   Habitat in Galliae pane diutius afferuato.

4. T. nigra, thorace ouali marginato, elytris cre- *gigas.*
   nato-ftriatis. Ent. fyft. fuppl. 51. 1. *

   Habitat in Guinea. Muf. D. Lund.

5. T. nigra, thorace punctato, pedibus piceis. Ent. *picipes.*
   fyft. fuppl. 51. 1. *

   Habitat in Guinea. Muf. D. de Seheftedt.

6. T. nigra, thorace ouali marginato, elytris ftria- *caraboides*
   tis: ftriis laeuibus. Ent. fyft. 1. 115. 2.

   Trogofita mauritanica. Oliv. Inf. 2. 19. 6. 2.
      tab. 1. fig. 2.

   Trogofita caraboides. Illig. Col. Bor. 1. 117. 2.

   Tenebrio caraboides. Linn. fyft. Nat. 2. 677.
      25. Fn. Sv. 825.

   Platycerus fufcus. Geoff. Inf. 1. 64. 5.

   Lucanus fufcus. Preysl. Butom. 1. 6. 3. tab.
      1. fig. 1.

   Panz. Fn. Germ. 3. tab. 4.

   Roff. Fn. Etr. tab. 7. fig. 15.

                    tab. 3. fig. 12.   Herbft.

Herbſt. Arch. 4. 141..57. tab. 29. fig. 16.

Habitat in ligno putreſcente, in pane diutius aſſeruato.

thoracica. 7. T. atra glabra, capite, thorace pedibusque obſcure rufis. Ent. ſyſt. 1. 116. 5. *

Habitat in Lapponia. Dom. de Paykull.

2puſtulata 8. T. atra, thorace ouali marginato, elytris ſtriatis: macula magna rufa.

Habitat in America meridionali. Dom. Smidt. Muſ. D. Lund.

Statura et ſumma affinitas T. caraboidis. Thorax antice canaliculatus. Elytra ſtriata macula magna diſci ferruginea.

vireſcens. 9. T. mandibulis tridentatis, corpore viridi-aeneo. Ent. ſyſt. 1. 115. 3. *

Trogoſita vireſcens. Olivi Inſ. 2. 19. 8. 5. tab. 1. fig. 5.

Habitat in America.

elongata. 10. T. elongata ferruginea, capite elytrisque cyaneis.

Habitat in Sumatra. Dom. Daldorff.

Statura T. bicoloris, at paullo maior. Antennae nigrae claua compreſſa. Caput viridi-cyaneum, nitidum. Thorax laeuis rufus, immaculatus. Elytra ſubtiliſſime punctata, cyanea, nitida. Corpus rufum, pedibus atris.

bicolor. 11. T. ferruginea, thoracis macula elytrisque nigris. Ent. ſyſt. ſuppl. 50. 1. *

Habitat in America boreali. Dom. Mauerhoff.

Statura elongata, cylindrice ab hoc genere differt. Forte proprii generis.

filiformis. 12. T. elongata ferruginea, antennis pedibusque nigris.

Ha-

Habitat in Sumatra. Dom. Daldorff.

Statura omnino praecedentis, at duplo minor.
Antennae extrorfum craffiores, nigrae, articulis vtrinque prominulis. Caput et thorax glabra, rufa nitida. Elytra laeuia, parum obfcuriora. Pedes nigri.

13. T: elongata atra, elytris ftriatis, tibiis anticis *calcar.*
dentatis.

Habitat in Madera. Dom. Ruhtje.

Statura elongata praecedentium. Corpus totum
atrum, antennis piceis.

Femina maior, tibiis inermibus.

14. T. oblonga nigra obfcura, capite cornubus duo- *Taurus.*
bus erectis.

Tetratoma Gazella. Ent. fyft. fuppl. 176. 1. *

Habitat in Guinea, Muf. Dom. Lund. in India
orientali. Dom. Daldorff.

Ex Guinea maior cornubus maioribus, validioribus.

15. T. atra, capite cornubus quatuor: pofticis ma- *quadricor-*
ioribus ferrugineo-hirtis. *nis.*

Habitat in Sumatra. Dom. Daldorff. Muf. D.
de Seheftedt.

Paullo maior T. Tauro. Caput nigrum antice
cornubus duobus erectis, longitudine capitis,
glabris, poftice cornubus duobus maioribus,
longioribus apice ferrugineo-hirtis. Thorax
et elytra laeuia, atra, minime nitida.

Femina fimillima, at capite mutico.

16. T. atra nitida, elytris ftriatis, capite bicorni. *Vacca.*
Habitat in America meridionali. Dom. Smidt.
Muf. D. de Seheftedt.

Paullo maior T. caraboidis. Antennae moniliformes claua compreffa. Caput cornubus duobus frontalibus porrectis, obtufis. Thorax laeuis

uis nitidus, fubmarginatus. Elytra crenato-
ftriata. Pedes inermes.

Femina fimillima, at capite mutico.

metallica. 17. T. viridi-aenea, thorace ouali marginato, elytris margine flauefcente.

Habitat in America meridionali. Dom. **Smidt**.
Muf. Dom. **Lund**.

Statura T. caraboidis, at minor, tota viridi-aenea, elytris vix ftriatis, margine flauefcente.
Antennae et pedes nigrae.

aenea. 18. T. fupra obfcure virefcens, antennis piceis.

Trogofita aenea. Oliv. Inf. 2. 19. tab. 1. fig. 3.

Habitat in America meridionali. Dom. **Smidt**,
Muf. D. de Sehestedt.

Statura omnino T. virefcentis, at minor. Mandibulae vix exfertae. Caput virefcens, antice
canaliculatum. Thorax fubpunctatus, obfcure
virefcens, margine antico parûm pallido. Elytra ftriato-punctata.

4guttata. 19. T. nigra, elytris fufcis: maculis duabus pallidis; pofteriore lunata.

Habitat in America meridionali. Dom. **Smidt**.
Muf. Dom. **Lund**.

Caput et thorax nigra. Elytra fubftriata fufca
maculis duabus pallidis: anteriore oblonga,
pofteriore lunata. Pedes nigri.

Variat thoracis elytrorumque margine rufefcente
vix diftincta.

bidens. 20. T. atra, thorace ouali marginato, elytris ftriatis,
tibiis anticis bidentatis. Ent. fyft. 1. 116. 4.

Habitat in Gallia.

femorata, 21. T. nigra, elytris punctato-ftriatis, femoribus
rufis.

He·

Helops femoratus. Ent. fyft. fuppl. 53. 23.

Habitat in America boreali. Dom. v. Rohr.

Caput et thorax laeuia, obfcure nigra, immaculata. Elytra punctato - ftriata. Pedes nigri femoribus rufis.

22. T. brunnea, thorace plano fulcato. Ent. fyft. 1. *fulcata.*
116. 6. *

Ips fulcata. Oliv. Inf. 4. 1. tab. 1. fig. 1.

Habitat in Gallia. Muf. Dom. Bofc.

23. T. ferruginea, elytris ftriatis teftaceis, clypeo *ferruginea*
integro. Ent. fyft. 1. 116. 7. *

Ips teftacea.. Ent. fyft. fuppl. 179. 14.

Lyctus naualis. Ent. fyft. 1. 2. 504. 10. *

Habitat in India vtraque, deftruens animalia in
Mufeis afferuata, panem aliaque.

24. T. ferruginea, mandibulis porrectis recuruis *cornuta.*
corniformibus. Ent. fyft. fuppl. 51. 5. *

Act. Hafn. 5. 2.

Habitat in Tanger. D. Schousboe. Muf. D. Lund.
in Madera frumentum deftruens. D. Rahtje.

25. T. laeuis teftacea, mandibulis porrectis, arcuatis *maxillofa.*
corniformibus.

Habitat in America meridionali. Dom. Smidt.
Muf. Dom. de Seheftedt.

Praecedente duplo minor, at diftincta. Caput et
thorax glabra, teftacea, immaculata. Mandibulae exfertae, arcuatae, acutae. Elytra fublaeuia, teftacea. Corpus teftaceum, ano fufco.

26. T. mandibulis porrectis incraffatis teftacea, tho- *mandibu-*
race ouali, elytris ftriatis. *laris.*

Habitat in Pommerania. Muf. Dom. Lund.

Statura T. caraboidis, at triplo minor. Mandibulae magnae, craffae, exfertae, intus dentatae.

tae. Caput et thorax plana, teſtacea, ſubcana-
liculata. Elytra ſtriata, teſtacea, immaculata.
Corpus teſtaceum.

29. HELOPS. *Palpi* inaequales.
     anteriores ſecuriformes.
     poſteriores clauati.
    Labium corneum, integrum.
    Antennae filiformes.

coeruleus.   1. H. coeruleſcens, thorace ſuborbiculato, elytris
     ſtriatis. Ent. ſyſt. 1. 118. 3.
     Tenebrio coeruleus. Linn. ſyſt. Nat. 2. 677. 19.
     Muſ. Lud. Vlr. 98.
     Tenebrio chalybeus. Ent. ſyſt. 1. 111. 8. Linn.
     ſyſt. Nat. 2. 674. 3. vix differt.
     Degeer Inſ. 5. 53. 4. tab. 13. fig. 11.
     Petiv. Gaz. tab. 22. fig. 6.
     Habitat in Europa auſtrali, Africa.

erythroce-   2. H. cyaneus, capite femoribusque rufis.
phalus.   Habitat in Sumatra. Dom. Daldorff.
     Magnitudo T. lanipedis. Antennae filiformes,
     nigrae. Caput obſcure-rufum, faſcia pone la-
     bium lineaque dorſali cyaneis. Thorax gibbus,
     rotundatus, laeuis, cyaneus, immaculatus. Ely-
                    tra

Helopis *corpus* oblongum, gibbum, glabrum, immarginatum; *capite* ouato, obtuſo; *clypeo* ſubemarginato; *oculis*
transuerſis, lateralibus; *antennis* breuibus, ſub capitis clypeo inſertis; *thorace* planiuſculo; marginibus rotundatis;
ſcutello paruo, rotundato; *elytris* rigidis, haud deflexis,
longitudine abdominis; *pedibus* mediocribus, curſoriis;
femoribus compreſſis, tibiis incuruis; *tarſis* anticis quin-
que-, poſticis quadriarticulatis; *colore* plerumque nigro,
aut coeruleo, aut aeneo obſcuro.

trà punctato-ftriata, cyaneæ. Corpus cyaneum. Pedes nigri, femoribus rufis.

3. H. oblongus, cyaneus, thorace punctato, elytris *metallicus*
ftriatis, obfcuro-aeneis.
Tenebrio cyaneus. Ent, fyft. App. 4. 439. *
Habitat in America meridionali. Muf. D. Lund.

4. H. niger, nigro-nitens, elytris fubftriatis aeneis. *aeneus.*
Tenebrio aeneus. Ent. fyft, fuppl. 48. 2. *
Habitat in America meridionali. Muf. D. Lund.

5. H. oblongus cyaneus, thorace punctato, elytris *violaceus.*
punctato-ftriatis aeneis nitidis.
Tenebrio violaceus. Ent. fyft. fuppl. 48. 2. *
Habitat in Brafilia. Dom. Weber.

6. H. aeneus, elytris ftriatis acuminatis. Ent. fyft. *lanipes.*
I. 118. 4.
Tenebrio lanipes. Linn.-Mant. 1. 533.
Oliv. Inf. 58. tab. 2. fig. 1.
Illig. Col. Bor. 1. 119. 1.
Schaeff. Icon. tab. 51. fig. 3.
Geoff. Inf. 1. 349. 5.
Habitat in Europa auftraliori.

7. H. niger, thorace elytrisque viridi-aeneis cupro- *micans.*
ftriatis. Ent. fyft. fuppl. 51. 4. *
Habitat in America boreali. Dom. Mauerhoff.

8. H. ater, coleoptrorum margine omni fanguineo. *margina-*
Ent. fyft. 1. 118. 5. * *tus.*
Habitat in Guinea. Dom. Ifert.

9. H. ater, elytris ftriatis: punctis duobus rubris, *4puftula-*
femoribus pofticis dorfo carinatis. *tus.*
Habitat in Guinea. Muf. Dom. Lund.
Caput et thorax nigra, opaca. Elytra ftriata ftriis
crenatis, nigra punctis duobus rubris, altero
bafeos, altero apicis. Femora quatuor antica
compreffa, duo poftica dorfo carinato. 10.

excauatus. 10. H. ater, elytris punctis excauatis striatis, tibiis anticis posticisque dentatis.

Habitat in America meridionali. Dom. Smidt. Mus. Dom. de Seheftedt.

Statura praecedentis. Thorax canaliculatus angulo postico vtrinque acuto. Elytra atra, punctis maioribus excauatis striata. Pedes atri femoribus tibiisque anticis vnidentatis, inter medio mutici, postici femoribus muticis, tibiis vnidentatis.

variegatus 11. H. oblongus, fusco cinereoque varius.

Tenebrio variegatus Ent. syst. 1. 112. 9. *

Habitat in Africa aequinoctiali. Mus. D. Banks.

morbillo- 12. H. oblongus cyaneus, elytris variolosis.
sus.

Habitat in America meridionali. Dom. Smidt. Mus. D. de Seheftedt.

Minor praecedentibus. Caput et thorax obscura. Elytra cyanea, nitida, punctis maioribus cicatrisantibus. Corpus cyaneum, nitidum.

cyanipes. 13. H. ater laeuis, pedibus violaceis.

Habitat in Guinea. Mus. D. de Seheftedt.

Statura oblonga praecedentium. Caput et thorax atra, laeuia, obscura. Elytra subtilissime puncta-striata. Pedes cyanei.

aerugino- 14. H. viridi-aeneus, antennis elytris pedibusque nigris. Ent. syst. 1. 118. 6. *
sus-

Habitat ad Cap. Bon. Spei. Mus. Dom. Schulz.

cyanicollis 15. H. cyaneus, elytris striatis aeneis.

Habitat in Sumatra. Dom. Daldorff.

Affinis videtur H. aeruginoso. Antennae nigrae. Thorax rotundatus, canaliculatus, viridi-cyaneus. Elytra striato-crenata, aenea, nitidula. Corpus et pedes cyanei.

16.

16. H. niger obfcurus, abdomine rufo.   *abdomina-*
   Habitat in Tanger. Muf. D. de Seheftedt.   *lis.*
   Statura et magnitudo praecedentium totus ob-
     fcurus, fufcus, abdomine folo rufo. Elytra fub-
     ftriata.

17. H. fupra obfcure aeneus, fubtus ater, elytris *bicolor.*
   ftriatis. Ent. fyft. 1. 118. 7. *
   Habitat in Americae Infulis. Dom. Smidt.

18. H. capite thoraceque cyaneis, elytris crenato- *haemor-*
   ftriatis viridibus, ano rufo. Ent. fyft. 1. 119. *rhoidalis.*
    11. *
   Habitat in India. Muf. Britann.

19. H. niger, elytris punctato-ftriatis, obfcure ae- *calcaratus*
   neis, tibiis anticis acute dentatis. Ent. fyft.
    fuppl. 52. 12. *
   Habitat in America. Dom. Hybner.

20. H. viridi-aeneus, elytris punctato-ftriatis. Ent. *viridis.*
   fyft.
   Habitat in America meridionali.   Dom. Smidt.
    Muf. D. Lund.
   Statura praecedentium, at minor.   Caput viridi-
    aeneum ore antennisque nigris. Thorax viri-
    di-aeneus, vix punctatus.   Elytra punctato-
    ftriata. Corpus viridi-aeneum.

21. H. viridi-aeneus, abdomine rufo, antennis com- *Dama.*
   preffis.
   Habitat in America meridionali.   Dom. Smidt.
    Muf. D. de Seheftedt.
   Statura parua, oblonga praecedentis.   Antennae
    valde compreffae, nigrae.   Caput et thorax
    aenea.   Abdomen rufum.   Pedes inermes.

22. H. niger, pedibus fufcis. Ent. fyft. 1. 119. 12. * *luridus.*
   Habitat in Brafilia. Muf. D. Banks.

fufcicula-   23. H. niger, obfcurus, elytris breuibus, punctis fa-
tus.   fciculato - pilofis, ferrugineis. Ent. fyft. fuppl.
             52. 13. *
           Habitat in India orientali. Muf. D. Lund.

laeuis.   24. H. niger, thorace canaliculato, poftice attenua-
             to, elytris laeuibus. Ent. fyft. 1. 120. 13. *
           Habitat Halae Saxonum. Dom. Hybner.

equeftris.   25. H. ater, elytris fafcia abbreuiata aurea. Ent.
             fyft. 1. 120. 14. *
           Oliv. Inf. 58. tab. 2. fig. 7.
           Habitat in Brafilia. Muf. Dom. Banks.

morio.   26. H. ater, thorace quadrato laeui, elytrorum ful-
             cis punctatis. Ent. fyft. 1. 120. 16. *
           Habitat in Americae meridionalis Infulis.

nigrita.   27. H. ater, thoracis marginibus rotundatis, elytris
             crenato - fulcatis. Ent. fyft. 1. 120. 17. *
           Habitat Tranquebariae.
           Tibiae anticae in altero fexu ante apicem finuatae.

dentatus.   28. H. ater, elytris ftriatis: ftriis laeuibus, femori-
             bus anticis dentatis.
           Habitat in Guinea. Muf Dom. Lund.
           Statura H. nigritae, paullo craffior. Caput et tho-
             rax laeuia, nigra, opaca. Elytra ftriata, ftriis
             crenatis. Pedes nigri, femoribus anticis acute
             dentatis, reliqui mutici.

finuatus.   29. H. laeuis, ater, thoracis margine late, obfcure
             brunneo.
           Habitat in Guinea. Muf. D. de Seheftedt.
           Statura et magnitudo praecedentium, totus ater,
             glaber, laeuis. Thorax margine late, obfcure
             rufo. Elytra apice finuata.

punctatus. 30. H. ater, elytris punctato - ftriatis.
           Habitat in Guinea. Muf. D. Lund.

                                      Totus

Totus ater, obfcurus. Thorax quadratus, margine poftico vtrinque fubfpinofo. Elytra punctato - ftriata.

31. H. aeneus, nitidus, thorace fafciis duabus, ely- *cuprarius.*
tris ftriatis: lineofis cupreis.
Helops cuprarius. Web. Inf. 40. 1.
Habitat in Sumatra. Dom. Daldorff.
Differt omnino ab H. micante. Statura gibba H.
atri. Caput aeneum bafi obtufum, antennis
nigris. Thorax fubpunctatus, aeneus, nitidus,
fafciis duabus cupreis ad marginem coeuntibus. Elytra ftriata, lineolis plurimis, variis,
abbreuiatis, cupreis. Corpus atrum.

32. H. ouatus, ater, elytris ftriatis, antennis abdo- *picicornis*
mineque piceis. Ent. fyft. 1. 121. 18.
Habitat in Madera. Rahtje. Muf. D. de Seheftedt.

33. H. niger, elytris antennis pedibusque rufis. *rufipes.*
Ent. fyft. 1. 121. 19.
Oliv. Inf. 58. tab. 2. fig. 12.
Habitat in noua Hollandia. Muf. D. Banks.

34. H. niger, elytris ftriatis, pedibus elongatis: ti- *longipes.*
biis fecundi paris barbatis. Ent. fyft. 1. 121.
20.
Oliv. Inf. 58. tab. 2. fig. 9.
Habitat in Africa aequinoctiali. Muf. D. Banks.

35. H. ouatus, ater, thorace laeui, elytris ftriatis. *capenfis.*
Ent. fyft. 4. App. 440.
Habitat ad Cap. Bon. Spei. Dom. de Paykull.

36. H. ouatus, thoracis margine incraffato, elytris *ftriatus.*
ftriatis laeuibus.
Helops marginatus. Ent. fyft. App. 4. 440.

37. H. oblongus, ater, gibbus, thorace antice atte- *ater.*
nuato, elytris ftriatis. Ent. fyft. 1. 121. 21.

Oliv. Inf. 58. tab. 2. fig. 10.

Habitat Lipfiae.

planus.   38. H. oblongus, planus, thorace quadrato, elytris
striatis. Ent. fyft. fuppl. 52. 21. ✿

Habitat in America. Dom. Hybner.

Pimelia.   39. H. thorace antice rotundato, niger, elytris punctato-ftriatis, antennis apice rufis. Ent. fyft.
I. 121. 22. ✱

Habitat in Anglia rarius.

obliquatus 40. H. ater, elytris punctato-ftriatis, antennarum
vltimo articulo fcutelloque rufis. Ent. fyft.
fuppl. 53. 22. ✱

Habitat in Carolina fub arborum corticibus. Muf.
Dom. Bofc.

Hotten-   41. H. ater, elytris ftriatis: ftriis crenatis. Ent.
totta.   fyft. I. 122. 23. ✿

Habitat in Gallia.

dentipes.   42. H. ater, elytris fulcato-punctatis, femoribus
anticis dentatis. Ent. fyft. I. 122. 24. ✿

Oliv. Inf. 58. tab. 2. fig. 11.

Habitat in Coromandel. Muf. Dom. Banks.

fpinipes.   43. H. niger, obfcurus, pedibus ferrugineis: tibiis
anticis dentatis. Ent. fyft. fuppl. 53. 23. ✱

Habitat in America. Dom. Hybner.

vndatus.   44. H. ater, thorace rufo: maculis nigris, elytris rufis, fafciis vndatis nigris. Ent. fyft. I. 122. 25. ✿

Oliv. Inf. 58. tab. 1. fig. 4.

Habitat Cajennae. Muf. D. Olivier.

Aethiops.   45. H. ouatus, ater, elytris fulcatis: fulcis punctatis.

Habitat in America meridionali. Dom. Smidt.
Muf. Dom. de Seheftedt.

Statura praecedentium. Thoracis margo rotundatus at haud marginatus. Elytra ftriata:
ftriis

ftriis linea punctorum impreſſorum. Pedes inermes.

46. H. niger, antennis pedibusque ferrugineis. Ent. *quisqui-*
fyſt. 1. 122. 26. ❉   *lius.*
   Tenebrio quisquilius. Linn. Syſt. Nat. 2. 676.
   3. Fn. Sv. 821.
   Habitat in Europae quisquiliis.

47. H. ferrugineus, elytris ſtriatis nigris. Ent. fyſt. *ruficollis.*
   1. 123. 28.
   Habitat Halae Saxonum. Dom. Hybner.
   Varietatem Blaptis Dermeſtoidis credit Illig. Col.
     Bor. 1. 120. 2. at vix merito. Speciem mihi
     omnino obſcuram hic ad vlteriorem indaginem
     oppono.

48. H. coeruleus, thorace punctato, elytris ſtriatis. *cyaneus.*
   Ent. fyſt. 1. 123. 29. ❉
   Oliv. Inſ. 58. tab. 2. fig. 15.
   Habitat Hafniae. Muſ. D. de Seheſtedt.

30. MELANDRYA. *Palpi* quatuor, inaequales.
                    anteriores porrecti,
                    ferrati: articulo
                    vltimo ouato.
                    poſteriores capitati.
                 Antennae filiformes.

1. M. njgra, digitis ferratis.   *ferrata.*
   Helops ferratus. Ent. fyſt. 1. 118. 8. ❉
                                                 Chry-

Melandryae *corpus* elongatum, ſubcylindricum, glabrum, immarginatum, tardum ; *capite* magno, ſubrotundo, obtu-
  fiſſimo, *oculis* paruis, rotundatis, lateralibus, transuerfis, *antennis* breuibus, incuruis, articulo primo longiore,

Chryfomela caraboides. Linn. fyſt. Nat. 2. 602.
116. Fn. Sv. 574.
Serropalpus caraboides. Illig. Col. Bor. 1. 126. 1.
Tenebrio rufibarbis. Schall. Act. Hall. 1. 324.
Panz. Fn. Germ. 9. tab. 4.
Habitat in Germania.

Os maxillis palpisque. *Palpi* quatuor inaequales,
anteriores valde elongati, exſerti, compreſſi,
quadriarticulati: articulo primo breui, orbiculato, fecundo longiori, obconico, tertio breui,
quarto longiori, ouato, omnibus apice exteriori
prominulo ſerratis, adhaerentes maxillae dorſo,
poſteriores breues, triarticulati: articulis ſubaequalibus: vltimo craſſiori, truncato, adnati
ſub labii apice. *Mandibula* breuis, craſſa, fornicata, vnidentata. *Maxilla* breuis, membranacea, bifida: lacinia exteriore parum longiore,
rotundata. *Labium* breue, gibbum, corneum,
quadratum, obtuſum, integrum. *Palpi* tarſi-
que apice rufeſcentes.

canalicu-
lata.
2. **M.** nigra, thorace canaliculato vtrinque impreſſo,
elytris ſtriatis.
Helops canaliculatus. Ent. fyſt. 1. 119. 10.
Serropalpus canaliculatus. Illig. Col. Bor. 1.
127. 2.
Tenebrio dubius. Schall. Act. Hall. 1. 326.
Panz. Fn. Germ. 9. tab. 4.
Habitat Halae Saxonum. Dom. Schaller.

3. **M.**

---

ante oculos inſertis; *thorace* breui: lateribus depreſſis,
planis, antice anguſtato, poſtice latitudine elytrorum;
ſcutello paruo triangulari; *elytris* molliuſculis, margine
deflexo, longitudine abdominis; *pedibus* longiuſculis; *tarſis* anticis quinque-, poſticis quadriarticulatis; *colore* nigro aut aeneo obſcuro.

3. M. nigra, palpis pedibusque flauefcentibus.   *barbata.*
Helops barbatus. Ent. fyft. 1. 119. 9. °
Serropalpus barbatus. Illig. Col. Bor. 1. 127. 3.
Habitat Halae Saxonum. Dom. Hybner.

4. M. nigricans, thorace depreffo repando, **elytris** *repanda.*
striatis: striis punctatis.
Habitat in America meridionali. Dom. Smidt.
Statura et magnitudo M. ferratae. Caput nigrum.
Thorax punctatus, niger, margine fubrepando.
Elytra striata: striis punctatis. Pedes inermes.

31. CYCHRVS.   *Palpi* fex: articulo vltimo obconico.

Maxilla cornea, intus ciliata, dentata.

Labium breue, bifidum.

Antennae fetaceae.

1. C. laeuis, niger, thorace anguftiore, capite.angu- *roftratus.*
stiffimo. Ent. fyft. fuppl. 440.
Carabus roftratus. Ent. fyft. 1. 131. 31.
Tenebrio roftratus. Linn. fyft. Nat. 2. 577. 20.
Fn. Sv. 823.
Carabus coadunatus. Degeer. Inf. 4. 92. 7. tab.
3. fig. 13.
Illig. Col. Bor. 1. 216, 1.

Petagn.

Cychri *corpus* medium, oblongum, glabrum, immarginatum,
agile, capite porrecto, cylindrico, *oculis* paruis, globofis,
lateralibus; *antennis* mediocribus: articulo fecundo longiori foueae ante oculis infertis; *thorace* attenuato, plano,
margine fuarotundato; *fcutello* nullo; *elytris* connatis, rigidis, longitudine abdominis, margine inflexo, cingente;
pedibus longiufculis; *femoribus* compreffis, pofticis bafi
fulcratis; *tarfis* omnibus quinquearticulatis; *colore* obfcuro.

Petagn. Spec. Cal. 25. 121. fig. 21.

Habitat in Europae fyluis.

Character generis emendatus: *Os* maxillis palpisque. *Palpi* fex inaequales, fubfiliformes, *anteriores* breues, biarticulati: articulo fecundo
foliaceo, lato, maxillam includente, maxillae
dorfo adhaerentes, intermedii longiores, quadriarticulati: articulo fecundo longiori, obconico, tertio breuiori ouato, vltimo latiori, truncato, bafi anteriorum adnati, *posteriores* triarticulati: articulo fecundo longiori, tereti, vltimo truncato, adnati labii apice. *Mandibula*
tenuis, cornea, apice tridentata. *Maxilla*
elongata, tenuis, plana, interne ciliato-dentata, apice incurua, acuta. *Labium* breue, corneum, bifidum, laciniis rotundatis.

attenuatus 2. C. niger, elytris fubcupreis: punctis eleuatis triplici ferie, capite anguftiffimo. Panz. Fn. Germ.
2. tab. 3.

Cychrus attenuatus. Ent. fyft. 1. 131. 32. *

Carabus probofcideus. Oliv. Inf. 35. 47. tab.
11. fig. 128.

Habitat in Germaniae fyluis. Dom. Helwig.

reflexus. 3. C. ater, elytris fulcatis: maculis duabus flauis.

Carabus reflexus. Ent. fyft. 1. 147. 102. *

Pimelia fafciata. Ent. fyft. 1. 104. 25. *

Oliv. Inf. 35. tab. 7. fig. 77.

Habitat in Germania. Muf. Dom. Lund.

eleuatus. 4. C. thoracis margine reflexo, elytris violaceis, corpore atro.

Carabus eleuatus. Ent. fyft. 1. 132. 33. *

Habitat in America meridionali. Muf. Dr. Hunter.

Dnicolor. 5. C. thoracis margine reflexo, corpore atro, elytris
ftriatis.

Ca-

Carabus vnicolor. Ent. fyſt. 1. 132. 34. *

Habitat in America meridionali. Dr. Hunter.

32. MANTICORA. *Palpi* quatuor filiformes.
Mandibulae exſertae den-
datae.
Labium corneum, trifidum.
Antennae filiformes articu-
lis cylindricis.

1. M. atra, elytris connatis ſcabris. Ent. fyſt. 1. *maxilloſa.*
123. 1. *

Carabus tuberculatus. Degeer Inf. 7. 623. 10.
tab. 46. fig. 14.

Cicindela gigantea. Thunb. nou. ſpec. 1. 25.
tab. 1. fig. 38.

Herbſt. Arch. tab. 46. fig. 6.

Oliv. Inf. 57. tab. 1.

Habitat ad Cap. Bon. Spei. Muf. D. Banks.

2. M. laeuis pallida, mandibulis baſi bidentatis. *pallida.*
Habitat ad Cap. Bon. Spei. Muf. Dom. Lund.

M. maxilloſa minor. Antennae articulis cylindricis pallidae. Mandibulae exſertae, arcuatae
baſi dentibus duobus validis, acutis, pallidae,
apice nigrae. Caput magnum, planum, pallidum. Thorax planus, in medio canaliculatus
angulo poſtico vtrinque porrecto; ſubſpinoſo.
Elytra connata, laeuiſſima, pallida, fere pellucida. Corpus pallidum, pedibus apice ſpinoſis.

33. CA-

33. CARABVS. *Palpi* fex, articulo vltimo truncato.

Ligula membranacea quadrata, truncata.

Labium. corneum, trifidum:
lacinia intermedia acumi-
nata.

Antennae fetaceae.

* *Apteri, thorace cordato.*

fcabrofus. 1. **C.** apterus ater, thorace rugofo, elytris connatis:
punctis eleuatis concatenatis.

Carabus fcabrofus. Oliv. Inf. 35. tab. 7. fig. 83.

Carabus Gigas. Creutz. Inf. 107. 1. tab. 2.
fig. 13.

Habitat in Carniolia. Dom. Meyerle.

Duplo maior C. coriaceo. Thorax cordatus punctis impreffis rugofus. Elytra connata punctis
eleuatis concatenatis, numerofis. Corpus
atrum.

coriaceus. 2. **C.** apterus ater opacus, thorace laeui, elytris connatis: punctis intricatis fubrugofis. Ent. fyft.
1. 125. 1.

Carabus coriaceus. Linn. Syft. Nat. 2. 668. 1.

Bu-

Carabi corpus ouatum, glabrum, fubemarginatum, agile; *capite* magno, ouato, mandibulis palpisque prominulis, *oculis* paruis, globofis, prominulis, lateralibus; *antennis* mediocribus; articulo fecundo longiori, craffiori, foueae ante
oculos infertis; *thorace* fubmarginato, plano, latitudine
fere elytrorum; *fcutello* faepius nullo; *elytris* rigidis,
longitudine abdominis, margine haud deflexo; *pedibus*
longiufculis, curforiis; *femoribus* compreffis, pofticis bafi
fulcratis; *tibiis* rotundatis, ante apicem feta rigida intus
armata; *tarfis* quinquearticulatis, colore faepius nigro
aut aeneo.

Bupreſtis ater. Geoff. Inſ. 1. 141. 1.
Paykull. Monogr. 1. 1,
Sulz. Hiſt. Inſ. tab. 6. fig. 44.
Schaeff. Icon. tab. 36. fig. 1. mas.
      tab. 141. fig. 1. fem.
Voet. Col. 1. tab. 38. fig. 43.
Habitat in Europae nemoribus.

3. C. apterus ater, thorace variolofo, elytris conna- *caelatus*)
  tis: punctis intricatis rpgofis: margine cya-
  neo nitido.

Habitat in Carniolia. Dom. Meyerle.

Statura et magnitudo omnino C. violacei. Antennae nigrae, articulis vltimis grifeo-villofis.
  Caput laeue, atrum. Thorax cordatus, margine
  parum eleuato punctis numerofis, cicatrifanti-
  bus inaequalis. Elytra connata punctis numerofiffimis, impreffis, intricatis rugofa, margine
  parum cyaneo, nitido. Corpus atrum.

4. C. apterus laeuis ater, thoracis elytrorumque *marginalis*
  margine viridi-aureo.
Carabus marginalis. Ent. fyft. 4. App. 440.
Illig. Col. Bor. 1. 148. 10.
Panz. Fn. Germ. 9. tab. 7.
Habitat in Boruffia. Dom. Schneider.

5. C. apterus ater, thorace rugofo, elytris fulcatis; *Meyerlei.*
  fulcis eleuato-punctatis.
Voet. Col. 2. tab. 39. fig. 49.
Habitat in Guinea. Muf. D. Lund.

Magnus. Antennae bafi atrae, apice fufcae. Palpi magni, porrecti: articulo. vltimo maiori,
  compreffo. Thorax marginato cordatus, fupra
  rugofus. Elytra connata, fulcata fulcis ftria
  punctorum eleuatorum. Corpus atrum.

         6. C.

glabratus. 6. C. apterus ater, elytris laeuiffimis vnicoloribus.
Ent. fyft. 1. 125. 4. *

Carabus glabratus. Payk. Monogr. 14. 5.

Carabus cońuexus. Herbft. Arch. tab. 29. fig. 2.

Oliv. Inf. 35. 32. 29. tab. 10. fig. 112.

Illig. Col. Bor. 1. 149. 11.

Habitat in Germania. Dom. Smidt.

violaceus. 7. C. apterus niger, thoracis elytrorumque marginibus violaceis, elytris laeuibus.   Ent. fyft. 1.
125. 5.   Linn. fyft. Nat. 2. 669. 8.   Fn. Sv.
787.

Oliv. Inf. 3. 35. tab. 4. fig. 39.

Payk. Monogr. 12. 4.

Schaeff. Icon. tab. 3. fig. 1.

Frifh. Inf. 13. tab. 23.

Illig. Col. Bor. 1. 140. 9.

Panz. Fn. Germ. 4. tab. 4.

Habitat in Europae filuis.

purpura- 8. C. apterus ater, thoracis elytrorumque margine
fcens. violaceo, elytris ftriatis. Ent. fyft. 1. 125. 6. *

Oliv. Inf. 3. 35. tab. 4. fig. 40.

Payk. Monogr. 13. 4.

Schaeff. Icon. tab. 88. fig. 1.

Panz. Fn. Germ. 4. tab. 5.

Habitat in Germania. Dr. Schulz.

catenula- 9. C. apterus ater, thoracis elytrorumque margine
tus. cyaneo, elytris ftriatis punctisque compreffis,
triplici ferie. Ent. fyft. 1. 125. 7. *

Oliv. Inf. 3. 35. tab. 3. fig. 29.

Geoff. Inf. 1. 144. 4. b.

Scopol. Carniol. 86. 264.

Illig. Col. Bor. 1. 146. 8.

Panz. Fn. Germ. 4. tab. 6.

Herbft. Arch. 7. tab. 47. fig. 5.

Habitat in Germania. Dom. Helwig.

10.

10. C. apterus ater, thorace elytrisque laeuissimis *carolinus.*
viridi-aeneis. Ent. syst. 1. 126. 8. *
Habitat in Carolina meridionali. Muf. D. Gigot
d'Orcy.

11. C. apterus niger violaceo-nitens, elytris pun- *cyaneus.*
ctis intricatis rugosis. Ent. syst. 1. 126. 9. *
Carabus intricatus. Linn. Fn. Sv. 780.
Carabus intricatus. Illig. Col. Bor. 1. 143. 7.
Carabus cyaneus. Payk. Monogr. 10. 2.
Schaeff. Icon. tab. 3. fig. 1.
Oliv. Inf. 2. 35. 21. tab. 5. fig. 47.
Habitat in Europae syluis.

12. C. apterus ater, thorace elytrisque cyaneis: *excellens.*
margine aureo. Ent. syst. suppl. 54. 9.
Habitat in Moldauia. Muf. Dom. Lund.

13. C. apterus niger, thorace cyaneo, elytris rugo- *hispanus.*
sis aureis. Ent. syst. 1. 126. 10. *
Oliv. Inf. 3. 35. tab. 1. fig. 9.
Habitat in Hispania. Prof. Vahl.

14. C. apterus niger, elytris punctis impressis cica- *nodulosus.*
trisantibus.
Carabus variolosus. Ent. syst. 1. 145. 94.
Creutz. Inf. 108. 2. tab. 2. fig. 14.
Habitat in Hungaria. Dom. Scheidler.
Statura et magnitudo C. catenulati totus niger
obscurus. Elytra punctis latis cicatrisahtibus
impressa.

15. C. apterus ater, thorace cupreo, elytris striatis *manilis.*
viridi-cupreis: striis tribus et punctis eleua-
tis oblongis. Ent. syst. 1. 126. 11. *
Habitat Halae Saxonum. Dom. Hybner.

16. C. apterus niger, elytris striatis striisque tribus *lusitanicus*
e punctis eleuatis oblongis.

Ha-

Habitat in Lufitania. Dom. Schneider.
Statura fere C. monilis, at latior, totus niger, elytris ftriatis punctisque eleuatis triplici ferie.

gemmatus 17. C. apterus niger, elytris ftriatis: punctis aeneis
bilobis excauatis triplici ferie. Ent. fyft. 1.
127. 12.
Carabus gemmatus. Payk. Monogr. 15. 6.
Carabus ftriatus. Degeer. Inf. 4. 90. 5. tab. 3.
fig. 1.
Carabus hortenfis. Illig. Col. Bor. 1. 150. 13.
Oliv. Inf. 35. 27. tab. 3. fig. 30.
Habitat in Germania. Muf. Dr. Schulz.

hortenfis. 18. C. apterus niger, elytris fubrugofis: punctis
excauatis fubaeneis triplici ferie, margine cya-
neo. Ent. fyft. 1. 127. 13. Linn. fyft. Nat. 2.
668. 3. Fn. Sv. 783.
Carabus hortenfis Payk. Monogr. 16. 17.
Carabus nemoralis. Illig. Col. Bor. 1. 152. 15.
Oliv. Inf. 3. 35. tab. 4. fig. 33.
Panz. Fn. Germ. 5. tab. 2.
Degeer Inf. 4. 89. 3.
Schaeff. Icon. tab. 11. fig. 3.
Habitat in Europae hortis et filuis.
Variat colore toto nigro punctis elytrorum im-
preflis fere concoloribus.
Character generis emendandus. *Os* maxillis palpisque. *Palpi* fex inaequales: *anteriores* breuiores, biarticulati: articulo vltimo longiori,
incuruo, cylindrico adhaerentes maxillae dorfo, *intermedii* longiores, quadriarticulati: articulo primo breuiffimo, orbiculato, fecundo
tertioque longioribus, obconicis, vltimo obtufo
truncato, adnati bafi anteriorum, *poftici* triarticulati: articulo primo breuiori, fecundo lon-
giffi-

giffimo, vltimo extrorfum craffiori obtufo truncato adhaerentes ligulae bafi fuperiori. *Man-*
dibula cornea, compreffa, arcuata, fubdentata, apice acuta. *Maxilla* breuis, cornea, intus
ciliata, apice acuta. *Ligula* membranacea,
quadrata truncata, ciliata, faepius integra, *La-*
bium corneum, latum, apice trifidum: laciniis
lateralibus maioribus, obtufis, margine rotundato, intermedia acuminata.

19. C. apterus fupra aeneus, elytris denfe ftriatis: *fylueftris.*
     punctis excauatis triplici ferie.
   Carabus fylueftris. Illig. Col. Bor. 1. 151. 14.
   Panz. Fn. Germ. 5. tab. 3.
   Habitat in Germaniae fyluaticis.
   Affinis certe C. hortenfi, cuius varietatem olim
     credidi. Differt tamen thoracis angulis bafeos
     paullo acutioribus coloreque aeneo.

20. C. apterus ater, elytris ftriatis: punctis excaua- *concolor.*
     tis triplici ferie. Ent. fyft. 1. 127. 14. *
   Habitat in Holfatia.

21. C. apterus, capite thoraceque cupreis, elytris *irregula-*
     obfcurioribus: margine punctisque excauatis *ris.*
     triplici ferie cupreis. Ent. fyft. 1. 127. 15. *
   Oliv. Inf. 3. 35. tab. 11. fig. 131.
   Panz. Fn. Germ. 5. tab. 4.
   Habitat in truncis putridis Fagi. D. Prof. Helwig.

22. C. apterus. ater, elytris planis marginatis eleua- *Creutzeri.*
     to - ftriatis punctisque impreffis triplici ferie.
   Habitat in Carniolia. Dom. Meyerle.
   Statura depreffa C. irregularis Antennae nigrae,
     articulis vltimis, fufco - villofis. Caput et tho-
     rax atra, vix rugofa. Elytra plana, marginata,
     eleuato - ftriata et in his ftriis puncta impreffa
     triplici ferie. Sulci vero ipfi rugofi. Corpus
     atrum.

taedatus. 23. C. apterus, niger, elytris fublaeuibus fufcis: punctis et cauatis triplici ferie. Ent. fyft. 1. 127. 16. *

Oliv. Inf. 3. 35. tab. 2. fig. 11.

Habitat in America boreali. Muf. Dom. Banks.

Scheidleri. 24. C. apterus, niger, elytris viridibus denfe ftriatis punctisque magis impreffis: futura violacea.

Carabus Scheidleri. Creutz. Inf. 133.

Carabus Scheidleri. Panz. Fn. Germ. 66.

Habitat in Auftria. Dom. Mecherle.

Statura omnino C. aruenfis, at paullo maior. Caput cum antennis nigrum. Thorax cordatus, obfcurus, margine cupreo. Elytra viridia, denfe ftriata punctisque minutis, fparfis, impreffis. Sutura violacea. Corpus et pedes atra.

aruenfis. 25. C. apterus, nigro-cupreus, elytris ftriatis, punctis eleuatis, catenulatis triplici ferie. Ent. fyft. 1. 128. 17. *

Oliv. Inf. 35. tab. 4. fig. 33.

Illig. Col. Bor. 1. 153. 37.

Paykull. Monogr. 21. 10.

Herbft. Arch. 5. 132. 16.

Habitat in Germania. Dom. Schneider.

hungari-
cus. 26. C. apterus, ater, elytris laeuiffimis: punctis triplici ferie concoloribus. Ent. fyft. 1. 128. 18. *

Habitat in Hungaria. Dom. Smidt.

retufus. 27. C. apterus, elytris ftriatis virefcentibus: punctis aeneis excauatis triplici ferie bafi retufis. Ent. fyft. 1. 128. 19. *

Oliv. Inf. 35. tab. 12. fig. 132.

Habitat ad Patagoniae littore. Muf. Dom. Banks.

28.

28. C. apterus, ater, elytris bafi. Ent. fyft. x. 128. *Maderae.*
20. *
Oliv. Inf. 35. tab. 2. fig. 21. tab. 7. fig. 74.
Habitat in Madera. Muf. Dom. Banks.

29. C. apterus, conuexus, ater, thorace poftice emar- *conuexus.*
ginato, elytris fubftriatis. Ent. fyft. 1. 129.
21. *
Illig. Col. Bor. 1. 149. 12.
Payk. Monogr. 25. 15.
Schaeff. Icon. tab. 3. fig. 2.
Habitat in Germania.
Elytra fubtiliffime ftriata.

30. C. apterus, elytris auratis fulcatis, antennis pe- *auratus.*
dibusque rufis. Ent. fyft. 1. 129. 22. Linn.
fyft. Nat. 2. 669. 7. Fn. Sv. 786.
Illig. Col. Bor. 1. 156. 20.
Oliv. Inf. 35. 32. 30. tab. 5. fig. 51.
Payk. Monogr. 23. 11.
Degeer. Inf. 4. 104. 1. tab. 17. fig. 20.
Geoff. Inf. 1. 142. 2. tab. 2. fig. 5.
Schaeff. Icon. tab. 202. fig. 5.
Habitat in Europae agris et viis.

31. C. apterus, fupra aeneus, nitens, elytrorum fu- *fplendens.*
tura cuprea. Ent. fyft. 1. 129. 23. *
Habitat in Iamaica. Muf. Dom. Bofc.

32. C. apterus, elytris porcatis fcabris viridibus, fe- *auronitens*
moribus rufis. Ent. fyft. 1. 129. 24. *
Panz. Fn. Germ. 4. tab. 6.
Habitat in Germania. Dom. Hybner.

33. C. apterus, elytris ftriatis viridibus: futura au- *futuralis.*
rea. Ent. fyft. 1. 129. 25. *
Oliv. Inf. 35. tab. 6. fig. 71.
Habitat in Terra del Fuego. Muf. Dom. Banks.

morbillo-
sus.

34. C. apterus, thorace cupreo; elytris ftriatis cupreis: fulcis fcabris punctisque eleuatis longitudinalibus. Ent. fyft. 1. 130. 26. *
Habitat in Mauritania. Muf. Dom. de Seheftedt.

rugofus.

35. C. apterus ater, elytris ftriatis: ftriis rugofis
punctisque interiectis eleuatis longitudinalibus.
Ent. fyft. 1. 130. 27. *
Habitat in Marocco. Muf. D. de Seheftedt.

granula-
tus.

36. C. apterus nigricans, elytris ftriatis aeneis in-
teriectis punctis eleuatis longitudinalibus. Ent.
fyft. 1. 130. 28. *
Carabus granulatus. Linn. fyft. Nat. 2. 668. 2.
Fn. Sv. 780.
Geoff. Inf. 1. 143. 3.
Oliv. Inf. 35. tab. 2. fig. 13. 20.
Payk. Monogr. 19. 9.
Degeer Inf. 4. 88. 4.
Schaeff. Icon. tab. 156. fig. 4.
Sulz. Hift. Inf. tab. 7. fig. 2.
Habitat in Europae aruis.

cancella-
tus.

37. C. apterus fupra cupreus, elytris ftriatis: lineis
tribus eleuatis concatenatis, antennis totis nigris.
Cancer granulatus. Illig. Col. Bor. 1. 154. 18.
Schaeff. Icon. tab. 18. fig. 6.
Habitat in Germaniae filuis.
Differt a C. granulato colore fupra magis obfcuro
lineis, tribus eleuatis, magis catenulatis antennisque totis nigris. Femora antica faepius rufa.

clathratus

38. C. apterus nigricans, elytris aeneis ftriatis interiectis punctis excauatis cupreis. Ent. fyft.
1. 131. 29.

Ca-

Carabi maiores apteri infectorum tigridis ocyffime curfitant.

Carabus clathratus. Linn. fyft. Nat. 2. 669. 5.
Fn. Sv. 752.
Oliv. Inf, 35. tab. 2. fig. 13.
Illig. Col. Bor. 1. 156. 19.
Payk. Monogr. 18. 8.
Degeer. Inf. 4. 87. 1. tab. 3. fig. 12.
Habitat in Europae aruis.

39. C. apterus obfcurus, elytris fulcatis: fulcis ftria *melancho-*
. eleuata obfoleta. *licus.*
Habitat in Tanger. D. Schousboe.
Statura et magnitudo praecedentium. **Antennae**
nigrae, apice piceae. Caput atrum, oculis pallidis. Thorax cordatus linea dorfali bafique
vtrinque impreffus. Elytra fulcata, obfcura,
fulcis ftria eleuata obfoleta. Corpus nigrum.

40. C. apterus, elytris porcatis fcabris viridibus, *nitens.*
margine aureo, pedibus nigris. Ent. fyft. 1.
131. 30.
Carabus nitens. Linn. fyft. Nat. 2. 669. 6.
Fn. Sv. 185.
Carabus aureus Degeer. Inf. 4. 94. 9.
Illig. Col. Bor. 1. 158. 22.
Oliv. Inf. 35. 38. tab. 2. fig. 18.
Payk. Monogr. 24. 12.
Voet. Col. 2. tab. 38. fig. 41.
Schaeff. Icon. tab. 51. fig. 1.
Sulz. Hift. Inf. tab. 7. fig. 3.
Habitat in Europae filuis.

41. C. apterus ater, elytris ftriatis, thorace lineolis *leuco-*
bafeos impreffis. Ent. fyft. 1. 132. 36. *phthalmus*
Carabus leucophthalmus. Linn. fyft. Nat. 2.
668. 4. Fn. Sv. 784.
Carabus melanurus. Illig. Col. Bor. 1. 163. 28.
Payk. Monogr. 29. 16.

M Geoff.

Geoff: Inf. 1. 146. 7.
Habitat in Europae quisquiliis.

faſciato-   42. C. apterus ater, elytris ſtriatis punctisque im-
punctatus.   preſſis ſparſis.
Habitat in Auſtria. Dom. de Creutzer.
C. leucophthalmo paullo minor. Caput atrum,
palpis antennisque apice piceis. Thorax depreſſus, planus, linea media lineolaque vtrinque baſeos late impreſſis. Elytra ſtriata, punctisque nigris plurimis impreſſa. Corpus atrum.

terricola.   43. C. apterus, ater, nitidus, elytrorum ſtriis laeui-
bus, antennarum apice pedibusque rufis. Ent.
ſyſt. 1. 135. 49. ○
Carabus terricola. Illig. Col. Bor. 1. 184. 59.
Payk. Monogr. 31. 17.
Habitat in Germania ſub lapidibus.

ſcrobicula-   44. C. apterus, ater, thorace trilineato, antennis pe-
tus.   dibusque rufis.
Habitat in Auſtria. Dom. de Meyerle.
Paullo minor C. terricola. Caput nigrum, antennis palpisque rufis. Thorax cordatus, marginatus: lineis tribus impreſſis, quarum media
baſin, laterales apicem haud attingunt. Elytra ſtriata: ſtriis laeuibus, apice anguſtata. Pedes rufi.

maurus.   45. C. apterus, ater, nitidus, thorace vtrinque impreſſo, elytris ſtriatis. Ent. ſyſt. ſuppl. 54.
49. ○
Carabus anthracinus. Panz. Fn. Germ. tab.
Habitat in Germania. Dom. Panzer.

** *alati, thorace cordato.*

niger.   46. C. alatus, depreſſus, ater, thorace vtrinque lineolis duabus impreſſis, elytris ſulcatis.

Ca-

Carabus niger. Illig. Col. Bor. 1. 182. 56.
Carabus ftriatus. Payk. Monogr. 45. 26.
Geoff. Inf. 1. 146. 7.
Panz. Fn. Germ. 30. tab. 1.
Schaeff. Icon. tab. 18. fig. 1.
Habitat in Germania.
Affinis certe C. leucophtalmo videtur at alatus.

47. C. alatus, depreffus, ater, elytris fubftriatis. Ent. *planus.*
    fyft. 1. 133. 37. *
Carabus leucophtalmus. Illig. Col. Bor. 1.
    133. 37.
Carabus fpiniger. Payk. Monogr. 45. 25.
Carabus obfoletus. Roff. Fn. Etr. 1. 242. 514.
Panz. Fn. Germ. 11. tab. 4.
Oliv. Inf. 35. tab. 5. fig. 58.
Frifh. Inf. 13. tab. tab. 23.
Degeer. Inf. 4. 96. 12.
Habitat in Germaniae fyluis.

48. C. alatus, niger, thoracis bafi vtrinque puncto *ftriatulus,*
    impreffo, elytris ftriatis medio glabris. Ent.
    fyft. 1. 133. 38. *
Habitat ad Patagoniae littora. Muf. D. Banks.

49. C. alatus, pallidus, coleoptris maculis dorfali- *arenarius.*
    bus duabus atris. Ent. fyft. 1. 133. 39. *
Oliv. Inf. 35. tab. 5. fig. 54.
Habitat in arena mobili Cambriae. Muf. D. Banks.
Forte mera fequentis varietas.

50. C. alatus, pallidus, capite coleoptrorumque ma- *fabulofus.*
    cula dorfali nigris. Ent. fyft. 1. 133. 40. *
Carabus liuidus. Linn. Syft. Nat. 2. 670. 15.
    Fn. Sv. 791.
Oliv. Inf. 35. tab. 10. fig. 108.
Illig. Col. Bor. 1. 189. 68.
Panz. Fn. Germ. 31. tab. 4.

Payk.

Payk. Monogr. 48. 28.
Habitat in Saxoniae fabuletis.

lateralis. 51. C. alatus, niger, thorace elytrorumque margine ferrugineis. Ent. fyft. 1. 134. 41. *
Habitat in Europae fyluis. Dom. Daldorff.

4color. 52. C. alatus, niger, capite thoraceque viridi-aeneis, elytris obfcuris, antennis pedibusque rufis.
Carabus 4color. Oliv. Inf. 35. tab. 10. fig. 111.
Habitat in India orientali. Dom. Daldorff. Muf. Dom. Lund.
Caput viridi-aeneum, ore antennisque rufis. Thorax rotundatus, viridi-aeneus, nitidus, bafi vtrinque impreflus. Elytra ftriata, obfcura. Corpus nigrum, pedibus ferrugineis.

ruficornis. 53. C. alatus, ater, elytris fulcatis, fubtomentofis, antennis pedibusque rufis. Ent. fyft. 1. 134. 42. *
Payk. Monogr. 121. 74.
Geoff. Inf. 1. 160. 38.
Illig. Col. Bor. 1. 170. 38.
Panz. Fn. Germ. 30. tab. 2.
Oliv. Inf. 35. tab. 8. fig. 91.
Habitat in Europae fyluis frequens.

fuluipes. 54. C. alatus, ater, thorace canaliculato, elytris ftriatis laeuibus, antennis pedibusque rufis. Ent. fyft. 1. 134. 43. *
Habitat in Germaniae fyluis. Dom. Smidt.

picicornis. 55. C. alatus, ater, capite, antennis pedibusque rufis. Ent. fyft. 1. 134. 44. *
Habitat in Italia. Dr. Allioni.

flauicornis 56. C. alatus, niger, thoracis margine, antennis pedibusque flauefcentibus. Ent. fyft. 1. 134. 45. *
Illig. Col. Bor. 1. 182. 57.

Payk.

Payk. Monogr. 47. 17.
Habitat Halae Saxonum. Dom. Hybner.

57. C. alatus, thorace canaliculato vtrinque biftria- *piceus.*
to, antennis tibiisque piceis. Ent. fyft. 1. 135.
46. *
Carabus piceus. Linn. fyft. Nat. 2. 672. 30.
Schaeff. Icon. tab. 18. fig. 9.
Habitat in Europae fyluis.

58. C. alatus, capite thoraceque aeneis, elytris ftria- *femoralis.*
tis, obfcurioribus, femoribus rufis. Ent. fyft.
1. 135. 47. *
Habitat in Sierra Leon Africae. Muf. D. Banks.

59. C. alatus, thorace poftice vtrinque impreffo, ni- *madidus.*
ger, femoribus rufis. Ent. fyft. 1. 135. 48. *
Carabus madidus. Payk. Monogr. 28. 15.
Oliv. Inf. 35. tab. 5. fig. 61.
Habitat in Angliae nemoribus.

60. C. alatus, cyaneus, thorace pedibusque rufis. *decorus.*
Habitat in Carolina. Muf. Dom. Bofc.
Medius. Antennae nigrae, bafi ferrugineae. Caput nigro-aeneum, nitidum. Thorax cordatus, rufus, immaculatus. Elytra ftriata, viri-
di-cyanea, immaculata. Corpus cyaneum, nitidum. Pedes rufi, geniculis nigris.

61. C. alatus, cyaneus, ore, antennis tibiisque rufis. *fpinibarbis*
Ent. fyft. 1. 137. 55. *
Oliv. Inf. 35. tab. 3. fig. 22.
Habitat in Anglia. Dom. Lee.

62. C. alatus, nigro-coerulefcens, elytris ftriatis: *aeneoce-*
macula poftica rufa. Ent. fyft. 1. 137. 56. * *phalus.*
Habitat in Americae meridionalis Infulis.

63. C. alatus, ater, elytris ftriatis: macula bafeos *humeralis.*
pedibusque rufis. Ent. fyft. 1. 137. 57. *

Ca-

Carabus humeralis. Payk. Monogr. 40. 23.
Carabus Dianae. Ent. fyft. 1. 139. 64. *
Habitat in Italia. Dom. Allioni.

angufti- 64. C. thorace anguftato vtrinque impreffo, ater,
collis. elytris ftriatis.
Habitat in Germania.
Magnitudo praecedentis. Antennae fere piceae.
Thorax anguftus, cordatus, bafi vtrinque im-
preffus.

miliaris. 65. C. alatus, thorace fubcordato, niger, elytris cya-
neis, abdomine bafi pedibusque rufis.
Carabus variololus Ent. fvft. 4. App. 441. 37. *
Habitat in Auftria. Dom. Schneider.

axillaris. 66. C. alatus, thorace cordato, ferrugineo, elytris
ftriatis, nigris: lunula bafeos pallida. Ent. fyft.
4. Append. 441. 37. *
Habitat in Auftria. Dom. Schneider.

trilobus. 67. C. alatus, viridi-aeneus, elytris maculis duabus albis, antennis pedibusque flauis. Ent. fyft.
1. 137. 58. *
Habitat in Aquapim Guineae. Dom. Ifert.

multipun- 68. C. alatus, fubaeneus, elytris punctis rugis plu-
ctatus. rimis impreffis, pedibus nigris. Ent. fyft. 1.
138. 69.
Carabus multipunctatus. Linn. fyft. Nat. 2. 672.
32. Fn. Sv. 805.
Payk. Monogr. 49. 29.
Illig. Col. Bor. 1. 189. 67.
Panz. Fn. Germ. 11. tab. 5.
Oliv. Inf. 35. tab. 12. fig. 138.
Habitat in Europae fyluis.

borealis. 69. C. alatus, niger, fupra aeneus, elytris ftriatis
punctisque impreffis duplici ferie, pedibus rufis.
Ca-

Carabus borealis. Illig. Col. Bor. 1. 188. 66.

Payk. Monogr. 51. 30.

Oliv. Inf. 35. 110. tab. 12. fig. 139.

Habitat in Europa boreali.

Varietatem praecedentis diu credidi; at differt corpore minore, nigro. Striae elytrorum rectiores. Pedes in meo fpecimine rufi, et margo elytrorum fubtus rufefcit.

70. C. alatus, niger, elytris ftriatis: punctis dorfa- *oblongo-* libus plurimis impreffis. Ent. fyft. 1. 138. 60. * *punctatus:* .

Illig. Col. Bor. 1. 181. 54.

Payk. Monogr. 55. 33.

Oliv. Inf. 35. tab. 12. fig. 140.

Habitat in Europa boreali haud infrequens.

71. C. alatus, capite thoraceque viridi-aeneis, ely- *Croefus:* tris fulcatis, atris: margine antennis pedibufque flauis.

Habitat in Guinea. Muf. D. de Seheftedt.

Maior C. cincto. Caput viridi-aeneum, antennis palpisque flauis. Thorax fubcordatus, punctatus, canaliculatus, bafi vtrinque impreffus, viridi-aeneus, immaculatus. Elytra fulcata, nigra, margine flauo. Corpus atrum, abdominis margine pedibusque flauis.

72. C. alatus, aeneus, elytrorum margine pallido, *fpoliatus.* antennis tibiisque rufis. Ent. fyft. fuppl. 54. 61. *.

Carabus fpoliatus. Roff. Fn. Etr. 1. 33.

Habitat in Marocco. Dom. Schousboe.

73. C. alatus, fufcus, capite thoraceque viridi-ae- *cinctus.* neis, elytrorum margine pedibusque pallidis.

Ent. fyft. 1. 138. 61. *

Carabus cinctus. Herbft. Arch. tab. 29. fig. 7.

Oliv.

Oliv. Inf. 35. tab. 3. fig. 28.
Habitat in Coromandel. Muf. D. Banks.

feftiuus. 74. C. alatus, thorace aureo, elytris holofericeis ftriatis, viridibus, margine antennis pedibusque te-
ftaceis.

Carabus feftiuus. Panz. Fn. Germ. tab.
Habitat in Auftria. Dom. Scheidler.
Statura omnino et affinitas praecedentis. Antennae totae teftaceae. Caput aureum. Thorax rugofus, bafi vtrinque impreffus, aureus.
Elytra holofericea, ftriata, viridia, margine teftaceo. Corpus nigrum, pedibus teftaceis.

rufipes. 75. C. alatus, ater, antennis elytrorum margine pedibusque rufis. Ent. fyft. 1. 138. 62. ♀
Habitat in Europa boreali. Muf. Dom. Lund.

elegans. 76. C. alatus, fupra aeneus, nitidus, elytris ftriatis:
vitta fubmarginali cuprea.
Habitat in Sumatra. Dom. Daldorff.
Statura et magnitudo C. rufipedis. Caput viridi-aeneum, nitidum, antennis mandibulisque
nigris. Thorax cordatus, laeuis, canaliculatus,
viridi-aeneus, nitidus. Elytra crenato-ftriata, viridi-aenea, vitta fere obfoleta fubmarginali, cuprea. Corpus atrum.

fplendidu- 77. C. alatus, obfcure ferrugineus, elytris fufcis:
lus. margine aeneo, nitidiffimo.
Habitat in Bengalia. Muf. Dom. de Seheftedt.
Statura parua praecedentium. Caput, thorax, antennae ferrugineae. Elytra ftriata, fufca, margine aeneo, nitidiffimo. Corpus ferrugineum.

nitidulus. 78. C. alatus, niger, elytrorum margine aeneo, nitido. Ent. fyft. 1. 138. 63. ♀
Habitat in Kamtfhatka. Muf. Dom. Banks.

79.

79. C. thorace anguſtato, aeneo, elytris ſtriatis ni- *tenuicollis*
   gris, antennis pedibusque rufis.

Habitat ad Cap. Bon. Spei, in Bengalia. Muſ. D.
   Lund.

Statura et magnitudo C. cincti. Caput aeneum,
   nitidum, antennis rufis. Thorax punctatus, reliquis anguſtior, at poſtice parum attenuatus,
   aeneus, dorſo canaliculato lineolaque baſeos
   vtrinque jmpreſſa. Elytra ſtriata: ſtriis laeuibus, nigra, aeneo parum nitidula. Corpus
   nigrum, pedibus rufis.

80. C. alatus, thorace ferrugineo, elytris truncatis, *ruficollis,*
   ſtriatis, viridibus, capite plano, atro. Ent. ſyſt.
   1. 139. 65. *

Oliv. Inſ. 35. tab. 7. fig. 78.

Habitat in Guinea. Muſ. D. de Seheſtedt.

81. C. alatus, thorace nigro, aeneo, elytris ſtriatis, *tricolor.*
   baſi ferrugineis, apice nigro-cyaneis.

Habitat in Auſtria. Dom. Scheidler.

Paruus. Caput et thorax nigro-aenea, nitida.
   Thorax canaliculatus et baſi vtrinque impreſſus. Elytra ſtriata, baſi late ferruginea, apice
   nigro-cyanea. Corpus atrum.

82. C. alatus ater, elytris macula poſtica ferruginea. *modeſtus.*

Habitat in Auſtria. Dom. Scheidler.

Statura parua praecedentis. Caput cum antennis
   nigrum. Thorax cordatus, linea media punctoque vtrinque baſeos impreſſis. Elytra ſtriata,
   atra, macula magna ante apicem ferruginea.
   Corpus atrum, pedibus piceis.

83. C. alatus rufus, elytris abdomineque nigris. *agilis.*
   Ent. ſyſt. 1. 39. 67. *

Payk. Monogr. 102. 64.

Habitat Vpſaliae. Dom. de Paykull.

4notatus. 84. C. alatus niger, elytris ftriatis: lunula bafeos
maculaque poftica teftaceis. · Ent. fyft. fuppl.
55. 68. *
Habitat in India orientali. Dom. Daldorff.

fafciatus. 85. C. alatus, thorace rufo, coleoptris flauefcentibus: fafcia communi nigra. Ent. fyft. 1. 139.
68. *
Carabus atricapillus. Illig. Col. Bor. 1. 204.
89. ξ.
Payk. Monogr. 97. 60.
Habitat in Europa boreali.

atricapil- 86. C. alatus, thorace rufo, elytris obtufis teftaceis,
lus. capite atro. Ent. fyft. 1. 140. 69. *
Carabus atricapillus. Linn. fyft. Nat. 2. 673. 42.
Carabus atricapillus. Illig. Col. Bor. 1. 204.
89. α.
Oliv. Inf. 35. tab. 9. fig. 106.
Habitat in Europae locis humidis.
Praecedenti nimis affinis, et forte mera eius va-
rietas, at a C. 4maculato omnino diftinctus.

marginel- 87. C. alatus ater, thorace rufo, elytris pallidis:
lus. margine rufo. Ent. fyft. 4. Append. 442.
Habitat in Germania.
Statura et fumma affinitas C. agilis, at ab C. atri-
capillo et 4maculato omnino differt.

bis 2gut- 88. C. alatus flauus, elytris fufcis: maculis duabus
tatus. flauis.
Carabus 4nuftulatus. Ent. fyft. 1. 140. 70.
Habitat in Africa aequinoctiali. Muf. D. Banks.

8puncta- 89. C. alatus viridi-aeneus, elytris punctis quatuor
tus. impreffis. Ent. fyft. fuppl. 53. 70. *
Habitat in America boreali. Dom. Mauerhoff.

oblongus. 90. C. alatus ater, thorace oblongo, elytris ftriatis
fufcis, antennis pedibusque flauis. Ent. fyft. 1.
140. 71. *   Illig.

Illig. Col. Bor. 1. 186. 63.
Panz. Fn. Germ. 34. tab. 3.
Herbft. Arch. 6. tab. 29. fig. 5.
Habitat in Germania. Dom. Smidt.
Apterum dicit Illiger; an rite?

91. C. alatus nigricans, antennis pedibusque pallidis. *pallipes.*
Carabus oblongus. Ent. fyft. 1. 140. 72. *
Habitat in Germania. Muf. Dom. Lund.

92. C. alatus, thorace ferrugineo, elytris rotunda- *rubens.*
tis teftaceis, capite fufco. Ent. fyft. 1. 140. 73.
Habitat Kiliae.

93. C. alatus viridi-aeneus, antennis pedibusque ni- *feftinans.*
gris. Ent. fyft. fuppl. 55-74. *
Habitat Cajennae. Dom. Richard.

*** *thorace poftice attenuato.*

94. C. ater laeuiffimus, thorace cornuto. Ent. fyft. *cephalotes*
1. 143. 85. Linn. fyft. Nat. 2. 669. 9. Fn. Sv.
688.
Scarites cephalotes. Illig. Col. Bor. 1. 110. 1.
Payk. Monogr. 105. 65.
Oliv. Inf. 35. 8. 6. tab. 1. fig. 9.
Schaeff. Icon. tab. 11. fig. 1.
Frifh. Inf. 13. tab. 22.
Habitat in Europae fuffocatis.

95. C. ater, capite obtufiffimo, elytris rufis. *megace-*
Scarites fabulofus. Ent. fyft. 1. 96. 8. * *phalus.*
Habitat ad Cap. Bon. Spei. Muf. D. Lund.

96. C. ater, thorace elytrisque ftriatis remotis. Ent. *interru-*
fyft. 1. 144. 87. * *ptus.*
Scarites clypeatus. Roff. Fn. Etr. 228. 570.
Herbft. Arch. tab. 29. fig. 4.
Habitat in Oriente. Dom. Forfkähl.
Variat magnitudine duplo minore, at vix di-
ftinctus.
97.

calydonius 97. C. capitis cornu porrecto obtufo, mandibulis
cornutis. Ent. fyft. 1, 144. 89. °
  Carabus tricufpidatus. Ent. fyft. 1. 144. 88.
  vix differt.
  Carabus calydonius. Roff. Fn. Etr. tab. 8. fig. 8. 9.
  Habitat in Italia. Muf. Dom. Bofc.
  Subdiuifio haec ab hoc genere differre videtur, at
  faepius examinans, characteres proprii generis
  haud inuenio. Scaritis affinis habitu, at charactere omnino differt.

**** *thorace quadrato.*

caliginofus 98. C. apterus ater obfcurus, elytris ftriatis, anten-
nis teftaceis. Ent. fyft. fuppl. 57. 94. *
  Oliv. Inf. 35. tab. 6. fig. 64.
      tab. 7. fig. 84.
  Habitat in America boreali.

ftriola. 99. C. apterus depreffus ater, thorace lineis vtrin-
que duabus bafeos impreffis, elytris ftriatis.
  Ent. fyft. 1. 146. 95. *
  Carabus depreffus. Oliv. Inf. 35. 54. 63. tab.
  4. fig. 46.
  Panz. Fn. Germ. 11. tab. 6.
  Habitat Halae Saxonum. Dom. Hybner.

impreffus. 100. C. apterus ater, thorace vtrinque linea bafeos
impreffa, elytris ftriatis. Ent. fyft. fuppl. 57.
  95. °
  Habitat in India orientali. Dom. Daldorff.

ftriolatus. 101. C. apterus ater, thorace vtrinque fubimpreffo,
elytris laeuiufculis.
  Habitat in Carneolia. Dom. Meyerle.
  Maior C. ftriola et alius. Antennae nigrae, apice
  fufcae. Caput magnum, antice vtrinque linea
  impreffa. Thorax quadratus, planus, laeuis
  poftice vtrinque fubimpreffus. Elytra fere laeuia, atra.
                                    102.

102. C. apterus niger, thorace lineolis baſeos vtrin- *metallicus* que impreſſis, thorace elytrisque aeneis. Ent. ſyſt. 1. 146. 96. *

Habitat Halae Saxonum. Dom. Hybner.

103. C. apterus ater, capite thoraceque nitidis, ely- *frigidus.* tris ſtriatis, antennarum articulo primo rufo.

Habitat in Germania. Muſ. Dom. Lund.

Statura et magnitudo C. metallici. Caput atrum nitidum, palpis antennarumque articulo primo rufis. Thorax quadratus, planus, ater linea media canaliculata, baſique vtrinque parum impreſſus. Elytra atra, ſtriata ſtriis laeuibus. Corpus atrum, tibiis rufis.

104. C. apterus ater, thorace baſi vtrinque impreſſo, *elatus.* elytrorum ſtriis laeuibus.

Habitat in Germania. Muſ. Dom. de Seheſtedt.

Statura omnino praecedentis. Antennae nigrae, apice parum griſeae. Caput atrum, nitidum. Thorax canaliculatus, baſi vtrinque impreſſus. Elytra ſtriata ſtriis laeuibus: marginali punctata. Pedes nigri.

105. C. alatus gibbus, ſupra niger ſubtus piceus, ely- *gibbus.* tris ſtriatis. Ent. ſyſt. 4. App. 442. 96. *

Habitat in Europa haud infrequens.

106. C. alatus ater nitidus, elytris ſtriatis, anten- *politus.* nis rufis. Ent. ſyſt. 1. 146. 97. *

Habitat in India orientali. Muſ. Dom. Lund.

***** *Apteri thorace rotundato.*

107. C. apterus viridi-aeneus, thorace vtrinque bi- *lepidus.* ſtriato. Ent. ſyſt. 1. 153. 124. *

Carabus lepidus. Leske Iter. 1. 17. 8. tab. A. fig. 6.

Payk. Monogr. 32. 18.

Oliv.

Oliv. Inf. 35: tab. 11. fig. 118.
Illig. Col. Bor. 1. 164. 29.
Habitat in Lufatiae arenofis. Dom. Leske.

caffidius. 108. C. apterus ater, thorace orbiculato, elytris lae-
uibus. Ent. fyft. 1. 148. 104. *
Illig. Col. Bor. 1. 159. 23.
Panz. Fn Germ. 31. tab. 8.
Habitat Parifiis. Muf. D. Bofc.

filphoides. 109. C. apterus depreffus ater, thorace orbiculato,
elytris ftriatis punctisque impreffis maioribus.
Ent. fyft. 1. 148. 105. *
Carabus filphoides. Roff. Fn. Etr. 215. tab. 1.
fig. 7.
Carabus punctatulus. Ent. fyft. 1. 152. 120. *
Habitat in Gallia, Italia. Muf. D. Bofc.

fabulicola. 110. C. apterus ater, antennis pedibusque rufis.
Habitat in Auftria. Dom. Meyerle.
Minor. Caput punctatum, atrum ore antennisque
rufis. Thorax rotundatus, punctatus, ater.
Elytra ftriata, nigra, cyaneo-nitida. Corpus
atrum, pedibus rufis.

globofus. 111. C. apterus ater, thorace conuexo, elytris ftriatis. Ent. fyft. 1. 148. 106. *
Habitat in Marocco. Muf. D. de Sehestedt.

melanoce- 112. C. apterus niger, thorace pedibusque ferrugi-
phalus. neis. Ent fyft. 1. 159. 153. *
Linn. Syft. Nat. 2. 671. 22. Fn. Sv. 795.
Geoff. Inf. 1. 162. 42.
Degeer Inf. 4. 93. 8.
Oliv. Inf. 35. tab. 2. fig. 14.
Illig. Col. Bor. 1. 161. 25.
Voet. Col. tab. 35. fig. 15.
Panz. Fn. Germ. 30. tab. 19.

Payk.

Payk. Monogr. 35. 20.
Habitat in Europae fuffocatis.

113. C. apterus fufcus, elytris obfolete ftriatis, an- *fufcus.*
tennis, thoracis margine pedibusque flauis. Ent.
fyft. 1. 158. 150. *
Illig. Col. Bor. 1. 162. 26.
Habitat in Germania. Dom. Smidt.

****** *Alati, thorace rotundato.*

114. C. alatus ater, antennis ferrugineis. Ent. fyft. *breuicollis*
1. 150. 113. *
Illig. Col. Bor. 1. 190. 69.
Panz. Fn. Germ. 11. tab. 8.
Habitat Halae Saxonum. Dom. Hybner.

115. C. alatus depreffus ater, elytris punctato-fub- *punctula-*
ftriatis bafi retufis. Ent. fyft. 1. 150. 114.. *tus.*
Illig. Col. Bor. 1. 175. 46.
Panz. Fn. Germ. 30. tab. 10.
Habitat Halae Saxonum. Dom. Hybner.

116. C. alatus, capite thoraceque viridi-aeneis ni- *oculatus.*
tidis, elytris ftriatis atris: puncto poftico rufo.
Habitat in Guinea. Muf. D. de Seheftedt.
Statura et affinitas C. poftici. Antennae fufcae,
articulo primo rufo. Caput viridi-aeneum, nitidum, immaculatum. Thorax punctatus, viridi-aeneus, nitidus, poftice vtrinque impreffus.
Elytra ftriata, atra, coeruleo-nitidula, puncto
magno orbiculato verfus apicem rufo. Corpus
atrum, pedibus rufis.

117. C. alatus, thorace viridi-aeneo, elytris ftriatis *pofticus.*
fufcis: macula poftica lunata pedibusque ful-
uis. Ent.fyft. fuppl. 1. 57. 161.
Habitat in India orientali. Dom. Daldorff.

118. C. alatus, elytris auro micantibus, apice macula *micans.*
teftacea, pedibus rufis. Ent. fyft. 1. 151. 115. *

Ca-

Carabus analis. Oliv. Inf. 35. tab. 10. fig. 115.
Habitat in Bengalia. Muf. D. Bofc.

notula. 119. C. alatus, elytris ftriatis, margine macula futuraque pofticis flauis.

Habitat in Guinea. Muf. Dom. Lund.

Statura omnino et magnitudo C. micantis. Caput
viridi-aeneum, nitens, ore antennisque flauis.
Thorax planus, fubrugofus, niger, margine flauefcente. Elytra ftriata, margine, macula poftica compofita, futuraque verfus anum flauis.
Abdomen atrum, margine abdominis pedibusque flauis.

obfcurus. 120. C. alatus ater, thorace punctato, elytris ftriatis, pedibus piceis. Ent. fyft. 1. 151. 116. ✿

Habitat Halae Saxonum. Dom. Hybner.

Variat pedibus obfcure piceis et rufefcentibus.

ftigma. 121. C. alatus niger, thorace nitido, elytris fulcatis: macula ante medium ferruginea.

Carabus fulcatus Ent. fyft. 4. App. 443 ?

Habitat in India. Dom. Daldorff.

Palpi fubferruginei. Antennae nigrae. Thorax
canaliculatus, ater, nitidus, immaculatus. Elytra fulcata macula ante medium fulua. Corpus
nigrum.

Ammon. 122. C. alatus cyaneus, coleoptris laeuibus: fafcia
poftica lunata rufa.

Habitat in Guinea. Muf. Dom. Lund.

Statura praecedentium: at minor. Caput cyaneum, nitidum. Antennae nigrae, articulo primo et fecundo rufis. Thorax rotundatus, fubpunctatus, cyaneus. Coleoptra laeuia, cyanea,
fafcia lata verfus apicem lunata, ferruginea.
Corpus cyaneo-nitidum, pedibus ferrugineis.

123.

123. C. alatus niger, capite coeruleo nitido, thorace *pudicus.*
elytrorumque macula communi ferrugineis.
Habitat in Bengalia. Muf. D. de Seheftedt.
Statura praecedentium. Caput coeruleum, nitidum ore antennisque ferrugineis. Thorax rotundatus, flauefcens: medio obfcuriore. Elytra fubftriata, fufca; macula magna poftica, communi, ferruginea. Corpus nigrum pedibus flla-
uefcentibus.

124. C. alatus fupra niger, fubtus ferrugineus. Ent. *bicolor.*
fyft. I. 151. 117. *
Oliv. Inf. 35. tab. 11. fig. 92.
Habitat in America boreali. Dom. Lewin.

125. C. alatus holofericeo-niger, capite aeneo-ni- *holoferi-*
tido. Ent. fyft. I. 151. 118. * *ceus.*
Illig. Col. Bor. I. 177. 49.
Oliv. Inf. 35. tab. 11. fig. 122.
Payk. Monogr. 110. 69.
Habitat Kiliae. Dom. Daldorff.

126. C. alatus ater, capite punctis duobus fronta- *anotatus.*
libus rufis, antennis bafi flauis. Ent. fyft. I.
151. 119. *
Illig. Col. Bor. I. 170. 37.
Habitat Kiliae. Dom. Daldorff.

127. C. alatus cyaneus, ore, thorace femoribusque *fuluicollis*
rufis, elytris ftriatis truncatis. Ent. fyft. I.
152. 121. *
Habitat in Barbaria. Muf. Dom. Desfontaines.

128. C. alatus, elytris ftriatis punctisque impreffis, *pilicornis.*
antennis pilofis. Ent. fyft. I. 152. 122. *
Illig. Col. Bor. I. 193. 71.
Panz. Fn. Germ. 11. tab. 10.
Oliv. Inf. 35. tab. 11. fig. 119.

N Payk.

Payk. Monogr. 78. 47.
Habitat in Anglia. Muf. Dom. Banks.
Variat colore nigro et aeneo.

dimidiatus 129. C. alatus ater, thorace cupreo, elytris ftriatis
    viridibus.
  Carabus dimidiatus. Oliv. Inf. 35. tab. 11.
   fig. 121.
  Carabus Kugellanii. Illig. Col. Bor. 1. 166. 30.
  Habitat in Germania. Muf. Dom. de Seheftedt.
  Affinis certe C. nigricorni, at maior et alius. Caput viride, antennis nigris. Thorax cupreus,
   canaliculatus bafi vtrinque impreffus. Elytra
   ftriata ftriis vix punctatis. Corpus et pedes
   atri.

coerule- 130. C. alatus nigro-coerulefcens, elytris ftriatis,
fcens.   antennis bafi rubris. Ent. fyft. 1. 152. 123. *
  Linn. fyft. Nat. 2. 672. 28. Fn. Sv. 800.
  Oliv. Inf. 35. tab. 12. fig. 132.
  Habitat in Europae aridis.

laetus. 131. C. alatus, capite thoraceque cupreis, elytris
  ftriatis nigris, antennis pedibusque rufis. Ent.
  fyft. 4. App. 443. 123. *
  Habitat in Europa boreali.

viuidus. 132. C. alatus, ater, thorace canaliculato: margine
  antennisque ferrugineis, abdomine pedibusque
  piceis.
  Habitat in Madera. Dom. Rahtje.
  Omnino diftinctus a C. tardo. Caput laeue, atrum
   antennis palpisque rufis. Thorax planus, canaliculatus, ater, margine tenuiffime rufo. Elytra ftriata, atra. Abdomen et pedes picei.

tardus. 133. C. alatus, niger, antennis thoracisque margine ferrugineis, pedibus teftaceis.

             Ca-

Carabus tardus. Illig. Col. Bor. 1. 168. 35.

Panz. Fn. Germ. 37. tab. 24.

Habitat in Germania. Dom. Panzer.

Statura et magnitudo C. cuprei. Antennae ferrugineae. Caput nigrum. Thorax laeuis, niger, margine omni tenuiffime ferrugineo. Elytra ftriata, nigra. Corpus nigrum pedibus teftaceis.

134. C. alatus cupreus, antennis bafi rubris. Ent. *cupreus.* fyft. 1. 153. 126. Linn. fyft. Nat. 2. 672. 29. Fn. Sv. 801.

Geoff. Inf. 1. 161. 46.

Payk. Monogr. 113. 71.

Illig. Col. Bor. 1. 166. 31.

Oliv. Inf. 35. tab. 3. fig. 25.

Degeer Inf. 4. 97. 13. tab. 3. fig. 15.

Habitat in Europae filuis.

135. C. alatus, ater, capite thoraceque cupreis, ely- *tricolor.* tris ftriatis aeneis. Ent. fyft. fuppl. 57. 126. *

Habitat Kiliae. Dom. Weber.

136. C. alatus viridi-aeneus, antennis pedibusque *carnifex.* rufis. Ent. fyft. 1. 153. 127. *

Carabus carnifex Oliv. Inf. 35. tab. 5. fig. 59.

Habitat in America.

137. C. alatus nigro-aeneus, antennis pedibusque *vulgaris.* nigris. Ent. fyft. 1. 154. 128. * Linn. fyft. Nat. 2. 672. 27. Fn. Sv. 799.

Illig. Col. Bor. 1. 167. 33.

Degeer Inf. 4. 97. 14.

Panz. Fn. Germ. 40. tab. 1.

Schaeff. Icon. tab. 18. fig. 2.

Habitat in Europae fabulofis.

138. C. alatus, fupra viridi-aeneus, antennis bafi *communis.* rufis, elytris ftriatis.

Carabus communis. Illig. Col. Bor. 1. 168. 34.
Habitat in Germania. Dom. Meyerle.
Statura et fumma affinitas praecedentis, cuiùs forte mera varietas. Corpus fupra viridi‑aeneum, nitidum, elytris ftriatis.   Pedes picei.

iuteger.   139. C. alatus, ater, nitidus, elytrorum ftriis laeuiffimis, antennis pedibusque ferrugineis. Ent. fyft. fuppl. 58. 128. *
Habitat in Americae Infulis. Dom. v. Rohr.

alpinus.   140. C. alatus, ater, elytris ftriatis: difco ferrugineo.
Carabus alpinus. Payk. Monogr. 119. 73.
Carabus torridus. Illig. Col. Bor. 1. 173. 42.
Habitat in Sueciae Alpibus. Dom. de Paykull.

latus.   141. C. alatus, niger, elytris crenato‑ftriatis, antennis pedibusque ferrugineis. Ent. fyft. 1. 154. 129.   Linn. fyft. Nat. 2. 672. 24.
Degeer. Inf. 4. 101. 18.
Schaeff. Icon. tab. 194. fig. 7.
Habitat in Europae fyluis.

abdominalis.   142. C, alatus, niger, antennis abdominis difco pedibusque ferrugineis. Ent. fyft. 1. 154. 130. *
Habitat ad Cap. Bon. Spei. Muf. Dom. Banks.

ouatus.   143. C. alatus, niger, elytrorum ftriis laeuibus, antennis pedibusque ferrugineis. Ent. fyft. 1. 154. 131. *
Habitat in Saxonia. Dom. Smidt.

helopioides.   144. C. alatus, ater, elytrorum ftriis laeuibus, antennis pedibusque nigris. Ent. fyft. 1. 155. 132. *
Habitat in Germania. Dom. Helwig.

azureus.   145. C. alatus, cyaneus, antennis pedibusque rubris. Ent. fyft. 1. 155. 133.

Carabus Proteus Payk. 115. 72.

Carabus aeneus. Illig. Col. Bor. 1. 169. 36.

Bergſtr. Nomencl. 1. tab. 10. fig. 3.

Habitat in Lipſiae collibus arenoſis.

146. C. alatus, ſupra aeneus, antennis pedibusque *aeneus,*
ferrugineis. Ent. ſyſt. 1. 156. 142.

Carabus Proteus. Payk. Monogr. 115. 72. δ.

Carabus aeneus. Illig. Col. Bor. 1. 169. 36. β.

Oliv. Inſ. 35. 76. 99. tab. 12. fig. 135.

Habitat in Germaniae hortis.

Varietatem praecedentis credunt Dom. Illiger et
Paykull.

147. C. alatus, niger, capite rufo, antennis pedibus- *erythroce-*
que flauis. Ent. ſyſt. 1. 155. 134.   *phalus.*

Habitat Kiliae. Dom. Daldorff.

148. C. alatus. niger, ore, antennis, ano, pedibus- *analis.*
que ferrugineis. Ent. ſyſt. 1. 155. 135.

Habitat in Germania. Dom. Smidt.

149. C. alatus, ferrugineus, elytris lineola nigra. *lineola.*
Ent. ſyſt. 1. 155. 136.

Oliv. Inſ. 35. tab. 7. fig. 75.

Habitat in America boreali. Muſ. D. Banks.

150. C. alatus, ferrugineus, elytris ſtriatis obſcu- *ferrugi-*
rioribus. Ent. ſyſt. 1. 155. 137. Linn. ſyſt.   *neus.*
Nat. 2. 672. 25.

Payk. Monogr. 124. 76.

Geoff. Inſ. 2. 162. 43.

Illig. Col. Bor. 1. 172. 39.

Herbſt. Arch. tab. 29. fig. 6.

Degeer. Inſ. 4. 101. 19.

Panz. Fn. Germ. 39. tab. 9.

Oliv. Inſ. 35. tab. 12. fig. 136.

Habitat in Europae aridis.

151.

pallidus. 151. C. alatus, pallidus, elytris ſtriatis. Ent. ſyſt.
1. 156. 138.
Habitat in Saxoniae ſabuletis.
Varietatem praecedentis credit D. Paykull, at vix
merito. Differt ſtatura multo breuiore, thoraceque canaliculato.

St. Crucis. 152. C. alatus, niger, elytris ſtriatis pallidis: macula communi dorſali fuſca. Ent. ſyſt. ſuppl.
58. 138. *
Habitat in Americae Inſulis. Dom. v. Rohr.

Surina- 153. C. alatus, teſtaceus, thorace elytrisque ſtria-
menſis. tis fuſcis. Ent. ſyſt. 1. 156. 139. *
Habitat Surinami. Muſ. Dom. Lund.

dorſiger. 154. C. alatus, ferrugineus; abdomine, coleoptrorumque lunula lata, nigris. Ent. ſyſt. 1. 156.
140. *
Habitat in Barbaria. Dom. Prof. Vahl.

aterrimus. 155. C. alatus, thorace marginato, ater, elytris ſtria-
tis: punctis tribus impreſſis. Ent. ſyſt. 1. 156.
141. *
Illig. Col. Bor. 1. 194. 73.
Payk, Monogr. 127. 78.
Oliv. Inſ. 35. tab. 12. fig. 141.
Herbſt. Arch. 5. tab. 29. fig. 3.
Habitat in Europae ſyluis.

nigricornis 156. C. alatus, niger, thorace cupreo, elytris ſtria-
tis viridibus, pedibus piceis. Ent. ſyſt. 1. 157,
143. *
Carabus nigricornis. Payk. Monogr. 112. 73.
Carabus nitidulus Thunb. Act. Vpſ.
Habitat in Europa boreali. Muſ. D. de Seheſtedt.
Antennarum articulus primus ferrugineus,

auſtriacus 157. C. alatus, niger, thorace cupreo, coleoptris
ſtriatis viridibus: dorſo cupreo, pedibus nigris,
Ha-

Habitat in Auftria. Dom. de Meyerle.

Nimis forte affinis C. nigricorni. Differt tamen elytris ad futuram cupreis, pedibusque nigris.

158. C. apterus, oblongus, fupra aeneus, fubtus *parum-* .ater, elytris ftriatis: punctis fex impreffis, ti- *punctatus.* biis piceis. Ent. fyft. 1. 157. 144. [*]

Carabus Mylleri. Herbft. Arch. 5. 139. 46.

Illig. Col. Bor. 1. 195. 74.

Habitat in Germania. Dom. Smidt.

159. C. alatus, capite thoraceque viridibus, elytris *6puncta-* cupreis. Ent. fyft. 1. 157. 145. [*] Linn. fyft. *tus.* Nat. 2. 672. 35. Fn. Sv. 807.

Carabus 6punctatus. Payk. Monogr. 70. 42.

Geoff. Inf. 1. 149. 14.

Schaeff. Icon. tab. 66. fig. 7.

Degeer. Inf. 4. 99, 16.

Illig. Col. Bor. 1. 195. 76.

Voet. Col. 2. tab. 33. fig. 4.

Panz. Fn. Germ. 30. tab. 13.

Oliv. Inf. 35. tab. 5. fig. 50.

Habitat in Europae quisquiliis.

160. C. alatus, nigro-aeneus, elytris ftriis duabus *palliatus,* punctorum imprefforum: margine pedibusque pallidis. Ent. fyft. 1. fuppl. 58. 58. 145. [*]

Habitat in America boreali. Dom. v. Rohr.

161. C. alatus, niger, elytrorum margine exteriori *difcoideus,* antennisque rufis. Ent. fyft. 1. 157. 146. [*]

Habitat in Germania. Dom. Smidt.

162. C. alatus, viridis, elytris margine tibiisque te- *margine-* ftaceis. Ent. fyft. 1. 158. 147. [*] Linn. Fn. *tus.* Sv. 804.

Payk. Monogr. 71. 43.

Illig. Col. Bor. 1. 196. 78.

Panz.

Panz. Fn. Germ. 30. tab. 14.
Oliv. Inf. 35. tab. 9. fig. 98.
Habitat in Europae fyluis.

veſtitus. 163. C. alatus, viridi - aeneus, nitidus, thoracis ely-
trorumque margine, antennis pedibusque palli-
dis. Ent. ſyſt. 1. 158. 148. *
Oliv. Inf. 35. tab. 5. fig. 49.
Payk. Monogr. 75. 44.
Linn. Syſt. Nat. 2. 670. 16.
Illig. Col. Bor. 1. 178. 50.
Geoff. Inf. 1. 162. 41.
Panz. Fn. Germ. 31. tab. 5.
Habitat in Germania. Dom. Smidt.

nigrita. 164. C. alatus, ater, nitidus, thorace canaliculato,
elytris ſtriatis. Ent ſyſt. 1. 158. 149. *
Carabus ſtriatus. Payk. Monogr. 45. 26.
Degeer. Inf. 4. 96. 12.
Illig. Col. Bor. 1. 175. 47.
Panz. Fn. Germ. 30. tab. 22.
Habitat in Germania. Dom. Smidt.

pallipes. 165. C. alatus, ater, thoracis coleoptrorumque lim-
bo, pedibusque pallidis. Ent. ſyſt. 1. 159. 151. *
Oliv. Inf. 35. tab. 9. fig. 99.
Habitat in America. Muf. Dr. Hunter.

quadrum. 166. C. alatus, thorace rotundato, ater, elytris ſtriatis: vitta lata, pallida. Ent. ſyſt. 1. 159. 152. *
Habitat in Senegallia. Muf. Dom. Bofc.

cyanoce- 167. C. alatus, thorace pedibusque ferrugineis, ca-
phalus. pite elytrisque cyaneis. Ent. ſyſt. 1. 159. 154.
Linn. ſyſt. Nat. 2. 671. 21. Fn. Sv. 794.
Geoff. Inf. 1. 149. 16.
Payk. Monogr. 60. 63.
Degeer. Inf. 4. 100. 17. tab. 3. fig. 17.
Schaeff.

Schaeff. Icon. tab. 10. fig. 14.
Illig. Col. Bor. 1. 206. 92.
Oliv. Inf. 35. tab. 3. fig. 24.
Habitat in Europae fyluis.

168. C. alatus, niger, antennis, ore pedibusque ru- *rufibarbis.*
fis, elytris integris. Ent. fyft. 1. 159. 155. ♀
Habitat in Germania. Dom. Smidt.

169. C. alatus, niger, ore, antennis pedibusque ru- *flauilabris*
fis, elytris fubfinuatis. Ent. fyft. fuppl. 59.
156. ♀
Habitat in India orientali. Dom. Daldorff.

170. C. alatus, cyaneus, capite thoraceque aeneis, *amethyfti-*
nitidis. Ent. fyft. 1. 160. 156. ♀   *nus.*
Habitat Cajennae. Dom. v. Rohr.

171. C. alatus, flauefcens, capite thoraceque nigris, *liuidus.*
elytris ftriatis, fufcis. Ent. fyft. 1. 160. 157. ♀
Habitat in Dania. Muf. Dom. Lund.

172. C. alatus, niger, elytris vitta abbreuiata, inter- *femiuitta-*
rupta, alba. Ent. fyft. fuppl. 59. 157. ♀   *tus.*
Habitat in India orientali. Dom. Daldorff.

173. C. alatus, ater, thoracis margine, elytrorum *notulatus,*
punctis duobus, pedibusque rufis.
Habitat in Bengalia. Muf. D. de Sehestedt.
Statura et magnitudo C. crucis. Caput atrum,
immaculatum. Thorax rotundatus, fcaber,
marginatus: margine rufo. Elytra ftriata:
ftriis laeuibus maculisque duabus ferrugineis.
Corpus nigrum, pedibus ferrugineis.

174. C. alatus, depreffus, ferrugineus, elytris ftria- *corticalis.*
tis, atris: maculis duabus ferrugineis.
Habitat in noua Cambria. Dom. Billardiere.
Magnitudo C. crucis, maior at magis depreffus.
Caput ferrugineum, vertice obfcuriore. Tho-
rax

rax magis transuersus, marginatus: margine
rotundato, laeuis, ferrugineus. Elytra striata,
nigra, macula magna baseos ad suturam, aliaque apicis, ferrugineis. Corpus ferrugineum.

curtus.　175. C. alatus, thorace orbiculato, rufus, elytris
striatis, nigris: vitta abbreuiata, rufa.
Habitat in noua Cambria. Dom. Billardiere.
Statura omnino C. corticalis, at paullo minor et
oblongior. Thorax orbiculatus, rufus. Elytra, nigra: vitta rufa, quae tamen apicem haud
attingit. Corpus rufum.

crux maior 176. C. alatus, thorace orbiculato, elytrisque nigris:
maculis duabus rufis. Ent. syst. 1. 160. 158. *
Carabus 2pustulatus Payk. Monogr. 80. 49.
Linn. syst. Nat. 2. 673. 39.
Geoff. Inf. 1. 130. 17.
Oliv. Inf. 35. tab. 8 fig. 95.
Illig. Col. Bor. 1. 193. 72.
Panz. Fn. Germ. 16. tab. 1.
Schaeff. Icon. tab. 1. fig. 13.
Voet. Col. tab. 34. fig. 7.
Habitat in Europae syluis.

crux minor 177. C. alatus, thorace orbiculato, rufo, coleoptris
truncatis rufis: cruce nigra. Ent. syst. 1. 160.
159. *
Carabus crux maior. Payk. Monogr. 81. 50.
Linn. syst. Nat. 2. 673. 40. Fn. Sv. 809.
Geoff. Inf. 1. 150. 18.
Illig. Col. Bor. 1. 201. 87.
Panz. Fn. Germ. 16. tab. 2.
Oliv. Inf. 35. tab. 4. fig. 41.
Schaeff. Icon. tab. 18. fig. 8.
Habitat in Europa boreali.

vittatus.　178. C. alatus, thorace orbiculato rufo, elytris atris:
vitta alba. Ent. syst. 1. 161. 160. *

Oliv.

Oliv. Inf. 35. tab. 6. fig. 69.
Habitat in America boreali. Dom. Yeats.

179. C. alatus, thorace rotundato rufo, elytris atris: *avittatus.*
vittis duabus abbreuiatis albis. Ent. fyft. fuppl.
59. 160 *
Habitat in America. Dom. Hybner.

180. C. alatus, ater, nitidus, elytris ftriatis: vitta *angulatus.*
marginali rufa.
Habitat Tranquebariae. Dom. Daldorff.
Paruus, oblongus. Caput atrum, antennarum articulo primo rufo. Thorax rotundatus, ater
nitidus, bafi vtrinque parum impreffus. Elytra
ftriata vitta lata, marginali, rufa, margine tamen ipfo nigro. Corpus nigrum pedibus flauefcentibus.

181. C. alatus, thorace orbiculato rufo, elytris ni- *turcicus.*
gris: lunula bafeos pallida. Ent. fyft. 1. 161.
161. *
Oliv. Inf. 35. tab. 6. fig. 60.
Habitat in Anglia. Muf. Dr. Hunter.

182. C. alatus, thorace fuborbiculato rufo, elytris *haemor-*
nigris apice rufis. Ent. fyft. 1. 161. 162. * rhoidalis.*
Oliv. Inf. 35. tab. 13. fig. 149.
Habitat Dresdae. Muf. D. Romanus.

183. C. alatus, thorace orbiculato, ater nitidus, ely- *picipes.*
tris fafcis pedibus ferrugineis. Ent. fyft. 1.
161. 163. *
Payk. Monogr. 76. 46.
Illig. Col. Bor. 1. 199. 85.
Panz. Fn. Germ. 30. tab. 20.
Habitat in Suecia. Dom. de Paykull.

184. C. alatus, thorace orbiculato rufo, coleoptris *puftula-*
apice nigris: macula rufa. Ent. fyft. 1. 161. *tus.*
164. *
Ca-

Carabus crux minor. Payk. Monogr. 8. 452,
Illig. Col. Bor. 1. 200. 86.
Panz. Fn. Germ. 16. tab. 3.
Oliv. Inf. 35. tab. 8. fig. 96,
Habitat in Anglia. Dom. Lee.

Andreae. 185. C. alatus, thorace orbiculato nigro nitido, elytris pallidis: fafcia media nigra. Ent. fyft. 1.
162. 165. *
Habitat in Italia. Dr. Allioni.

eleuatus. 186. C. alatus, rufus, elytris rufis pallidioribus:
fafcia communi atra. Ent. fyft. 1. 162. 166. *
Habitat Parifiis. Muf. Dom. Bofc.

germanus. 187. C. alatus cyaneus, capite elytris pedibusque te-
ftaceis, elytris apice violaceis. Ent. fyft. 1. 162.
167. * Linn. Syft. Nat. 2. 672. 26.
Oliv. Inf. 35. tab. 5. fig. 56.
Illig. Col. Bor. 1. 179. 51.
Panz. Fn. Germ. 16. tab. 4.
Schaeff. Icon. tab. 31. fig. 13.
Habitat in Germaniae fyluis.

heros. 188. C. alatus, teftaceus, thorace, pectore elytrif-
que dimidiato-nigris.
Habitat in Tanger. Dom. Schousboe. Muf. D.
de Sehestedt.
Statura et fumma affinitas praecedentis, at duplo
fere maior. Antennae fufcae, bafi ferrugineae,
Caput rufum, antice vtrinque impreffum. Thorax laeuis, ater, nitidus, poftice vtrinque impreffus. Elytra ftriata, nigra bafi fere vsque
ad medium teftacea. Pectus nigrum. Abdomen et pedes teftacei.

fpinilabris 189. C. alatus, obfcure ferrugineus, elytris ftriatis,
gula fpinofa.
Carabus fpinilabris. Panz. Fn. Germ. 39. tab. 11.
Habitat in Auftria. Dom. Scheidler.

Paruus. Caput, thorax, elytra ftriata obfcure ferruginea. Caput fubtus fpinofum. Antennae et
pedes teftacei.

190. C. alatus, nigricans, antennis pedibusque pal- *velox.*
lidis, elytris obtufiffimis. Ent. fyft. 1. 162.
168. ○ Linn. fyft. Nat. 2. 672. 233. Fn.
Sv. 803.
Oliv. Inf. 35. tab. 13. fig. 151.
Habitat in Europa arena.

191. C. alatus ferrugineus, vertice anoque nigris. *rufefcens.*
Ent. fyft. 1. 162. 169. ○
Payk. Monogr. 58. 35.
Illig. Col. Bor. 1. 190. 70.
Oliv. Inf. 35. tab. 12. fig. 146.
Panz. Fn. Germ. 7. tab. 2.
Habitat in Germania, Anglia.
Conf. *Carabus Bructeri,* Panz. Fn. Germ. 34.
tab. 4. an diftinctus?

192. C. alatus, teftaceus, capitis vertice elytrorum *praeuftus*
apicibus abdomineque nigris. Ent. fyft. 1. 162.
170. ○
Habitat in Germania. Dom. Smidt.

193. alatus, fupra niger, fubtus ferrugineus, elytris *apricarius*
crenato-ftriatis. Ent. fyft. 1. 163. 171.
Payk. Monogr. 125. 77.
Degeer. Inf. 4. 101. 19.
Geoff. Inf. 1. 162. 43.
Illig. Col. Bor. 1. 172. 41.
Panz. Fn. Germ. 40. tab. 3.
Habitat in Europae arenofis. Dom. de Paykull.

194. C. alatus, thorace orbiculato rufo, elytris fla- *lunatus,*
uis: maculis tribus nigris. Ent. fyft. 1. 163.
172. ○

Oliv.

Oliv. Inf. 35. tab. 3. fig. 27.
Schaeff. Icon. tab. 41. fig. 14.
Habitat in Anglia. Dom. Lee.

prasinus.   195. C. alatus, niger, capite thoraceque aeneis, ely-
tris ferrugineis: macula magna communi api-
cis nigra. Ent. fyft. 1. 163. 173. *
Carabus viridanus. Payk. Monogr. 57. 34.
Illig. Col. Bor. 1. 180. 32.
Schaeff. Icon. tab. 31. fig. 13.
Oliv. Inf. 35. tab. 5. fig. 55.
Panz. Fn. Germ. 16. tab. 6.
Voet. Col. 2. tab. 33. fig. 5.
Habitat Hafniae. Dr. Pflug.

Curfor.   196. C. alatus, thorace viridi-aeneo, elytris nigris:
macula apicis ferruginea. Ent. fyft. 1. 164.
174. *
Habitat in Italia. Dr. Allioni.

furcatus.   197. C. alatus, liuidus, elytris vitta media abbreuiata nigra, antice furcata. Ent. fyft. 1. 164.
175. *
Habitat in America. Dom. Prof. Helwig.

vaporario- 198. C. alatus, thorace, elytris antice margineque,
rum.   antennis pedibusque ferrugineis. Ent. fyft. 1.
164. 176.   Linn. fyft. Nat. 2. 671. 23.   Fn.
Sv. 796.
Illig. Col. Bor. 1. 199. 84.
Oliv. Inf. 35. tab. 7. fig. 57.
Myll. Zool. Dan. 78. 850.
Panz. Fn. Germ. 16. tab. 7.
Voet. Col. 2. tab. 35. fig. 18.
Habitat in Europae quisquiliis.

meridia- 199. C. alatus, niger, elytris antice, pedibusque te-
nus.   ftaceis. Ent. fyft. 1. 164. 177.

Linn.

Linn. fyft. Nat. 2. 673. 36.
Payk. Monogr. 95. 59.
Illig. Col. Bor. 1. 198. 82.
Oliv. Inf. 35. tab. 13. fig. 135.
Degeer Inf. 4. 102. 20.
Habitat in Europae arenofis.

200. C. alatus, thorace rufo, elytris teftaceis: ma- *difcus.*
cula communi dorfali fufca. Ent. fyft. 1. 164.
178. *
Illig. Col. Bor. 1. 187. 64.
Panz. Fn. Germ. 38. tab. 7.
Habitat in Germania. Dom. Smidt.

201. alatus, niger, thorace fufco, elytris grifeis: *commu.*
macula lineari nigra. Ent. fyft. 1. 165. 179. *
Habitat in America. Dom. Drury.

202. C. alatus, ater, antennis pedibusque rufis, tibiis *vernalis.*
ferratis.
Carabus vernalis. Panz. Fn. Germ. 16. tab. 8.
Habitat in Auftria. Dom. Scheidler.
Paruus. Caput et thorax laeuia, atra, immaculata. Elytra ftriata. Corpus atrum. Antennae
et pedes rufi, tibiis ferratis.

203. C. alatus, thorace ferrugineo glabro, elytris *4macula-*
truncatis fafcis: maculis duabus albis. Ent. *tus.*
fyft. 1. 165. 180. *
Linn. Syft. Nat. 2. 673. 40. Fn. Sv. 809.
Geoff. Inf. 1. 152. 24.
Illig. Col. Bor. 1. 202. 88.
Oliv. Inf. 35. tab. 8. fig. 89.
Payk. Monogr. 83. 51.
Habitat in Europae quisquiliis.

204. C. alatus, thorace atro, elytris laeuiffimis ni- *4guttatus.*
gris: punctis duobus albis. Ent. fyft. 1. 165.
181. *

Ela-

Elaphrus 4guttatus. Illig. Col. Bor. 1. 232. 18.
Payk. Monogr. 90. 55.
Oliv. Inf. 35. tab. 13. fig. 160.
Panz. Fn. Germ. 40. tab. 5.
Habitat in Europa boreali.

4puſtulatus. 205. C. alatus, ater, elytris ſtriatis: punctis duobus
rufis. Ent. ſyſt. ſuppl. 59. 181. °
Linn. Syſt. Nat. 2. 673. 39.
Habitat in Europa boreali.

vſtulatus. 206. C. alatus, thorace nigro, elytris obſcuris pallido-bifaſciatis. Ent. ſyſt. 1. 165. 182.
Linn. ſyſt. Nat. 2. 673. 38. Fn. Sv. 810.
Payk. Monogr. 86. 53.
Carabus dentellus. Thunb. Muſ. Vpſ. 50.
Elaphrus vſtulatus. Illig. Col. Bor. 1. 231. 14.
Oliv. Inf. 35. tab. 9. fig. 104.
Panz. Fn. Germ. 40. tab. 7.
Habitat in Europae quisquiliis.

dorſalis. 207. C. alatus, thorace nigro, coleoptris pallidis:
macula magna dorſali nigra. Ent. ſyſt. 1. 165.
183.
Carabus meridianus. Payk. Monogr. 96. 59.
Illig. Col. Bor. 1. 198. 83.
Habitat Kiliae. Dom. Daldorff.

4guttatus. 208. C. alatus, thorace aeneo, elytris nigris: macula apicis pallida. Ent. ſyſt. 1. 166. 184. *
Elaphrus biguttatus. Illig. Col. Bor. 1. 230. 12.
Habitat in Norwegiae ſyluis.

guttula. 209. C. alatus, ater, elytris puncto poſtico hyalino
albo. Ent. ſyſt. 1. 166. 185. *
Elaphrus guttula. Illig. Col. Bor. 1. 229. 11.
Carabus riparius. Payk. Monogr. 91. 56.
Oliv. Inf. 35. tab. 14. fig. 162.
Habitat in Germania. Dom. Smidt.

210.

210. C. alatus, niger, thoracis margine rufefcente, *feneftratus.*
elytris truncatis, macula media feneftrata. Ent.
fyft. 4. Append. 443. 185. *
Habitat in Germania. Dom. Schneider.

211. C. alatus, coerulefcenti-micans, elytris puncto *fmaragdu-*
poftico, antennis pedibusque teftaceis. Ent. *lus.*
fyft. fuppl. 60. 184. *
Habitat in India orientali. Dom. Daldorff.

212. C. alatus, ater, elytris ftriatis bafi futuraque *cruciger.*
ferrugineis. Ent. fyft. fuppl. 60. 185. *
Habitat in Saxonia.

213. C. alatus, capite thoraceque ferrugineis, ely- *teftaceus.*
tris teftaceis. Ent. fyft. 1. 166. 186. * Linn.
fyft. Nat. 2. 633. 37. Fn. 812.
Geoff. Inf. 1. 153. 25.
Habitat in Europae quisquiliis.

214. C. alatus, thorace ferrugineo, elytris ftriatis *truncatus.*
abbreulatis, nigris. Ent. fyft. 1. 166. 187. * -
Habitat Halae Saxonum. Dom. Hybner.

215. C. alatus, thorace rufo, elytris abbreuiatis, te- *abbreuia-*
ftaceis. Ent. fyft. 1. 167. 188. * *tus.*
Carabus abbreuiatus. Col. Bor. 1. 205. 90.
Panz. Fn. Germ. 36. tab. 2.
Habitat in Norwagiae rupibus.
Nullo modo Staphylinus caraboides huc pertinet.

216. C. alatus aeneus, antennis pedibusque nigris, *2punctatus*
elytris punctis duobus impreffis. Ent. fyft. 1.
167. 189. Linn. fyft. Nat. 2. 672. 33. Fn.
Sv 806.
Payk. Monogr. 99. 62.
Elaphrus 2punctatus. Illig. Col. Bor. 1. 228. 8.
Oliv. Inf. 35. tab. 14. fig. 163.
Habitat in Europae quisquiliis.

O 217.

celer.   217. C. alatus, aeneus nitidus, pedibus ferrugineis.
           Ent. fyft. 1. 167. 190. *
           Habitat in Europae Mufeis.

minutus.   218. C. alatus, ater, elytris pedibusque piceis. Ent.
           fyft. 1. 167. 191.
           Habitat in arborum truncis Germaniae. D. Smidt.

pygmaeus.   219. C. alatus, fupra aeneus nitidus, fubtus ater.
           Ent. fyft. 1. 167. 192. *
           Carabus rufipes. Payk. Monogr. 101. 63.
           Elaphrus pygmaeus. Illig. Col. Bor. 1. 229. 10.
           Oliv. Inf. 35. tab. 14. fig. 164.
           Habitat in Germania. Dom. Smidt.

triftis.   220. C. alatus niger, pedibus rufis. Ent. fyft. 1. 167.
           193. *
           Habitat in Germania. Dom. Smidt.
           Varietatem e Suecia mifit Dom. de Paykull ely-
           tris piceis.

fafciola.   221. C. alatus, pallidus, elytris ftriatis: fafcia lata
           media fufca.
           Habitat in America meridionali. Smidt. Muf. D.
           de Seheftedt.
           Minutus. Caput ferrugineum. Thorax rotunda-
           tus, marginatus, pallidus. Elytra pallida, fafcia
           lata in medio fufca.

truncatel-   222. C. alatus, fupra obfcure aeneus, fubtus ater,
lus.   elytris obtufis. Ent. fyft. 1. 168. 194. *
           Linn. fyft. Nat. 2. 672. 43. Fn. Sv. 814.
           Payk. Monogr. 98. 61.
           Illig. Col. Bor. 1. 206. 91.
           Oliv. Inf. 35. tab. 13. fig. 159.
           Habitat in Europae quisquiliis.

minimus.   223. C. alatus, ater, elytris ftriatis. Ent. fyft. 1.
           168. 195. *
           Habitat in Germania. Dom. Smidt.

34. CA-

34. **CALOSOMA.** *Palpi* fex inaequales,
           anteriores breuiffimi, capi-
           tati.
           Labium breue, corneum, la-
           te emarginatum cum acu-
           mine.
           Antennae fetaceae.

1. C. apterum nigrum, elytris reticulato-ftriatis: ftriis *alternans.*
    alternis latioribus punctisque impreffis aeneis
    triplici ferie.
    Carabus alternans. Ent. fyft. 1. 146. 98. *
    Habitat in Americae Infulis.

2. C. apterum nigrum, elytris crenato - ftriatis: ftriis *calidum.*
    aequalibus punctisque aureis excauatis triplici
    ferie.
    Carabus calidus. Ent. fyft. 1. 147. 99. *
    Oliv. Inf. 35. tab. 4. fig. 45.
    Habitat in Americae Infulis. Dom. v. Rohr.

3. C. apterum atrum, elytris ftriatis apice granulatis. *porculatum*
    Carabus porcatus. Ent. fyft. 1. 147. 101. *
    Habitat in noua Hollandia. Muf. Dom. Banks.

4. C. apterum atrum, elytris laeuiffimis: punctis *indagator.*
    aeneis triplici ferie.

                                 Cara-

Calofomatis corpus oblongum, glabrum, agile, *capite* magno,
ouato, mandibulis palpisque prominentibus, *oculis* globofis, prominulis, lateralibus, margine fuperiore parum dilatato firmatis; *antennis* thorace longioribus, ante oculos
infertis; *thorace* plano: marginibus rotundatis, poftice
truncato, elytris anguftiore, fcutello aut nullo aut paruo,
triangulari; *elytris* rigidis, longitudine abdomin.. .. ..r-
gine haud inflexo, *pedibus* validis, curforiis; *femoribu..*
compreffis; *tibiis* incuruis: anticis apice fpinofis; *tarfis*
quinquearticulatis, *colore* nigro aut aeneo.

Carabus indagator.. Ent. fyft. 1. 149. 107. *
Oliv. Inf. 35. tab. 8. fig. 88.
Habitat in Barbaria. Dom. Prof. Vahl.

fycophanta. 5. C. alatum violaceum nitens, elytris ftriatis aureis.
Carabus fycophanta. Ent. fyft. 1. 149. 108.
Linn. fyft. Nat. 2. 670. 12. Muf. Lud. Vlr.
95. Fn. Sv. 790.
Geoff. Inf. 1. 144. 5.
Illig. Col. Bor. 1. 141. 1.
Oliv. Inf. 35. 42. tab. 3. fig. 31.
Schaeff. Icon. tab. 66. fig. 6.
Reaum. Inf. 2. tab. 37. fig. 18.
Payk. Monogr. 63. 36.
Sulz. Hift. Inf. tab. 17. fig. 1.
Degeer Inf. 4. 105. 2. tab. 17. fig. 19.
Voet. Col. tab. 37. fig. 32.
Habitat in Europae fyluis.
Larua nigra victitat Phalaenarum laruis.

fericeum. 6. C. alatum atrum, thorace puncto bafeos vtrinque im-
preffo, elytris fubftriatis punctisque aeneis tri-
plici ferie.
Carabus fericeus. Ent. fyft. 1. 147. 100. *
Carabus auropunctatus. Payk. Monogr. 68. 41.
Illig. Col. Bor. 1. 142. 4.
Herbft. Arch. 5. 131. 15.
Roff. Fn. Etr. 1. tab. 1. fig. 3.
Oliv. Inf. 35. tab. 8. fig. 88.
Habitat in Germaniae fabuletis.

inquifitor. 7. C. alatum, elytris viridi - aeneis: punctis triplici
ordine.
Carabus inquifitor. Ent. fyft. 1. 149. 109.
Linn. fyft. Nat. 2. 669. 11. Fn. Sv. 789.
Payk. Monogr. 65. 39.
Geoff. Inf. 1. 145. 6.

Degeer

Degeer Inf. 4. 94. 9.
Illig. Col. Bor. 1. 142. 2.
Oliv. Inf. 35. 40. tab. 1. fig. 3.
Voet. Col. tab. 38. fig. 39.
Habitat ih Europae fyluis.
Variat elytris aeneis et nigris.

8. C. alatum, elytris ftriatis viridibus: punctis triplici *fcrutator.*
    ferie, thorace cyaneo: margine reflexo aurato.
Carabus fcrutator. Ent. fyft. 1. 149. 110. *
Oliv. Inf. 35. tab. 3. fig. 32.
Habitat in Virginia. Muf. D. Banks.

9. C. alatum nigrum, elytris reticulatis viridi - aeneis, *reticulatum*
    thoracis margine virefcente.
Carabus reticulatus. Ent. fyft. 1. 150. 111. *
Illig. Col. Bor. 1. 143. 5.
Oliv. Inf. 35. 42. tab. 12. fig. 184.
Habitat in Germania. Muf. Dom. Zfchuck.
Variat corpore toto nigricante.
Os maxillis palpisque. *Palpi* fex inaequales: *an-*
    teriores breuiffimi, biarticulati: articulo fe-
    cundo longiori, apice rotundato, clauato adhae-
    rentes maxillae dorfo, *intermedii* longiores,
    porrecti, quadriarticulati: articulo fecundo
    longiffimo, vltimo breui, truncato, ad bafin
    anteriorum inferti, *pofteriores* vix breuiores,
    triarticulati: articulo fecundo longiori, vltimo
    truncato, adnati ligulae bafi fuperiori. *Mun-*
    dibula magna, cornea, fornicata, obtufiufcula,
    edentula, exferta, tegens. *Maxilla* breuis,
    cornea, intus ciliata, apice vnguiculata. *Ligula*
    breuis, transuerfa, truncata, integra. *Labium*
    breue, corneum, transuerfum, late emargina-
    tum cum acumine. *Antennae* fetaceae: arti-
    culo fecundo longiore.

10. C.

longicornis 10. C. alatum nigrum, capite thoraceque punctatis,
·elytris crenato-ſtriatis, antennis pedibusque
ferrugineis.

Carabus longicornis. Ent. ſyſt. 1. 150. 112. *
Habitat in Marocco. Dom. Schousboe. Muſ. D.
de Seheſtedt.

35. GALERITA. *Palpi* ſex, articulo vltimo craſ·
ſiori, oblique truncato.
Ligula membranacea, inter
palpos acuminata, vtrin-
que ſeta ſubulata ſuffulta.
Antennae ſetaceae.

Americana 1. G. nigra, thorace ferrugineo, elytris cyaneis.
Carabus Americanus. Ent. ſyſt. 1. 136. 50. *
Carabus Ianus. Ent. ſyſt. 1. 136. 51. *
Oliv. Inſ. 35. tab. 6. fig. 72.
Degeer Inſ. 4. 107. 3. tab. 17. fig. 21.
Habitat in America.

attelaboi- 2. G. piloſa atra, elytris fulcatis truncatis, alis nullis.
des.   Carabus attelaboides Ent. ſyſt. 1. 132. 35. *
Oliv. Inſ. 35. tab. 6. fig. 70.
Habitat in India. Muſ. Dom. Banks.

hirta. 3. G. alata hirta atra, elytris fulcatis.

Habi-

Galeritae corpus oblongum, planum, depreſſum, glabrum,
immarginatum, agile; *capite* ouato, exſerto, *mandibulis
palpisque* prominentibus, *oculis* globoſis, lateralibus; *antennis* thorace longioribus ad baſin mandibularum inſertis; *thorace* plano, cordato, elytris anguſtiore; *ſcutello*
ſaepius nullo; *elytris* planis longitudine elytrorum, margine haud deflexo; *pedibus* validis, curſoriis; *femoribus*
ſubcompreſſis; *tibiis* anticis apice ſpinoſis; *tarſis* omnibus
quinquearticulatis, *colore* nigro, obſcuro.

Habitat Tranquebariae. Dom. Daldorff. Muf. D.
Lund.

Statura et magnitudo fere praecedentis. Caput
punctatum, atrum, antennis breuibus craffiuf u-
lis, piceis. Thorax cordatus, hirtus, punctatus,
medio canaliculatus. Elytra fubabbreuiata, fulcata, pilis cinereis hirta, atra. Corpus atrum.

Character generis e G. Americana defumtus.

Os maxillis palpisque. *Palpi* fex inaequales: *anteriores* breuiores, biarticulati: articulo fecundo extrorfum craffiori, obtufo, incuruo, adhaerentes maxiilae dorfo, *intermedii* longiores, quadriarticulati: articulo fecundo longiori, quarto breui, oblique truncato, adnati bafi
anteriorum, *pofteriores* triarticulati: articulo
fecundo longiori, vltimo breui, oblique truncato, adhaerentes ligulae bafi fuperiori. *Mandibula* breuis, cornea, compreffa, fornicata,
apice acuminata, edentula. *Maxilla* breuis,
membranacea, compreffa, intus ciliata, apice
vnguiculata. *Ligula* breuis, membranacea, inter palpos acuminata, vtrinque feta breui, fubu-
lata fuffulta. *Labium* corneum, trifidum:
laciniis lateralibus multo longioribus: lateribus rotundatis, intermedia breuiori, bifida.
Antennae fetaceae.

4. G. alata, thorace rufo, coleoptris fufcis: macu- *olens.*
lis tribus rufis.
Carabus olens. Ent. fyft. 1. 139. 66. *
Carabus olens. Roff. Fn. Etr. tab. 5. fig. 2.
Habitat in Italia. Muf. Dom. Bofc.

5. G. alata, punctata nigra, thorace fulcato.   *depreffa.*
Carabus depreffus. Ent. fyft. fuppl. 56. 89. *
Habitat in India orientali. Dom. Daldorff.

6. G.

plana.　6. G. alata, punctata nigra, coleoptrorum disco rufo.

Habitat in India orientali. Dom. Daldorff. Muf.
D. de Seheftedt.

Statura omnino depreſſa praecedentis, at duplo
fere minor. Antennae obſcure ferrugineae, articulo primo multo longiori, incuruo, nigro.
Caput punctatum, nigrum, mandibulis magnis,
exſertis, arcuatis. Thorax poſtice anguſtatus,
ſubſulcatus, punctatus, niger. Coleoptra punctata, rufa, margine omni nigro.

Flefus.　7. G. alata, punctata nigra, elytris margine rufo.

Habitat in India orientali. Dom. Daldorff. Muf.
D. Lund.

Affinis certe praecedenti, at paullo minor et coleoptra rufa, diſco nigro.

rufa.　8. G. alata nigra, thorace rugoſo, elytris ſtriatis, pedibus rufis.

Habitat in Tangier. D. Schousboe. Muf. D. de
Seheftedt.

Statura depreſſa praecedentium. Caput magnum
planum, nigrum, ore ſubrufeſcente. Antennae
apice rufeſcentes. Thorax poſtice rotundatus,
ſtrigis latis impreſſis rugoſus, parum marginatus. Elytra plana, ſtriata, nigra. Pedes rufi.

fafciolatus.　9. G. nigra, elytrorum vitta abbreuiata, abdomine
pedibusque ferrugineis.

Carabus fafciolatus. Roſſ. Fn. Etr. 1.
Oliv. Inſ. 35. tab. 13. fig. 155.
Habitat in Italia. Muf. Dom. de Seheftedt.

Affinis G. fleſo, at minor. Caput porrectum, pubeſcens, nigrum, antennis piceis. Thorax poſtice attenuatus, pubeſcens, niger. Elytra abbreuiata, ſtriata, nigra: vitta lata, abbreuiata,
ferruginea. Abdomen et pedes ferruginei.

36. BRA=

36. BRACHINVS. *Palpi* fex: articulo vltimo ouato, obtufo.

Ligula truncata, tridentata.

Labium corneum, emarginatum.

Antennae fetaceae.

1. B. niger, capite elytrorumque puncto bafeos, fafciaque media ferrugineis. *2maculatus*

Carabus *2maculatus*. Ent. fyft. 1. 145. 91. Linn. Mant. 532. Voet. Col. 2. tab. 34. fig. 10..11.

Oliv. Inf. 35. tab. 2. fig. 16.

Sulz. Hift. Inf. tab. 7. fig. 5.

Carabus *hilaris*. Ent. fyft. fuppl. 56. 92. nullo modo differt.

Habitat in India orientali.

2. B. flauefcens, elytris fafciis duabus nigris. *complanatus.*

Carabus *complanatus*. Ent. fyft. 1. 144. 90. Linn. Syft. Nat. 2. 671. 17.

Habitat in Infula St. Domingo.

Praecedenti nimis affinis, quamuis colore differt.

3. B. ater, thoracis margine antice elytrorumque *annulus.* annulo bafeos flauefcentibus.

Habitat Tranquebariae. Muf. Dom. Lund.

Affinis

Brachini corpus medium, oblongum, glabrum, immarginatum, agile, capite magno, ouato, palpis mandibulisque promiuentibus; *oculis* globofis, lateralibus, *antennis* thorace longioribus: articulis fubaequalibus ante oculos infertis; *thorace* poftice anguftato vix latitudine elytrorum; *fcutello* plerumque nullo; *elytris* rigidis, truncatis, abdomine breuioribus, margine haud inflexo; *pedibus* curforiis, *tibiis* anticis ante apicem finuato-fpinofis; *femoribus* pofticis fulcatis; *tarfis* quinquearticulatis; colore nigro aut ferrugineo.

Affinis B. bimaculato. Caput flauefcens vertice
nigro. Thorax niger, margine antice flauefcente. Elytra ftriata, abbreuiata nigra, margine
annuloque bafeos ouali flauefcentibus. Pedes
flaui.

fulminans. 4. B. niger, thorace rufo bimaculato, elytris ftriatis
atris: puncto bafeos ftrigaque media abbreuia-
ta flexuofa flauis.

Habitat in Guinea. Muf Dom. Lund.

Statura omnino praecedentium. Antennae flauefcentes. Caput nigrum, ore maculaque frontali
flauis, pone oculos rufum. Oculi magni, globofi, albi. Thorax niger vtrinque macula magna, oblonga, rufa. Elytra ftriata, nigra macula parua bafeos ftrigaque abbreuiata, media,
valde angulata flauis. Corpus nigrum. Pedes
flaui geniculis nigris.

nigripennis 5. B. rufus, elytris fulcatis atris.

Carabus nigripennis. Ent. fyft. 4. App. 442.
81.

Voet. Col. tab. 36. fig. 28.

Habitat ad Cap. Bon. Spei.

tripuftula- 6. B. niger, elytris, maculis duabus pedibusque fla-
tus. uis.

Carabus tripuftulatus. Ent. fyft. 1. 145. 92.

Habitat in Siam. Muf. D. Banks.

mutilatus. 7. B. ater, antennis pedibusque ferrugineis, alis
nullis.

Habitat in Auftria. Dom. de Meyerle.

Statura et magnitudo omnino B. 2maculati. Caput nigrum ore antennisque ferrugineis. Thorax poftice attenuatus, vix punctatus, obfcure
niger. Elytra abbreuiata, truncata, ftriata, nigra,

gra, litura parua obfoleta bafeos ferruginea.
Corpus nigrum pedibus ferrugineis.

8. B. ater, elytris fulcatis, antennis ferrugineis bafi *piger.*
nigris.

Habitat in India orientali. Dom. Daldorff. Muf.
D. de Sehèftedt.

Paullo minor B. tripuftulato. Antennae articulis
tribus bafeos nigris. Thorax canaliculatus, poftice attenuatus, niger. Elytra fulcata, nigra,
obfcura.

9. B. ater, thorace elytrorum futura rufa, elytris *hiftrio.*
fafciis duabus albis.

Habitat in India orientali. Dom. Daldorff. Muf.
Dom. Lund.

Minutus. Caput nigrum, vertice rufo. Antennae
nigrae, bafi rufae. Thorax poftice attenuatus,
rufus, immaculatus. Elytra laeuia, atra: futura late rufa, fafciisque duabus albis, quae tamen futuram rufam haud attingunt. Femora
poftica fafcia alba.

10. B. holofericeus niger, capite pedibusque ferru- *ruficeps.*
gineis.

Habitat ad Cap. Bon. Spei. Muf. Dom. Lund.

Statura et magnitudo B. fumantis. Caput cum
antennis ferrugineum. Thorax cordatus pube
breui, ferruginea. Elytra pubefcentia fubftriata. Corpus nigrum pedibus ferrugineis.

11. B. ferrugineus, elytris nigro-cyaneis. *fumans.*
Carabus fumans. Ent. fyft. 1. 136. 52. *
Habitat in America. Muf. D. Blackburn.

12. B. capite, thorace pedibusque ferrugineis , ely- *crepitans.*
tris nigris.

Carabus crepitans. Ent. fyft. 1. 136. 53. Linn.
fyft. Nat. 2. 671. 18. Fn. Sv. 272.

Geoff.

Geoff. Inf. 1. 151. 19.
Payk. Monogr. 107. 66.
Schaeff. Icon. tab. 11. fig. 13.
Degeer Inf. 4. 103. 22. tab. 3. fig. 18.
Illig. Col. Bor. 1. 209. 94.
Panz. Fn. Germ. 30. tab. 5.
Oliv. Inf. 35. tab. 4. fig. 35.
Habitat in Europae nemoribus.
Terrefactus crepitu ani hoftem pellere tentat.

fclopeta.   13. B. ferrugineus, elytris cyaneis: futura bafeos
ferruginea.
Carabus fclopeta. Ent. fyft. 1. 136. 54. *
Habitat Parifiis frequens fub lapidibus.

37. ANTHIA. *Palpi* fex: articulo vltimo cylindrico, obtufo.
Ligula porrecta, cornea, fornicata, integra.
Antennae fetaceae.

maxillofa.   1. A. atra, mandibulis exfertis longitudine capitis,
thorace poftice producto bilobo.
Carabus maxillofus. Ent. fyft. 1. 124. 1. *
Oliv. Inf. 35. tab. 8. fig. 90. tab. 4. fig. 39.
Thunb. fpec. nou. Inf. 3. 69.
Voet.

Anthiae corpus magnum, glabrum, oblongum, immarginatum, agile, *capite* magno, ouato, plano, clypeo, porrecto,
rotundato, integro, *oculis* magnis, globofis, margine fuperiori, prominulo firmatis; *antennis* thorace longioribus:
articulo primo craffiori, in fouea ante oculos infertis:
thorace plano, poftice attenuato, elytris anguftiore; *fcutello*
nullo; *elytris* faepius connatis, rigidis, longitudine abdominis: margine vix inflexo; *pedibus* curforiis; *femoribus*
compreffis; *tibiis* fulcatis: anticis ante apicem fpinofis;
tarfis quinquearticulatis, colore atro, obfcure.

Voet. Col. 2. tab. 39. fig. 47. 48.
Herbſt. Arch. tab. 47. fig. 3.
Habitat ad Cap. Bon. Spei. Muſ. Dom. Banks.

2. A. atra, thorace poſticæ producto, bilobo, lateri- *thoracica.*
bus elytrorumque marginibus albo-villoſis.
Carabus thoracicus Ent. ſ.ſt 1. 124. 2. *
Thunb. nou. ſp. Inſ. 3. 69. fig. 82.
Oliv. Inſ. 35. tab. 1. fig. 5.
tab. 10. fig. 5. 6.
Herbſt. Arch. tab. 47. fig. 12.
Habitat ad Cap. Bon. Spei.

3. A. atra, coleoptris nouem ſulcatis punctiſque de- *10guttata.*
cem albis.
Carabus 10guttatus. Ent. ſyſt. 1. 141. 74.
Linn. ſyſt. Nat. 2. 669. 10. Muſ. Lud. Vlr. 96.
Carabus alboguttatus. Degeer. Inſ. 47. 624.
21. tab. 46. fig. 15.
Oliv. Inſ. 35. tab 9. fig. 15.
Wulf. Inſ. Cap. tab. 1. fig. 13.
Voet. Col. 2. tab. 39. fig. 46.
Habitat ad Cap. Bon. Spei.

4. nigra, elytris laeuibus: punctis duobus griſeis. *6guttata.*
Carabus 6guttatus. Ent. ſyſt. 1. 141. 75. *
Thunb. nou. ſp. Inſ. 3. 70. fig. 84.
Oliv. Inſ. 35. tab. 1. fig. 6.
Habitat in India. Muſ. Dom. Banks.
Os maxillis palpisque. *Palpi* ſex, inaequales, filiformes, *anteriores* breuiores, biarticulati: articulo ſecundo longiori, cylindrico, incuruo,
obtuſo, adhaerentes maxillae dorſo, *intermedii*
longiores, quadriarticulati: articulo primo breuiſſimo, ſecundo longiori, vltimo ouato, obtuſo, baſi anteriorum adnati, *poſteriores* triarticulati: articulo primo breuiſſimo, ſecundo longiori,

giori, craffiori, ciliato, tertio breuiori, cylindrico, incuruo, obtufo.; adnati ligulae bafi
fuperiori. *Mandibula* porrecta, cornea, arcuata, intus bidentata, acuta. *Maxilla* integra, cornea, compreffa, intus ciliata, apice arcuata, acutiffima. *Ligula* porrecta, cornea,
longitudine articuli fecundi palporum poftico-
rum, linguaeformes, plana, fornicata, apice
parua incraffata, rotundata, integra. *Labium*
latum, transuerfum, corneum, late emarginatum ad infertionem ligulae palporumque: laciniis margine exteriori rotundato. *Antennae*
fetaceae.

Venator. 5. A. atra, elytris laeuibus: macula bafeos grifea.
Carabus Venator. Ent. fyft. 1. 141. 76. *
Oliv. Inf. 35. tab. 10. fig. 116.
Habitat in Senegallia. Muf. Dom. Olivier.

fulcata. 6. A. atra, thoracis. margine albo, elytris fulcatis:
margine maculisque tribus albis.
Carabus fulcatus. Ent. fyft. 1. 141. 77. *
Oliv. Inf. 35. tab. 8. fig. 97.
Habitat in Senegallia. Muf. D. Olivier.

6maculata. 7. A. atra, thoracis margine albo, elytris fubftriatis:
maculis tribus albis.
Carabus 6maculatus. Ent. fyft. 1. 141. 78. *
Habitat in Barbaria. Dom. Prof. Vahl.

7guttata. 8. A. atra, fupra fufca, coleoptris ftriatis: punctis
feptem albis.
Carabus 7guttatus. Ent. fyft. 4. App. 442. 78. *
Habitat ad Cap. Bon. Spei. Dom. de Paykull.

Nimrod. 9. A. atra, elytris fulcatis: maculis duabus grifeis
remotis.
Carabus Nimrod. Ent. fyft. 1. 142. 79. *

Oliv.

Oliv. Inf. 35. tab. 10. fig. 117.
Habitat in Senegallia. Muf. D. Olivier.

10. A. nigra, elytris fulcatis: maculis duabus gri- *4guttata.*
 feis remotis.
 Carabus 4guttatus. Ent. fyft. 1. 142. 80. ❋
 Oliv. Inf. 35. tab. 2. fig. 15.
 Herbft. Arch. tab. 29. fig. 1.
 Habitat ad Cap. Bon. Spei. Muf. Dom. Banks.

11. A. atra, elytris rugofo - fulcatis.   *tabida.*
 Carabus tabidus. Ent. fyft. 1. 142. 81. ❋
 Oliv. Inf. 35. tab. 2. fig. 17.
 Habitat ad Cap. Bon. fpei. Muf. Dom. Banks.

12. A. atra, capitis clypeo porrecto rotundato, ely- *vmbracu-*
 tris fulcatis.   *lata.*
 Habitat in Guinea. Muf. Dom. Lund.
 Statura omnino praecedentis paullo maior. Antennae craffae, nigrae, articulis fubcompreffis.
 Caput magnum, punctatum, atrum, labio valde
 porrecto, rotundato, laeui, mandibulas tegente.
 Thorax punctatus. Elytra fulcata, fulcis laeuibus.

13. A. elytris planis laeuibus: margine finuato pun- *variegata.*
 ctisque difci albis.
 Carabus variegatus. Ent. fyft. 1. 143. 82. ❋
 Cicindela Forfk. Icon. tab. 24. fig. A.
 Habitat in Oriente. Muf. D. Lund.

14. A. thorace margine albo, elytris margine ftria *exclamatio-*
 lineola punctoque medio albis.   *nis.*
 Carabus exclamationis. Ent fyft. 1. 143. 83. ❋
 Habitat in Barbaria. Muf. Dom. Desfontaines.

15. A. atra, thoracis marginibus albis, elytris albi- *trilineata.*
 dis: futura lineaque albis.
 Carabus trilineatus. Ent. fyft. 1. 143. 84. ❋
               Oliv.

Oliv. Inf. 35. tab. 9. fig. 101.
Thunb. nou. fpec. Inf. 3. 71. fig. 85.
Herbft. Arch. tab. 47. fig. 6.
Habitat ad Cap. Bon. Spei. Muf. Dom. Banks.

obfoleta. 16. A. atra, elytris planis: vittis quatuor villofo-
cinereis.

Carabus villofus. Oliv. Inf. 35. tab. 5. fig. 60.
Habitat ad Cap. Bon. Spei. Muf. D. de Seheftedt.
Statura omnino A. trilineatae, at paullo minor.
Caput et thorax nigra cinereo - villofa. Elytra
connata, plana, vittis quatuor cinereo - villofis,
poftice coëuntibus. Corpus atrum.

38. AGRA. *Palpi* fex.

pofteriores longiores, fecuriformes.
Antennae fetaceae.

aenea. α. A. obfcure aenea, thorace punctato, elytris bidentatis rugofis.
Habitat in America meridionali. Dom. Smidt.
Muf. Dom. de Seheftedt.
Corpus magnum, anguftatum. Caput magnum,
ouatum, exfertum, laeue, aeneum, obfcurum,
antennis obfcure rufis. Thorax elongatus, cy-
lindri-

Agrae corpus elongatum, immarginatum, glabrum, agile;
capite magno, exferto, ouato, plano; *palpis* porrectis;
oculis prominulis; globofis, lateralibus; *antennis* thorace
longioribus: articulis cylindricis, primo longiore, ad
mandibularum bafin infertis; *thoiace* elongato, cylindrico
antice parum anguftato; *fcutello* paruo triangulari; *elytris*
longitudine abdominis, rigidis: margine haud inflexo;
pedibus elongatis, curforiis; tibiis anticis ante apicem vnifpinofis; *tarfis* quinquearticulatis: articulo penultimo bifido; *colore* obfcure nitido.

lindricus, antice parum anguſtatus, punctatus
vel potius variolofus, aëneus, obfcure nitidus.
Elytra rugofa, obfcure aenea, nitidula. Corpus atro - aeneum, pedibus obfcure - rufis.
Varietas duplo fere minor mas videtur.
Os maxillis palpisque. *Palpi* fex inaequales; *anteriores* breuiores, filiformes, biarticulati, articulo vltimo cylindrico, obtufo adhaerentes
maxillae dorfo; *intermedii* paullo longiores,
quadriarticulati: articulis aequalibus, cylindricis, vltimo cylindrico obtufo, bafi anteriorum
adnati; *pofteriores* longiores, fecuriformes,
triarticulati, articulo primo breui, rotundato,
fecundo longo, cylindrico, tertio magno fecuriformi, adnati ligulae bafi fuperiori. *Mandibula* arcuata, cornea, acuta, edentula. *Maxilla* breuis, intùs ciliata. *Ligula* porrecta, quadrata membranacea integra. *Labium* corneum,
transuerfum, tridentatum. *Antennae* fetaceae.

2. A. nigra, thorace variolofo, elytris ſtriatis, an- *rufipes.*
    tennis pedibusque rufis.
Habitat in America meridionali. Muf. D. Lund.
Statura omnino praecedentis, at duplo minor.
    Caput laeue, nigrum, nitidum. Thorax cylin-
    dricus, niger. Elytra ſtriata, apice bidentata.
    Corpus nigrum, pedibus rufis.

3. A. thorace elongato cylindrico, rugofa nigra, *attelaboi-*
    elytris apice fpinofis, pedibus rufis.   *des.*
Cicindela attelaboidis. Ent. fyſt. 4. 443. 2.
Habitat in India orientali.
Praecedenti affinis videtur, an fatis diftincta.

39. COLLYRIS. *Palpi* fex,

posteriores pilofi, articulo vltimo oblique truncato.

Labium breue late emarginatum.

Antennae filiformes.

longicollis. **1.** C. cyanea, femoribus ferrugineis, elytris punctatis apice emarginatis.

Cicindela longicollis. Ent. fyft. 1. 168. 1.ª

Collyris Latreille.

Oliv. Inf. 33. tab. 2. fig. 17.

Habitat in Siam. Muf. Dom. Banks.

Duplo minorem ex India mifit D. Daldorff, at vix diftinctam.

aptera. **2.** C. atra, femoribus ferrugineis, elytris connatis in medio rugofis.

Cicindela aptera. Ent. fyft. 1. 169. 2.

Cicindela aptera. Lund. Act. Hift. Nat. Soc. Havn. 1. tab. 5.

Habitat in India orientali. Dom. Lund.

formicaria. **3.** C. atra, elytris bafi variolofis: fafcia abbreuiata alba.

Habitat in America meridionali. Smidt. Muf. D. de Seheftedt. Prae-

Collyridis corpus elongatum, fubfiliforme, immarginatum, glabrum, agile; *capite* exferto, fronte retufa, ouato, *clypeo* magno, porrecto, fornicato, apice rotundato, denticulato, *oculis* magnis, globofis, prominentibus; *antennis* longitudine thoracis, in cantho oculorum infertis; *thorace* cylindrico, elongato, antice parum anguftato; *fcutello* minuto triangulari aut nullo; *elytris* rigidis, longitudine abdominis margine haud inflexo; *pedibus* longiufculis, curforiis, tenuibus; *tarfis* quadriarticulatis, *colore* nitido nigro aut coeruleo.

Praecedente paullo minor. Caput atrum, antennis fufcis. Thorax rotundatus, elongatus, laeuis, ater, in medio parum gibbus. Elytra nigra, bafi variolofa, fafcia obliqua, abbreuiata,
alba, apice laeuia, emarginata. Pedes obfcure
picei.

Character generis a C. longicolli defumtus.

Os maxillis palpisque. *Palpi* fex inaequales:
anteriores breues, triarticulati: articulis fubaequalibus; vltimo cylindrico, fubincuruo, obtufo adhaerentes maxillae dorfo; *intermedii*
longiores, quadriarticulati: articulo primo
breuiffimo, fecundo longiffimo, obconico, tertio breui, apice parum prominulo, vltimo breui,
cylindrico, obtufo, adnati bafi anteriorum; *po-*
fteriores longitudine intermediorum, triarticulati: articulo primo fecundoque longioribus, cylindricis, pilofis, tertio breuiori, craffiori, nudo oblique truncato, adnati ligulae bafi
fuperiori. *Mandibula* tenuis, cornea, arcuata,
acutiffima, bafi dilatata, denticulata. *Maxilla*
breuis, cornea, intus ciliata. *Ligula* membranacea, bifida: laciniis elongatis, anguftis, apice rotundatis. *Labium* breue, corneum, fere
ad bafin emarginatum: laciniis fubulatis, acutis. *Antennae* filiformes, vix extrorfum craffiores: articulo primo maiori.

40. ODACANTHA. *Palpi* fex filiformes.
                Maxilla arcuata, fpinofa.
                Ligula breuis integra.
                Antennae fetaceae.

melanura.   1. O. thorace cyaneo, elytris teftaceis apice nigris.

Odacantha melanura. Payk. Fn. Sv. 1. 169. 1.

Attelabus melanurus. Linn. fyft. Nat. 2. 620. 6.

Cicindela anguftata. Ent. fyft. 1. 169. 3.

Carabus anguftatus. Oliv. Inf. 35. tab. 1. fig. 7.

Illig. Col. Bor. 1. 209. 93.

Panz. Fn. Germ. tab. 1.

Habitat in Europa boreali.

Os maxillis palpisque. *Palpi* fex inaequales, gla-
bri, filiformes: *anteriores* breuiores, biarticulati; articulo vltimo apice acuminato, maxillae dorfo adhaerentes, *intermedii* longiores,
quadriarticulati: articulo vltimo obtufo; fere
truncato adnati bafi anteriorum, *pofteriores*
triarticulati: articulo vltimo obtufo, truncato
ligulae lateribus inferti. *Mandibula* craffa,
cornea, arcuata, acuta, edentula. *Maxilla*
elongata, cornea, acuta: fpinis plurimis longioribus, retrorfum arcuatis armata. *Ligula*
breuis membranacea, truncata, integra. *Labium* corneum, transuerfum, trifidum, laciniis
rotundatis, obtufis.   2. O.

Odacanthae corpus paruum, oblongum, immarginatum, agile,
capite magno, exferto, thorace latiore, *clypeo* porrecto,
fubemarginato, *oculis* maguis, globofis, prominulis, lateralibus, *antennis* longitudine fere corporis: articulo primo longiori, fubclauato, ad bafin mandibularum infertis;
thorace cylindrico, capite elytrisque anguftiore; *fcutello*
minuto; *elytris* vix longitudine abdominis, rigidis, truncatis: margine haud inflexo; *pedibus* longiufculis, tenuibus, curforiis; *tarfis* quinquearticulatis, *colore* vario, nitido.

2. O. pallida, elytris fasciis duabus atris. *2fasciata.*
Habitat in America meridionali. Muf. Dom. de
Seheftedt.
Statura parua praecedentis. Caput et thorax pallide teftacea. Elytra ftriata, flaua, fasciis duabus latis, atris, altera hafeos, altera pone medium, quae tamen marginem haud attingit.

3. O. rufa, capite elytrorumque fasciis duabus cya- *cyanoce-*
neis. *phala.*
Cicindela cyanocephala. Ent. fyft. fuppl. 60. *
Habitat in India. Muf. D. Lund.

4. O. atra, coleoptris maculis duabus bafeos fascia- *3puftulata.*
que media ferrugineis.
Cicindela 3puftulata. Ent. fyft. 1. 169. 4. *
Habitat Parifiis. Dom. Tigny.

5. O. nigra, elytrorum fasciis duabus pedibusque *elongata.*
flauefcentibus.
Habitat in America meridionali. Smidt. Muf. D.
de Seheftedt.
Parua. Caput atrum, antennis fufcis. Thorax
elongatus, cylindricus, ater, immaculatus. Elytra ftriata, nigra fasciis duabus flauis, quarum
pofterior ad futuram vsque ad apicem excurrit.
Pedes flaui.

6. O. nigra, elytris ftriatis teftaceis: futura late nigra. *dorfalis.*
Habitat in Carolina. Muf. D. Bofc.
Paullo minor O. anguftata. Antennae teftaceae.
Caput atrum, nitidum, immaculatum, thorace
latius. Thorax cylindricus, obfcure ferrugineus. Elytra ftriata, teftacea, futura late nigra,
qui color apicem tamen haud attingit. Corpus
nigrum pedibus teftaceis.

41.

41. DRYPTA. *Palpi* fex inaequales:

posteriores quatuor, articulo
vltimo, craffiori, ouato,
compreffo.
Ligula filiformis integra, angu-
tiffima.
Antennae filiformes.

emarginata 1. D. coerulea, ore, antennis pedibusque rufis, elytris apice emarginatis.

Cicindela emarginata. Ent. fyft. 1. 177. 37. *
Carabus dentatus. Roff. Fn. Etr. 1. 222. 551.
tab. 2. fig. 11.

Habitat in Gallia. Muf. Dom. Bofc.

Characterem generis Entomologo Gallorum ocu-
latiffimo Dom. Latreille debeo.

Os maxillis palpisque. *Palpi* fex inaequales, *anteriores* maxillae longitudine, filiformes: biarticulati; articulis aequalibus, cylindricis adhaerentes maxillae dorfo; *intermedii* longiores, quadriarticulati: articulo fecundo longiffimo, vltimo craffiori, ouato, compreffo, inferti
anteriorum bafi; *posteriores* triarticulati: articulo vltimo, craffiori, ouato, compreffo, adnati ligulae bafi exteriori. *Mandibula* cornea,
arcua-

Dryptae corpus paruum, glabrum, immarginatum, agile, *capite* exferto, latitudine thoracis, antice anguftato, palpis
maxillisque prominentibus; *clypeo* rotundato, integro;
oculis magnis, globofis, prominulis, lateralibus; *antennis*
thorace longioribus; articulo primo longiffimo, reliquis
aequalibus, cylindricis, ad mandibularum bafin infertis;
thorace cylindrico, elytris anguftiore; *fcutello* nullo; *elytris* rigidis, abdomine paullo breuioribus, apice truncatis,
margine haud deflexo; *pedibus* longiffimis, curforiis; *tarfis* omnibus quadriarticulatis; articulo vltimo bilobo, *colore*
vario.

arcuata, acuta. *Maxilla* recta, cornea, intus
ciliata, apice attenuata, incurua, acutiſſima.
Ligula porrecta, membranacea, tenuiſſima, inter palpos prominens, filiformis, integra. *La-*
bium corneum, transuerſum, trifidum: laciniis ſubaequalibus, acutis. *Antennae* filiformes: articulo primo longiſſimo.

2. D. ferruginea, elytrorum ſutura abbreuiata fuſca, *cylindricol-*
abdomine atro.   *lis.*

Cicindela cylindricollis. Ent. ſyſt. ſuppl. 63.
37. °
Habitat in Marocco. Dom. Schousboe.
Statura et magnitudo omnino praecedentis.

42. CICINDELA. *Palpi* ſex filiformes:
            poſteriores piloſi.
         Labium corneum, tridenta-
            tum.

1. C. nigra, elytris acuminatis: maculis tribus al- *groſſa.*
bis. Ent. ſyſt. 1. 170. 5. °
Oliv. Inſ. 33. tab. 2. fig. 23.
Hybn. Naturf. 24. 48. 14. tab. 2. fig. 18.
Habitat in Coromandel. Muſ. Dom. Banks.
                                    2. C.

Cicindelae corpus oblongum, glabrum, immarginatum, agile,
capite thorace latiori, exſerto, oblongo; *clypeo* magno,
transuerſo, interdum dentato; *palpis mandibulisque* dentatis prominentibus; *oculis* globoſis, prominulis, lateralibus; *antennis* thorace longioribus, ante oculos inſertis;
thorace breui, cylindrico, cruce impreſſo, elytris anguſtiore; *ſcutello* paruo, rotundato; *elytris* rigidis, haud deflexis, longitudine abdominis; *pedibus* elongatis, tenuibus,
curſoriis; *tarſis* quinquearticulatis, *colore* vario.

Heros.　2. C. obfcure aenea, elytris fufcis: margine triramofo lineisque duabus ad futuram albis.

Habitat in maris pacifici Infulis. Dom. Billardiere.
Magna in hoc genere. Antennae defunt. Caput fufcum, labio teftaceo mandibulisque atris.
Thorax rotundatus, aeneo obfcure nitens.
Elytra obfcura, margine pallido, dentem ante
medium, ramum flexuofum in medio, et dentem pone medium emittente. Praeterea antice
ad futuram lineo ae duae. Corpus et pedes obfcura, aeneo-nitida.

labiata.　3. C. cyanea nitida, ore, antennis, pedibus abdomineque rufis.

· Habitat in Oceani pacifici Infulis. D. Billardiere.
Magna. Caput magnum, cyaneum, fronte in medio inter antennas prominente. Clypeus porrectus, apice crenato-dentatus, rufus: macula bafeos atra.

Thorax cyaneus, immaculatus. Elytra punctata,
cyanea, immaculata. Abdomen obfcure rufum.
Pedes rufi.

violacea.　4. C. cyanea nitida, labio niueo.
Habitat in Carolina. Muf. Dom. Bofc.
Media. Corpus totum punctis eleuatis fcabrum,
cyaneum, nitidum. Antennae apice fufcae.
Labium mandibulaeque bafis fupra niuea.

cyanea.　5. C. cyanea nitida, ore teftaceo. Ent. fyft. 1. 170.
6. ⚹ .
Habitat in India orientali. Dom. Vahl.

megaloce-
phala.　6. C. nigro-aenea, elytris punctato-ftriatis, ore,
antennis pedibusque teftaceis. Ent. fyft. 1.
170. 7. ⚹
Oliv. Inf. 33. tab. 2. fig. 12.
Habitat in Senegallia. Muf. D. Geoffroy.

7. C.

7. C. aenea, nitida, ore, antennis, pedibusque testa- *virginica.*
    ceis. Ent. syst. 1. 177. 35.
  Cicindela Virginica. Linn. syst. Nat. 2. 65. 75.
  Oliv. Inf. 33. tab. 3. fig. 26.
  Habitat in Carolina.

8. C. viridis nitida, elytrorum apicibus, ore, anten- *Carolina.*
    nis pedibusque flauis. Ent. syst. 1. 177. 34.
  Cicindela Carolina. Linn. syst. Nat. 2. 657. 6.
  Oliv. Inf. 33. tab. 2. fig. 22.
  Degeer Inf. 4. 120, 2. tab. 17. fig. 24.
  Hybn. Naturf. 24. 53. 17. tab. 2. fig. 21.
  Habitat in Carolina.

9. C. punctata nigra, obscura, immaculata. *sepulcralis.*
  Habitat in America meridionali. D. Smidt. Muf.
    D. de Seheftedt.
  Statura craffa C. Carolinae, at duplo fere minor.
    Caput nigrum, obscurum, labio concolore ocu-
    lisque globofis, testaceis. Thorax rotundatus,
    vix canaliculatus. Elytra valde punctata, ob-
    scura. Corpus nigrum, cyaneo-parum nitidum.

10. C. viridis, nitida, elytris obscure cyaneis, im- *bicolor.*
    maculatis, abdominis margine testaceo. Ent.
    syst. 1. 170. 8.
  Habitat in India orientali. Muf. Dom. Banks.

11. C. viridis, elytris punctis quinque albis. Ent. *campestris.*
    syst. 1. 170. 9.
  Cicindela campestris. Linn. syst. Nat. 2. 657. 1.
    Fn. Sv. 746.
  Geoff. Inf. 1. 153. 27.
  Oliv. Inf. 33. tab. 1. fig. 3.
  Schaeff. Icon. tab. 34. fig. 8. 9.
        tab. 228. fig. 3.
  Illig. Col. Bor. 1. 220. 3.
  Degeer Inf. 4. tab. 4. fig. 1.
                    Sulz.

Sulz. Inf. tab. 5. fig. 37.

Habitat in Europae campis arenofis celerrime curfitans Infectorum Leo.

Larua mollis, alba, capite pedibusque fex ferrugineis, foueam magnitudine corporis in terra
excauat, in qua latens infecta arripit.

Maroccana 12. C. viridis, purpureo-maculata, elytris punctis
quinque albis.

Habitat in Marocco. Muf. D. de Seheftedt.

Statura omnino et magnitudo C. campeftris. Antennae fufcae, bafi cupreae. Caput viride labio
albo, vertice impreffo: maculis quatuor interdum confluentibus cupreis. Thorax viridis,
maculis duabus magnis dorfalibus et margine
fubtus purpureis. Elytra viridia, maculis purpureis, et in his puncta quinque alba. Abdomen cupreum.

hybrida. 13. C. fubpurpurafcens, elytris fafcia lunulisque
duabus albis, corpore aureo nitido. Ent. fyft.
1. 171. 10.

Cicindela hybrida. Linn. fyft. Nat. 2. 657. 2.
Fn. Sv. 747.

Oliv. Inf. 33. tab. 1. fig. 7.

Degeer Inf. 4. 115. 3. tab. 4. fig. 8.

Schaeff. Icon. tab. 35. fig. 10.

Illig. Col. Bor. 1. 49. 2.

Voet. Col. tab. 39. fig. 1.
tab. 40. fig. 3.

Habitat in Europa boreali.

finuata. 14. C. hirta, viridi-aenea, elytris fafcia lunulisque
duabus albis.

Cicindela finuata. Panz. Fn. Germ. tab.

Habitat in Germania auftraliori.

Affinis certe C. hybridae, at duplo minor. Caput
viridi-aeneum labio albo. Thorax aeneus, al-
bo-

bo -hirtus. Elytra viridia lunula baseos, fascia
media sinuata lunulaque lata apicis albis. Corpus aeneum, nitidum, albo - hirtum.

15. C. nigra, elytris fascia vndata punctisque duobus *syluatica.*
albis, Ent. syst. 1. 171. 11.
Cicindela syluatica. Linn. syst. Nat. 2. 658. 8.
Fn. Sv. 748.
Geoff. Inf. 1. 155. 28.
Oliv. Inf. 33. tab. 1. fig. 9.
Herbst. Arch. tab. 27. fig. 13.
Illig. Col. Bor. 1. 219. 1.
Voet. Col. tab. 40. fig. 2.
Degeer. Inf. 4. 114. tab. 4. fig. 7.
Pét. Gazoph. tab. 50. fig. 5.
Habitat in Europae borealis Pinetis.

16. C. capite thoraceque obscure cupreis, elytris *maura.*
atris: lunulis duabus fasciaque media albis,
corpore atro.
Cicindela maura. Ent. syst. 1. 178. 39. Linn.
Syst. Nat. 2. 658. 9.
Cicindela arenaria. Ent. syst. 1. 171. 12. *
Habitat in Barbaria. Dom. Vahl.
Lunula baseos apicisque interdum in puncta duo
diuisa, et fascia media e punctis duobus con-
natis.

17. C. obscure aenea, elytris nigricantibus: punctis *littoralis.*
sex albidis, baseos lunato, medio transuerso.
Ent. syst. 1. 172. 13. *
Habitat ad Barbariae littora. Dom. Vahl.
Macula media transuersa interdum in puncta duo
diuisa et puncta duo apicis connata in lunulam.

18. C. nigra, elytris macula media flaua. Ent. syst. *tristis.*
1. 172. 14. *

Oliv.

Oliv. Inf. 33. tab. 3. fig. 25.

Habitat in America. Dom. Drury.

interrupta, 19. C. elytris fufcis: puncto bafeos, fafciis tribus interruptis, lineolaque apicis flauis. Ent. fyft. I. 172. 15. *

Oliv. Inf. 33. tab. 2. fig. 15.

Habitat in Sierra Leon. Muf. Dom. Banks.

lunulata. 20. C. nigra, elytris lunulis duabus maculisque duabus albis: anteriore transuerfa. Ent. fyft. I. 172. 16. *

Oliv. Inf. 33. tab. 2. fig. 23.

Habitat - - - Forfter. Muf. Dom. Banks.

melancholi- 21. C. obfcura, margine exteriore triramofo puncto-
ca. que poftico albis. Ent. fyft. fuppl. 63. 33. *

Habitat in Guinea. Muf. D. Lund.

lurida. 22. C. obfcura, elytris punctis duobus lunulisque tribus albis: intermedia flexuofa. Ent. fyft. 1. 173. 17. *

Habitat ad Cap. Bon. Spei. Muf. D. Banks.

Chinenfis 23. C. coeruleo-nitens, elytris viridibus: maculis duabus atris; pofteriore albo bimaculata. Ent. fyft. 1. 173. 18. *

Oliv. Inf. 33. tab. 3. fig. 30.

Degeer. Inf. 4. tab. 17. fig. 23.

Habitat in China.

analis. 24. C. aenea, elytris punctatis: margine cyaneo, ano pedibusque rufis.

Habitat in Sumatra. Dom. Daldorff.

Statura et magnitudo C. campeftris. Antennae fufcae. Caput aeneum, ore pallido, mandibulis apice nigris. Thorax aeneus. Elytra punctata, aenea, margine cyaneo. Corpus aeneum, ano late rufo. Pedes rufi, apice obfcuriores.

25. C.

25. C. atra, elytris·vitta fubmarginali abbreuiata *femivittata.*
punctisque quinque albis.

Habitat in Sumatra. Dom. Daldorff.

Media. Caput atrum, labio bafi albido. Thorax
niger, margine pectoreque auro nitidulis. Elytra laeuia, atra: vitta fubmarginali abbreuiata, apice flexuofa, alba. Praeterea puncta tria
parua, alba ad futuram bafeos, et duo ad·mar-
ginem apicis. Corpus atrum.

26. C. obfcura, elytris punctis quatuor lunulisque *flexuofa.*
tribus albis: intermedia flexuofa. Ent. fyft. 1.
173. 19. *

Oliv. Inf. 33. tab. 1. fig. 12.

Habitat·ad Hifpaniae littora. Dom. Vahl.

27. C. fubaenea, elytris albis: linea fufca triramo- *capenfis.*
fa. Ent. fyft. 1. 174. 20.

Linn. Syft. Nat. 2. 657. 3. Muf. Lud. Vlr. 84.

Oliv. Inf. 33. tab. 1. fig. 11.

Degeer. Inf. 7. tab. 47. fig. 3.

Naturf. 14. 49. 15. tab. 2.

Wulf. Inf. Cap. tab. 1. fig. 10.

Habitat ad Cap. Bon. Spei.

28. C. nigra, labio elytrorumque lunula apicis albis, *abdomina-*
abdomine rufo. *lis.*

Habitat in Carolina. Muf. D. Bofc.

Statura parua C. germanicae. Caput et thorax
cylindricus nigra, cupro parum nitidula, labio
niueo. Elytra nigra, obfcura linea e punctis
impreffis ad futuram, lunulaque apicis niuea.
Corpus et pedes viridi-aenea, nitida, abdomine ferrugineo.

29. C. cuprea, elytris viridibus: puncto lunulaque *germanica.*
apicis albis. Ent. fyft. 1. 174. 21.

Linn. Syft. Nat. 2. 657. 4.

Geoff.

Geoff. Inf. 1. 155. 29.
Oliv. Inf. 33. tab. 1. fig. 9.
Schaeff. Icon. tab. 4. fig. 8.
Voet. Col. tab. 40. fig. 6.
Illig. Col. Bor. 1. 220. 4.
Panz. Fn. Germ. 6. tab. 5.
Habitat in Germaniae fabulofis.
Variat colore nigro, viridi et coeruleo.

obfcura. 30. C. nigra, elytris punctis duobus marginalibus lunulaque apicis alba. Ent. fyft. fuppl. 61. 21. *
Habitat in America boreali. Dom. Herfchel.

micans. 31. C. capite thoraceque cupreo nitidis, elytris obfcuris: punctis minutis lunulaque apicis albis. Ent. fyft. fuppl. 61. 21. *
Habitat in America boreali.

tuberculata 32. C. thorace fufco, bituberculato, elytris fufco viridique variis: margine tridentato albo. Ent. fyft. 1. 174. 22. *
Oliv. Inf. 33. tab. 3. fig. 28.
Habitat in noua Zelandia. Muf. D. Banks.

vnipuncta- ta. 33. C. fubpurpurafcens, labio elytrorumque puncto albis. Ent. fyft. 1. 174. 23. *
Oliv. Inf. 33. tab. 3. fig. 27.
Habitat in America. Dom. Drury.

bipunctata. 34. C. nigra, elytris puncto albo, pedibus flauis: femoribus nigris. Ent. fyft. 1. 174. 24. *
Oliv. Inf. 33. tab. 1. fig. 2.
Habitat in America. Dom. Olivier.

Chryfis. 35. C. cyanea nitida, elytris obfcuris: punctis duobus marginalibus albis.
Habitat in America meridionali. Dom. Smidt.
Statura praecedentium. Caput fufcum antennis
labioque

labioque nigris. Thorax cupreo-nitidus. Elytra laeuia, nigra, punctis duobus paruis marginalibus albis. Corpus cyaneum, nitidum.

36. C. cyanea, nitida, elytris punctis duobus niueis. *4punctata.*
Habitat in Iava. Muf. D. Bofc.
Media. Caput cyaneum, nitidum, labio linea media albida. Thorax rotundatus, cyaneus, viridi parum nitens. Elytra punctata, cyanea, nitida, punctis duobus pone medium I · I · niueis. Corpus et pedes cyanea.

37. C. viridi-aenea, elytrorum difco obfcuriore: *6punctata.*
punctis tribus albis fimplicibus. Ent. fyft. 1. 175. 25.
Oliv. Inf. 33. tab. 1. fig. 6.
Herbft. Arch. tab. 46. fig. 1.
Habitat ad littora Malabarica. Dom. Drury.

38. C. cyaneo auroque variegata, elytris punctis *aurulenta.*
quatuor albis: intermedio lunato.
Habitat in Sumatra. Dom. Daldorff.
Statura omnino praecedentis, cuius varietatem olim credidi. Palpi aenei. Os albidum, mandibulis apice nigris. Antennae bafi cyaneae, apice fufcae. Caput obfcurum, lineolis duabus bafeos cyaneis. Thorax aureus, lateribus lineaque dorfali cyaneis. Elytra fufca bafi parum futuraque aureis punctis quatuor albis, bafeos humerali, tertio lunato, maiori. Corpus cyaneum,

39. C. viridi-aenea, elytris obfcuris: margine linea- *quadrilineata.*
que media albis. Ent. fyft. 1. 175. 26. *
Oliv. Inf. 33. tab. 1. fig. 4.
Herbft. Arch. tab. 27. fig. 15.
Habitat in India. Dr. Schulz.

40. O.

cincta.   40. C. atra, elytris vitta laterali punctisque tribus
albis. Ent. fyft. 1. 175. 27. *
> Oliv. Inf. 33. tab. 3. fig. 33.
> Habitat in Africa. Muf. Dr. Hunter

vittata.   41. C. cyanea, nitida, elytris vitta laterali intus
dentata punctisque difci albis.
> Habitat in Guinea. Muf. D. de Seheftedt.
> Magnitudo C. campeftris. Caput fufcum, labio al-
> bo, antennis in medio rufis. Thorax fufcus.
> Elytra laeuia, fufca, vitta lata ante marginem
> interne denticulos tres emittente, albida. Pun-
> cta aliquot alba in difco et tria ad futuram.
> Corpus cyaneo - nitidum lateribus albo - pilofis.
> Pedes nigri tibiis cupreis.

biramofa.   42. C. obfcure aenea, elytrorum margine biramofo
albo. Ent. fyft. 1. 175. 28. *
> Cicindela tridentata. Thunb. nou. Inf. fpec. 1.
> 26. fig. 40.
> Oliv. Inf. 33. tab. 3. fig. 29.
>   tab. 2. fig. 16.
> Herbft. Arch. tab. 27. fig. 16.
> Habitat in India. Dom. Dr. Hattorff.

marginalis. 43. C. thorace elytrisque cupreis: marginibus viridibus, elytris lunulis duabus albis.
> Habitat in Canada. Muf. Dom. Bofc.
> Media. Antennae bafi aeneae, apice fufcae. Ca-
> put hirtum, cupreum, labio niueo. Mandibulae
> bafi fupra albae, apice nigrae. Thorax cu-
> preus, nitidus, margine omni, inprimis tamen
> antico pofticoque viridi. Scutellum viride.
> Elytra cuprea margine omni futura, tamen te-
> nuius viridi. Praeterea lunulae duae albae, al-
> tera in medio, altera in apice. Corpus cupro
> viridique nitidum, abdomine cyaneo.

>   44. C.

44. C. capite thoraceque cupreis, elytris punctatis *punctulata.*
obscuris: punctis lunulaque apicis albis.
Cicindela punctulata. Oliv. Inf. 33. tab. 2. fig. 18.
Habitat in Carolina. Muf. Dom. Bofe.
Magnitudo C. marginalis. Caput et thorax cuprea, nitida, labio niueo. Elytra obfcura, cupro nitidula, punctis indiftinctis lunulaque
apicis maiori albis. Corpus cyaneum.

45. C. viridis, nitida, elytris punctis tribus margi- *6guttata.*
nalibus albis. Ent. fyft. 1. 176. 29. *
Oliv. Inf. 33. tab. 2. fig. 21.
Herbft. Arch. tab. 27. fig. 17.
Habitat in Virginia.
Variat elytrorum difco purpurafcente.

46. C. viridi-aenea, elytris albidis: punctis fex yi- *catena.*
ridibus concatenatis. Ent. fyft. 1. 176. 30. *
Thunb. nou. fp. Inf. 2. tab. 1. fig. 41. 42. 43.
Oliv. Inf. 33. tab. 1. fig. 12.
Sulz. Hift. Inf. tab. 6. fig. 11.
Naturf. 24. 52. 16. tab. 2. fig. 20.
Herbft. Arch. tab. 27. fig. 14.
Habitat in India orientali. Dr. Koenig.

47. C. cuprea, elytris virefcentibus: margine den- *longipes.*
tato ramoque flexuofo albis, pedibus pofticis
longiffimis. Ent. fyft. fuppl. 61. 30. *
Habitat Tranquebariae. Dom. Daldorff.

48. C. viridis, elytris margine, fafcia vndata punctis- *marginata.*
que duobus albis. Ent. fyft. 1. 176. 31. *
Habitat in Virginia.

49. C. obfcura, elytris punctis quinque lunulaque *10guttata.*
apicis albis.
Habitat in Infula Iaua. Dom. Billardiere.
Statura et magnitudo praecedentium. Antennae
nigrae, articulo primo aeneo. Caput obfcurum.

Q   Tho-

Thorax obfcurus. Elytra obfcura, punctis quinque albis, antico humerali, fecundo ad marginem tribusque in triangulo pofitis. Lunula apicis alba. Corpus cyaneum, nitidum.

futuralis. 50. C. viridi-aenea, elytris albis: futura lunulaque viridi-aeneis. Ent. fyft. fuppl. 62. 31. *
Habitat in Americae St. Thoma. Muf. D. Lund.

8guttata. 51. C. obfcura, elytris punctis quatuor·difci lunulisque duabus marginalibus albis. Ent. fyft. i. 177. 32. *
Oliv. Inf. 33. tab. 3. fig. 32.
Habitat in America. Muf. Dr. Hunter.

argentata. 52. C. capite thoraceque argentatis, elytris nigris puncto ftriga vndata lunulaque pallidis.
Habitat in America meridionali. D. Smidt. Muf. D. de Seheftedt.
C. germanica minor. Caput obfcure argenteum, antennis mandibularumque apicibus nigris. Thorax cylindricus, obfcure argentatus. Elytra laeuia, nigra, puncto ante medium, ftriga media lunulaque marginali apicis, ramulum paruum exferente, albis. Corpus cyaneum, nitidum, lateribus albo-villofis.

viduata. 53. C. atra, capite thoraceque viridibus, elytris obfcuris.
Habitat in Sumatra. D. Daldorff. Muf. D. Lund.
Statura parua C. argentatae. Caput virefcens, obfcurum, antennis labioque nigricantibus. Thorax cylindricus, viridis, linea dorfali·nigra. Elytra obfcura.

trifafciata. 54. C. obfcura, elytris ftriis tribus albis: fecunda flexuofa. Ent. fyft. i. 177. 38. *
Habitat in America, in Italia paulo minor.

55. C.

55. C. viridi-cuprea, elytris punctatis viridibus, angulata.
lunulis duabus ramoque flexuoso medio flauescentibus. Ent. syst. suppl. 62. 33.
Habitat Tranquebariae. Dom. Daldorff.

56. C. nigra, pedibus flauescentibus.   funesta.
Cicindela obscura. Ent. syst. suppl. 62. 33.
Habitat in India. Dom. Daldorff.

57. C. obscure nigra, elytris cinereo-micantibus, holosericea.
pedibus nigris.
Habitat in Iaua. Muf. D. Bosc.
Statura parua praecedentis. Caput obscurum,
oculis magnis prominentibus, testaceis. Thorax et elytra nigra, certo situ cinereo micantia.
Corpus nigrum.

58. C. nigra, obscura, elytris margine postico inter- interrupta.
rupto albo.
Habitat in Iaua. Muf. D. Bosc.
Statura parua C. funestae. Caput nigrum, obscurum, puncto vno alteroue viridi-micante. Labium album. Thorax rotundatus, fuscus. Elytra laeuia, obscura, margine postico albo, at in
medio interrupto. Corpus cyaneum, albo-vil-
losum.

59. C. supra fusca, subtus cyanea, ano tibiisque po- Cajennensis
sticis testaceis. Ent. syst. 1. 177. 36.
Habitat Cajennae. Dom. v. Rohr.

60. C. flaua, elytris fasciis duabus latis nigris. Ent. aequinoctia
syst. 1. 178. 38.   lis.
Linn. syst. Nat. 2. 658. 7. Amoen. acad. 6. 395.
22.
Habitat Surinami.
Species mihi obscura.

guttula. 61. C. thorace cyaneo, elytris teftaceis, punctis tribus flauis.

Habitat in maris pacifici Infulis. D. Billardiere.

Parua. Caput nigrum labio teftaceo. Antennae defunt. Thorax cyaneus, nitidus. Elytra laeuia, teftacea, punctis tribus paruis, flauis, fere marginalibus: anticis duobus approximatis. Abdomen et pedes teftacei, minime nitidi.

flauilabris. 62. C. thorace atro, labio flauo, elytris teftaceis immaculatis.

Habitat in maris pacifici Infulis. D. Billardiere.

Statura et magnitudo praecedentis. Caput atrum, labio magno flauo. Thorax cylindricus, ater, immaculatus. Elytra laeuia, teftacea, immaculata. Corpus et pedes teftacei.

fafciata. 63. C. thorace atro, elytris laeuibus teftaceis: fafcia poftica lata atra.

Habitat in maris pacifici Infulis. D. Billardiere.

Statura et magnitudo omnino praecedentium. Caput atrum, labio porrecto flauo. Thorax cylindricus ater, immaculatus. Elytra laeuia, teftacea, fafcia pone medium atra. Abdomen et pedes teftacei.

minuta. 64. C. aenea, elytris lunulis quatuor marginalibus, flauis. Ent. fyft. 1. 178. 40. *

Cicindela minuta. Oliv. Inf. 33. tab. 2. fig. 13.

Habitat in India. Muf. nat. Galliae.

43. ELAPHRVS. *Palpi* fex filiformes.
Labium rotundatum, acumi-
natum, integrum.
Antennae fetaceae.

1. E. viridi-aeneus, elytris ftriatis: punctis impref- *vliginofus,*
fis coeruleis. Ent. fyft. 1. 178. 1. *
Illig. Col. Bor. 1. 225. 3.
Oliv. Inf. 34. tab. 1. fig. 1.
Habitat in Germaniae vliginofis. Dom. Smidt.

2. E. viridi-aeneus, elytris punctis latis excauatis. *riparius.*
Ent. fyft. 1. 179. 2.
Linn. fyft. Nat. 2. 658. 10. Fn. Sv. 749.
Geoff. Inf. 1. 156. 30.
Illig. Col. Bor. 1. 225. 2.
Oliv. Inf. 34. tab. 1. fig. 4.
Voet. Col. tab. 40. fig. 7.
Degeer Inf. 4. tab. 4. fig. 9.
Schaeff. Icon. tab. 86. fig. 4.
Sulz. Hift. Inf. tab. 6. fig. 13.
Panz. Fn. Germ. 20. tab. 1.
Habitat in Europae humentibus.

3. E. aeneus, elytris ftriatis, pedibus flauefcentibus. *ftriatus.*
Ent. fyft. 1. 179. 3. *
Habitat in Germania. Dom. Smidt.

4. E.

Elaphri corpus paruum, oblongum, glabrum, immarginatum,
agile, *capite* magno, ouato, exferto, *oculis* globofis, prominentibus, lateralibus; *antennis* thorace longioribus, ante
oculos infertis; *thorace* fubcylindrico: marginibus deflexis, elytris anguftiore; *fcutello* paruo, rotundato; *elytris*
rigidis, haud deflexis, longitudine abdominis; *pedibus* longis, tenuibus, curforiis; *tarfis* quinquearticulatis; *colore*
plerumque aeneo, obfcuro.

impreſſus. 4. E. aeneus, elytris ſubſtriatis: punctis duobus
eleuatis coeruleis nitidis.

Carabus impreſſus aeneus, elytris ſubſtriatis:
quadratis impreſſis cyaneo - interruptis inter
ſtriam ſecundam tertiamque. Illig. Col. Bor. 1.
227. 6.

Panz. Fn. Germ. 40. tab. 8.

Habitat in Germaniae aquoſis.

Diſtinctus punctis duobus ad ſuturam oblongis,
eleuatis, cyaneis, nitidis.

atratus. 5. E. niger, pedibus rufis. Ent. ſyſt. ſuppl. 63. 3. *

Habitat in America. Dom. Hybner.

flauipes. 6. E. obſcure aeneus, elytris ſubnebuloſis, pedibus
luteis. Ent. ſyſt. 1. 179. 4.

Linn. ſyſt. Nat. 2. 658. Fn. Sv. 750.

Illig. Col. Bor. 1. 226. 4.

Panz. Fn. Germ. 20. tab. 2.

Degeer Inſ. 4. 119. 6.

Habitat in Europa ad riparum littora.

aquaticus. 7. E. aeneus nitidus, capite ſtriato. Ent. ſyſt. 1.
179. 5.

Cicindela aquatica. Linn. ſyſt. Nat. 2. 658. 14.
Fn. Sv. 752.

Degeer. Inſ. 4. 118. 5.

Geoff. Inſ. 1. 157. 31.

Habitat ad Europae aquas.

ſemipuncta- 8. E. aeneus nitidus, elytris punctatis: dorſo gla-
tus. berrimo. Ent. ſyſt. 1. 180. 6. *

Elaphrus aquatilis. Illig. Col. Bor. 1. 224. 1.

Panz. Fn. Germ. 20. tab. 3.

Oliv. Inſ. 34. tab. 1. fig. 3.

Habitat Halae Saxonum. Dom. Schaller.

rupeſtris. 9. E. nigro-aeneus nitidus, elytris punctato-ſtriatis:

tis: maculis duabus ferrugineis, antennarum
baſi pedibusque rufis.

Cicindela rupeſtris. Linn. ſyſt. Nat. 2. 658. 12.
Illig. Col. Bor. 1. 230. 13.
Oliv. Inſ. 35. tab. 9. fig. 103.
 tab. 14. fig. 103.
Habitat ad Germaniae aquas.

10. E. aeneus, elytris laeuibus nitidis, apice flaue- *2guttatus.*
 ſcentibus. Ent. ſyſt. 1. 180. 7. *
Habitat ad Norwagiae aquas.

44. SCOLYTVS. *Palpi* ſex filiformes: articulo vltimo obconico.
 Maxilla cornea, ciliata, acuta, integra.
 Ligula breuis, membranacea,
 rotundata, acuminata.
 Antennae filiformes.

1. S. niger, elytris ferrugineis: macula media ſinua- *flexuoſus.*
 ta punctoque apicis nigris. Ent. ſyſt. 1.
 180. *
Carabus flexuoſus. Mant. Inſ. 1. 253. 93.
Habitat in India orientali. Dr. Koenig.

2. S. ſupra ferrugineus, thorace macula, elytris fa- *limbatus.*
 ſciis vndatis viridi-aeneis. Ent. ſyſt. 1. 181.
 2. *
 Cara-

Scolyti corpus paruum, ſubrotundum, depreſſiuſculum, immarginatum, agile, *capite* ouato, inſerto, thorace anguſtiore, *oculis* rotundatis, vix prominulis, lateralibus; *antennis*
thorace longioribus, ante oculos inſertis; *thorace* tranſuerſo, breuiori, fere latitudine elytrorum; *ſcutello* minuto,
rotundato; *elytris* rigidis, haud deflexis longitudine abdominis; *pedibus* elongatis, curſoriis, rotundatis, tenuibus;
tarſis quinquearticulatis; *colore* variegato.

Carabus limbatus. Mant. Inf. 1. 202. 87.
Carabus dubius. Act. Berol. 4. tab. 7. fig. 4.
   A. B.
Illig. Col. Bor. 1. 240. 1.
Panz. Fn. Germ. 2. tab. 9.
Oliv. Inf. 35. tab. 4. fig. 43.
Habitat ad aquas fub lapidibus, Kiliae. de Sehe-
   ftedt.
Characterem generis in Entomologia fyftematica
   dedi, at *Palpi* fex, *anteriores* breuiores biar-
   ticulati: articulis aequalibus; fecundo acuto.
   Ligula membranacea, breuis, rotundata, inter
   palpos parum acuminata. *Labium* breue, cor-
   neum, transuerfum, emarginatum: lateribus
   rotundatis.

labiatus. 3. S. niger, labio thoracis elytrorumque margine
   argenteis.
   Habitat in Carolinae aquofis. Muf. D. Bofc.
   Paullo maior S. limbato. Caput fubpunctatum,
   nigrum, ore antennisque pallidis labioque argenteo nitido. Thorax fubpunctatus, niger,
   margine argenteo, nitido. Elytra ftriata, nigra, margine inprimis verfus apicem pallidi-
   teftaceo margine tamen ipfo argenteo nitidulo.
   Corpus nigrum, abdomine pedibusque pallide
   teftaceis.

45. SPERCHEVS. *Palpi* fex filiformes.
                Labium corneum, quadra-
                   tum, truncatum, inte-
                   grum.
                Antennae claua perfoliata.

emargina- 1. SPERCHEVS.
tus.   *Hydrophilus emarginatus* fufcus obfcurus, clypeo emarginato. Ent. fyft. 1. 183. 7.

                                    Dy-

Dytifcus emarginatus. Schall. Act. Hall. 1.
    327.

Illig. Col. Bor. 1. 242. 1.

Habitat in Europae aquis paludofis, plantarum ra-
    dicibus adhaerens.   Natàre haud valet.

Os maxillis pálpisque.   *Palpi* fex inaequales, fili-
    formes : *anteriores* breuiores longitudine ma-
    xillae, biarticulati : articulo primo breui, cy-
    lindrico, fecundo longiffimo, incuruo, fubu-
    lato, adhaerentes maxillae dorfo ; *intermedii*
    longiores, filiformes, quadriarticulati : articulo
    tertio paullo breniori ad anteriorum bafin in-
    ferti ; *pofteriores* parum breuiores, triarticu-
    lati : articulis aequalibus, adnati labii medio
    laterali.   *Mandibula* cornea, incurua, tenuis,
    apice fiffa.   *Maxilla* membranacea recta, linea-
    ris, integra.   *Ligula* nulla.   *Labium* corneum,
    transuerfum, truncatum, integrum.   *Antennae*
    breues perfoliatae.

46. HYDROPHILVS. *Palpi* quatuor elongati,
            filiformes.
            Maxilla bifida.
            Labium corneum, fub-
                emarginatum.
            Antennae claua perfo-
                liata.

1. H. niger, fterno canaliculato, poftice fpinofo, *piceus.*
    elytris fimpliciter fubftriatis. Ent. fyft. 1. 182.
    1. *

                                    Dy-

Hydrophili corpus oblongum, glabrum, gibbum, immarginatum; *capite* maiufculo, ouato, inferto; *palpis* porrectis, antennis fublongioribus; *antennis* longitudine capitis, ante
oculos infertis, in foueola fub oculis recondendis; *thorace*
                                    trans-

　　.- *Dytifcus piceus.* Linn. fyft. Nat. 2. 669. 1. Fn.
　　　　Sv. 784.
　　　　Oliv. Inf. 39. tab. 1. fig. 2.
　　·　Geoff. Inf. 1. 182. 1. tab. 3. fig. 1.
　　　　Degeer Inf. 4. 371. 1. tab. 14. fig. 12.
　　·Sulz. Hift. Inf. tab. 6. fig. 8.
　　　　Schaeff. Icon. tab. 33. fig. 1. 2.
　　　　Habitat in Europae aquis, pifcibus infeftus.

ater.　　2. H. niger, fterno canaliculato, poftice fpinofo, ely-
　　　　trjs ftriis tribus punctatis. Ent. fyft. 1. 183.
　　　　3.
　　　　Habitat in America meridionali. Muf. D. Lund.

oliuaceus.　3. H. oliuaceus, fterno canaliculato, poftice fpinofo,
　　　　coleoptris emarginatis. Ent. fyft. 1. 182. 2.
　　　　Dytifcus haftatus. Act. Berol. 4. tab. 7. fig. 2.
　　　　Oliv. Inf. 35. tab. 1. fig. 1.
　　　　Habitat in Coromandel.

caraboides.　4. H. niger nitidus, elytris fubftriatis. Ent. fyft. 1.
　　　　183. 4.
　　　　Geoff. Inf. 1. 183. 2.
　　　　Degeer. Inf. 4. 376. 2.
　　　　Illig. Col. Bor. 1. 247. 9.
　　　　Linn. fyft. Nat. 2. 664. 2. Fn. Sv. 765.
　　　　Oliv. Inf. 39. tab. 2. fig. 8.
　　　　Roef. Inf. 2. Aquat. 1. tab. 4. fig. 1. 2.
　　·Bergftr. Nomencl. 1. tab. 5. fig. 8. 9.
　　　　　　　　　　　　tab. 7. fig. 8. 9.　　Larua et
　　　　　　　　　　　　　　　　　　　　　Pupa.
　　'Schaeff. Icon. tab. 33. fig. 10.
　　　　Habitat in Europae aquis, pifcibus infeftus.
　　　　　　　　　　　　　　　　　　5. H:

_____

transuerfo, latitudine elytrorum; *fterno* faepius vtrinque
prominente, acuto; *fcutello* maiori, triangulari; *elytris*
rigidis, haud deflexis, longitudine abdominis; *pedibus* breuibus natatoriis; *tarfis* quadriarticulatis; *colore* nigro.

. H. niger nitidus, elytris laeuibus.　　　　　　*ellipticus.*
  Habitat in Guinea. Muf. Dom. Lund.
  Statura et fumma affinitas praecedentis, at paullo
  minor, anguftior et elytra haud ftriata.

5. H. niger nitidus, thoracis elytrorumque margi- *lateralis.*
  nibus flauis, fterno porrecto. Ent. fyft. 1.
  183. 5. *
  Habitat in America meridionali.

7. H. ater nitidus laeuiffimus, thoracis elytrorumque *abbreuia-*
  margine ferrugineo, fterno abbreuiato. *tus.*
  Habitat in America meridionali. D. Smidt. Muf.
  D. Lund.
  Statura et magnitudo H. lateralis. Caput atrum,
  nitidum, ore ferrugineo. Thorax et elytra nitidiffima, laeuiffima, margine laterali ferrugineo. Sternum nullo modo porrectum.
  Variat rarius margine magis concolore.

8. H. niger nitidus, pedibus rufis, fterno poftice *rufipes.*
  fpinofo, abdomine fubtus vtrinque punctis
  rubris.
  Habitat in China, in Sumatra. Muf. Dom. Lund.

9. H. niger, elytris ftriatis, pedibus piceis. Ent. fyft. *fcarabaeoi-*
  1. 184. 8. *des.*
  Dytifcus fcarabaeoides. Linn. fyft. Nat. 2.
  664. 3.
  Dytifcus fufcipes. Illig. Col. Bor. 1. 247. 8.
  Oliv. Inf. 39. tab. 2. fig. 9.
  Habitat in Europae aquis.

10. H. niger, pedibus piceis, elytris laeuibus. Ent. *picipes.*
  fyft. 1. 184. 9. *
  Illig. Col. Bor. 1. 248. 10.
  Oliv. Inf. 39. tab. 1. fig. 2.
  Habitat in Germaniae aquis.

　　　　　　　　　　　　　　　11. H.

orbicularis. 11. H. fubrotundus, corpore glabro atro. Ent. fyft.
　　　　　　1. 184. 10. *
　　　　　　　Geoff. Inf. 1. 184. 3.
　　　　　　　Illig. Col. Bor. 1. 246. 4.
　　　　　　　Oliv. Inf. 39. tab. 2. fig. 11.
　　　　　　　Habitat in Germaniae aquis.

fubrotun- 12. H. fubrotundus, ater, glaber, elytris ftriatis.
　　dus.　　　Ent. fyft. 1. 184. 11. 9
　　　　　　　Habitat in Americae aquis. Dr. Pflug.

bicolor. 13. H. ouatus, fupra flauefcens fubtus ater. Ent.
　　　　　　fyft. 1. 184. 12. *
　　　　　　　Dytifcus chryfomelinus. Ent fyft. 1. 197. 48.
　　　　　　　Habitat in Daniae aquis. Muf. D, de Seheftedt.

collaris. 14. H. niger, ore thoracis lateribus lineisque ely-
　　　　　　trorum ferrugineis. Ent. fyft. 1. 184. 13. *
　　　　　　　Habitat in America meridionali.

teftaceus. 15. H. ouatus, teftaceus, capitis bafi corporeque
　　　　　　nigris.
　　　　　　　Habitat in Europae aquis.
　　　　　　　Statura et magnitudo H. vndati. Corpus totum
　　　　　　laeuiffimum, teftaceum, capitis bafi corpore-
　　　　　　que nigris.

vndatus. 16. H. ouatus, niger, thorace pallido, elytris ftria-
　　　　　　tis grifeis. Ent. fyft. 1. 185. 14. *
　　　　　　　Habitat in Americae meridionalis aquis. Dr. Pflug.

erythroce- 17. H. ouatus, niger, capite, thorace elytrorumque
　　phalus.　　limbo rufis. Ent. fyft. 1. 185. 15. *
　　　　　　　Habitat - - - Muf. Dom. Lund.

haemor- 18. H. ater, elytris ftriatis; apice tibiisque ferru-
　　rhoidalis.　gineis. Ent. fyft. 1. 185. 16. *
　　　　　　　Habitat in Germaniae aquis. Dom, Smidt.

marginel- 19. H. ater, nitidus, thoracis elytrorumque margi-
　　lus.　　　ne rufo. Ent. fyft. 1. 185. 17. *
　　　　　　　　　　　　　　　　　　　Illig.

Illig. Col. Bor. 1. 246. 5.

Habitat in Germania. Dom. Smidt.

10. H. postice attenuatus, ater nitidus, elytris pun- *attenuatus.*
ctato - ftriatis.

Habitat in Indiae aquis. Dom. Daldorff. Muf. D.
de Sehestedt.

Corpus paruum, antice obtufum, poftice attenua-
tum, totum atrum, nitidum, elytris tenuiffime
punctato- ftriatis.

21. H. ater, nitidus, elytris ftriatis bafi apiceque *obfcurus.*
ferrugineis. Ent. fyft. 1. 185. 18.

Habitat in Germaniae aquis. Dom. Smidt.

22. H. thorace elytrisque ftriatis, fufco - cinereis, *luridus.*
corpore nigro. Ent. fyft. 1. 186. 19.

Dytifcus luridus. Linn. fyft. Nat. 2. 665. 5. Fn.
Sv. 767.

Degeer. Inf. 4. 378. 4. tab. 15. fig. 12.

Illig. Col. Bor. 1. 244. 2.

Panz. Fn. Germ. 7. tab. 3.

Oliv. Inf. 39. tab. 1. fig. 3.

Habitat in Europae aquis frequens.

23. H. ouatus, teftaceus, capite thoracisque difco *melanoce-*
nigris.   *phalus.*

Illig. Col. Bor. 1. 246. 6.

Oliv. Inf. 39. tab. 2. fig. 12.

Habitat in Europae aquis.

Medius, connexus, Caput atrum. Thorax ater,
margine omni teftaceo. Elytra fublaeuia, teftacea.

24. H. fupra cinereus, fubtus fufcus. Ent. fyft. 1. *grifeus.*
186. 21.

Geoff. Inf. 1. 184. 5.

Illig. Col. Bor. 1. 246. 7.

Habitat in Saxoniae aquis. Dom. Hybner.

25. H.

firiatulus. 25. H. ouatus, ater, thoracis margine elytrisque fubftriatis grifeis.

Habitat in Germania. Dr. Panzer.

Paullo maior H. 2punctato. Caput atrum, palpis grifeis. Thorax niger, margine late grifeo. Elytra fubtiliffime ftriata, grifea. Corpus atrum, pedibus grifeis.

2 punctatus 26. H. thorace atro: margine grifeo, elytris fufcis: margine punctoque poftico albidis. Ent. fyft. 1. 186. 22. *

Hydrophylus minutus. Illig. Col. Bor. 1. 245. 3.

Chryfomela minuta. Linn. Syft. Nat. 2. 593. 50. Fn. Sv. 637.

Hydrophylus coccinelloides. Roff. Fn. Etr. 1. 228. 486.

Geoff. Inf. 1. 184. 4.

Habitat in Vpfaliae aquis.

minutus. 27. H. ouatus, niger, elytris laeuibus teftaceis. Ent. fyft. 1. 186. 20. *

Dytifcus dermeftoides. Forft. nou. Inf. fpec. Cent. 1. 53.

Oliv. Inf. 39. tab. 2. fig. 13.

Habitat in Europae aquis.

Paruus. Caput et thorax atra, nitida, thoracis margine parum flauefcente. Elytra laeuia, teftacea, immaculata. Corpus nigrum.

pygmaeus. 28. H. grifeus, capite poftice atro, thorace flauefcente. Ent. fyft. 1. 186. 23. *

Habitat in Americae meridionalis Infulis. Dr. Pflug.

Varietas duplo maior vix differt.

nigriceps. 29. H. grifeus, capite nigro.

Habitat in India orientali. Dom. Daldorff. Muf. Dom. Lund.

Corpus

Corpus paruum H. 2punctati. . Corpus nigrum.
Thorax et elytra laeuia, grifea, immaculata.
Corpus nigricans, pedibus grifeis.

30. H. laeuiffimus ater, elytris truncatis abbreuiatis. *truncatel-*
Hydrophylus truncatellus. Payk. Fn. Sv. 1. *lus.*
183. 15.
Habitat in Daniae aquis. Muf. Dom. Lund.
Corpus minutum, laeuiffimum, atruin, elytris ab-
breuiatis.

47. HYDRACHNA. *Palpi* quatuor aequales:
posteriores extrorfum
craffiores.
Maxilla cornea, incurua,
acutiffima.
Labium corneum inte-
grum.
Antennae fetaceae.

1. H. nigra, capite, thorace elytrorumque bafi fer- *Hermanni.*
rugineis.
Dytifcus Hermanni. Ent. fyft. 1. 193. 28. *
Dytifcus tardus. Act. Berol. Nat. Cur. 4. tab. 7.
fig. 3.

Oliv.

Hydrachnae corpus paruum, gibbum, ouatum, immarginatum, agile, *capite* ouato, Inferto, oculis magnis, globofis,
prominentibus, lateralibus; *clypeo* breui, transuerfo, emarginato; *antennis* thorace longioribus in fouea ante oculos
infertis; *thorace* breui, transuerfo, elytris anguftiore : margine parum prominente acuto; *elytris* rigidis longitudine
abdominis: margine haud deflexo; *pedibus* breuibus, natatoriis, ciliatis; *tibiis* anticis apice fpinofis; *tarfis* anticis quadri-, pofticis quinquearticulatis; *colore* nigro aut
brunneo obfcuro.

Oliv. Inf. 40. tab. 2. fig. 14.

Habitat in aquis ftagnantibus Alfatiae. Prof. Hermann.

Scutellum paruum, triangulare. Sternum poftice quadridentatum.

Os palpis maxillisque. *Palpl* quatuor aequales, *anteriores* vix longiores, filiformes, quadriarticulati: articulo fecundo paullo longiori, vltimo breui, truncato, adhaerentes maxillae dorfo; *pofteriores* extrorfum crafſiores, triarticulati: articulo primo breuiſſimo, fecundo longiori, obconico, tertio breui, globofo, craſſiori, adnati labii lateribus. *Mandibula* craſſa, cornea, incurua, apice late emarginata: laciniis acutis. *Maxilla* porrecta, cornea, apice incurua, acutiſſima. *Labium* breue, corneum, fubtruncatum, integrum. *Antennae* fetaceae: articulo fecundo maiori.

gibba.   2. H. brunnea, fericeo - nitens.

Dytifcus gibbus. Ent. fyſt. 1. 193. 30. *

Dytifcus ouatus. Linn. Syſt. Nat. 2. 667. 18. Fn. Sv. 2282.

Dytifcus fphaericus. Degeer Inf. 4. 402. 9. tab. 14. fig. 17 - 19.

Geoff. Inf. 1. 191. 10.

Illig. Col. Bor. 1. 262. 11.

Oliv. Inf. 40. 33. 39. tab. 3. fig. 28.

Roſſ. Fn. Etr. 1. 234. 496.

Habitat in Europae borealis aquis ftagnantibus.

oualis.   3. H. glabra, punctata nigricans.

Dytifcus oualis. Illig. Col. Bor. 1. 262. 17.

Habitat in Europae aquis.

Nimis praecedenti affinis et forte mera varietas fexus.

                              4. H.

4. H. atra, nitida, capite elytrorumque ſtriis flauis. *ſcripta.*
Dytiſcus ſcriptus. Ent. ſyſt. ſuppl. 65. *
Habitat in Indiae aquis. Dom. Daldorff.

Statura parua, gibba praecedentium. Caput flauum, immaculatum. Thorax niger. Elytra
laeuia, nitida, atra, ſtriis plurimis, baſi coëuntibus flauis. Corpus nigrum, pedibus piceis.

48. DYTISCVS. *Palpi* ſex filiformes.
Labium corneum, truncatum,
integrum.
Antennae ſetaceae.

* *ſcutellati.*

1. D. niger, elytrorum marginibus dilatatis: linea *latiſſimus.*
flaua. Ent. ſyſt. 1. 187. 1.
Linn. ſyſt. Nat. 2. 665. 6. Fn. Sv. 768.
Illig. Col. Bor. 1. 250. 1.
Oliv. Inſ. 40. tab. 2. fig. 8.
Friſh. Inſ. 2. tab. 7. fig. 1. 2.
Sulz. Hiſt. Inſ. tab. 6. fig. 19.
Schaeff. Icon. tab. 27. fig. 1. 2.
Habitat in Europae aquis, piſcibus infeſtus. Mas
glaber, femina ſemiſulcata.
In propriam ſpeciem ſaeuit.

2. D.

Dytiſci corpus oblongum, depreſſum, planiuſculum, immarginatum, agile, *capite* ſubrotundo, inſerto, *clypeo* breui, rotundato, integro, *oculis* rotundatis, prominentibus, lateralibus; *antennis* thorace longioribus, ante oculos inſertis;
thorace breui, transuerſo, margine parum prominente
acuto; *ſcutello* breui, triangulari; *elytris* rigidis, incumbentibus, longitudine abdominis; *pedibus* breuibus, natatoriis; *tarſis* quinquearticulatis; *colore* nigro, obſcuro.
Dytiſcorum ſcutellatorum mares ſaepe tibiis anticis clypeatis,
feminae elytris ſemiſulcatis aut totis ſtriatis.

R

limbatus. 2. D. oliuaceus, thoracis elytrorumque margine flauo, abdomine atro: maculis lateralibus teftaceis. Ent. fyft. 1. 188. 6. *

Dytifcus aciculatus. Oliv. Inf. 13. 6. tab. 3. fig. 30.

Habitat in India orientali.

Magnus. Caput oliuaceum, ore antennisque flauis. Thorax oliuaceus, margine late flauo. Elytra oliuacea, ftria vna alteraue e punctis impreffis margineque flauo. Corpus atrum modo punctis lateralibus rufis, modo maculis maioribus, teftaceis.

marginalis. 3. D. niger, thoracis marginibus omnibus elytrorumque exteriori flauis. Ent. fyft. 1. 187. 3.
Linn. fyft. Nat. 2. 665. 7. Fn. Sv. 769.
Oliv. Inf. 40. tab. 1. fig. 1.
Geoff. Inf. 1. 186. 2.
Illig. Col. Bor. 1. 253. 3.
Roef. Inf. 2. Aquat. 1. tab. 1. fig. 9. 10. 11.
Sulz. Inf. tab. 6. fig. 42.
Schaeff. Icon. tab. 8. fig. 8.
Habitat in Europae aquis.
Agilis in dorfo iacens faltu fe reftituit. Diu fi in ficco retineatur, aegre fe immergit.

circumfle-xus. 4. D. oliuaceus, thoracis limbo elytrorumque margine flauis, fcutello rufo.
Habitat in Tanger. D. Schousboe. Muf. D. de Seheftedt.
Statura et magnitudo D. Roefelii. Caput oliuaceum, lunula frontali rufa, oreque flauo. Antennae ferrugineae. Thorax oliuaceus, margine omni flauo. Scutellum rufum. Elytra oliuacea, ftriis tribus punctatis, margineque flauo. Corpus flauum nigro-fafciatum, fterno antice porrecto fpinofo.

5. D.

5. D. niger, clypeo thoracis elytrorumque margine *punctula-*
    albis, elytris ftriis tribus punctatis. Ent. fyft. *tus.*
    I. 188. 4. *
    Oliv. Inf. 40. tab. 1. fig. 6.
    Geoff. Inf. 185. 1.
    Degeer Inf. 4. 396. 3.
    Frifh. Inf. tab. 1. fig. 7.
    Habitat in riuulis fyluaticis, Kiliae. Dom. Lund.
    Varietatem D. marginalis credit Illiger, at vix
    rite.

6. D. ater, fubtus oliuaceus, elytris puncto poftico *immargi-*
    ferrugineo. Ent. fyft. 4. App. 444. 4. * *natus.*
    Habitat in Senegalliae aquis. Dom. de Paykull.

7. D. virefcens, clypeo thoracis elytrorumque mar- *Roefelii.*
    gine exteriori flauis, elytris obfolete ftriatis.
    Ent. fyft. 1. 188. 5.
    Dyti/cus di/par. Roff. Fn. Etr. 1. 199. 489.
    Illig. Col. Bor. 1. 251. 2.
    Oliv. Inf. 40. tab. 3. fig. 21.
    Roef. Inf. 2. Aquat. 1. tab. 2. fig. 1 - 5.
    Habitat in Galliae aquis. Dom. Bofc.

8. D. ater, ore, thoracis elytrorumque margine, fe- *atratus.*
    moribusque quatuor anticis, obfcure rufis.
    Habitat in Oceani pacifici Infulis. D. Billardiere.
    Minor D. Roefelii et alius. Caput nigrum, ore
    late ferrugineo. Thorax laeuis, ater, obfcurus,
    margine exteriori ferrugineo. Elytra laeuiffi-
    ma atra, obfcura, margine exteriori ferrugineo.
    Corpus atrum. Pedes atri, femoribus quatuor
    anticis obfcure ferrugineis.

9. D. niger, capitis fafcia, thoracis margine, elytro- *coftalis.*
    rumque ftria coftali poftice hamato - ferrugi-
    neis. Ent. fyft. 1. 187. 2. *
    Dyti/cus coftalis. Oliv. Inf. 40. 9. 2. tab. 1. f. 7.

R 2 Ha-

Habitat Surinami.

D. limbato multo minor, fubtus ater, puncto in meo fpecimine vtrinque in pectore diftincto fanguineo. Elytrorum margo ftria flauefcente, quae tamen apicem haud attingit, at ante apicem hamum exferit.

lateralis. 10. D. niger, elytrorum margine flauo: linea nigra.

Dytifcus lateralis. Ent. fyft. fuppl. 64. 6.

Dytifcus 3punctatus. Oliv. Inf. 40. tab. 3. f. 24.

Habitat Tranquebariae. Dom. Daldorff.

Praecedenti nimis affinis. Corpus obfcure ferrugineum. Caput nigrum, antice flauum. Thorax niger, margine exteriori flauo. Elytra laeuia, ftriis tantum duabus e punctis minutiffimis exarata, oliuacea, margine flauo, et in hoc margine linea vna alteraue, e punctis minutiffimis nigricantibus, e medio ad apicem ducta.

laeuigatus. 11. D. laeuis niger, ore, thoracis margine, pedibusque quatuor anticis rufis.

Dytifcus laeuigatus. Oliv. Inf. 40. tab. 3. f. 23.

Habitat in Americae meridionalis aquis. D. Smidt. Muf. D. de Seheftedt.

Statura latius depreffa D. fulcati, paullo maior. Caput atrum, ore antennisque rufis. Thorax ater, margine tenuiffime rufo. Elytra laeuia, atra, obfcura, immaculata. Corpus atrum, pedibus quatuor anticis rufis.

latus. 12. D. laeuis, obfcure oliuaceus, ore, antennis elytrorumque margine poftico rufis.

Habitat in America meridionali. Muf. D. Lund.

Statura D. fulcati, poftice paullo latior. Antennae rufae. Caput obfcure oliuaceum, punctis duobus impreffis. Os ferrugineum. Thorax obfcure oliuaceus, margine concolore. Elytra
oliua-

olinacea, ftriis tribus e punctis impreffis, margine verfus apicem rufo. Corpus atrum, pedibus rufis.

13. D. niger, fronte thoraceque fuluis, elytris ftri- *ruficollis.*
ga bafeos margineque exteriori teftaceis. Ent.
fyft. 1. 189. 7. *
Oliv. Inf. 40. tab. 2. fig. 10.
Habitat in Siam. Muf. Dom. Banks.

14. D. coleoptris fulcis decem longitudinalibus vil- *fulcatus.*
lofis. Ent. fyft. 1. 189. 9.
Linn. fyft. Nat. 2. 666. 13. Fn. Sv. 773.
Geoff. Inf. 1. 189. 5.
Illig. Col. Bor. 1. 254. 4.
Roef. Inf. 2. Aquat. 1. tab. 3. fig. 7.
Frifh. Inf. 13. tab. 7.
Schaeff. Icon. tab. 3. fig. 3.
Panz. Fn. Germ. 3c. tab. 9. 10.
Oliv. Inf. 40. tab. 4. fig. 31.
Habitat in Europae, Americae aquis.

15. D. elytris flauis: fafciis duabus punctoque api- *fafciatus.*
cis nigris. Ent. fyft. 1. 189. 9. *
Oliv. Inf. 40. tab. 2. fig. 19.
Habitat in Indiae aquis.

16. D. fufcus, thorace flauo: fafcia abbreuiata ni- *ftriatus.*
gra, elytris transuerfim subtiliffime ftriatis.
Ent. fyft. 1. 189. 10.
Linn. Syft. Nat. 2. 665. 9. Fn. Sv. 770.
Degeer Inf. 4. 399. 5. tab. 15. fig. 16.
Illig. Col. Bor. 1. 257. 7.
Oliv. Inf. 40. tab. 2. fig. 20.
Roff. Fn. Etr. 1. 233. 494.
Habitat frequens in Europae aquis.

17. D. fufcus, thoracis margine flauo: elytris trans- *fufcus.*
uerfim

uerſim ſubtiliſſime ſtriatis. Ent. ſyſt. 1. 189. 11. *

Linn. ſyſt. Nat. 2. 665. 10.

Habitat in Germaniae aquis. Dom. Smidt.

Lanio. 18. D. niger, ore, verticis punctis duobus thoracisque marginibus rufis, elytris flauo - ſtriatis. Ent. ſyſt. 1. 190. 12. *

Oliv. Inſ. 40. tab. 2. fig. 9.

Habitat in Maderae aquis. Muſ. D. Banks.

cicur. 19. D. ater, laeuis, ore verticis puncto thoracisque margine rufis, elytris flauo - ſtriatis. Ent. ſyſt. 1. 190. 13. *

Habitat ad Cap. Bon. Spei. Prof. Vahl.

vittatus. 20. D. ater, laeuis, elytris vitta marginali flaua: macula baſeos atra. Ent. ſyſt. 1. 190. 14. *

Oliv. Inſ. 40. tab. 1. fig. 5.

Habitat in Indiae aquis. Muſ. Dr. Hunter.

cinereus. 21. D. cinereus, elytrorum margine thoracisque medietate flauis. Ent. ſyſt. 1. 190. 15.

Linn. Syſt. Nat. 2. 666. 11. Fn. Sv. 771.

Geoff. Inſ. 1. 188. 4.

Degeer. Inſ. 4. 397. 14.

Illig. Col. Bor. 1. 256. 5.

Schaeff. Icon. tab. 90. fig. 7.

Panz. Fn. Germ. 31. tab. 11.

Oliv. Inſ. 40. tab. 4. fig. 32.

Roſſ. Fn. Etr. Mant. 1. 414. 166.

Habitat in Europae aquis frequens.

zonatus. 22. D. cinereus, thorace flauo: faſciis duabus atris, elytrorum margine flauo.

Dytiſcus zonatus. Illig. Col. Bor. 1. 257. 6.

Panz. Fn. Germ. 38. tab. 13.

Habitat in Germaniae aquis.

Vix, ac ne vix quidem, a D. cinereo diſtinctus. Differt tantum corpore paullo anguſtiore, et

mar-

margine antico pofticoque thoracis parum
flauo.

23. D. capite thoraceque rufis, elytris cinereis: fa- *vnifafcia-*
fcia media repanda nigris.   *tus.*
Habitat in Guinea. Muf. D. Lund.
Statura et magnitudo D. ftictici. Caput rufum,
margine poftico nigro. Thorax laeuis, rufus,
immaculatus. Elytra laeuiffima, fafcia media,
lata, atra. Corpus atrum, pedibus teftaceis.

24. D. pallens, elytris grifeis; puncto oblongo la- *fticticus.*
terali nigro impreffo. Ent. fyft. 1. 191. 16. *
Linn. fyft. Nat. 2. 666. 12.
Oliv. Inf. 40. tab. 2. fig. 11.
Habitat in Africae aquis.

25. D. cinereus, elytris fafcia dentata nigra. Ent. *grifeus.*
fyft. 1. 191. 16. *
Oliv. Inf. 40. tab. 2. fig. 12.
Habitat in Indiae aquis. Muf. D. Lund.
Mera praecedentis varietas videtur.

26. D. glaber, ater, elytris punctis albis quinque. *1opuncta-*
Ent. fyft. 1. 191. 18. *   *tus.*
Habitat in noua Hollandia. Muf. D. Banks.

27. D. ater, ore elytrorumque margine ferrugineis, *fuliginofus.*
capite immaculato. Ent. fyft. 1. 191. 19. *
Habitat in Germaniae aquis.

28. D. ater, immaculatus, antennis rufis. *carbona-*
Habitat in Germaniae aquis.   *rius.*
Affinis certe D. 2puftulato totus ater, obfcure nitidus, antennis folis rufis. Elytra microfcopio
vifa fubtiliffime ftriata punctisque minutis impreffa.

29. D. laeuis, ater, capite poftice punctis duobus *2puftulatus*
rubris. Ent. fyft. 1. 191. 20.
Schaeff.

Schaeff. Icon. tab. 8. fig. 9.
Linn. fyft Nat. 2. 667. 17.
Illig. Col. Bor. 1. 260. 14.
Oliv. Inf. 40. tab. 3. fig. 26.
Habitat in Europa boreali.

cinctus.   30. D. capite thoraceque flauis: elytris nigris:
      margine omni albo. Ent. fyft. 1. 191. 21. ✿
      Habitat in Americae aquis. Dom. Mauduit.

2punctatus   31. D. ater, thorace flauo: punctis duobus nigris,
      elytris flauo fufcoque variis. Ent. fyft. 1. 192.
      22. ✿
      Dytifcus nebulofus. Forft. Cent. 1. 56.
      Illig. Col. Bor. 1. 262. 17.
      Oliv. Inf. 40. tab. 2. fig. 15.
      Roff. Fn. Etr. Mant. 1. 415. 167.
      Habitat in Germaniae aquis.

feneftratus. 32. D. fubtus ferrugineus, fupra niger, elytris mar-
      gine ferrugineo punctisque duobus feneftratis.
      Ent. fyft. 1. 192. 23. ✿
      Dytifcus aeneus. Illig. Col. Bor. 1. 259. 12. β?
      Dytifcus guttatus. Payk. Fn. Sv. 1. 211. 20.
      Habitat in Germaniae aquis.
      Elytrorum margo ferrugineus.

ater.   33. D. ater, elytris puncto apicis feneftrato, anten-
      nis pedibusque ferrugineis.
      Dytifcus ater. Illig. Col. Bor. 1. 259. 11.
      Dytifcus feneftratus. Payk. Fn. Sv. 1. 207. 16.
      Degeer. Inf. 4. 401. 8.
      Panz. Fn. Germ. 38. tab. 15.
      Roff. Fn. Etr. Mant. 1. 411. 162. β.
      Habitat in Germaniae aquis.

lacuftris.   34. D. obfcure metallicus, laeuis, flauo marginatus,
      fubtus ferrugineus.
      Dytifcus lacuftris. Illig. Col. Bor. 1. 258. 10.
                                    Panz.

Panz. Fn. Germ. 38. tab. 14.
Habitat in Germaniae aquis.

35. D. laeuis, ater, thoracis margine oreque ferrrgi- *Hybneri.*
neis, elytris linea marginali flaua. Ent. fyu. 1.
192. 24. *
Illig. Col. Bor. 1. 258. 9.
Oliv. Inf. 40. tab. 4. fig. 33.
Roff. Fn Etr. Mant. 1. 415. 165.
Habitat in Germaniae aquis. Dom. Hybner.

36. D. niger, nitidus, antennis punctisque duobus *nitidus.*
frontalibus rufis.
Habitat in Germaniae aquis.
Praecedentibus minor, totus ater, nitidus, antennis folis, punctisque duobus verticalibus, rufis.

37. D. laeuis, niger, thorace antice ferrugineo, ely- *ftagnalis.*
tris fufcis flauo-lineatis. Ent. fyft. 1. 192.
25. *
Habitat in Germaniae aquis. Dom. Hybner.

38. D. ater, thorace antice ferrugineo, elytrorum *transuerfa-*
margine, ftriaque bafeos abbreuiata flauis. Ent. *lis.*
fyft. 1. 192. 26. *
Myll. Zool. Dan. 71. 668.
Illig. Col. Bor. 1. 258. 8.
Oliv. Inf. 40. tab. 3. fig. 22.
Bergftr. Nomencl. 1. tab. 5. fig. 6.
Habitat in Europae aquis.

39. D. ater, elytris bafi margineque exteriori ferru- *calidus.*
gineis, fterno porrecto compreffo. Ent. fyft. 1.
193. 27. *
Habitat in Americae meridionalis aquis. D. Smidt.

40. D. niger, elytris ftriga abbreuiata bafeos, pun- *abbreuia-*
ctisque duobus flauefcentibus. Ent. fyft. 1. *tus.*
193. 29. *
Illig.

Illig. Col. Bor. 1. 263. 19.
Oliv. Inf. 40. tab. 4. fig. 38.
Panz. Fn. Germ. 14. tab. 1.
Herbft. Arch. 5. 125. 11.
Habitat in Kiliae aquis. Dom. Daldorff.

vliginofus. 41. D. ater, nitidus, antennis, pedibus elytrorumque
latere exteriore ferrugineis. Ent. fyft. 1. 194.
31.
Linn. fyft. Nat. 2. 667. 20. Fn. Sv. 776.
Schaeff. Icon. tab. 8. fig. 10.
Habitat in Europae paludibus.

paludofus. 42. D. ater, nitidus, elytris bafi ferrugineis.
Habitat in Germaniae paludibus.
Statura, magnitudo et fumma affinitas praecedentis. Os, antennae, pedes ferruginea. Elytra
laeuia, nigra, bafi late ferruginea. Corpus
atrum.

irroratus. 43. D. teftaceus, nigro-irroratus, capite pectoreque
nigris. Ent. fyft. 1. 194. 32. *
Habitat in Americae aquis.

agilis. 44. D. niger, ore, thorace, elytrorum margine pedibusque ferrugineis. Ent. fyft. 1. 194. 33. *
Habitat in Germaniae aquis. Dom. Smidt.

maculatus. 45. D. niger, thorace fafcia pallida, elytris albo ni-
groque variis. Ent. fyft. 1. 194. 34.
Linn. fyft. Nat. 2. 666. 15. Fn. Sv. 777.
Oliv. Inf. 40. tab. 2. fig. 16.
Panz. Fn. Germ. 14. tab. 8.
Herbft. Arch. 5. 125. 15. tab. 28. fig. B.
Habitat in Europae aquis.
Maculae elytrorum variant.

brunneus. 46. D. fubtus ater, fupra brunneus. Ent. fyft. fuppl.
64. 34. *
Habitat in Tangier. Schousboe. Muf. D. Lund.

47.

47. D. ouato - oblongus, capite pedibusque rufis. *erythroce-*
    Ent. fyft. 1. 194. 35. *phalus.*
  Linn. fyft. Nat. 2. 660. 14. Fn. Sy. 774.
  Degeer Inf. 4. 404. 12.
  Habitat in Europae paludibus.

48. D. thorace rufo, elytris cinereo-rufoque ftria- *varius.*
    tis. Ent. fyft. 1. 195. 37. *
  Oliv. Inf. 40. tab. 2, fig. 17.
  Habitat in Sumatra. Dom. Daldorff.

49. D. thorace rufo: fafcia, elytris, margine lineo- *interroga-*
    laque bafeos ferrugineis. *tus.*
  Habitat in Carolinae aquis. Dom. Bofc.
  Statura et magnitudo D. vliginofi. Caput antice
    ferrugineum, poftice nigrum. Thorax niger,
    fafcia media, ad marginem dilatata, rufa. Ely-
    tra laeuia, nigra, margine lineolaque bafeos
    parua ad futuram rufis. In margine rufo ver-
    fus apicem punctum paruum, fufcum. Corpus
    ferrugineum.

50. D. fufcus, thorace flauo: punctis quatuor ni- *notatus.*
    gris, elytris ftria futurali flaua. Ent. fyft. 1.
    195. 38. *
  Illig. Col. Bor. 1. 261. 15.
  Oliv. Inf. 40. tab. 5. fig. 47.
  Bergftr. Nomencl. 1. tab. 5. fig. 10.
  Habitat in Germaniae aquis.

51. D. thorace ferrugineo, elytris nigris flauo-irro- *adfperfus.*
    ratis.
  Dytifcus adfperfus. Illig. Col. Bor. 1. 261. 16.
  Panz. Fn. Germ. 38. tab. 18.
  Habitat in Germaniae aquis.
  Vix a praecedente fatis diftinctus. Antennae fer-
    rugineae. Caput ferrugineum, vertice nigro.
    Thorax ferrugineus. Elytra laeuia, nigra, ato-
                                                      mis

mis numerofis, minutiffimis, flauis. Corpus
atrum, pedibus ferrugineis.

haemorrhoi 52. D. ater, capite, thorace elytrorumque apicibus
dalis. ferrugineis. Ent. fyft. fuppl. 64.

Habitat in Germaniae aquis.

D. notato paullo minor. Antennae ferrugineae.
Caput et thorax laeuia, ferruginea, immaculata. Elytra laeuia, nigra, litura bafeos apici-
busque ferrugineis. Corpus atrum, pedibus
ferrugineis.

bicolor. 53. D. fupra ater, elytris ftriatis, fubtus ferrugineis.
Ent. fyft. 1. 195. 39. *

Habitat in Aquapim Guineae. Dom. Ifert.

pofticatus. 54. D. ater, elytris ftriatis: bafi apiceque tenuiffime ftriatis.

Habitat in Americae Infulis. Smidt. Muf. D. de
Seheftedt.

Statura omnino oblonga D. bicoloris. Caput nigrum, antennis rufis. Thorax niger, margine
rufo. Elytra ftriata, nigra, bafi tenuiffime rufa. Apex nefefcit. Corpus nigrum, pedibus
rufis.

Variat duplo minor.

** *Exfcutellati.*

planus. 55. D. oblongus, planus, niger, tibiis folis rufis.
Ent. fyft. 1. 195. 36. * Payk. Fn. Sv. 1.
223. 33.

Habitat in Daniae aquis. Muf. Dom. Lund.

depreffus. 56. D. thorace ferrugineo: punctis duobus bafeos
nigris, elytris fufcis ferrugineo - maculatis.
Ent. fyft. 1. 195. 41.

Dytifcus depreffus. Payk. Fn. Sv. 221. 36.

Habitat in Sueciae aquis.

Dytiscus alpinus. Payk. Fn. Sv. 226. 30. vix
differt.

57. D. capite, thoracis margine elytrorumque pun- *dorsalis.*
cto baseos distincto, margineque inaequali fer-
rugineis. Ent. syst. 1. 196. 42. * Payk. Fn.
Sv. 222. 31.
Oliv. Inf. 40. tab. 1. fig. 3.
Dytiscus rufistbus. Ent. syst. 1. 198. 53. nullo
modo differt.
Habitat in Kiliae aquis. Dom. Daldorff.

58. D. ater, capite ferrugineo, elytris maculis tri- *6pustulatus*
bus rufis: baseos maiore. Ent. syst. 1. 196.
43. * Payk. Fn. Sv. 1. 225. 35.
Oliv. Inf. 49. tab. 4. fig. 35.
Habitat in Sueciae aquis.

59. D. laeuis, elytris lituris duabus lateralibus al- *palustris.*
bis. Ent. syst. 1. 196. 44.
Linn. syst. Nat. 2. 667. 19. Fn. Sv. 775.
Habitat in Europae aquis.

60. D. ferrugineus, elytris nigris: margine ferru- *ouatus.*
gineo. Ent. syst. 1. 196. 45.
Habitat in Europae aquis.
Corpus paruum, exscutellatum, rufum, a D. ouato Linnaei omnino distinctus.

61. D. niger, thorace antice ferrugineo, elytris fla- *biciprs.*
uo-lineatis. Ent. syst. 1. 196. 46. * Payk.
Fn. Sv. 1. 228. 39.
Dytiscus rufipes. Ent. syst. 1. 195. 40. *
Illig. Col. Bor. 1. 267. 26.
Panz. Fn. Germ. 14. tab. 3.
Habitat in Germaniae aquis. Dom. Hybner.

62. D. niger, elytris basi lituraque apicis pallidis. *lituratus.*
Ent. syst. 1. 197. 47. *
Habitat in Italiae aquis. Dr. Allioni.

63. D.

fignatus. 63. D. niger, capite thoraceque rufis: fignaturis nigris. Ent. fyft. 1. 197. 49. *
Habitat in Patagoniae aquis. Muf. D. Banks.

12puftula- 64. D. teftaceus, elytris nigris: maeulis fex teftaceis: Ent. fyft. 1. 197. 50. * Payk. Fn. Sv.
tus. 1. 220. 29.
Oliv. Inf. 40. tab. 5. fig. 46.
Habitat in Germaniae aquis. Muf. Dom. Bofc.

8puftulatus 65. D. niger, fronte, thoracis lateralibus elytrorumque punctis marginalibus ferrugineis. Ent. fyft.
1. 197. 51. *
Habitat in Sueciae aquis. Dom. Com. de Soūza.

Halenfis. 66. D. ater, thorace rufo: bafeos medio nigro, puncto nigro, elytris cinereis nigro-ftriatis. Ent.
fyft. 1. 108. 52. * Payk. Fn. Sv. 1. 230.
41.
Habitat in Germaniae aquis. Dom. Hybner.

granularis. 67. D. niger, elytris lineis duabus flauefcentibus, pedibus rufis. Ent. fyft. 1. 198. 54.
Linn. fyft. Nat. 2. 667. 22.
Oliv. Inf. 40. tab. 2. fig. 13.
Payk. Fn. Sv. 231. 43.
Scopol. Carn. 2. 97.
Habitat in Europae borealis aquis.

confluens. 68. D. niger, capite thoraceque ferrugineus, elytris pallidis: lineis quatuor difci nigris. Ent. fyft.
1. 198. 55. *
Oliv. Inf. 40. tab. 5. fig. 43.
Payk. Fn. Sv. 1. 230. 42.
Habitat Kiliae. Dom. Daldorff.

obliquus. 69. D. ferrugineus, elytris maculis quinque obliquis fufcis. Ent. fyft. 1. 198. 56. *
Dytifcus laminatus. Schulz. Act. Hallenf. 13.
12.

Degcer

Degeer Inf. 4. tab. 16. fig. 9.
Payk. Fn. Sv. 1. 235. 50.
Habitat in Kiliae aquis. Dom. Daldorff.

70. D. oualis, obfcure brunneus, elytris lineolis ni- *fuluus.*
gris.

Habitat in Europae aquis. Dom. Smidt.

Statura oblonga, antice attenuata D. impreffi, at
duplo maior. Caput et thorax obfcure brunnea, immaculata, oculis albis. Elytra punctato-ftriata: lineolis aliquot nigris. Corpus
brunneum.

71. D. oualis fiauefcens, elytris cinereis: punctis *impreffus.*
impreffis ftriatis. Ent. fyft. 1. 199. 57. *

Dytifcus impreffo-ftriatus. Act. Hall. 1. 312.
Oliv. Inf. 40. tab. 4. fig. 40.
Illig. Col. Bor. 1. 269. 30.
Panz. Fn. Germ. 14. tab. 7.
Payk. Fn. Sv. 1. 235. 49.
Habitat in Europae aquis.

72. D. ferrugineus, capite bafi nigro, elytris obfcu- *femipuncta-*
ris apice punctatis. Ent. fyft. 1. 199. 58. * *tus.*
Habitat in India orientali. Muf. Dom. Lund.

73. D. oblongus, ater, coleoptris ferrugineis: cruce *crux.*
atra. Ent. fyft. 1. 199. 59. *
Habitat in Italiae aquis. Dr. Allioni.

74. D. oblongus, ater, capite elytrorumque maculis *arcuatus.*
duabus ferrugineis.

Dytifcus arcuatus. Panz. Fn. Germ. 26. tab. 1.
Habitat in Germaniae aquis. Dom. Panzer.
Statura et magnitudo D. crucis. Caput rufum.
Thorax ater, immaculatus. Elytra laeuia, atra,
maculis duabus rufis, altera bafeos, altera api-
cis, arcuata.

75. D.

geminus. 75. D. oblongus, ater, thoráce punctis duobus, elytris lineolis duabus bafeos, punctoque apicis
albis. Ent. fyſt. 1. 199. 60. *

Dytiſcus trifidus. Panz. Fn. Germ. 26. tab. 2.
Habitat Halae Saxonum. Dom. Hybner.

lineatus. 76. D. ferrugineus, coleoptris fufcis: lineis flauefcentibus. Ent. fyſt. 1. 200. 61. *

Bergſtr. Nomencl. 1. 32. 8. 9. tab. 6. fig. 8. 9.
Illig. Col. Bor. 1. 268. 27.
Oliv. Inf. 40. tab. 5. fig. 43.
Payk. Fn. Sv. 227. 37.
Degeer Inf. 4. 403. 11.
Habitat in Germaniae aquis. D. Prof. Hermann.

inaequalis. 77. D. ferrugineus, elytris nigris: lateribus inae-
qualiter ferrugineis. Ent. fyſt. 1. 200. 61. *

Illig. Col. Bor. 1. 268. 28.
Oliv. Inf. 40. tab. 3. fig. 29.
Payk. Fn. Sv. 1. 237. 52.
Habitat in Europae paludibus.

mixtus. 78. D. flauefcens, elytris fufcis: margine flauo maculato. Ent. fyſt. 1. 200. 63. *

Linn. fyſt. Nat. 2. 667. 27. Fn. Sv. 778.
Dytiſcus interruptus. Panz. Fn. Germ. 26. tab. 5.
Dytiſcus variolofus. Herbſt. Arch. 5. 128 26.
Dytiſcus obfcurus. Panz. Fn. Germ. 26. tab. 3.
vix differt.
Illig. Col. Bor. 1. 264. 20.
Oliv. Inf. 40. tab. 5. fig. 49.
Degeer Inf. 4. tab. 15. fig. 21.
Payk. Fn. Sv. 1. 229. 40.
Habitat in Europae paludibus.

pygmaeus. 79. D. ferrugineus, elytris nigris: margine folo ferrugineo. Ent. fyſt. 1. 200. 64. *

Habi-

Habitat in Daniae aquis. Muf. D. de Seheftedt.

D. ouato affinis videtur, mihi haud rite notus.

80. D. ferrugineus, coleoptrorum difco nigro, fer- *reticulatus.*
rugineo reticulato. Ent. fyft. 1. 200. 65. *

Habitat - - Muf. D. de Seheftedt.

81. D. fufcus, capite thoraceque flauis, antennis *crafficornis.*
medio incraffatis. Ent. fyft. 1. 201. 66. *

Illig. Col. Bor. 1. 267. 25.

Oliv. Inf. 40. tab. 4. fig. 34.

Herbft. Arch. 5. tab. 28. tab. 28. b. fig. 6. B.

Myll. Zool. Dan. 779.

Payk. Fn. Sv. 1. 227. 38.

Degeer Inf. 4. 402. 10.

Habitat in Germaniae aquis.

82. D. planus, ater, elytris bafi, pedibusque ferru- *flauipes.*
gineis. Ent. fyft. 1. 201. 67. *

Habitat in Daniae paludibus. Dom. Lund.

83. D. ferrugineus, thorace nigro, elytris pallidis: *pictus.*
futura maculaque nigris. Ent. fyft. 1. 201.
68. *

Payk. Fn. Sv. 1. 233. 46.

Habitat in Germaniae aquis. Dom. Hybner.

84. D. ater, immaculatus, antennis pedibusque fer- *nigrita.*
rugineis. Ent. fyft. 1. 201. 69. *

Payk. Fn. Sv. 224. 34.

Habitat in Germaniae aquis. Dom. Smidt.

85. D ater, thorace elytrisque margine albis. Ent. *pufillus.*
fyft. 1. 201. 70. *

Habitat in Italiae aquis. Dr. Allioni.

86. D. niger, thoracis fafcia antica, elytrorumque ma- *paruulus.*
culis ferrugineis. Ent. fyft. 1. 201. 71. *

Payk. Fn. Sv. 1. 232. 45.

Habitat in Daniae aquis. Muf. Dom. Lund.

S *Varie-*

Varietatem praecedentis credit D. Paykull, at vix rite.

49. GYRINVS. *Palpi* quatuor filiformes.
　　　　Maxilla cornea, vnidentata, acutiſſima.
　　　　Labium emarginatum.
　　　　Antennae cylindricae.

natator.

1. G. coerulefcenti-nitidus, elytris punctato-ſtriatis, pedibus ferrugineis. Ent. fyſt. 1. 202. 1.
Linn. fyſt. Nat. 2. 567. 1. Fn. Sv. 779.
Geoff. Inf. 1. 194. 1. tab. 3. fig. 3.
Roef. Inf. 3. tab. 31.
Schaeff. Icon. tab. 134. fig. 5.
Illig. Col. Bor. 1. 271. 1.
Panz. Fn. Germ. 3. tab. 5.
Oliv. Inf. 41. tab. 1. fig. 1.
Degeer. Inf. 4. 355. 1. tab. 13. fig. 4.
Payk. Fn. Sv. 1. 238. 1.
Habitat in Europae lacubus, pifcinis.
Velociſſime fupra aquam per orbes curfitat, nitidiſſimus, foetens, laceſſitus vrinatur; et tunc bullam aëream hydrargyri colore fecum trahit.

bicolor.

2. G. cylindricus, glaberrimus, fupra niger, fubtus ferrugineus. Ent. fyſt. 1. 202. 2. *
Payk. Fn. Sv. 1. 239. 2.

Habi-

Gyrini corpus oblongum, glabrum, nitidulum, marginatum, agile, *capite* ouato, inferto, *clypeo* rotuudato, fubemarginato, *oculis* globofis, verticalibus; *antennis* breuibus, craffis, cylindricis, in fouea laterali capitis infertis; *thorace* breui, transuerfo, marginato, laeuiſſimo; *elytris* marginatis, abdomine breuioribus, obtufis; *pedibus* anticis porrectis; *poſticis* quatuor breuiſſimis, compreſſis, natatoriis; *colore* nigro, nitido.

Habitat in Sueciae aquis. Dom. Prof. Leske.
Species mihi adhuc dubia.

3. G. fubſtriatus, virefcens, elytris abbreuiatis vni- *auſtralis.*
dentatis. Ent. fyſt. 1. 203. 3. ✺
Oliv. Inf. 41. tab. 1. fig. 4.
Habitat in nouae Hollandiae aquis. Muf. D. Banks.

4. G. laeuis, ater, opacus, pedibus quatuor poſticis *America-*
teſtaceis. Ent. fyſt. 1. 203. 4. ✺ *nus.*
Oliv. Inf. 41. tab. 1. fig. 6.
Linn. fyſt. Nat. 2. 568. 2.
Habitat in Americae aquis.

5. G. laeuis, oliuaceus, nitidus, elytris faſcia poſtica *micans.*
nitidiore. Ent. fyſt. 1. 203. 5. ✳
Habitat in Aquapim Guineae. Dom. Ifert.

6. G. laeuis, niger, opacus, elytris ante apicem vhi- *praemor-*
dentatis. *ſus.*
Gyrinus Indus. Ent. fyſt. fuppl. 65. 5. ✳
Habitat in Sierra Leon.

7. G. laeuis, nitidiſſimus, elytris margine flauo, *haſtatus.*
apice vnifpinofis.
Habitat in Americae meridionalis Infulis. Dom.
Lund.
Paullo maior G. fpinofo, totus laeuis, nitidiſſimus,
margine paullum prominulo, flauo, apice fpina
porrecta, acutiſſima. Corpus cum pedibus ferrugineum.

8. G. niger, nitidus, thoracis elytrorumque margine *spinoſus.*
flauo, elytris bifpinofis. Ent. fyſt. 1. 203. 6. ✺
Oliv. Inf. 41. tab. 1. fig. 7.
Habitat in Coromandel. Muf. Dom. Banks.

9. G. viridis, nitens, thoracis elytrorumque margine *ſtriatus.*
pallido, elytris ſtriatis. Ent. fyſt. 1. 203. 7. ✳
Gyrinus capenfis. Thunb. nou. fp. Inf. 1. 27.

Oliv. Inf. 41. tab. 1. fig. 2.

Habitat in Barbariae aquis. Dom. Desfontaines.

minutus. 10. G. niger, elytris ftriatis, fubtus ferrugineus, abdominis medio nigro. Ent. fyft. fuppl. 65. 8.º

Habitat in Europae aquis. Muf. D. Bofc.

nitidulus. 11. G. ater, nitidus, elytris punctato-ftriatis, ano pedibusque rufis. Ent. fyft. fuppl. 204. 8. *

Habitat in Indiae aquis. Dom. Daldorff.

Magnitudo G. minuti. Corpus atrum, nitidum. Elytra punctato-ftriata, abdomine breuiora. Anus et pedes rufi.

ftrigofus. 12. G. thorace nigro: margine fafciaque teftaceis, elytris ftriatis: margine teftaceo.

Habitat in Auftralafiae aquis. D. Billardiere.

Statura et magnitudo praecedentium. Capnt aeneo-nitens, maculis duabus inter oculos brunneis. Thorax laeuis, nitidulus, fufca media margineque teftaceis. Elytra ftriata, nigra, margine teftaceo. Corpus atrum, pedibus teftaceis.

rufipes. 13. G. niger, micans, elytrorum margine virefcente, pedibus quatuor pofticis ferrugineis.

Habitat in Auftralafiae aquis. D. Billardiere.

Statura omnino praecedentis, at diftinctus videtur. Caput, thorax, elytra laeuia, nigra, viridi-micantia, margine elytrorum toto viridi. Pedes poftici ferruginei.

villofus. 14. G. fupra niger, grifeo-pubefcens, fubtus flauus.

Gyrinus villofus. Illig. Col. Bor. 1. 271. 2.

Gyrinus villofus. Myl. Zool. Dan. Prodr. 652.

Habitat in Germaniae aquis.

Paullo minor G. natatore, minime nitidus et pilis grifeis tectus.

50. ELO-

50. ELOPHORVS. *Maxilla* cornea, apice membranacea.
Labium corneum, quadratum.
Antennae claua folida.

1. E. fufcus, thorace rugofo, elytrisque fufco-aeneis. **aquaticus.**
  Ent. fyft. 1. 204. 1.
  Silpha aquatica. Linn. fyft. Nat. 2. 563. 25.
  Geoff. Inf. 1. 105. 15.
  Degeer Inf. 4. 379. 5. tab. 15. fig. 5. 6.
  Illig. Col. Bor. 1. 273. 2.
  Herbft. Col. 5. tab. 49. fig. 7.
  Oliv. Inf. 38. tab. 1. fig. 1.
  Habitat ad aquas ftagnantes frequens.
  Conf. *Elophorus grandis* Illig. Col. Bor. 1. 272. 1.
  Panz. Fn. Germ. 26. tab. 6.
  Vix differre videtur, quamuis paullo maior.

2. E. grifeus, thorace elytrisque fulcato-rugofis. **nubilus.**
  Ent. fyft. 1. 204. 2.
  Illig. Col. Bor. 1. 273. 4.
  Herbft. Col. 5. tab. 49. fig. 8.
  Habitat ad Germaniae aquas. Dom. Schulz.

3. E. thorace punctato, aeneo, elytris porcatis fufcis. **elongatus.**
  Ent. fyft. 1. 204. 3.
  Illig. Col. Bor. 1. 274. 5.
  Panz. Fn. Germ. 26. tab. 7.

Oliv.

Elophori corpus paruum, oblongum, immarginatum, *capite* paruo, ouato, *oculis* rotundatis, prominulis, lateralibus; *antennis* breuibus, ante oculos infertis; *thorace* planiufculo, transuerfo, faepius fulcato, inaequali; *fcutello* minuto, rotundato; *elytris* rigidis, fornicatis, longitudine abdominis; *pedibus* breuibus, curforiis; *tarfis* quinquearticulatis; *colore* obfcuro, faepius aeneo.

Oliv. Inf. 38. tab. 1. fig. 4.
Habitat in Germaniae aquis. Dom. Helwig.

humeralis. 4. E. fufcus, thorace laeui, elytris crenato-ftriatis:
puncto humerali teftaceo. Ent. fyft. 1. 205.
4. *
Habitat in Germania. Dom. de Loewenfkiold.

flauipes. 5. E. niger, thorace fulcato, elytris ftriatis, pe-
dibusque teftaceis. Ent. fyft. 1. 205. 5. *
Oliv. Inf. 38. tab. 1. fig. 3.
Habitat in Sueciae aquis. Dom. Com. de Souza.

crenatus. 6. E. niger, thorace inaequali, elytris crenato-ftria-
tis. Ent. fyft. 1. 205. 6. *
Silpha elongata. Schall. Aet. Hall. 1.
Habitat in Kiliae aquis.

pygmaeus. 7. E. thorace marginato, fublaeui, niger, elytris
ftriatis, apice pedibusque ferrugineis. Ent.
fyft. 1. 205. 7. *
Habitat in Germaniae aquis. Dom. Smidt.

minimus. 8. E. thorace laeui, elytris ftriatis, corpore fufco
immaculato. Ent. fyft. 1. 205. 8. *
Elophorus grifeus. Ent. fyft. 1. 205. 8. *
Herbft. Col. 5. 153. 7. tab. 49. fig. 12.
Hydrachna riparia. Illig. Col. Bor. 1. 279. 1?
Habitat in Europae aquis. Dom. Helwig.

51. CLE-

51. CLERVS. *Palpi* quatuor:

    anteriores filiformes,

    pofteriores longiores, fecuri-

    formes.

    Antennae filiformes, extrorfum

    parum crafliores.

1. C. niger, elytris fafcia triplici alba, bafi rufis. *mutilla-*
    Ent. fyft. 1. 206. 1.   *   *rius.*

    Illig. Col. Bor. 1. 285. 6.

    Panz. Fn. Germ. 31, tab. 12.

    Schaeff. Icon. tab. 18. fig. 5.

    Habitat Halae Saxonum. Dom. Schaller.

    Os maxillis palpisque. *Palpi* quatuor inaequales:
    anteriores vix maxilla longiores, filiformes,
    quadriarticulati: articulo fecundo paullo lon-
    giori, vltimo breui, obtufo, adhaerentes maxil-
    lae dorfo; *pofteriores* longiores, fecuriformes,
    triarticulati: articulo fecundo longiori, cylin-
    drico, vltimo maiori, obconico, oblique trunca-
    to, fecuriformi ligulae medio laterali adnati.
    Mandibula cornea, arcuata, acuta. *Maxilla*
    cornea, compreffa, vnidentata, apice truncata,
    ciliata. *Ligula* porrecta, membranacea, bifida:
    laciniis breuibus, rotundatis, diftantibus. *La-*
                                  bium

Cleri corpus oblongum, villofum, immarginatum, tardum;
capite obtufo, ouato, inferto, latitudine thoracis, *oculis*
magnis, globofis, lateralibus; *antennis* longitudine thoracis, ferratis, ante oculos infertis; *thorace* rotundato, margine inflexo, latitudiue fere elytrorum; *fcutello* paruo,
rotundato; *elytris* fornicatis, abdomine longioribus: margine haud inflexo; *pedibus* validis, curforiis; *tarfis* quadriarticulatis; *colore* vario, obfcuro.
Cleri fub arborum corticibus degunt, laruis infectorum victi-
   tautes.

bium breue, corneum, transuerfum, fubemarginatum.

dubius. 2. C. rufus, elytris nigris: fafcia duplici alba, bafi
rufis. Ent. fyft. 1. 206. 2. *
Habitat in America boreali. Dom. Yeats.

ichneumo- 3. C. capite thoraceque rufis, elytris nigris: fafcia
neus. media rufa ftrigaque apicis alba. Ent. fyft. 1.
206. 3. *
Habitat in America boreali. Dom. Yeats.

fphegeus. 4. C. niger, fronte elytrorumque fafcia cinereis.
Ent. fyft. 1. 207. 4. *
Habitat in America boreali. Muf. Dom. Banks.

formicarius 5. C. niger, thorace rufo, elytris fafcia duplici alba
bafique rubris. Ent. fyft 1. 207. 5.
Attelabus formicarius. Linn. Syft. Nat. 2. 620.
8. Fn. Sv. 641.
Illig. Col. Bor. 1. 285. 7.
Schaeff. Icon. tab. 188. fig. 4.
Panz. Fn. Germ. 4. tab. 8.
Sulz. Hift. Inf tab. 4. fig. 8.
Roff. Fn. Etr. 1. 147. 351.
Habitat in Europa et America.

6guttatus. 6. C. niger, fronte cinerafcente, elytris maculis tribus albis. Ent. fyft. 1. 207. 6. *
Habitat in America. Dom. Drury.

fpinofus. 7. C. villofus, niger, elytris maculis tribus albis,
apice fpinofis; femoribusque anticis rufis.
Habitat in America meridionali. Smidt. Muf. D.
de Sehestedt.
Paruus. Caput nigrum, labio flauo. Thorax hirtus, niger, dorfo parum impreffo. Elytra punctata, nigra, maculis tribus transuerfis, flauis,
apice fpinofo, rufo. Abdomen nigrum, apice
rufum.

rufum. Pedes nigri, femoribus anticis clauatis, rufis.

Variat futura parum rufefcente.

8. C. niger, thorace rubro, elytris punctis duobus *4maculatus*·
albis. Ent. fyft. 1. 207. 7. *
Attelabus 4maculatus. Schall. Act. Hall. 1. 288.
Habitat in Saxoniae Pinetis. Dom. Hybner.

9. C. niger, elytris fafcia alba, bafi rubris. Ent. fyft. *vnifafcia-*·
1. 207. 8. *   *tus.*
Attelabus. Sulz. Hift. Inf. tab. 2. fig. 13.
Roff. Fn. Etr. 1. 138. 352.
Habitat in Europae auftralioris, Africae Onopor-
do. Dom. Prof. Vahl.

52. TILLVS. *Palpi* quatuor inaequales:
anteriores filiformes,
pofteriores fecuriformes.
Ligula membranacea, inter palpos porrecta, integra.
Antennae ferratae.

1. T. ater, thorace villofo rufo. Ent. fyft. 1. 77. 1. * *elongatus.*
Tillus elongatus. Oliv. Inf. 2. 22. 4. 1. tab. 1.
fig. 1.
Clerus elongatus. Illig. Col. Bor. 1. 286. 8.
Chryfomela elongata. Linn. Syft. Nat. 2. 603.
22.
Panz.

Tilli corpus elongatum, cylindricum, pilofum, immarginatum,
tardum; *capite* fubrotundo, inferto, *oculis* magnis, oblongis, lateralibus; *antennis* diftantibus, longitudine thoracis, ferratis, fub oculis infertis; *thorace* cylindrico, anguftato, elytris breuiore; *fcutello* minuto, rotundato; *elytris*
rigidis, fornicatis, longitudine abdominis: margine haud
deflexo; *pedibus* longiufculis, tenuibus, curforiis; *tarfis*
quinquearticulatis; *colore* nigro, nitidiufculo.

Panz. Fn. Germ. 43. tab. 16.

Habitat in Germania, Anglia.

Characterem naturalem generis in Entomologia fyftematica propofui, adde tantum:

Ligula breuis, membranacea, inter palpos prominens, rotundata, integra. *Labium* breue, corneum, transuerfum, emarginatum.

dauicor-   2. T. villofus, niger, thorace rufo, antennarum arnis.   ticulis duobus vltimis dilatato-compreffis, acutis. Ent. fyft. fuppl. 117. 2. *

Habitat in America boreali. Dom. Herfchel.

Weberi.   3. T. hirtus, niger, thorace rufo, elytris coeruleis, antennarum articulis vltimis dilatato-compreffis. Ent. fyft. fuppl. 118. 2. *

Habitat in Germania. Dom. Weber.

ambulans.   4. T. glaber, ater, elytris punctatis. Ent. fyft. 1. 78. 2. *

Tillus ruficollis. Illig. Col. Bor. 1. 286. 1. 8.

Panz. Fn. Germ. 8. tab. 9.

Habitat in Germania. Dom. Schneider.

Varietatem T. ferraticornis credit Dom. Illiger.

ferraticor-   5. T. ater, elytris teftaceis. Ent. fyft. 1. 78. 3. *
nis.   *Tillus ferraticornis*. Oliv. Inf. 2. 22. 4. 2. tab. 1. fig. 2.

Habitat Parifiis. Muf. D. Bofc.

53. **TRICHODES.** *Palpi* quatuor inaequales:
    anteriores filiformes,
    posteriores breuiores, fe-
    curiformes.
    Antennae claua obliqua, per-
    foliata.

1. T. cyaneus, hirtus, elytris rufis : punctis quatuor *8punctatus*
   nigris.
   Clerus 8punctatus. Ent. fyft. i. 208. 9. ⚬
   Trichodes 8punctatus. Herbft. Col. 4. tab. 41.
   fig. 11.
   Habitat in Hifpaniae vmbellatis. Dom. Prof. Vahl.

2. T. rufus, capite nigro, elytris bafi coeruleis, me- *tricolor.*
   dio rufis, apice violaceis.
   Clerus tricolor. Ent. fyft. 1. 208. 10. ✳
   Habitat in Africa aequinoctiali.

3. T. pubefcens viridi-aeneus, elytris cyaneis: fa- *2fafciatus.*
   fciis duabus coccineis.
   Clerus 2fafciatus. Ent. fyft. 1. 208. 11. ⚬
   Trichodes 2fafciatus. Herbft. Col. 4. tab. 41.
   fig. 13.
   Herbft. Arch. tab. 25. fig. 3.
   Habitat in Sibiria. Muf. Dom. Banks.

       4. T.

Trichodis corpus oblongum, hirtum, immarginatum, tardum;
capite ouato, inferto, *clypeo* porrecto, cordato, emarginato, *oculis* magnis, reniformibus, lateralibus; *antennis* longitudine thoracis, ante oculos infertis; *thorace* tereti, antice craffiore, poftice elytris anguftiore; *fcutello* minuto,
rotundato; *elytris* rigidis, fornicatis, longitudine abdominis: margine haud inflexo; *pedibus* longiufculis curforiis; *tarfis* quadriarticulatis; *colore* vario.
Trichodis larvae infectorum laruis victitant, declaratae in
floribus degunt.

ſipylus.   4. T. viridis, elytris faſcia duplici flaua interrupta,
       thorace hirſuto.

       Clerus ſipylus. Linn. ſyſt. Nat. 2. 620. 9.   Muſ.
       Lud. Vlr. 63.

       Clerus ſipylus. Ent. ſyſt. 1. 208. 12.

       Habitat in Africa.

Ammios.   5. T. hirtus, viridis, elytris cyaneis: maculis tribus
       flauis; poſticis lunatis.

       Clerus Ammios. Ent. ſyſt. 1. 208. 13.

       Habitat in Ammi maiori Africae. Prof. Vahl.

apiarius.   6. T. cyaneus, elytris rubris: faſciis tribus coeru-
       leſcentibus; tertia terminali.

       Clerus apiarius. Ent. ſyſt. 1. 208. 14.

       Herbſt. Col. 4. tab. 41. fig. 12.

       Illig. Col. Bor. 1. 383. 3.

       Panz. Fn. Germ. 31. tab. 13.

       Attelabus apiarius. Linn. ſyſt. Nat. 2. 620. 10.

       Degeer. Inf. 5. 157. 1. tab. 5. fig. 3.

       Habitat frequens in apum alueariis.

aluearius.   7. T. hirtus, cyaneus, elytris rufis: macula com-
       muni faſciisque tribus nigris; tertia abbre-
       uiata.

       Clerus aluearius. Ent. ſyſt. 1. 209. 15. *

       Geoff. Inf. 1. 304. 1. tab. 5. fig. 4.

       Illig. Col. Bor. 1. 284. 4.

       Panz. Fn. Germ. 31. tab. 14.

       Sulz. Hiſt. Inf. tab. 5. fig. 4.

       Schaeff. Icon. tab. 48. fig. 11.

       Habitat in Europae floribus frequens.

       Os maxillis palpisque. *Palpi* quatuor inaequa-
       les: *anteriores* paullo longiores, filiformes;
       articulo primo tertioque breuiſſimis, ſecundo
       longiori, vltimo paullo craſſiori, cylindrico,
       adhaerentes maxillae dorſo, *poſteriores* bre-
                                  niores,

uiores, triarticulati: articulo vltimo maiori,
oblique truncato, fecuriformi; adnati ligulae
bafi inferiori. *Mandibula* cornea, arcuata,
acutiffima, medio vnidentata. *Maxilla* membranacea, vnidentata, apice rotundata, pilofa.
Ligula breuis, membranacea, porrecta, ouata,
fubemarginata. *Labium* breue, corneum, cordatum, apice emarginatum. *Antennae* claua
obliqua, perfoliata.

8. T. cyaneus, abdomine pedibusque teftaceis.   *cyaneus.*
Clerus cyaneus. Ent. fyft. 1. 209. 16. *
Habitat in India. Dom. Hybner.

9. T. niger, hirtus, elytris rufis: fafciis tribus ni- *crabroni-*
gris; tertio terminali.   *formis.*
Clerus crabroniformis. Ent. fyft. 1. 209. 17. *
Habitat in Oriente. Dom. Prof. Forfkahl.

54. CORYNETES. *Palpi* quatuor filiformes.
Maxilla bifida.
Ligula membranacea, ro-
tundata.
Antennae claua perfoliata.

1. C. nigro-coerulefcens, thorace villofo, pedibus *violaceus.*
nigris.

Der-

Corynetis corpus paruum, oblongum, villofum, immarginatum, tardum; *capite* ouato, inferto, *oculis* oblongis, lateralibus, pofticis; *antennis* longitudine thoracis: articulo
primo maiori, incuruo; *thorace* fubrotundo, margine parum prominulo, acuto, elytris anguftiore; *fcutello* minuto,
rotundato; *elytris* rigidis, fornicatis, longitudine abdominis; *pedibus* breuibus, validis; *tarfis* quinquearticulatis;
colore violaceo, nitidulo.
Corynetis et laruae et imagines in cadaueribus degunt. Imagines rarius in floribus inueniuntur.

Dermeſtes violaceus. Ent. ſyſt. 1. 230. 16.

Dermeſtes violaceus. Linn. ſyſt. Nat. 2. 56. 113. Fn. Sv. 422.

Corynetes violaceus. Páyk. Fn. Sv. 1. 275. 1.

Cleriis violaceus. Illig. Col. Bor. 1. 282. 2.

Geoff. Inſ. 1. 304. 2.

Degeer Inſ. 4. tab. 5. fig. 13.

Panz. Fn. Germ. 5. tab. 7.

Herbſt. Col. 4. tab. 41. fig. 8.

Habitat in Europae cadaueribus.

Os maxillis palpisque. *Palpi* quatuor inaequales, filiformes: *anteriores* longiores, quadriarticulati; articulo primo breui, orbiculato, reliquis ſubaequalibus, vltimo truncato, adhaerentes maxillae dorſo; *poſteriores* triarticulati: articulo primo ſecundoque breuibus, tertio longiori truncato; adnati ligulae medio anteriori. *Mandibula* cornea, valida, dentata, acuta. *Maxilla* membranacea, bifida: laciniis rotundatis; exteriore maiore. *Ligula* membranacea, elongata, apice rotundata, integra. *Labium* corneum, transuerſum.

ruſipes. 2. C. nigro-coeruleſcens, thorace villoſo, pedibus rufis.

Dermeſtes ruſipes. Ent. ſyſt. 1. 230. 17. *

Anobium ruſipes. Thunb. nou. Inſ. ſpec. 1. 10.

Habitat in Africa. Muſ. Dom. Banks.

ruſiollis. 3. C. violaceus, thorace elytrorumque baſi rufis.

Dermeſtes ruſicollis. Ent. ſyſt. 1. 230. 18. *

Anobium ruſicolle. Thunb. nou. ſp. 1. 8. fig. 7.

Habitat in India orientali. Muſ. Dom. Banks.

abdomina- 4. C. nigro-coeruleſcens, abdomine rufo.
lis.
Habitat in India.

Statura omnino praecedentium, at diſtinctus, corpore minus villoſo, abdomineque rufo.

5. C.

5. C. elongatus, hirtus, violaceus, thorace abdomi- *sanguini-* neque rufis. *collis.*

Dermestes sanguinicollis. Ent. syst. 1. 231. 19.*
Panz. Naturf. 24. 10. tab. 1. fig. 13.
Habitat Halae Saxonum. Dom. Hybner.

55. NOTOXVS. *Palpi* quatuor securiformes.
Maxilla vnidentata.
Antennae extrorsum crassiores.

1. N. niger, elytris porcatis. Ent. syst. 1. 210. 1.* *porcatus.*
Habitat in terra Diemenii. Muf. Dom. Banks.

2. N. pubescens, niger, violaceo-nitidus, elytris *violaceus.* laeuibus: punctis tribus flauis. Ent. syst. 1. 210. 2. *
Habitat in noua Zelandia. Muf. Dom. Banks.

3. N. pubescens, elytris nigris: fasciis tribus palli- *mollis.* dis. Ent. syst. 1. 211. 5.
Attelabus mollis. Linn. syst. Nat. 2. 621. 11.
Fn. Sv. 642.
Clerus fuscus Geoff. Inf. 1. 305. 3.
Clerus mollis. Illig. Col. Bor. 1. 285. 5.
Degeer. Inf. 5. 159. 2. tab. 5. fig. 6.
Panz. Fn. Germ. 5. tab. 6.
Schaeff. Icon. tab. 60. fig. 2.
Habitat in Europa, fub arborum corticibus, victitans laruis aliorum infectorum.

4. N.

Notoxi corpus elongatum, fere cylindricum, pilofum, immarginatum, tardum; *capite* ouato, inferto, *clypeo* breui, rotundato, *oculis* fubrotundis, prominulis; *antennis* longitudine thoracis, ante oculos infertis; *thorace* cylindrico, postice angustiore, vix latitudine elytrorum; *scutello* paruo, rotundato; *elytris* molliusculis, longitudine abdominis; *pedibus* tenuibus, curforiis; *femoribus* fubclauatis, *tarfis* quadriarticulatis; *colore* vario, obfcuro.

Indicus. 4. N. capite thoraceque obfcuris, elytris pallidis punctato - ftriatis. Ent. fyft. App. 444. 4. *

Habitat in India. Dom. de Paykull.

Chinenfis. 5. N. pubefcens, fufcus, elytris punctatis pallidis: fafciis inaequalibus nigris. Ent. fyft. App. 444. 4. *

Habitat in China. Dom. de Paykull.

56. ANTHICVS. *Palpi* quatuor inaequales: *anteriores* fecuriformes. *Ligula* membranacea, trun- cata, integra. *Antennae* filiformes.

* *Thorace cornuto.*

monoceros. 1. A. thoracis cornu protenfo, elytris puncto fa- fciaque nigris.

Notoxus monoceros. Ent. fyft. 1. 211. 6.
Meloe monoceros. Linn. fyft. Nat. 2. 681. 14.
Attelabus monoceros. Linn. Fn. Sv. 638.
Anthicus monoceros Payk. Fn. Sv. 1. 254. 1.
Geoff. Inf. 1. 356. 1. tab. 6. fig. 8.
Illig. Col. Bor. 1. 287. 1.
Panz. Fn. Germ. 26. tab. 8.
Herbft. Arch. tab. 25. fig. 4.

Schaeff.

Anthici corpus paruum, oblongum, immarginatum, agile; *capite* magno, ouato, exferto, thorace latiore, *oculis* ma- gnis, globofis, vix prominulis, lateralibus, pofticis; *an- tennis* breuibus, diftantibus, ad bafin mandibularum infer- tis; *thorace* tenui, cylindrico, poftice parum anguftato, elytris anguftiore; *fcutello* minuto; *elytris* rigidis, longi- tudine abdominis: margine haud inflexo; *pedibus* longi- ufculis, tenuibus, curforiis; *tarfis* quadriarticulatis; *colore* obfcuro.

Schaeff. Icon. tab. 188. fig. 3.
Habitat in Europae floribus.

2. A. thoracis cornu protenfo, elytris fafclis tribus *cornutus.*
atris.
Notoxus cornutus Ent. fyft. 1. 211. 7. ⊕
Roff. Fn. Etr. 1. 139. 354. β. tab. 2. fig. 14.
Habitat in Iuglande regia Italiae. Muf. D. Bofc.

3. A. thoracis cornu protenfo, elytris atris immacu- *Rhinoceros*
latis.
Notoxus Rhinoceros. Ent. fyft. fuppl. 66. 7. *
Habitat in Germania. Muf. D. de Seheftedt.

4. A. thoracis cornu protenfo, teftaceus, elytris fafcia *Monodon.*
nigra.
Habitat in Carolina. Muf. Dom. Bofc.
Magnitudo et fumma affinitas A. monocerotis, at
caput et thorax teftacea, immaculata. Elytra
puncto paruo bafeos, fafciaque multo anguftiore, nigris.
Os maxillis palpisque. *Palpi* quatuor inaequales,
anteriores longiores, quadriarticulati: articulo bafeos breuiffimo, fecundo longiori, tertio
globofo, quarto fecuriformi, adhaerentes maxillae dorfo, *pofteriores* breuiffimi, filiformes,
triarticulati, adnati ligulae medio. *Mandibula*
breuis, cornea, arcuata, edentula, apice bifida.
Maxilla membranacea, cylindrica, obtufa, vnidentata. *Ligula* membranacea, truncata, integra. *Labium* breue, corneum, integrum.

** *Thorace mutico.*

5. A. niger, capite thoraceque rufis. *ruficollis.*
Habitat in America meridionali. Dom. Smidt.
Muf. D. de Seheftedt.

T   A. flo-

A. florali triplo maior. Caput rufum, ore fufco.
Antennae filiformes, nigrae, articulo vltimo
craffiori, longiori, cylindrico. Thorax rotundatus, laeuis, rufus, nitidus, immaculatus.
Elytra vix ftriata, cyaneo - nigra, nitida. Corpus nigrum.

fuluicollis. 6. A. ater, thorace rotundato rufo.
Habitat in America meridionali. Muf. D. Lund.
Statura et fumma affinitas praecedentis. Caput
cum antennis atrum. Thorax rotundatus, laeuis, rufus, immaculatus. Elytra pubefcentia,
nigra. Corpus atrum.

abdomina- 7. A. niger, thorace rufo, elytris bafi teftaceis, apice
lis.   nigris.
Habitat in America meridionali. Muf. Dom. de
Seheftedt.
Statura et fumma affinitas praecedentium. Caput
cum antennis nigrum. Thorax rotundatus, rufus, immaculatus. Elytra pubefcentia, bafi teftacea, apice nigra. Corpus nigrum, abdomine
teftaceo, apice nigro. Pedes nigri, femoribus
bafi teftaceis.

fufcipennis. 8. A. ater, nitidus, elytris obfcuris.
Habitat in America meridionali. D. Smidt. Muf.
Dom. Lund.
Statura omnino praecedentium. Antennae obfcu-
rae. Caput et thorax atra, nitida, immaculata.
Elytra pubefcentia, fufca, obfcura, immaculata.
Corpus nigrum.

fafciatus. 9. A. pubefcens, niger, elytris fafcia alba.
Habitat in America meridionali. Dom. Smidt.
Muf. D. de Seheftedt.
Paruus. Caput et thorax pubefcentia, nigra.
Elytra punctata, pubefcentia, nigra: fafcia
media

media alba. Pedes nigri, femoribus bafi tibiisque albis.

10. A. pubefcens, cyaneus, thorace rufo: medio *thoracicus.*
cyaneo: puncto vtrinque impreffo.
Habitat in Carolina. Muf. Dom. Bofc.
Paruus. Caput cyaneum. Thorax rufus, in medio
cyaneus, punctis duobus dorfalibus impreffis.
Elytra pubefcentia, cyanea, immaculata. Corpus cyaneum.

11. A. thorace ferrugineo, elytris teftaceis: puncto *2punctatus*
nigro.
Notoxus 2punctatus. Ent. fyft. 1. 212. 8. *
Habitat in Germania. Muf. D. Lund.

12. A. ater, nitidus, thorace ferrugineo, femoribus *pedeftris.*
anticis dentatis.
Notoxus pedeftris. Ent. fyft. fuppl. 69. 10. *
Notoxus pedeftris. Roff. Fn. Etr. 1.
Habitat in Italia. Dom. Hybner.

13. A. niger, elytris fafciis duabus ferrugineis. *antherinus.*
Notoxus antherinus. Ent. fyft. 1. 212. 9.
Meloe antherina. Linn. fyft. Nat. 2. 681. 16.
Fn. Sv. 829.
Illig. Col. Bor. 1. 288. 3.
Panz. Fn Germ. 11. tab. 14.
Habitat in Europae floribus agilis, curfitans.

14. A. capite thoraceque ferrugineis, elytris flaue- *3fafciatus.*
fcentibus: fafciis duabus nigris.
Habitat in America meridionali. D. Smdit. Muf.
D. de Seheftedt.
Statura parua A. antherini. Caput et thorax ferruginea, immaculata. Elytra breuia, flauefcentia, fafciis tribus nigris.

15. A. niger, thorace elytrorumque bafi ferrugi- *floralis.*
neis.

T 2

Noto-

Notoxus florulis. Ent. fyft. 1. 212. 10. ⁕
Meloe floralis. Linn. fyft. Nat. 2. 212. 10.
Illig. Col. Bor. 1. 288. 4.
Panz. Fn. Germ. 23. tab. 4.
Habitat in Europae floribus.

bicolor.   16. A. niger, elytris ferrugineis.
Habitat in America meridionali. D. Smidt. Muf.
D. Lund.
Statura parua praecedentis. Caput et thorax an-
tice anguftata, nigra, immaculata. Elytra lae-
uia, teftacea.

limbatus.   17. A. ater, nitidus, thoracis limbo ferrugineo. Ent.
fyft. fuppl. 70. 11. ⁕
Habitat Kiliae.

hirtellus. 18. A. hirtus, ater, thorace obfcuro, elytris puncto
bafeos ferrugineo.
Notoxus hirtellus. Ent. fyft. fuppl. 70. 11. ⁕
Notoxus hirtellus. Panz. Fn. Germ. 35. tab. 3.
Habitat in Germania. Dom. Dr. Panzer.

populneus. 19. A. laeuis, teftaceus, capite nigro.
Notoxus populneus. Ent. fyft. fuppl. 70. 11. ⁕
Notoxus populneus. Panz. Fn. Germ. 35. tab. 4.
Habitat in Germaniae Populo. Dr. Panzer.
Corpus minutum.

minutus.   20. A. ater, nitidus, antennis pedibusque pallefcen-
tibus.
Notoxus minutus. Ent. fyft. 1. 212. 11. ⁕
Bryaxis Schneideri Illig. Col. Bor. 1. 293. 1?
Habitat in Europae floribus.

Helwigii.   21. A. teftaceus, thorace globofo, elytris connatis.
Pfelaphus Helwigii. Illig. Col. Bor. 1. 292. 3.
Habitat in Germania, fub cortice Pini. Muf. D.
Lund.

                                                Corpus

Corpus minutum. Thorax globosus. Elytra connata, gibba, subtilissime punctata.

*** *Elytris abbreuiatis.*

22. A. ater, elytris abbreuiatis sanguineis.   *sanguineus.*
    Staphylinus sanguineus. Ent. syst. 1. 529. 51.
        Linn. syst. Nat. 2. 685. 25.
    Psilaphus sanguineus. Illig. Col. Bor. 1. 291. 2.
    Psilaphus Heisei. Herbst. Col. 4. tab. 39. fig. 9.
    Oliv. Ins. 42. tab. 6. fig. 54.
    Panz. Fn. Germ. 11. tab. 19.
    Payk. Monogr. 39. 29.
    Habitat in Europa.

23. A. testaceus, immaculatus, elytris abbreuiatis.   *Dresdensis.*
    Psiluphus Dresdensis. Illig. Col. Bor. 1. 290. 1.
    Herbst. Col. 4. 110. 2. tab. 39. fig. 11. a.
    Habitat in Germaniae Museis.
    Psilaphi Auctorum, mihi haud rite examinati, ab
        hoc genere differre videntur. Habitus quidem
        quodammodo conuenit, at palpi, vti mihi vide-
        tur, filiformes, ideoque ab Anthicis distincti.

57. PSOA. *Palpi* quatuor inaequales: articu-
                lo vltimo crassiori, ouato.
            Antennae perfoliatae: articulo vl-
                timo acuto.

1. P. villofa, aenea, elytris ferrugineis.   *Viennensis.*
    Psoa Viennensis. Herbst. Col. 7. 214. tab. 109.
        fig. 5.
    Habitat in Germania.

                                        Caput

Psoae corpus elongatum, cylindricum, immarginatum, agile;
capite ouato, inserto, latitudine thoracis; antennis longitudine thoracis, ante oculos insertis; oculis magnis, glo-
bosis,

Caput et thorax villofa, aenea. Elytra brunnea.
Character naturalis gèneris adhuc defideratur.
Specimen meum mutilatum.

Americana. 2. P. atra, nitida, immaculata.
Habitat in America meridionali. Muf. D. Lund.
Huius generis mihi videtur animalculum haud rite
examinatum. Corpus paullo minus, atrum,
laeue, nitidum, immaculatum. Antennae perfoliatae.

58. CANTHARIS. *Palpi* quatuor fecuriformes.
Maxilla bifida.
Labium integrum.
Antennae filiformes.

fufca.   1. C. thorace marginato, rubro: macula nigra, ely-
tris fufcis, Ent. fyft. 1. 213. 1.
Linn. fyft. Nat. 2. 647. 2. Fn. Sv. 700.
Telephorus fufcus. Oliv. Inf. 26. 6. 1. tab. 1.
fig. 1.
Degeer Inf. 4. 60. 1. tab. 1. fig. 12.

Geoff.

---

bofis, lateralibus; *thorace* hirto, plano, vix marginato;
fcutello minuto, rotundato; *elytris* rigidis, longitudine abdominis: margine haud deflexo; *pedibus* longiufculis, tenuibus, curforiis; *tarfis* quadriarticulatis; *colore* vario,
obfcuro.

Cantharidis corpus oblongum, molle, glabrum, depreffiufculum, agile; *capite* ouato, deflexo, inferto, *oculis* globofis,
prominulis, lateralibus; *antennis* approximatis, inter oculos infertis, thorace longioribus; *thorace* plano, marginato, rotundato; *fcutello* rotundato; *elytris* breuibus, mollibus, incumbentibus, longitudine abdominis; *pedibus* longiufculis, tenuibus, curforiis; *tarfis* quinquearticulatis;
colore obfcuro, minime nitido.

Geoff. Inf. 1. 170. 1.
Illig. Col. Bor. 1. 295. 2.
Frifh. Inf. 12. tab. 3.
Sulz. Inf. tab. 5. fig. 33.
Schaeff. Icon. tab. 16. fig. 10. 11.
Voet. Col. tab. 46. fig. 2.
Habitat frequens in Europae fepibus.
Saeuit in propriam fpeciem.

2. C. thorace marginato, teftacea, immaculata. Ent. *liuida.*
    fyft. 1. 213. 2.
    Telephorus liuidus. Oliv. Inf. 26. 7. 2. tab. 2.
      fig. 8.
    Telephorus flauus. Degeer Inf. 4. 70. 2.
    Linn. fyft. Nat. 2. 647. 3. Fn. Sv. 701.
    Geoff. Inf. 1. 171. 2.
    Illig. Col. Bor. 1. 296. 3.
    Voet. Col. tab. 46. fig. 1.
    Schaeff. Icon. tab. 16. fig. 9-12.
    Habitat in Europa, America boreali.

3. C. fufca, thorace marginato, rufo, immaculato, *difpar.*
    femoribus anoque rufis. Ent. fyft. 1. 213. 3. *
    Habitat in Germania. Dom. Smidt.

4. C. thorace marginato nigro, ore abdomineque fla- *abdomina-*
    uis, elytris coerulefcentibus. Ent. fyft. fuppl. *lis.*
    67. 3. *
    Habitat in Galliae Alpibus. Dom. Brongiart.

5. C. thorace marginato anoque fuluis, corpore atro. *analis.*
    Ent. fyft. 1. 214. 4. *
    Habitat in Hungaria. Dom. Smidt.

6. C. thorace marginato, teftaceo: macula nigra, *viridefcens.*
    elytris viridibus, antennis pedibusque teftaceis.
    Ent. fyft. 1. 214. 5. *
    Habitat ad Cap. Bon. Spei. Muf. D. Banks.

                               7. C.

obscura.   7. C. thorace marginato: marginibus rubris, corpore
         nigro. Ent. syst. 1. 214. 6.
         Linn. syst. Nat. 2. 648. 5. Fn. Sv. 706.
         Oliv. Inf. 26. 8. 3. tab. 2. fig. 10.
         Illig. Col. Bor. 1. 295. 1.
         Act. Nidrof. 3. 386. tab. 6. fig. 5.
         Schaeff. Icon. tab. 16. fig. 8.
         Habitat in Europa.

Carolina.   8. C. thorace marginato, nigra, thoracis limbo
         pallido.
         Habitat in Carolina. D. Weber.
         Statura et magnitudo C. obfcurae, at tota nigra,
         thoracis limbo folo toto pallido.

nigricans.   9. C. thorace marginato: limbo, ore pedibusque
         rufis.
         Cantharis nigricans. Illig. Col. Bor. 1. 298. 5.
         Habitat in Germania.
         Affinis certe C. pellucidae, attamen diftincta vi-
         detur. Differt thoracis difco nigro, tibiisque
         pofticis folis nigris.

pellucida.   10. C. thorace marginato, rufo, vertice, elytris,
         tibiisque pofticis fufcis. Ent. syst. 1. 214.
         7. *
         Habitat in Germania. Dom. Smidt.

ruficornis.   11. C. nigra, antennis thoracisque margine rufis.
         Habitat in Sumatra. Dom. Daldorff.
         Statura et magnitudo praecedentis. Caput ni-
         grum, antennis rufis. Thorax ater, nitidus, la-
         teribus late rufis. Elytra laeuia, grifea, api-
         ce fubferruginea. Corpus nigrum.

limbata.   12. C. thorace marginato, fronte elytrorumque mar-
         ginibus rufis, corpore nigro. Ent. syst. 1.
         215. 8. *
         Habitat in Iamaica. Muf. D. Banks.

                                           13. C.

13. C. teſtacea, pectore abdomineque nigris. *rubens.*
Cantharis clypeata. Illig. Col. Bor. 1. 299. 7?
Habitat in Germania.
Statura et magnitudo omnino C. lateralis. Antennae totae rufae. Caput teſtaceum, vertice
obſcuriore. Thorax marginatus, teſtaceus, diſco
paullo obſcuriore. Elytra laeuia, teſtacea, immaculata. Pectus nigrum. Abdomen nigrum,
ſegmentorum marginibus teſtaceis.

14. C. thorace marginato, rubro, corpore fuſco, ely- *lateralis.*
tris margine exteriori flaueſcente. Ent. ſyſt. 1.
215. 9. *
Linn. Syſt. Nat. 2. 648. 6. Fn. Sv. 707.
Telephorus lateralis. Oliv. Inſ. 26. 15. 15. tab.
3. fig. 12.
Habitat in Europae hortis.

15. C. thorace marginato, flauo: macula viridi, ely- *ſmaragdu-*
tris viridibus nitidis. Ent. ſyſt. 1. 215. 10. * *la.*
Telephorus ſmaragdulus. Oliv. Inſ. 26. 9. 6.
tab. 2. fig. 13.
Habitat in Braſilia. Muſ. D. Banks.

16. C. thorace marginato, obſcure fuſca, antenna- *triſtis.*
rum articulo primo pallido. Ent. ſyſt. ſuppl.
67. 9. *
Habitat in Galliae Alpibus. D. Brongiart.

17. C. thorace marginato, atro, poſtice rubro, ely- *lugubris.*
tris obſcuris, abdomine rufo.
Habitat in Amboina. D. Billardiere.
Statura praecedentium. Caput et thorax atra, ſub-
nitida, thorace marginato, margine poſtico rufo. Elytra nigra, obſcura. Pectus et abdomen
rufa. Pedes nigri.

18. C. thorace marginato, corpore toto atro. Ent. *atra.*
ſyſt. 1. 215. 11. Linn. ſyſt. Nat. 2. 649. 16.
Illig.

Illig. Col. Bor. 1. 301. 10.
Oliv. Inf. 26. 13. 12. tab. 1. fig. 3.
Habitat in Europa boreali.

marginata. 19. C. thorace marginato, nigra, thoracis elytrorumque marginibus rubris. Ent. fyft. 1. 216. 12.
Habitat in America. Dom. Aiton.

brunnicol- 20. C. thorace marginato oreque rufis, elytrorum
lis. marginibus pallidis, corpore nigro.
Habitat in Carolina. Muf. D Bofc.
Media. Caput cum antennis nigrum, ore late rufo. Thorax laeuis, marginatus, rufus, immaculatus. Elytra laeuia, nigra, margine futuraque
pallidis. Corpus nigrum, femoribus rufis, apice nigris.

flauicollis. 21. C. thorace marginato, abdominisque lateralibus
fuluis, corpore atro.
Habitat in Sumatra. Dom. Daldorff.
Media. Caput atrum, nitidum. Thorax marginatus, fuluus, immaculatus. Elytra atra. Abdomen nigrum, marginibus parum fuluis. Pedes
fului.

diadema. 22. C. thorace marginato, nigra, fafcia fub oculis
thoracisque margine rufis.
Habitat in America boreali. Dom. Mauerhoff.
Statura praecedentium. Caput nigrum, fubtus
fafciaque fub antennis rufis. Thorax planus,
marginatus, niger, margine rufo. Elytra laeuia, nigra, immaculata. Corpus et pedes nigra.

2maculata. 23. C. thorace marginato, ferrugineo: macula nigra, elytris teftaceis: macula apicis nigra. Ent.
fyft. 1. 216. 13. *
Telephorus 2maculatus. Oliv. Inf. 26. 11. 8.
tab. 2. fig. 11.

Tele-

Telephorus Penfyluanicus. Degeer. Inf. 4. tab.
17. fig. 15.
Habitat in America feptentrionali. Muf. D. Banks.

24. C. thorace marginato, atra, elytris pallidis, apice **pallipes.**
fufcis. Ent. fyft. 1. 216. 14. ❋
Telphorus pallidus. Oliv. Inf. 26. 14. 13. tab.
1. fig. 5.
Habitat in Germania. Dom. de Hattorff.
Varietatem C. pallidae credit Illiger.

25. C. thorace marginato, nigra, elytris anoque te- **barbara.**
ftaceis.
Habitat in Barbaria. Dom. de Rehbinder.
Statura omnino C. pallipedis. Antennae nigrae,
bafi pallidae. Caput et thorax atra, nitida, immaculata. Elytra teftacea, immaculata. Corpus nigrum, ano teftaceo.

26. C. thorace marginato pallido: fafcia abbreuiata **haemorrhoi**
antica maculaque media atris, elytris pallidis, **dalis.**
ano pedibusque rufis. Ent. fyft. 1. 216. 15. ❋
Habitat in agro Ienenfi. Dom. Daldorff.

27. C. thorace marginato atro, elytris pedibusque **pallida.**
pallidis, teftaceis. Ent. fyft. 1. 217. 16. ❋
Telephorus pallidus. Oliv. Inf. 26. 14. 14. tab.
2. fig. 9.
Geoff. Inf. 1. 173. 6.
Illig. Col. Bor. 1. 301. 9.
Habitat Kiliae. Dom. Daldorff.

28. C. atra, thorace abdomineque rufis. Ent. fyft. 1. **ruficollis.**
217. 17. ❋
Sulz. Hift. Inf. tab. 6. fig. 6.
Habitat in Anglia.

29. C. thorace marginato rufo, elytris nigris: mar- **nigripennis**
gine dimidiato albo.
Habi-

Habitat in America meridionali. Smidt. Muf. D. de Seheftedt.

Parua. Caput nigrum, ore rufo. Antennae nigrae, articulo primo rufo. Thorax marginatus, rufus, immaculatus. Elytra laeuia, nigra, margine a bafi vltra medium albo. Corpus nigrum, pedibus rufis.

flauipes. 30. teftacea, capite thoracis macula media elytrisque dimidiato nigris. Ent. fyft. 1. 217. 18. [c]

Telephorus flauipes. Oliv. Inf. 26. 10. 7. tab. 3. fig. 13.

Pall. Icon. tab. F. fig. 23.

Habitat in China. Muf. Dom. Banks.

melanoce-phala. 31. C. teftacea, capite, elytrorum apicibus tibiisque nigris. Ent. fyft. 1. 217. 19. [*]

Telephorus melanocephalus. Oliv. Inf. 26. 9. 5. tab. 2. fig. 7.

Habitat in Coromandel. Muf. D. Banks.

dimidiata. 32. C. thorace marginato, teftacea, elytris dimidiato-cyaneis. Ent. fyft. fuppl. 68. 19. [*]

Habitat in Zeylon. Dom. de Paykull.

2punctata. 33. C. thorace marginato: punctis duobus nigris, elytris teftaceis, apice nigris. Ent. fyft. 1. 218. 21. [*]

Telephorus 2punctatus. Oliv. Inf. 26. 15. 16. tab. 3. fig. 16.

Vell. Ent. 1. 297. 26. tab. 1. fig. 30.

Habitat Lipfiae.

laeta. 34. C. thorace marginato fuluo, elytris teftaceis, bafi apiceque atris. Ent. fyft. 1. 218. 22. [*]

Habitat in Italia. Dr. Allioni.

flauicollis. 35. C. thorace marginato pedibusque fuluis, corpore nigro. Ent. fyft. 1. 218. 23. [*]

Tele-

Telephorus thoracicus. Oliv. Inf. 26.' 12; 10.
 tab. 1. fig. 2.
Degeer Inf. 4. 72. 5.
Illig. Col. Bor. 1. 302. 11.
Habitat in Germania. Dom. Smidt.

36. C. thorace marginato fuluo: linea media nigra, *lineola.*
 corpore nigro. Ent. fyft. 1. 219. 24. °
 Habitat in India orientali. Muf. Dom. Lund.

37. C. thorace marginato, nigra, elytris abbreuiatis, *abbreuiata,*
 antennis bafi apiceque albis.
 Habitat in America meridionali. D. Smidt. Muf.
  D. de Seheftedt.
 Parua, tenera. Antennae bafi apiceque albae.
  Caput nigrum. Thorax marginatus, niger, margine parum pallido, nitido. Elytra abdomine
  quadruplo breuiora, nigra. Corpus nigrum, abdominis fegmentis apice pallidis. Pedes pallidi.

38. C. thorace marginato rufo, elytris abbreuiatis *breuipennis*
 nigris, antennis apice albis.
 Habitat in America meridionali. D. Smidt. Muf.
  Dom. Lund.
 Statura et magnitudo omnino praecedentis. Antennae nigrae, articulo primo rufo, vltimis albidis. Caput nigrum. Thorax marginatus, rufus, immaculatus. Elytra valde abbreuiata,
  apice attenuata, nigra. Corpus rufefcens, femoribus apice nigris.

39. C. thorace marginato nigro: margine pallido, *manca.*
 elytris abbreuiatis, antennis ferratis.
 Habitat in America meridionali. D. Smidt. Muf.
  D. de Seheftedt.
 Praecedentibus minor. Antennae valde ferratae,
  nigrae. Caput nigrum, ore pallido. Thorax
  marginatus, niger, margine exteriori pallido.
            Elytra

Elytra valde abbreuiata, nigra. Corpus pallidum.

suittata. 40. C. thorace marginato testaceo: macula oblonga nigra, elytris testaceis: vittis duabus apice coeuntibus nigris. Ent. syst. suppl. 69. 27. *

Habitat ad Cap. Bon. Spei. Muf Dom. Lund.

longicornis. 41. C. thorace rotundato, lutea, elytris testaceis, apice nigris, antennis longitudine corporis.

Habitat in America meridionali. D. Smidt. Muf. D. de Sehestedt.

Statura omnino C. nigripedis, at paullo minor. Antennae elongatae, basi nigrae, articulis vltimis pallidis. Caput luteum, vertice obscuro. Thorax rotundatus, luteus, immaculatus. Elytra laeuia, testacea, apice fusca. Corpus cum pedibus luteum.

nigripes. 42. C. thorace rotundato luteo, abdomine, pedibus elytrorumque apicibus atris. Ent. syst. 1. 219, 25. *

Habitat in Europa boreali. Muf. Dom. Lund.

melanura. 43. C. thorace rotundato, corpore luteo, elytris apice nigris, pedibus rufis. Ent. syst. 1. 219. 26.

Linn. syst. Nat. 2. 651. 27. Fn. Sv. 719.

Oliv. Inf. 26. tab. 3. fig. 21.

Illig. Col. Bor. 1. 299. 6.

Geoff. Inf. 1. 173. 5.

Schaeff. Icon. tab. 58. fig. 7.

Voet. Col. tab. 46. fig. 2.

Habitat in Europae hortis.

pectoralis. 44. C. thorace rotundato, testacea, antennis, elytrorum apice pedibusque nigris.

Habitat in Sumatra. Dom. Daldorff.

Statura et summa affinitas C. melanurae. Caput testaceum, antennis nigris. Thorax testaceus, imma-

immaculatus. Elytra teſtacea, apice nigra. Corpus teſtaceum, pedibusque nigris.

45. C. thorace rotundato flauo: punctis tribus ni- *vittata.* gris, elytris fuſcis: margine vittaque flauis. Ent. ſyſt. 1. 219. 27. *

Habitat in Carolina. Muſ. Britann.

46. C. thorace rotundato rufo, corpore atro nitidu- *nitidula.* lo. Ent. ſyſt. 1. 220. 28. *

Habitat in Germania. D. Smidt.

47. C. thorace rotundato teſtaceo, elytris fuſcis: *lineata.* vitta margineque omni albidis.

Habitat in Americae Inſulis. Smidt. Muſ. D. Lund.

Statura et magnitudo C. melanurae. Antennae variegatae: articulis baſi teſtaceis, apice fuſcis. Caput et thorax teſtacea, immaculata. Elytra laeuia, fuſca, margine futura vittisque duabus: interiore minore fere obſoleta, albis. Corpus teſtaceum. Pedes teſtacei geniculis nigris.

48. C. thorace marginato rufo, elytris teſtaceis, cor- *bicolor.* pore nigro. Ent. ſyſt. ſuppl. 69. 29. *

Habitat in Seelandia. Muſ. D. Lund.

49. C. thorace marginato, pubeſcens, corpore nigro. *nigra.* Ent. ſyſt. 1. 220. 30.

Dermeſtes niger. Linn. ſyſt. Nat. 2. 564. 28. Fn. Sv. 439.

Cantharis piloſa. Scop. Carn. 131.

Habitat frequens in Europae floribus.

Forte potius Daſytes.

50. C. thorace marginato rufo: macula nigra, ely- *pulicaria.* tris atris. Ent. ſyſt. 1. 220. 31.

Telephorus pulicarius. Oliv. Inſ. 26. 16. 17. tab. 3. fig. 20.

Habitat in Germania. Dom. de Hattorff.

51. C.

minima. 51. C. thorace marginato rufo: macula nigra, corpore fufco, elytris apice flauis. Ent. fyft. 1. 220. 32. *

Linn. fyft. Nat. 2. 649. 12. Fn. Sv. 713.

Telephorus minimus. Oliv. Inf. 26. 17. 19. tab. 1. fig. 6. tab. 3. fig. 15.

Geoff. Inf. 1. 372. 1. tab. 7. fig. 1.

Habitat in Europae hortis.

Larua antice pofticeque attenuata, virefcens, fufco varia in Betula alba.

teftacea. 52. C. thorace marginato flauo: macula nigra, corpore nigro, elytris pedibusque liuidis. Ent. fyft. 1. 220. 33.

Linn. fyft. Nat. 2. 649. 15. Fn. Sv. 714.

Telephorus teftaceus. Oliv. Inf. 26. 12. 11. tab. 3. fig. 19.

Illig. Col. Bor. 1. 300. 8.

Geoff. Inf. 1. 174. 6.

Degeer. Inf. 4. 71. 4.

Schaeff. Icon. tab. 16. fig. 15.

Habitat in Europae hortis.

biguttata. 53. C. thorace marginato: medio atro, elytris abbreuiatis nigris apice flauis. Ent. fyft. 1. 221. 34.

Linn. fyft. Nat. 2. 648. 11. Fn. Sv. 712.

Telephorus 2guttatus. Oliv. Inf. 26. 16. 18. tab. 2. fig. 12.

Geoff. Inf 1. 372. 1. tab. 7. fig. 2.

Degeer Inf. 4. 77. 10.

Habitat in Europa frequens.

Cardiacae. 54. C. thorace marginato, atra, elytris apice puncto fanguineo, antennis pectinatis. Ent. fyft. 1. 221. 35. *

Cantharis Cardiacae. Linn. fyft. Nat. 2. 649. 13. Fn. Sv. 713.

Mala-

Malachius Cardiacae. Payk. Fn. Sv. 1. 273. 5.
Habitat in Suecia. Dom. de Paykull.
Antennae maris valde pectinatae.

59. MALACHIVS. *Palpi* quatuor filiformes:
articulo vltimo fetaceo.
Maxilla vnidentata.
Labium membranaceum,
rotundatum.
Antennae filiformes.

1. M. cyaneus, antennis, elytrorum fafciis duabus *pulcher.*
pedibusque ferrugineis.
Habitat in Guinea. Muf D. Lund.

M. aeneo paullo maior. Caput cyaneum, ore antennisque ferrugineis. Thorax laeuis, cyaneus,
nitidus. Elytra fublaeuia, cyanea: fafciis duabus ferrugineis: altera in medio dentata, ad
marginem dilatata, altera apicis. Abdomen
ferrugineum, linea media cyanea. Pedes ferruginei.

2. M. elytris flauis: fafciis tribus cyaneis, bafeos *laetus.*
lunata.
Cantharis fafciata Ent. fyft. 1. 218. 20. *
Habitat in Sumatra. Dom. Daldorff.

3. M.

Malachii corpus paruum, ouatum, molliufculum, laeue, fubpubefcens, agile; *capite* thorace latiore, ouato, deflexo,
oculis globofis, prominulis, lateralibus; *antennis* approximatis, frontalibus, thorace longioribus; *thorace* plano,
rotundato, marginato, margine paruo, deflexo, latitudine
elytrorum; *fcutello* paruo, rotundato; *elytris* mollibus,
flexilibus, incumbentibus, plerumque longitudine abdominis; *pedibus* elongatis, tenuibus, curforiis; *tarfis* quadriarticulatis; *colore* vario.

V

aeneus.   3. M. corpore viridi-aeneo, elytris extrorſum ſan-
            guineis. Ent. ſyſt. 1. 221. 1.
            Oliv. Inſ. 27. 4. 2. tab. 2. fig. 6.
            Cantharis aenea. Linn. Syſt. Nat. 2. 648. 7.
            Fn. Sv. 703.
            Geoff. Inſ. 1. 174. 7.
            Illig. Col. Bor. 1. 302. 1.
            Panz. Fn. Germ. 10. tab. 3.
            Roſſ. Fn. Etr. 1. 195. 423.
            Degeer Inſ. 4. 73. 6. tab. 2. fig. 16. 17.
            Schaeff. Monogr. 1754. tab. 2. fig. 10. 11.
                - - Icon. tab. 18. fig. 12. 13.
            Habitat in Europae plantis.
            Exſerit tentacula duo, baſi connata, obtuſa, ſan-
            guinea, ad baſin abdominis, et duo altera ad
            apicem thoracis.

2puſtulatus 4. M. aeneo-viridis, elytris apice rubris. Ent. ſyſt.
            1. 222. 2.
            Cantharis 2puſtulata. Linn. ſyſt. Nat. 2. 648. 8.
            Fn. Sv. 709.
            Oliv. Inſ. 27. 5. 3. tab. 1. fig. 1.
            Geoff. Inſ. 1. 175. 8.
            Degeer. Inſ. 4. 75. 7.
            Illig. Col. Bor. 1. 303. 2.
            Panz. Fn. Germ. 10. tab. 3.
            Roſſ. Fn. Etr. 1. 195. 424.
            Sulz. Hiſt. Inſ. tab. 6. fig. 5.
            Schaeff. Icon. tab. 18. fig. 10. 11.
                        tab. 19. fig. 14.
            Habitat in Europae hortis, victitans rapina.

rufus   5. M. aeneus, ore, thoracis limbo elytrisque ſangui-
            neis. Ent. ſyſt. 1. 222. 3. *
            Oliv. Inſ. 27. 4. 1. tab. 1. fig. 4.
            Habitat Pariſiis. Muſ. D. Boſc.

                                                    6. M.

6. M. viridi-aeneus, thoracis margine elytrorumque *marginel-*
apicibus rufis. Ent. fyft. 1. 222. 4. *   *lus.*
Malachius marginellus. Oliv. Inf. 27. 6. 5.
tab. 3. fig. 18.
Geoff. Inf. 1. 176. 9. 6.
Habitat Parifiis.
Varietatem M. 2puftulatae credit D. Illiger, at
vix rite.

7. M. viridis, ore elytrorumque apicibus rufis. Ent. *elegans.*
fyft. fuppl. 70. 4. *
Habitat in Gallia. Muf. D. Bofc.

8. M. aeneo-viridis, ore flauefcente. Ent. fyft. 1. *viridis.*
223. 5. *
Malachius viridis. Oliv. Inf. 27. 7. 6. tab. 3.
fig. 14.
Payk. Fn. Sv. 1. 271. 3.
Habitat in Scania. Dom. de Paykull.
Varietas M. 2puftulati, tefte Illiger.

9. M. nigro-aeneus, thoracis margine elytrisque *fanguino-*
fan̨uineis. Ent. fyft. 1. 223. 6. *   *lentus.*
Malachius fanguinolentus. Oliv. Inf. 27. 7. 7.
tab. 3. fig. 13.
Illig. Col. Bor. 1. 304. 3.
Roff. Fn. Etr. 1. 196. 426.
Herbft. Arch. 5. 108. 5.
Schall. Act. Hall. 1. 303.
Habitat Kiliae. Dom. Daldorff.

10. M. ater, thorace elytrorumque apicibus fangui- *ruficollis.*
neis. Ent. fyft. 1. 223. 7. *
Malachius ruficollis. Oliv. Inf. 27. 9. 10. tab.
2. fig. 9.
Habitat in Germania. Dom. Prof. Helwig.

4maculatus 11. M. ater, thorace rubro, elytris fanguineis: maculis duabus cyaneis. Ent. fyft. fuppl. 70. 7. *
Habitat in America boreali. Dom. Hybner.

viridipen- 12. M. pubefcens, rufus, elytris pectoreque viridi-
nis.   aeneis. Ent. fyft. fuppl. 70. 7. *
Habitat ad Cap. Bon. Spei. Dom. de Paykull.

cyaneus. 13. M. cyaneus, thorace abdomineque rubris. Ent.
fyft. 1. 2;3. 8. *
Habitat in Hifpaniae vmbellatis. Dom. Vahl.

thoracicus. 14. M. thorace rufo immaculato.   Ent. fyft. fuppl.
70. 7. *
Ma'achius thoracicus. Oliv. Inf. 27. 8. 8. tab.
fig.
Habitat in Gallia. Muf. D. Bofc.

angulatus. 15. M. ater, nitidus, thoracis limbo tibiisque anticis
rufis. Ent fyft 1. 223. 9. *
Habitat in Germaniae hortis. Dom. Prof. Helwig.

abdomina-, 16. M. cyaneus, thoracis margine abdominisque bafi
lis.   rufis. Ent. fyft. fuppl. 70. 9. *
Habitat in Mogador. D. Schousboe. Muf. D. Lund.

praeuftus. 17. M. nigricans, elytris poftice flauefcentibus. Ent.
fyft. 1. 224. 10. *
Habitat Halae Saxonum. Dom. Hybner.

pedicula- 18. M. ater, elytris apice rufis.   Ent. fyft. 1. 224.
rius.   11. *
Malachius pedicularius. Oliv. Inf. 27. 8. 8.
tab. 1. fig. 3.
Cantharis pedicularia. Linn. fyft. Nat. 2. 648.
9 Fn. Sv. 719.
Habitat in Europae hortis.

pulicarius. 19. M. niger, thoracis margine elytrorumque apicibus rubris. Ent. fyft. 1. 224. 12.
Malachius pulicarius. Oliv. Inf. 27. 8. 9. tab.
1. fig. 5.

Illig.

Illig. Col. Bor. 1. 306. 6.
Panz. Fn. Germ. 10. tab. 6.
Paykull. Fn. Sv. 1. 272. 4.
Habitat Kiliae. Dom. Lund.

20. M. elytris nigris: fasciis duabus rufis. Ent. syst. *fasciatus.*
1. 224. 13. ❀
Malachius fasciatus. Oliv. Inf. 27. 10. 12. tab.
1. fig. 2.
Cantharis fasciata. Linn. syst. Nat. 2. 648. 10.
Fn. Sv. 711.
Geoff. Inf. 1. 177. 12.
Illig. Col. Bor. 1. 304. 4.
Panz. Fn. Germ. 10. tab. 5.
Schaeff. Icon. tab. 189. fig. 3.
Degeer Inf. 4. 76. 9.
Habitat in Europae Museis.

21. M. ater, ore thoraceque rufis, elytrorum mar- *limbatus.*
gine suturaque albis. Ent. syst. suppl. 71. 13. ❀
Habitat in Tanger. D. Schousboe.

22. M. viridi-aeneus, elytris rubris: fascia viridi- *equestris.*
aenea. Ent. syst. 1. 224. 14. ❀
Malachius equestris. Oliv. Inf. 27. 11. 13. tab.
2. fig. 11.
Panz. Fn. Germ. 10. tab. 6.
Meloe Gouani. Linn. syst. Nat. 2. 1168.
Schaeff. Icon. tab. 41. fig. 15. 16.
Habitat in Italia. Dr. Allioni.

23. M. niger, antennarum basi tibiisque flauis. Ent. *flauipes.*
syst. 1. 225. 15. ❀
Malachius flauipes. Oliv. Inf. 27. 14. 19. tab.
3. fig. 19.
Payk. Fn. Sv. 1. 274. 7.
Habitat Halae Saxonum. Dom. Hybner.

24. M.

albifrons.   24. M. niger, capite, thoracis parte antica elytrorumque apicibus albis. Ent. fyſt. 1. 225. 16. *
Malachius albifrons. Oliv. Inſ. 27. 13. 17. tab.
3. fig. 16.
Habitat Pariſiis. Muſ. D. Boſc.

rufipes.   25. M. niger, nitidus, pedibus rufis.
Habitat in America meridionali. Smidt. Muſ. D.
Lund.
Paruus. Caput, thorax, elytra nigra, nitida, im-
maculata. Corpus nigrum, pedibus rufis.

labiatus.   26. M. niger, labio rufo.
Habitat in Carolina. Muſ. D. Boſc.
Paruus. Corpus totum nigrum, vix nitidum, la-
bio ſolo rufo.
Variat capite toto thoracisque lateribus flauis.

concolor.   27. M. ater, immaculatus.
Habitat in Auſtria. Dom. Meyerle.
Paruus, ater, omnino immaculatus.

nitidulus.   28. M. viridi-aeneus, elytris cœruleis: apice, antennis pedibusque flauis. Ent. fyſt. 1. 225.
17. °
Habitat in Barbaria. Muſ. Dom. Desfontaines.

60. MELYRIS. *Palpi* quatuor filiformes.
Maxilla vnidentata, acuta.
Labium cordatum, emargina-
tum.
Antennae totae perfoliatae.

abdomina-   1. villoſa, cyanea, elytris lineis eleuatis tribus, ab-
lis.   domine rufo.

La-

· Melyridis corpus oblongum, ſubcylindricum, villoſum, tardum ;
capite ouato, inflexo, ſub thorace recondito, *oculis* globoſis,

Lagria abdominalis. Ent. fyſt. 1. 2. 79. 5. *
Melyris abdominalis. Oliv. Inſ. 21. 4. 2. tab. 1.
fig. 7.
Habitat in India. Dom. Daldorff.

2. M. viridis, elytris lineis eleuatis tribus. Ent. fyſt. *viridis.*
1. 226. 1. *
Melyris viridis. Oliv. Inſ. 2. 21. tab. 1. fig. 1.
Panz. Naturf. 24. 11. 15. tab. 1. fig. 15.
Habitat ad Cap. Bon. Spei.

3. M. fupra coerulefcens, fubtus ferrugineus.   *bicolor.*
Habitat in Cairo. Forfkahl. Muf. D. Lund.
Statura omnino M. viridis, at minor. Caput coerulefcens. Thorax vtrinque linea eleuata coerulefcens. Elytra punctata, lineis tribus eleuatis exterioribus fenfim abbreuiatis. Corpus
cum pedibus rufum.

4. M. nigra, elytris lineis eleuatis tribus. Ent. fyſt. *nigra.*
1. 226. 2. *   Oliv. Inſ. 21. tab. 1. fig. 3.
Habitat in Tanger.

5. M. viridis, thorace vtrinque linea elytrisque tri- *lineata.*
bus eleuatis. Ent. fyſt. 1. 226. 3. *
Habitat ad Cap. Bon. fpei.

61. DER-

---

fis, prominulis, lateralibus; *antennis* longitudine thoracis,
fub oculis infertis; *thorace* fubmarginato, vtrinque lineola
laterali eleuata; *fcutello* breui, rotundato; *elytris* rigidis,
abdomine longioribus latioribusque, fornicatis; *pedibus*
tenuibus, compreffis; *tarfis* quinquearticulatis; *colore* vario, obfcuro.

61. DERMESTES. *Palpi* quatuor filiformes.
Maxilla bifida.
Labium corneum, obtu-
fum, integrum.
Antennae clauato - perfo-
liatae.

lardarius.   1. D. niger, elytris antice cinereis.   Ent. fyft. 1.
227. 1.
Linn. fyft. Nat. 2. 561. 1. Fn. Sv. 408.
Geoff. Inf. 1. 101. 5.
Illig. Col. Bor. 1. 311. 1.
Oliv. Inf. 2. 9. 6. 1. tab. 1. fig. 1.
Degeer Inf. 4. tab. 7. fig. 15.
Schaeff. Icon. tab. 42. fig. 3.
Habitat in animalibus afferuatis, lardo, carnibus,
repofitoriis culinariis Mufeisque infeftus.

carniuorus.   2. D. niger, elytris antice teftaceis, abdomine albo.
Ent. fyft. 1. 227. 2. *
Oliv. Inf 2. 9. 7. 2. tab. 2. fig. 8.
Habitat in noua Hollandia et in Germania. Dom.
Smidt.

cadaueri-   3. D. niger, ore ferrugineo. Ent. fyft. 1. 228. 3. *
nus.   *Dermeftes cadauerinus.*   Oliv. Inf. 2. 9. 7. 3.
tab. 2. fig. 9.
Habitat in Infula St. Helena. Muf. D. Banks.

4. D.

Dermeftis corpus paruum, oblongum, immarginatum, tardum ; *capite* paruo, ouato, fub thorace inflexo, oculis rotundatis, vix prominulis, lateralibus ; *antennis* breuibus,
longitudine capitis, fub oculis infertis, reconditis; *thorace*
transuerfo, latitudine fere elytrorum. margine deflexo;
fcutello paruo, rotundato; *elytris* rigidis, arcte adhaerentibus, longitudine abdominis; *pedibus* breuibus, validis;
tarfis quinquearticulatis; *colore* obfcuro, minime nitido.

4. D. niger, glaber, pedibus piceis. Ent. fyft. 1. *macellarius*
228. 4. ᵛ
Dermeftes macellarius. Oliv. Inf. 2. 9. 10. 8.
tab. 2. fig. 13.
Panz. Fn. Germ. 40. tab. 9.
Habitat in Germania. Dom. de Hattorff.

5. D. niger, glaber, fcutello pedibusque teftaceis, *megatoma.*
antennarum claua folida elongata. Ent. fyft.
fuppl. 71. 1. *
Dermeftes Schaefferi. Illig. Col. Bor. 1. 319. 7.
Megatoma Schaefferi. Herbft. Col. 4. tab. 59.
fig. 1.
Habitat in Germania. Dom. Hybner.

6. D. niger, elytris puncto albo. Ent. fyft. 1. 228. 5. *pellio.*
Linn. fyft. Nat. 2. 563. 2. Fn. Sv. 411.
Geoff. Inf. 1. 105. 4.
Oliv. Inf. 2. 9. 11. 10. tab. 2. fig. 11.
Frifh. Inf. 5. 22. tab. 8.
Illig. Col. Bor. 1. 316. 6.
Schaeff. Icon. tab. 42. fig. 4.
Habitat in pellitiis, lardo.
Mus antennarum claua elongata, cylindrica.
Variat rarius puncto elytrorum albo detrito.

7. D. oblongus, niger, elytris fafcia vndata alba du- *vndatus.*
plici. Ent. fyft. 1. 228. 6.
Linn. fyft. Nat. 2. 562. 3. Fn. Sv. 410.
Dermeftes vndatus. Oliv. Inf. 2. 9. 12. 11.
tab. 1. fig. 2.
Illig. Col. Bor. 1. 315. 4.
Schaeff. Icon. tab. 157. fig. 17.
Habitat in Europae putridis, fuffocatis.

8. D. ouatus, niger, elytris fafciis tribus vndatis ci- *trifafcia-*
nereis. Ent. fyft. 1. 228. 7. * *tus.*
Dermeftes trifafciatus. Oliv. Inf. 2. 9. 13. 13.
tab. 1. fig. 7. Geoff.

Geoff. Inf. 1. 112. 15.

Habitat in Europa auftraliori. D. de Seheftedt.

20 guttatus 9. D. oblongus, ater, punctis viginti albis. Ent.
fyft. 1. 229. 8.*

Illig. Col. Bor. 1. 315. 5.

Panz. Fn. Germ. 22. tab. 1.

Oliv. Inf. 9. tab. 1. fig. 5.

Sulz. Hift. Inf. tab. 2. fig. 8.

Habitat Halae Saxonum. D. Schaller.

tigrinus.   10. D. oblongus, tomentofus, thorace nigro-punctato, elytris cinereis: maculis quatuor fufcis.
Ent. fyft. 1. 229. 9. *

Habitat in Italia. Muf. Dom. de Schlanbufch.

bicolor: 11. D. oblongus, niger, fubtus teftaceus, elytris
ftriatis. Ent. fyft. 1. 229. 10. *

Habitat in Germania. Dom. de Hattorff.

vulpinus.   12. D. oblongus, laeuis, niger, thoracis lateribus ci-
nereo-villofis, fubtus albidus. Ent. fyft. 1.
229. 11. *

Dermeftes vulpinus. Oliv. Inf. 2. 9. 8. 4. tab.
1. fig. 3.

Illig. Col. Bor. 1. 313. 3.

Panz. Fn. Germ. 40. tab. 10.

Habitat in Germania.

felinus.   13. D. oblongus, villofus, cinereus, immaculatus.
Ent. fyft. 1. 229. 12. *

Habitat in terra Diemenii. Muf. Dom. Banks.

Senior et glaber et fufcus euadit.

hirticollis.   14. D. oblongus, capite thoraceque ferrugineo, villofus, elytris nigris, pectore albo. Ent. fyft. 1.
229. 13. *

Habitat in Barbaria. Muf. Dom. Desfontaines.

15. D.

15. D. oblongus, tomentofus, nigro-alboque nebu- *murinus*.
lofus, abdomine niueo. Ent. fyft. 1. 230. 14.
Linn. fyft. Nat. 2. 156. 3. 18. Fn. Sv. 426.
Geoff. Inf. 1. 102 4.
Oliv. Inf. 2. 9. 8. 5. tab. 1. fig. 3.
Illig. Col. Bor. 1. 112. 2.
Panz. Fn. Germ. 40. tab. 10.
Payk. Fn, Sv. 1. 277. 2.
Voet. Col. tab. 3. fig. 11.
Frifh. Inf. 4. 34. tab. 18.
Schaeff. Icon. tab. 42. fig. 1. 2.
Habitat in Europae arenofis.
Larua oblonga, brunnea: ore atro.

16. D. oblongus, tomentofus, fufco-cinereoque ne- *teffellatus*.
bulofus, abdomine cinereo.
Dermeftes teffellatus. Oliv. Inf. 2. 9. 9. 7. tab.
2. fig. 10.
Habitat in Angliae cadaueribus.

17. D. fubpubefcens, ferrugineo-fufcus, antennis *Lycoperdi*.
nigris, claua ferruginea. Ent. fyft. 1. 231.
20.
Herbft. Col. 4. 176. 5. tab. 42. fig. 13.
Payk. Fn. Sv. 1. 289. 16.
Habitat in Germaniae Lycoperdo Bovifta. Dom.
Prof. Helwig.

18. D. oblongus, niger, capite, elytrorum puncto *frontalis*.
apiceque, pedibusque ferrugineis. Ent. fyft.
fuppl. 72. 20.
Habitat in Gallia. D. Brongiart.

19. D. oblongus, glaber, niger, thorace ferrugineo, *2 punctatus*
elytris teftaceis: puncto nigro. Ent. fyft. 1.
231. 21.
Habitat in Germania. Dom. Prof. Helwig.

20. D.

fimetarius. 20. D. oblongus, niger, nitidus, pedibus ferrugineis.
Ent. fyft. 1. 231. 22. *
Herbft. Col. 4. 15. 5. tab. 45. fig. 5.
Degeer. Inf. 4. 220. 11. tab. 8. fig. 21.
Payk. Fn. Sv. 1. 293. 21.
Habitat in Germaniae Agarico fimetario. Dom.
Prof. Helwig.

fumatus. 21. D. oblongus, teftaceus, oculis nigris. Ent. fyft.
1. 231. 23. *
Linn. fyft. Nat. 2. 564. 22. Fn. Sv. 432.
Geoff. Inf. 1. 194. 12.
Herbft. Col. 4. 135. 15. tab. 41. fig. 1.
Payk. Fn. Sv. 1. 282. 7. β.
Habitat in Europae quisquiliis.

tomentofus. 22. D. oblongus, villofus, grifeus, capite punctis
duobus fufcis. Ent. fyft. 1. 232. 24. *
Dermeftes tomentofus. Oliv. Inf. 2. 9. 14. 15.
tab. 3. fig. 17.
Illig. Col. Bor. 1. 321. 19.
Panz. Fn. Germ. 40. tab. 12.
Geoff. Inf. 1. 102. 8.
Degeer. Inf. 4. 199. 4.
Payk. Fn. Sv. 1. 282. 7.
Herbft. Col. 4. 133. 14.
Habitat in Anglia.
Varietas praecedentis, teftibus DD. Illiger et
Paykull.

fufcus. 23. D. oblongus, fufcus, immaculatus. Ent. fyft. 1.
232. 25. *
Habitat in Kiliae Boletis. Dom. Daldorff.

adftrictor. 24. D. oblongus, obfcurus, elytris crenato-ftriatis,
antennarum claua ferrata.
Dermeftes adftrictor. Illig. Col. Bor. 1. 322. 20.
Elater clauicornis. Oliv. Inf. 31. tab. 8. fig. 85.
Roff.

Roff. Fn. Etr. App. 60.

Geoff. Inf. 1. 137. 16.

Herbft. Col. 4. 140. 20. tab. 41. fig. 4.

Payk. Fn. Sv. 1. 284. 9.

Habitat larva in ligno putrido quercino, imago in plantis. D. Paykull.

Animalculum fingulare, ftatura Elateris, at antennae claua triarticulata, altero latere ferrata. An diftinctum genus?

25. D. oblongus, ater, elytris brunneis: futura atra. *futuralis.*
Habitat in Auftria. Dom. de Meyerle.

Medius. Antennae claua perfoliata, nígrae. Caput et thorax atra, immaculata. Elytra fubtiliffime punctata, obfcure brunnea: futura lata atra. Pedes brunnei.

25. D. oblongus, fufcus, thorace fulcato, vtrinque *6dentatus.* fexdentato. Ent. fyft. 1. 232. 26. *
Habitat in Germania. D. Helwig.

26. D. oblongus, niger, elytris lunula dorfali cine- *lunatus.* rea. Ent. fyft. 1. 232. 27. *
Payk. Fn. Sv. 1. 288. 15.
Habitat in Suecia, fub arborum corticibus. Dom. de Paykull.

27. D. oblongus, teftaceus, thorace vtrinque vniden- *vnidentatus* tato. Ent. fyft. 1. 232. 28. *
Ips vnidentata. Oliv. Inf. 2. 18. 10. 12. tab. 1. fig 4.
Habitat in Gallia.

28. D. oblongus, ferrugineus, thorace carinato. Ent. *2dentatus.* fyft. 1. 233. 29. *
Panz. Fn. Germ. 40. tab. 13.
Habitat in Germania. D. Prof. Helwig.

29. D.

nigripes.   29. D. oblongus, ater, pedibus nigris. Ent. fyft. 1.
             233. 31. °
             Habitat Halae Saxonum.   Dom. Hybner.

obfcurus.   30. D. oblongus, cylindricus, fufcus, antennis pe-
             dibusque teftaceis. Ent. fyft. 1. 233. 32. °
             Habitat in Germania.   Dom. Smidt.

teftaceus.   31. D. oblongus, ferrugineus, elytris pedibusque
             teftaceis. Ent. fyft. 1. 233. 33. *
             Habitat in Belgio.

fcaber.   32. D. grifeus, thorace elytrisque fcabrie.   Ent.
             fyft. 1. 233. 34. *
             Dermeftcs fcaber. Oliv. Inf. 2. 9. 15. 7. tab. 2.
             fig. 14.
             Habitat in noua Hollandia. Muf. Dom. Banks.

Chinenfis.   33. D. oblongus, ferrugineus, elytris ftriatis. Ent.
             fyft. 1. 233. 35. °
             Habitat in feminibus e China acceptis.

fubterra-   34. D. teftaceus, elytris fubftriatis.
neus.   Habitat in Hungariae fodinis. D. Scheidler.
             Affinis certe D. Chinenfi, at teftaceus, et elytra
             minus ftriata.

fcanicus.   35. D. ater, thorace punctoque elytrorum teftaceis.
             Ent. fyft. 1. 234. 36. *
             Linn. fyft. Nat. 2. 564. 26. Fn. Sv. 437.
             Herbft. Arch. tab. 20. fig. 2.
             Panz. Fn. Germ. 4. tab. 9.
             Habitat in Suecia.

limbatus.   36. D. fufcus, elytris punctatis: limbo cinereo.
             Ent. fyft. 1. 234. 37. °
             Dermeftes limbatus. Ent. fyft. 1. 234. 37. *
             Habitat in noua Zelandia. Muf. Dom. Banks.

feneftratus. 37. D. caftaneus, capite nigricante, thorace fufco.
             Ent. fyft. 1. 234. 38. *
                                                        Linn.

Linn. fyft. Nat. 2. 563. 15. Fn. Sv. 423.
Payk. Fn. Sv. 1. 297. 26.
Lathridius longicornis. Herbft. Col. 5. 4. 1.
   tab. 44. fig. 1.
Habitat in Sueciae feneftris.

38. D. ouatus, pallens, elytris laeuiffimis. Ent. fyft. *variabilis.*
   1. 234. 39. *
Payk. Fn. Sv. 1. 292. 19.
Herbft. Col. 1. 141. 22. tab. 41. fig. 5.
Habitat in Daniae agaricis. Dom. Lund.

39. D. ouatus, niger, antennis flauis: claua oblon- *ferra.*
   ga ferrata. Ent. fyft. 1. 234. 40. ³
Illig. Col. Bor. 1. 319. 8.
Payk. Fn. Sv. 1. 283. 8.
Habitat in Suecia auftrali. D. Lund.

40. D. ouatus, nigricans, antennarum claua teftacea, *cellaris.*
   thorace crenato. Ent. fyft. 1. 234. 41.
Dermeftes cellaris Scop. carn. 16. 42.
Ips cellaris. Oliv. Inf. 2. 9. tab. 1. fig. 3.
Herbft. Arch. tab. 20. fig. 5.
Payk. Fn. Sv. 290. 17.
Habitat in Europae borealis quisquiliis. Muf. D.
   Lund.

41. D. ouatus, teftaceus, thorace crenato. Ent. fyft. *crenatus*
   fuppl. 72. 41. *
Habitat Hafniae. Muf. D. de Seheftedt.

42. D. ouatus, nigricans, antennarum bafi pedibus- *minutus.*
   que flauis. Ent. fyft. 1. 235. 42. *
Dermeftes minutus. Payk. Fn. Sv. 294. 24.
Habitat in Daniae quisquiliis.

43. D. ouatus, teftaceus, abdominis bafi nigra, ely- *pedicula-*
   tris abbreuiatis. Ent. fyft. 1. 235. 43. *   *rius.*
Linn. fyft. Nat. 2. 564. 23. Fn. Sv. 434.

Cate-

Cateretes pedicularius. Illig. Col. Bor. 1. 396. 3.
Panz. Fn. Germ. 7. tab. 5.
Herbſt. Col. 5. tab. 45. fig. 1.
- - Arch. tab. 20. fig. 6.
Payk. Fn. Sv. 1. 225. 10.
Habitat in Germania. Dom. Prof. Helwig.

Vrticae. 44. D. ouatus, ater, nitidus, antennis pedibusque
teſtaceis, elytris abbreuiatis. Ent. ſyſt. 1. 235.
45. *
Cateretes Vrticae. Illig. Col. Bor. 1. 395. 2.
Dermeſtes Vrticae. Payk. Fn. Sv. 1. 286. 12.
Staphylinus Quenzelii. Payk. Monogr. 72. 51.
Panz. Fn. Germ. 4. tab. 11.
Herbſt. Col. 5. tab. 49. fig. 5.
Habitat in Germaniae Vrtica. Dom. Helwig.

brachypte-   45. D. ouatus, ater, nitidus, pedibus piceis, elytris
rus.   dimidiatis. Ent. ſyſt. 1. 235. 46. *
Payk. Fn. Sv. 1. 288. 14.
Panz. Fn. Germ. 4. tab. 10.
Habitat in Germania. Dom. Helwig.

apuſtulatus 46. D. ouatus, ater, elytris abbreuiatis: macula ferruginea, pedibus pallidis. Eut. ſyſt. ſuppl. 72.
47. *
Payk. Fn. Sv. 1. 286. 11.
Habitat in Sueciae pratis. D. de Paykull.

62. ANOBIVM. *Palpi* quatuor clauati.

Maxilla obtufa, dentata.

Labium corneum, integrum.

Antennae filiformes: articulis tribus vltimis elongatis craffioribus.

1. **A.** fufcum, thorace aequali, elytris fubteffellatis. *teffellatum.*

    Ent fyft. 1. 236. 1.

   Oliv. Inf. 2. 16. 6. 1. tab. 1. fig. 1.

   Geoff. Inf. 1. 112. 4.

   Degeer Inf. 4. 230. 2.

   Illig. Col. Bor. 1. 225. 1.

   Payk. Fn. Sv. 1. 305. 4.

   Herbft. Col. 5. 53. 1. tab. 47. fig. 2.

   Habitat in Europae cadaueribus.

2. **A.** fufcum, thorace inaequali: punctis duobus ba- *ftriatum.* feos ferrugineis, elytris ftriatis. Ent. fyft. 1. 236. 2.

   Anobium ftriatum. Oliv. Inf. 2. 16. 9. 2. tab. 1. fig. 4.

   Anobium pertinax. Illig. Col. Bor. 1. 327. 3.

   Herbft. Col. 5. tab. 47. fig. 4.

   Payk. Fn. Sv. 1. 304. 2.

   Habitat in Europae domibus.

3. **A.**

Anobii corpus paruum, oblongum, fubpillofum, immarginatum, tardum; *capite* ouato, fub thoracem inflexo, *oculis*
rotundatis, vix prominulis, lateralibus; *antennis* breuibus,
fub oculis infertis, reconditis; *thorace* tranfuerfo, fere latitudine elytrorum: margine antico fubeleuato, lateralibus deflexis; *fcutello* breui, rotundato; *elytris* rigidis,
deflexis, longitudine abdominis; *pedibus* breuibus, validis;
tarfis quinquearticulatis; *colore* obfcuro.

X

reticulatum 3. A. villofum, fufcum, thorace aequali, elytris reticulatis.

Anobium reticulatum. Panz. Fn. Germ. tab.

Habitat in Auftria. Dom. de Meyerle.

Animalculum mihi haud rite examinatum. Antennarum articuli vltimi breuiores, et magis ap-
proximati. Corpus magnitudine A. teffellati
totum villofum, fufcum. Elytra fubtiliffime
reticulata.

rufipes. 4. A. nigrum, thorace fubrotundato, elytris ftriatis,
pedibus ferrugineis. Ent. fyft. 1. 236. 3. ○

Illig. Col. Bor. 1. 328. 4.

Herbft. Col. 5. tab. 47. fig. 8.

Habitat in Germania. Dom. Smidt.

caftaneum. 5. A. pubefcens, caftaneum, elytris ftriatis. Ent.
fyft. 1. 237. 4. *

Anobium caftaneum. Oliv. Inf. 2. 16. tab. 1.
fig. 2,

Geoff. Inf. 1. 112. 3.

Illig. Col. Bor. 1. 326. 2.

Habitat in Gallia.

pertinax. 6. A. fufcum, immaculatum, thorace compreffo. Ent.
fyft. 1. 237. 5.

Anobium ftriatum. Illig. Col. Bor. 1. 329. 5.

Ptinus pertinax. Linn. fyft. Nat. 2. 565. 2,
Fn. Sv. 414.

Geoff. Inf. 1. 111. 1. tab. 1. fig. 6.

Degeer Inf. 4. tab. 8. fig. 24. 25.

Herbft. Col. 5. tab. 47. fig. 3.

Payk. Fn. Sv. 1. 305. 3.

Habitat in Europa boreali, deftruens e ligno con-
fecta.

Deuoratur a Clero formicario. Captum fe contrahit immobile.

7. A.

7. A. fufcum, obfcurum, pedibus teftaceis. Ent. fyft. *Boleti.*
    1, 237. 6. *
Dermeftes picipes. Ent. fyft. 1. 233. 30.
Herbft. Col. 4. 137. 17. tab. 41. fig. 3.
Illig. Col. Bor. 1. 332. 8.
Oliv. Inf. 2. 16. tab. 2. fig. 5.
Panz. Fn. Germ. 10. tab. 7.
Payk. Fn. Sv. 1. 308. 7.
Habitat in Germaniae Boletis.

8. A. teftaceum, oculis nigris, elytris laeuibus. *molle.*
    Ent. fyft. 1. 237. 7.
Ptinus mollis. Linn. fyft.Nat.2.565. Fn.Sv.415.
Illig. Col. Bor. 1. 333. 9.
Oliv. Inf. 2. 16. tab. 2. fig. 8.
Payk. Fn. Sv. 1. 306. 5.
Habitat in Europae quisquiliis.

9. A. pubefcens, ferrugineum, elytris ftriatis. Ent. *paniceum.*
    fyft. 1. 237. 8.
Illig. Col. Bor. 1. 330. 6.
Herbft. Col. 5. tab. 47. fig. 6.
Payk. Fn. Sv. 1. 307. 6.
Habitat in pane diutius afferuato.

10. A. fufcum, elytris laeuibus pedibusque teftaceis. *Abietis.*
    Ent. fyft. 1. 238. 9.
Herbft. Col. 5. tab. 47. fig. 7.
Habitat in Germaniae Abiete. D. Prof. Helwig.

11. A. fufcum, thorace plano, elytris crenato-ftria- *planum.*
    tis. Ent. fyft. 1. 238. 10. *
Habitat Kiliae. Dom. Daldorff.

12. A. ferrugineum, elytris ftriatis pallidioribus. *capenfe.*
    Ent. fyft. 1. 238. 11. *
Habitat ad Cap. Bon. Spei. Muf. D. Lund.

13. A. teftaceum, thorace rotundato, elytris fub- *minutum.*
    ftriatis pubefcentibus. Ent. fyft. 1. 238. 12. *

Habi-

Habitat in plantis ficcis ex Italia miffis.   Muf. D.
Lund.

micans.   14. A. glabrum, fufcum, elytris laeuibus, pedibus
teftaceis. Ent. fyft. 1. 238. 13. =
Illig. Col. Bor. 1. 331. 7.
Panz. Fn. Germ. 10. tab. 8.
Herbft. Col. 5. tab. 47. fig. 11.
Payk. Fn. Sv. 309. 8.
Habitat in Europae Boletis.

nitidum.   15. A. laeue, atrum, nitidum, pedibus teftaceis.
Ent. fyft. 1. 238. 14. *
Herbft. Col. 5. tab. 45. fig. 8.
Payк. Fn. Sv: 1. 311. 10.
Habitat in Germania. Dom. Prof. Helwig.

63. PTINVS. *Palpi* quatuor filiformes.
Maxilla bifida.
Labium bifidum.
Antennae filiformes.

pubefcens.   1. Pt. pubefcens niger, elytris ftriatis teftaceis. Ent.
fyft. 1. 239. 1. *
Oliv. Inf. 2. 17. 5. tab. 1. fig. 7.
Habitat in Gallia.

germanus.   2. Pt. fufcus, thorace quadridentato, antennis pedibusque ferrugineis. Ent. fyft. 1. 239. 2. *
Linn.

Ptini corpus paruum, oblongum, immarginatum, tardum;
capite paruo, fubrotundo, fub thoracem inflexo; *oculis* magnis, globofis, prominulis, lateralibus; *antennis* longioribus, approximatis, fronti infertis; *thorace* gibbo, capite
anguftiore, faepius inaequali; *fcutello* paruo, rotundato, interdum nullo; *elytris* rigidis, inflexis, abdominis longitudine; *pedibus* elongatis, tenuibus; *femoribus* fubclauatis;
tarfis quinquearticulatis; *colore* teftaceo aut fufco, plerumque obfcuro.

Linn. fyft. Nat. 2. 566. 6.
Oliv. Inf. 2, 17. 7. 5. tab. 1. fig. 6.
Payk. Fn. Sv. 1. 312. 1.
Habitat in Europae quercu.

3. Pt. oblongus, fufcus, thorace linea impreffa, ely- *rufipes.*
tris friatis pubefcentibus, antennis pedibusque
rufis.

Ptinus rufipes. Illig. Col. Bor. 1. 345. 2.
Oliv. Inf. 2, 17. tab. 2. fig. 8.
Habitat in Germania. Dom. de Meyerle.
Statura omnino et magnitudo Pt. germani. An-
tennae et pedes rufi. Elytra ftriata, pubefcen-
tia, fufca, immaculata.

4. Pt. ater, nitidus, pedibus flauefcentibus. Ent. *longicornis.*
fyft. 1. 239. 3. *
Luperus. Geoff. Inf. 1. 232. 1.
Habitat in Germania et Gallia. D. de Hattorff.

5. Pt. thorace quadrituberculato, elytris fafciis dua- *elegans.*
bus punctoque apicis albis.
Ptinus elegans. Illig. Col. Bor. 1. 346. 4.
Habitat in Germania. D. de Meyerle.
Nimis Pt. furi affinis, et forte mera eius varietas.

6. Pt. teftaceus, thorace quadridentato, elytris fa- *fur.*
fciis duabus albis. Ent. fyft. 1. 239. 4.
Linn. fyft. Nat. 2. 566. 5.
Ptinus ftriatus. Ent. fyft. 1. 242. 13. *
Ptinus fur. Oliv. Inf. 2. 17. 6. 3. tab. 1. fig. 1.
Geoff. Inf. 1. 164. 4. tab. 2. fig. 6.
Illig. Col. Bor. 1. 345. 3.
Sulz. Hift. Inf. tab. 2. fig. 8.
Degeer Inf. 4. tab. 9. fig. 5. 6.
Frifh. Inf. 13. tab. 15.
Payk. Fn. Sv. 1. 313. 3.

Habi-

Habitat in Mufeis, feminibus peffimus, deftruens
herbaria, infecta, aues; vix pellendus.
Larua hexapoda, obefa, mollis, pilofa, fegmentis
dorfalibus prominulis.
Puppa intra folliculum glutinofum.
Mas alatus, *femina* aptera.

imperialis. 7. Pt. fufcus, thorace fubcarinato, coleoptris macula
lobata alba. Ent. fyft. 1. 240. 5.
Linn. fyft. Nat. 2. 565. 4.
Oliv. Inf. 2. 17. 5. 2. tab. 1. fig. 4.
Illig. Col. Bor. 1. 344. 1.
Panz. Fn. Germ. 5. tab. 7.
Sulz. Inf. tab. 2. fig.
Petagn. Inf. Calabr. 6. tab. 1. fig. 27.
Pavk. Fn. Sv. 1. 313. 2.
Habitat in Europae arboribus.

crenatus. 8. Pt. brunneus, thorace gibbo, elytris crenato-ftria-
tis vnimaculatis. Ent. fyft. 1. 240. 6.
Illig. Col. Bor. 1. 347. 5.
Payk. Fn. 1. 314. 4.
Habitat in Germania. Dom. Smidt.

Latro. 9. Pt. thorace bidentato, teftaceus immaculatus. Ent.
fyft. 1. 240. 7. *
Oliv. Inf. 2. 17. 17. 4. tab. 1. fig. 3.
Habitat in Germania. Dom. Prof. Hermann.
Marem Pt. furis credit Dom. Illiger. Nimis tamen differre videtur magnitudine, colore et
thoracis ftructura.

denticornis. 10. Pt. niger, elytris ftriatis, antennis ferratis. Ent.
fyft. 1. 240. 8. *
Habitat Parifiis. D. Bofc.

ferricornis. 11. Pt. thorace gibbo, deflexo, teftaceus, antennis
ferratis. Ent. fyft. 1. 241. 9. *
Habitat in Americae plantis ficcatis. Muf. D. Lund.

12. Pt.

12. Pt. oblongus, antennarum articulis duobus in- *fpinicornis.*
ferioribus longioribus fpinofis. Ent. fyft. 1.
241. 10. *

Ptinus fpinicornis. Oliv. Inf. 2. 17. 10. 10.
tab. 1. fig. 5.
Habitat in Sandwichii Infulis. Muf. D. Banks.

13. Pt. thorace quadrifulcato villofo, albidus, ely- *fulcatus.*
tris connatis fufco - teftaceis nitidis. Ent. fyft.
1. 241. 11. *
Habitat in plantis ficcis ex Infulis Canariis miffis.
Muf. D. Lund.

14. Pt. thorace laeui piceo, elytris connatis fufco- *Scotias.*
teftaceis nitidis. Ent. fyft. 1. 241. 12. *

Ptinus Scotias. Oliv. Inf. 2. 17. 9. 9. tab. 1.
fig. 2.
Scotias pfylloides. Czenpinski Diff. 51. 155.
Gibbium. Scop. Introd. ad Hift. nat. 505.
Jaquin Mifcell. auftr. tab. 23. fig. 1.
Illig. Col. Bor. 1. 34. 7.
Herbft. Arch. tab. 20. fig. 14.
Panz. Fn. Germ. 5. tab. 8.
Geoff. Inf. 1. 164. 2.
Habitat in Europae auftralioris Betula.
Gibbium Scopolii elytris connatis forte proprii
generis.

64. SARROTRIVM. *Palpi* quatuor inaequales,
filiformes: articulo vl-
timo obtufo.
Maxilla bifida.
Antennae breues, craffae,
obtufae, pilofae, vndi-
que ferratae.

1. Sarrotrium. *muticum.*

Ptili-

Ptilinus muticus. Ent. fyft. App. 4. 445. 5.

Sarrotrium muticum. Illig. Col. Bor. 1. 344. 1.

Hifpa mutica. Ent. fyft. 1. 2. 71. 4.

Orthocerus. Latreille Inf.

Linn. fyft. Nat. 2. 604. 4. Fn. Sv. 413.

Degeer. Inf. 5. 47. 8. tab. 3. fig. 1.

Payk. Fn. Sv. 1. 317. 3.

Panz. Fn. Germ. 1. tab. 8.

Habitat in Europae quisquiliis.

Os maxillis palpisque. *Palpi* quatuor inaequales, filiformes: *anteriores* longiores, quadriarti-
culati; articulo primo paruo, fecundo longiori, obconico, tertio breui, vltimo ouato, obtufo, adhaerentes maxillae dorfo, *pofteriores* triarticulati: articulo primo minuto, reliquis aequa-
libus, ouato - globofis, obtufis; adnati ligulae medio. *Mandibula* cornea, incurua, acuta.
Maxilla membranacea, bifida: laciniis linea-
ribus. *Ligula* membranacea, emarginata. *Labium* breue, corneum, transuerfum, emarginatum.

65. PTILINVS. *Palpi* quatuor fubaequales.

Maxilla breuis, bifida.

Ligula membranacea, fubemarginata.

Antennae flabellatae.

myftacinus. 1. Pt. teftaceus, albo - punctatus. Ent. fyft. 1. 242.
1.

Drury

Ptilini corpus paruum, oblongum, villofum, immarginatum,
tardum; *capite* ouato, prominulo; *oculis* rotundatis, prominulis, lateralibus; *antennis* breuibus, exfertis, approximatis, ante oculos infertis; *thorace* transuerfo, breui:
marginibus deflexis; *fcutello* minuto, rotundato; *elytris*
rigidis,

Drury Inf. 3. tab. 48. fig. 7.
Habitat in noua Hollandia. Muf. D. Banks.

2. Pt. fufcus, pedibus luteis. Ent. fyft. 1. 243. 2. * *pectinicor-*
    Dermeftes pectinicornis. Illig. Col. Bor. 1.   *nis.*
       337. 12.
    Linn. fyft Nat. 2. 565. 1. Fn. Sv. 412.
    Oliv. Inf. 2. 17. 4. tab. 1.
    Geoff. Inf 1. 65. 1.
    Panz. Fn. Germ. 3. tab. 7.
    Sulz. Hift. Inf. tab. 3. fig. 6.
    Payk. Fn. Sv. 1. 316. 1.
    Herbft. Col. 5. 41. 5. tab. 46. fig. 11.
    Habitat in Europae Corylo.

3. Pt. fubpubefcens, niger, elytris flauis. Ent. fyft. *flauefcens.*
       1. 243. 3. *
    Drilus flauefcens. Oliv. Inf. 23. tab. 1.
    Hifpa flauefcens Roff. Fn. Etr. 51. 127.
    Geoff. Inf. 1. 66. 2. tab. 1. fig. 2.
    Habitat in Galliae floribus.

4. Pt. niger, antennis pedibusque flauis. Ent. fyft. *pectinatus.*
       1. 244. 4. *
    Anobium pectinatum. Illig. Col. Bor. 1. 336. 11.
    Serrocerus pectinatus. Kugell. Schneid. Mecy.
       486. 2.
    Brachus ferraticornis. Quenz. ignot. Inf. fpec,
       12.
    Payk. Fn. Sv. 1. 316. 2.
    Panz. Fn. Germ. 6. tab. 9.
    Habitat in Germaniae lignis. Dom. Prof. Helwig.

                                     .5. Pt.

---

rigidis, fornicatis, longitudine abdominis; *pedibus* breuibus, curforils; *tarfis* quinquearticulatis; *colore* obfcuro,
minime nitido.

ferratus. 5. Pt. niger, elytris ftriatis. Ent. fyft. fuppl. 73. 5. *
Ptilinus ater. Panz. Fn. Germ. 35. 9.
Habitat Halae Saxonum. Dom. Hybner.

66. DORCATOMA. *Palpi* quatuor inaequales, fecuriformes.
Maxilla bifida.
Antennae articulis tribus vltimis comprefſo - triangularibus.

Dresderſe. 1. Dorcatoma.
Ptilinus Dorcatoma. Ent. fyft. fuppl. 73. 3. *
Anobium Dorcatoma. Illig. Col. Bor. 1. 334. 10.
Herbft. Col. 4. tab. 39. fig. 8. 9.
Panz. Fn. Germ. 26. tab. 10.
Habitat in Germania. Dom. Hybner.
Os maxillis palpisque. *Palpi* quatuor inaequales, fecuriformes: *anteriores* longiores, quadriarticulati; articulis fubaequalibus; vltimo fecuriformi; adhaerentes maxillae dorfo, *pofteriores* breuiores, triarticulati, articulis aequalibus: vltimo fecuriformi; adnati ligulae medio. *Mandibula* crafſa, cornea, acuta, fifſa. *Maxilla* membranacea, bifida: laciniis rotundatis; exteriore paullo maiore. *Ligula* elongata, membranacea, apice dilatata, late emarginata. *Labium* breue, corneum, transuerſum, integrum.

67. ME-

67. MELASIS. *Palpi* quatuor clauati: articulo vltimo ouato.

-*Labium* membranaceum, integrum.

Antennae flabellatae.

1. M. nigra, elytrorum ftriis laeuibus. Ent. fyft. 1. *flabellicornis.*
244. 1. *

Melafis bupreftoides. Oliv. Inf. 30. tab. 1. fig. 1.

Elater bupreftoides. Linn. fyft. Nat. 2. 656.
31. Fn. Sv. 742.

Illig. Col. Bor. 1. 348. 1.

Panz. Fn. Germ. 8. tab. 9.

Herbft. Col. 5. tab. 47. fig. 1.

Payk. Fn. Sv. 1. 320. 1.

Habitat in Europa boreali.

2. M. nigricans, elytrorum ftriis punctatis. Ent. fyft. *myftacina.*
4. Append. 445. 2. *

Habitat ad Cap. Bon. Spei. Dom. de Paykull.

68. PAR-

Melafidis corpus paruum, elongatum, cylindricum, immarginatum, tardum; *capite* paruo, obtufiffimo, inferto; *oculis* paruis, rotundatis, vix prominulis, lateralibus; *antennis* longitudine thoracis: articulo primo elongato, incuruo, in cantho oculorum infertis; *thorace* breui, rotundato: marginibus deflexis; *fcutello* rotundato; *elytris* rigidis, tegentibus, longitudine abdominis; *pedibus* breuibus validis; *femoribus tibiisque* valde compreffis: margine acuto; *tarfis* quinquearticulati; *colore* nigro, obfcuro, minime nitido.

68. PARNVS. *Palpi* qnatuor clauati: claua
orbiculata.

Maxilla bifida.

Labium emarginatum.

Antennae breues, filiformes.

proliferi-
cornis.

1. P. grifeus, antennis tentaculatis. Ent. fyft. 1,
245. 1. *

Elater oliuaceo-nitens, pilofus, antennis dupli-
catis. Roff. Fn. Etr. 1. 103. 11.

Dermeftes tentaculis ante oculos antenniformi-
bus, mobiliformibus. Geoff. Inf. 1. 103. 11.

Illig. Col. Bor. 1. 350. 1.

Panz. Fn. Germ. 13. tab. 1.

Payk, Fn. Sv. 1. 321. 5.

Habitat in Sveciae plantis aquaticis, in Gallia
frequens. D. Bofc.

acumina-
tus.

2. P. obfcurus, elytris acuminatis. Ent. fyft. 1.
246. 2. *

Habitat Halae Saxonum. Dom. Hybner.

obfcurus.

3. P. niger, elytrorum abdominisque margine, pedibusque ferrugineis. Ent. fyft. 4. App. 445. 3. *

Habitat in Germania. D. Schneider.

69. NE-

Parni corpus paruum, villofum, cylindricum, immarginatum,
tardum: *capite* paruo, ouato, inferto; *oculis* rotundatis,
vix prominulis, lateralibus; *antennis* vix capite longioribus, abfconditis, ante oculos infertis; *thorace* breui, antice parum attenuato: angulis pofticis acutis, prominentibus; *fcutello* triangulari; *elytris* rigidis, longitudine abdominis, tegentibus: margine haud deflexo; *pedibus* breuibus, compreffis, validis; *tarfis* quinquearticulatis; *colore* obfcuro.

69. NECROPHORVS. *Labium* cordatum, emar-
ginatum, crenatum.
Antennae claua perfo-
·liata.

1. N. ater, fronte margineque elytrorum ferrugi- *germanicus*
neis. Ent. fyft. 1. 247. 1.
Silpha germanica. Linn. fyft. Nat. 2. 569. 1.
Oliv. Inf. 20. 10. tab. 1. fig. 2.
Illig. Col. Bor. 1. 353. 2.
Panz. Fn. Germ. 41. tab. 1.
Herbft. Col. 5. tab. 50. fig. 2.
Sulz. Inf. tab. 2. fig. 10.
Naturf. 6. tab. 4.
Payk. Fn. Sv. 1. 322. 1.
Degeer Inf. 4. 173. 2. tab. 6. fig. 4.
Habitat in Germaniae cadaueribus.

2. N. ater, antennis apice rufis. Ent. fyft. 1. 247. 2. *humator.*
Nicrophorus humator. Oliv. Inf. 2. 10. 8. 4.
tab. 1. fig. 2.
Illig. Col. Bor. 1. 352. 1.
Schaeff. Icon. tab. 30. fig. 1.
Voet. Col. tab. 30. fig. 4. 5.
Panz. Fn. Germ. 41. tab. 2.
Herbft. Col. 5. tab. 50. fig. 3.
Geoff. Inf. 1. 99. 2.

*Payk.

Necrophori corpus maiufculum, oblongum, villofum, marginatum, agile; *capite* maiufculo, ouato, exferto; *oculis* reniformibus, haud prominulis, lateralibus; *antennis* longitudine thoracis: articulo primo longiori, incuruo, ante
oculos infertis; *thorace* plano, faepius inaequali, margine laterali pofticoque prominente, rotuhdato; *fcutello* triangulari,
obtufo; *elytris* incumbentibus: margine inflexo, abdomine
breuioribus, truncatis; *pedibus* validis; *femoribus* craffis;
tibiis compreffis, ftriatis; *tarfis* quinquearticulatis; *colore*
vario, pilis nitidulis.

Payk. Fn. Sv. 1. 323. 1. β.

Habitat in Europae australioris cadaueribus.

Varietatem praecedentis credit D. de Paykull, at vix rite.

grandis. 3. N. niger, elytris maculis duabus, fronteque impressa rufis. Ent. syst. 1. 247. 3. *

Nicrophorus Americanus. Oliv. Inf. 2. 10. 6. 2. tab. 1. fig. 3.

Voet. Col. tab. 30. fig. 11.

Habitat in America boreali.

mediatus. 4. N. ater, antennarum claua, elytrorumque maculis tribus ferrugineis.

Habitat in Carolina. Muf. Dom. Bofc.

Maior N. vefpillone. Caput et thorax atra, immaculata, fola antennarum claua ferruginea. Elytra atra, macula humerali, duabusque maioribus, lunatis, ferrugineis. Corpus atrum, pectore auro-villofa.

velutinus. 5. N. ater, thorace auro holofericeo, elytris fafciis duabus rufis.

Habitat in Carolina. Muf. Dom. Bofc.

Statura et magnitudo N. Vefpillonis. Caput laeue, glabrum, atrum, antennarum claua nigra. Thorax planus pube denfa aurea tectus. Elytra nigra, fafciis duabus finuatis, rufis. Corpus atrum, pectore auro-fericeo.

margina-tus. 6. N. ater, elytris margine exteriore apiceisque maculaque communi transuerfa rufis.

Habitat in America.

Magnitudo N. Vefpillonis. Antennae defunt. Caput atrum, lunula ante clypeum rufa. Thorax planus, ater, immaculatus. Elytra atra, margine exteriori, macula ad apicem fcutelli communi, transuerfa, fericeata, apiceque cum margine

gine exteriori coëunte, at futuram haud attingente, rufis. Pectus auro - villofum.

7. N. ater, elytris fafcia duplici ferruginea, anten- *Vefpillo.*,
narum claua rubra. Ent. fyft. 1. 247- 4.

Silpha Vefpillo. Linn. fyft. Nat. 2. 569. 2. Fn.
Sv. 444.

Nicrophorus Vefpillo. Oliv. Inf. 2. 10. 7. 3.
tab. 1. fig. 1.

Illig. Col. Bor. 1. 354. 3.

Panz. Fn. Germ. 2. tab. 21.

Voet. Col. tab. 3. fig. 1.

Herbft. Col. 5 tab. 50. fig. 4.

Geoff. Inf. 1. 98. 1. tab. 1. fig. 5.

Degeer Inf. 4. 168. 1. tab. 6. fig. 1.

Roef. Inf. 4. tab. 1. fig. 1. 2.

Schaeff. Icon. tab. 9. fig. 4.

Habitat in Europae cadaueribus, quae fepelit.

Mofchum fpirat. Ocyffime volitat elytris **erectis**,
approximatis. Acaris valde infeftatur. Femora
poftica vnidentata.

Variat rarius minor, fafcia elytrorum anteriore
abbreuiata, pofteriore maculari.

8. N. ater, elytris fafcia duplici ferruginea, anten- *mortuorum*
narum claua nigra. Ent. fyft. 1. 248. 5. *

Illig. Col. Bor. 1. 354. 4.

Panz. Fn Germ. 41. tab. 3.

Herbft. Col. 5. tab. 50. fig. 6.

Voet. Col. 1. tab. 30. fig. 3?

Payk. Fn. Sv. 1. 324. 2. 8.

Habitat in Germaniae fungis, cadaueribus.

Varietatem praecedentis credit D. de Paykull, at
perperam.

[An claua antennarum in necrophoris, pro diuerfitate fexus, conftanter variat? L.]

70. SIL-

70. SILPHA. *Maxilla* vnidentata.
  Ligula dilata, bifida.
  Antennae extrorſum craſſiores,
  perſoliatae.

Surinamen- 1. S. atra, elytris faſcia poſtica flaua, femoribus po-
ſis. ſticis dentatis. Ent. ſyſt. 1. 248. 1. ✿
  Oliv. Inſ. 11. tab. 1. fig. 3.
  Habitat in America meridionali. Dr. Hunter.

littoralis. 2. S. atra, elytris laeuibus: lineis eleuatis tribus,
  thorace orbiculato, nitido. Ent. ſyſt. 1. 249. 2.
  Silpha littoralis. Linn. ſyſt. Nat. 2. 570. 11.
  Fn. Sv. 450.
  Oliv. Inſ. 2. 11. 6. tab. 1. fig. 8.
  Illig. Col. Bor. 1. 352. 3.
  Voet. Col. tab. 32. fig. 1.
  Panz. Fn. Germ. tab. 40. fig. 15.
  Geoff. Inſ 1. 120. 3.
  Degeer Inſ. 4. 176. 3.
  Habitat in Europae cadaueribus.
  Larua ouata, fuſca, voraciſſima.
  Variat rarius femoribus poſticis incraſſatis, den-
  tatis.
  Silpha clauipes. Sulz. Hiſt. Inſ. tab. 2. fig. 14.

3. S.

Silphae corpus depreſſum, ouatum, marginatum, glabrum;
capite paruo, ouato, ſub thoracem inflexo; *oculis* rotundatis, marginalibus; *antennis* breuibus, ante oculos inſertis; *thorace* plano: marginibus exſertis, rotundatis; *ſcutello* ſubrotundo, acutiuſculo; *elytris* incumbentibus, marginatis, abdomine latioribus, ſaepius abdomine breuioribus; *pedibus* breuibus, validis, curſoriis; *femoribus* compreſſis; *tibiis* ſtriatis; *tarſis* quinquearticulatis; *colore* plerumque nigro, obſcuro.

3. S. fufca, thorace, elytris pedibusque liuidis. Ent. *liuida.*
  fyft. 1, 249. 3. *
Silpha liuida. Oliv. Inf. 2. 11. 7. 3. tab. 1.
  fig. 8.
Herbft. Col. 5. 174. 3. tab. 50. fig. 9.
Degeer. Inf. 4. 176. 4.
Habitat in Germania. Dom. Hybner.
Va.ietas praecedentis teftibus D. Illiger et Pay-
  kull. Differt tamen m gnitudine minore, co-
  lore antennisque totis nigris.

4. S. atra, viridi - nigricans, elytris ftriatis, truncatis, *micans.*
  vnidentatis. Ent. fyft. 4. App. 445. 2. *
Habitat ad Cap. Bon. Spei. Muf. Holthuyfen.

5. S. nigra, elytris fafciis duabus ferrugineis, tho- *Indica.*
  race antice bidentato. Ent. fyft. 1. 249. 4.
Silpha Indica Linn. fyft. Nat. 2. 570. 12.
  Muf. Lud. Vlr. 3ϑ.
Habitat in India.
Species mihi haud rite nota.

6. S. depreffa, nigra, thorace flauo: centro nigro. *Americana.*
  Ent. fyft. 1. 249. 5. *
Silpha Americana. Linn. fyft. Nat. 2. 579. 7.
Oliv. Inf. 2. 11. 8. 4. tab. 1. fig. 9.
Catesb. Carol. 3. tab. 10. fig. 5.
Seligm. Av. 4. tab. 108. fig. 7.
Habitat in America.

7. S. nigra, elytris linea eleuata vnica, thorace te- *thoracica.*
  ftaceo. Ent. fyft. 1. 250. 7.
Silpha teftacea. Linn. fyft. Nat. 2. 571. 13.
  Fn. Sv. 452.
Oliv. Inf. 2. 11. 8. 5. tab. 1, fig. 3.
Voet. Col. tab. 41. fig. 6.
Geoff. Inf. 1. 121. 6.
Schaeff. Icon. tab. 75. fig. 4.

Y   Panz.

Panz. Fn. Germ. 40. tab. 16.
Illig. Col. Bor. 1. 362. 8.
Herbft. Col. 5 tab. 50. fig. 11.
Sulz. Hift. Inf. tab. 2. fig. 12.
Degeer Inf. 4. 174. 3. tab. 6. fig. 7.
Payk. Fn. Sv. 1. 334. 10.
Habitat in Europae cadaueribus.

laeuicollis.   8. S. gibba, nigra, elytris rugofis: lineis eleuatis tribus, thorace laeui: emarginato. Ent. fyft. 1. 250. 8. ✱

Silpha laeuicollis. Oliv. Inf. 2. 11. 12. tab. 2. fig. 15.
Habitat in noua Hollandia. Muf. D. Banks.

marginalis.   9. S. atra, thoracis margine pallido, elytris fufcis. Ent. fyft. 1. 250. 9. ✿

Silpha marginalis. Oliv. Inf. 2. 11. 10. 6. tab. 1. fig. 5.
Silpha noueboracenfis. Forft. Cent. 1. 17. 17.
Habitat in America boreali. D. Lee.

rugofa.   10. S. nigricans, elytris rugofis: lineis eleuatis tribus, thorace rugofo: poftice finuato. Ent. fyft. 1. 251. 10.

Silpha rugofa. Linn. Syft. Nat. 2. 571. 16. Fn. Sv. 455.
Oliv. Inf. 2. 11. 17. tab. 2. fig. 17.
Voet. Col. tab. 32. fig. a. 1.
Geoff. Inf. 1. 120. 4.
Panz. Fn. Germ. 40. tab. 17.
Illig. Col. Bor. 1. 358. 4.
Herbft. Col. 5. tab. 50. fig. 12.
Payk. Fn. Sv. 1. 332. 8.
Habitat frequentiffime in Europae cadaueribus.

lapponica.   11. S. atra, capite thoraceque argenteo - fericeis, elytris ftriatis punctisque eleuatis globofis.

Sil-

Silpha lapponica. Herbſt. Col. 5. 209. 35. tab.
52, fig. 4.

Thunb. nou. Inſ. ſpec. 5. 72.

Habitat in. Lapponia frequentiſſime, cadauera,
piſces, carnes conſumens.

Statura et ſumma affinitas S. rugoſae, quacum
coniunxerunt Linnaeus et Paykullius. Antén-
nae nigrae. Caput et thorax pilis denſis, argenteis, holoſericeis. Elytra atra, ſtriis tribus
eleuatis, et inter has ſtria e punctis magnis,
globoſis, eleuatis.

12. S. atra, elytris punctatis: lineis eleuatis tribus *atrata.*
laeuibus, thorace integro. Ent. ſyſt. 1. 251.
11.

Silpha atrata. Linn. ſyſt. Nat. 2. 571. 12.
Oliv. Inſ. 2. 11. 16. 15. tab. 1. fig. 4.
- - - - tab. 2. fig. 4.
Voet. Col. tab. 40. fig. 1.
Geoff. Inſ. 1. 118. 1.
Degeer Inſ. 4. 177. 5. tab. 6. fig. 15.
Illig. Col. Bor. 1. 363. 10.
Herbſt. Col. 5. tab. 51. fig. 13. 14. 15.
Schaeff. Icon. tab. 93. fig. 5.
- Elem. tab. 96. fig. 1.
Payk. Fn. Sv. 1. 330. 5.

Habitat in Europae agris et riis frequens.

Mandibula craſſa, cornea, incurua, dentata.

13. S. teſtacea, antennis apice nigris. Ent. ſyſt. 1. *pedemon-*
253. 20. ° *tana.*

Silphae pedemontana. Oliv. Inſ. 2. 11. 19. 18.
tab. 1. fig. 6.

Geoff.

Silphae, et laruae et declaratae voraces, carniuorae. Captae
materiam foetidam, ingratam, fuſcam eructant.

Geoff. Inf. 1. 123. 9.

Herbft. Col. 5. 194. 20. tab. 51. fig. 9.

Schaeff. Icon. tab. 75. fig. 6.

Habitat in agro Pedemontano. Dr. Allioni.

Affinis certe S. atratae, et forte mera eius varietas.

inaequalis. 14. S. atra, elytris laeuibus: lineis eleuatis tribus, thorace inaequali emarginato. Ent. fyft. 1. 251. 12. ✿

Silpha inaequalis. Oliv. Inf. 2. 11. 14. 12. tab. 2. fig. 20.

Habitat in America boreali. Muf. D. Banks.

lunata 15. S. atra, elytris fcabris: lineis eleuatis tribus laeuibus, thorace plano emarginato. Ent. fyft. 1. 251. 13. ✿

Silpha punctulata. Oliv. Inf. 2. 11. 13. tab. 2. fig. 19.

Habitat in Auftria. D. Schulz.

laeuigata. 16. S. atra, elytris laeuibus fubpunctatis. Ent. fyft. 1. 252. 14. *

Silpha laeuigata. Oliv. Inf. 2. 11. 14. 13. tab. 1. fig. 1.

Geoff. Inf. 1. 122. 8.

Petagn. Inf. Col. 7. 28.

Illig. Col. Bor. 1. 369. 15.

Herbft. Col. 5. tab. 51. fig. 3.

Sulz. Hift. Inf. tab. 2. fig. 6.

Habitat in Europae fyluis.

obfcura. 17. S. nigra, elytris punctatis: lineis eleuatis tribus, thorace antice truncato. Ent. fyft. 1. 252. 15.

Silpha obfcura. Linn. fyft. Nat. 2. 572. 18. Fn. Sv. 457.

Oliv. Inf. 2. 11. 15. 14. tab. 2. fig. 18.

Illig. Col. Bor. 1. 367. 14.

Herbft. Col. 5. tab. 51. fig. 1.　　　　　Voet.

Voet. Col. tab. 40. fig. 2.
Payk. Fn. Sv. 1. 328. 3.
Habitat in Europa boreali.

18. S. nigra, thorace laeui, elytris rugofis: lineis *reticulata*.
eleuatis tribus. Ent. fyft. 1. 252. 16. *
Illig. Col. Bor. 1. 366. 13.
Herbft. Col. 5. tab. 51. fig. 5.
Payk. Fn. Sv. 1. 327. 2.
Habitat Halae Saxonum. Dom. Hybner.

19. S. fufca, elytris concoloribus: lineis eleuatis *opaca*.
fubternis, thorace antice truncato. Ent. fyft. 1.
252. 17. *
Silpha opaca. Linn. fyft. Nat. 2. 571. 15. Fn.
Sv. 454.
Illig. Col. Bor. 1. 360. 7.
Herbft. Col. 5. tab. 51. fig. 16.
Payk. Fn. Sv. 1. 336. 12.
Schaeff. Icon. tab. 93. fig. 4.
Habitat in Europa haud infrequens.

20. S. thorace emarginato fcabro, elytris lineis ele- *finuata*.
uatis tribus: apice finuatis. Ent. fyft. 1. 252.
18. *
Silpha finuata. Oliv. Inf. 2. 11. 18. 17. tab. 2.
fig. 12.
Voet. Col. tab. 32. fig. 1. 2.
Geoff. Inf. 1. 119. 2.
Sulz. Hift. Inf. tab. 2. fig. 15.
Illig. Col. Bor. 1. 359. 5.
Herbft. Col. 5. tab. 51. fig. 7.
Payk. Fn. Sv. 1. 332. 8.
Habitat in Anglia et Germania.

21. S. nigra, elytris pallidis: puncto bafeos medio- *4punctata*.
que nigris, thorace emarginato. Ent. fyft. 1.
253. 19.

Sil-

Silpha 4punctata. Linn. syst. Nat. 2. 571. 14.
Oliv. Inf 2. 11. 10. 7. tab. 1. fig. 7.
Geoff. Inf. 1. 122. 7.
Illig. Col. Bor. 1. 363. 9.
Panz. Fn. Germ. 40. tab. 18.
Herbst. Col. 5. tab. 51. fig. 8.
Voet. Col. tab. 41. fig. 5.
Schreb. Inf. 2. fig. 5.
Degeer Inf. 4. 181. 6.
Payk. Fn. Sv. 1. 335. 11.
Habitat in Anglia et Germania.

dentata. 22. S. oblonga nigra, thorace antice elytrisque ante
apicem bidentatis. Ent. syst. 1. 254. 23. *
Silpha scabra Linn. syst. Nat. 2. 573, 23. Payk.
Fn. Sv. 1. 538. 14.
Habitat in Europa. Muf. D. Leske.

limbata. 23. S. nigra, thoracis elytrorumque margine subfer-
rugineo, elytris lineis plurimis eleuatis obso-
letis. Ent. syst. 1. 254. 24. *
Silpha limbata Oliv. Inf. 2. 11. 21. 21. tab. 2.
fig. 14.
Habitat in Africa aequinoctiali. Muf. D. Banks.

vndata. 24. S. nigra, nitida, elytris fasciis duabus vndatis
punctoque apicis albis. Ent. syst. 1. 254. 25. *
Habitat in Saxonia, sub arborum corticibus. Muf.
D. Romani.

minuta. 25. S. nigra, antennarum basi pedibusque flauescen-
tibus. Ent. syst. 1. 254. 26. *
Silpha melanocephala. Illig. Col. Bor. 1. 356. 2?
Panz. Fn. Germ. 25. tab. 5?
Habitat in Germania. Dom. Smidt.
De synonymis valde dubito.

71. PEL-

71. PELTIS. *Palpi* quatuor inaequales filiformes.

Ligula truncata, ciliata.

Antennae claua perfoliata.

1. P. picea, elytris punctatis: lineis eleuatis tribus, *groffa*. thorace transuerfo emarginato.

Silpha groffa. Ent. fyft. 1. 249. 6. Linn. fyft. Nat. 2. 572. 27. Fn. Sv. 459.

Peltis groffa. Illig. Col. Bor. 1. 375. 1.

Herbft. Col. 5. tab. 50. fig. 10.

Oliv. Inf. 2. 11. 8. tab. 1. fig. 2.

Payk. Fn. Sv. 1. 337. 13.

Habitat in Europa boreali.

Os maxillis palpisque. *Palpi* quatuor inaequales, filiformes: *anteriores* paullo longiores, quadriarticulati; articulo fecundo longiori, vltimo oblongo, adhaerentes maxillae dorfo; *pofteriores* triarticulati: articulo fecundo longiori, vltimo ouato, adnati ligulae medio interiori. *Mandibula* breuis cornea, apice denticulata. *Maxilla* cornea, vnidentata. *Ligula* membranacea, apice dilatata, truncata, ciliata, vix emarginata. *Labium* corneum, transuerfum, emarginatum.

2. P.

Peltidis corpus oblongum, depreffum, glabrum, marginatum, tardum; *capite* ouato, prominulo, inferto; *oculis* oblongis, transuerfis, lateralibus: *antennis* thorace breuioribus: articulo primo maiori, ante oculos infertis; *thorace* plano, breui, transuerfo, antice emarginato, lateribus marginatis, rotundatis; *fcutello* breui, rotundato; *elytris* marginatis, rigidis, longitudine abdominis, tegentibus; *pedibus* breuibus, compreffis, curforiis; *tarfis* quinquearticulatis; *colore* nigro, obfcuro.

ferruginea. 2. P. ferruginea, elytris lineis eleuatis fenis nigricantibus : margine ferrugineo.

Silpha ferruginea. . Ent. fyft. 1. 253. 21. *
Linn. fyft. Nat. 2. 572. 19.

Peltis ferruginea. Illig. Col. Bor. 1. 376. 2.

Silpha ferruginea. Oliv. Inf. 2. 4. 20. 20. tab.
2. fig. 13.

Oltoma rubicunda. Laichart. 1. 102. 1.

Degeer. Inf. 4. 183. 9.

Schaeff. Icon. tab. 40. fig. 7.

Herbft. Col. 5. tab. 51. fig. 10.

Payk. Fn. Sv. 1. 339. 15.

Habitat in Europa boreali.

oblonga. 3. P. nigra, elytris ftriato - punctatis : lineis eleuatis fenis thorace emarginato.

Silpha oblonga. Ent. fyft. 1. 253. 22. Linn. fyft.
Nat. 2. 572. 22. Fn. Sv. 460.

Peltis oblonga. Illig. Col. Bor. 1. 377. 3.

Silpha oblonga. Oliv. Inf. 2. 11. 20. 19. tab.
2. fig. 16.

Degeer Inf. 4. 185. 11.

Herbft. Arch. tab. 20. fig. 22.

Payk. Fn. Sv. 1. 340. 16.

Herbft. Col. 5. 196. 22. tab. 51. fig. 11.

Habitat in Europae ligno putrefcente.

limbata. 4. P. capite, thorace elytrisque obfcuris : margine
rufo.

Caffida limbata. Ent. fyft. 1. 294. 11.

Peltis limbata. Illig. Col. Bor. 1. 378. 4.

Oliv. Inf. 97. tab. 1. fig. 15.

Peltis brunnea. Payk. Fn. Sv. 1. 350. 1.

Caffida brunnea. Thunb. nou. fp. 1.

Habitat in Diantho Carthufianorum Saxoniae. D.
Hybner.

72. IMA-

72. **IMATIDIVM.** *Os* apertura orbiculata.
Palpi breuiffimi, fubulati.
Maxilla membranacea, vnidentata.
Antennae cylindricae.

1. I. pallidum, thoracis difco coleoptrorumque macu- 3*maculatum*.
lis tribus cöeruleo-atris: pofteriori communi.
Habitat in America meridionali. D. Smidt. Muf.
D. Lund.

Statura fere Caffidae. Caput pallidum antennis
approximatis, cylindricis nigris: articulo primo maiore, pallefcente. Thorax niger, nitidus: margine pallido. Elytra dilatata, abdomine latiora, punctato-ftriata, pallida, nitida:
macula magna transuerfa bafeos maiorique
commune ante apicem coeruleo-atris. Corpus
cum pedibus pallidum.

Os maxillis palpisque, apertura orbiculari, clypeo
breui, rotundato, fubemarginato. *Palpi* quatuor breuiffimi, fubaequales: *anteriores* quadriarticulati; articulo vltimo fubulato, adhaerentes maxillae dorfo, *pofteriores* triarticulati:
articulo vltimo fubulato, adnati ligulae medio.
Mandibula breuis, cornea, arcuata, acuta.
Ma-

Imatidii corpus ouatum, depreffum, glabrum, marginatum,
agile; *capite* minuto, fubrotundo, inferto; *oculis* magnis,
globofis, lateralibus; *antennis* thorace longioribus, articulis minutis, vix confpicuis: primo maiore, approximatis,
inter oculos infertis; *thorace* breui, transuerfo, marginato, antice valde emarginato: angulis acutiufculis; *fcutello* triangulari; *elytris* dilatatis, abdomine multo latioribus, planis, incumbentibus longitudine abdominis; *pedibus* breuibus, validis, curforiis; *tarfis* quadriarticulatis,
colore vario, nitidulo.

Maxilla breuis, membranacea, vnidentata.
Ligulam et *labium* haud rite vidi.

fasciatum. 2. I. albidum, elytris fasciis tribus atris.

Habitat in America meridionali. D. Smidt. Muf. D. de Seheftedt.

Praecedente minor. Caput prominulum, nigrum. Thoracis clypeus antice late emarginatus, transuersus, marginatus, albidus: maculis duabus baseos fere connatis, atris. Elytra punctato-striata, pallida, fasciis tribus atris, marginem haud attingentibus, baseos in medio interrupta, media inaequali, dentata, tertia ante apicem minore. Corpus pallidum.

thoracicum 3. I. atrum, thoracis clypeo flauo immaculato.

Habitat in America meridionali. D. Smidt. Muf. D. de Seheftedt.

Statura omnino praecedentis. Caput prominulum, atrum. Thoracis clypeus transuersus, laeuis, antice late emarginatus, flauus, nitidus. Elytra substriata, atra, coeruleo-nitida. Abdomen brunneum.

lineola. 4. I. atrum, thoracis clypeo flauo: linea dorfali atra.

Habitat in America meridionali. D. Smidt. Muf. D. de Seheftedt.

Statura omnino praecedentis, et forte mera eius varietas. Differt tantum linea thoracis media atra.

fanguineum. 5. I. fanguineum, elytris rugofis.

Habitat in America meridionali. D. Smdit. Muf. D. Lund.

Statura et magnitudo praecedentis, totum fanguineum, margine parum pallidiore. Difcus reticula-

culatus, margo transuersim ſtriatus. Pedes
ſanguinei.

73. **NITIDVLA.** *Palpi* quatuor filiformes.
   Maxilla cylindrica, membra-
   nacea.
   Antennae claua ſolida.

1. N. ouata, nigra, elytris ſulcatis: maculis trans- *groſſa*.
   uerſis ferrugineis.
   Habitat in Carolina. Muſ. D. Boſc.
   Magna in hoc genere. Thorax ſubpunctatus, niger, margine ferrugineo. Elytra ſulcata, in-
   culis plurimis transuerſis ferrugineis: poſteriore maiore. Corpus nigrum, pedibus ferrugineis.

2. N. ouata, nigra, elytris puncto rubro. Ent. ſyſt. *2puſtulata.*
   1. 255. 1.
   Silpha 2puſtulata. Linn. ſyſt. Nat. 2. 570. 4.
   Fn. Sv. 445.
   Nitidula 2puſtulata. Oliv. Inſ. 2. 12. 4. 1.
   tab. 1. fig. 2.
   Illig. Col. Bor. 1. 382. 6.
   Panz. Fn. Germ. 3. tab. 10.
   Geoff. Inſ. 1. 100. 3.
   Laichart. 1. 106. 3.
   Degeer. Inſ. 4. 186. 13. tab. 6. fig. 22. 23.
                                        Herbſt.

Nitidulae corpus paruum, quatum, depreſſiuſculum, glabrum,
   agile; *capite* ouato, inſerto; *oculis* rotundatis, marginalibus; *antennis* breuibus, ante oculos inſertis; *thorace*
   depreſſo, marginato, antice late emarginato; *ſcutello* paruo, rotundato; *elytris* ſubmarginatis, rigidis, longitudine
   abdominis; *pedibus* breuibus, validis; *femoribus* compreſſis; *tibiis* rotundatis; *tarſis* quinquearticulatis; *colore* obſcuro.

Herbſt. Col. 5. 229. 1. tab. 53. fig. 1.
Payk. Fn. Sv. 1. 249. 4.
Habitat in cadaueribus, lardo.

4puſtulata. 3. N. ouata, fuſca, elytris maculis duabus rubris.
Ent. ſyſt. 1. 255. 2. *
Habitat in Germania. D. Smidt.

obſcura. 4. N. ouata, nigra, obſcura, pedibus piceis. Ent. ſyſt.
1. 255. 3. *
Nitidula obſcura. Oliv. Inſ. 2. 12. 5. 3. tab. 1.
fig. 3.
Illig. Col. Bor. 1. 383. 7.
Herbſt. Col. 5. tab. 53. fig. 2.
Degeer Inſ. 4. 188. 15.
Herbſt. Arch. 15. tab. 20. fig. 23.
Payk. Fn. Sv. 1. 349. 3.
Habitat in Germania. Dom. de Hattorff.

abbreuiata. 5. N. ouata, nigra, obſcura, elytris laeuibus, obtuſis abbreuiatis. Ent. ſyſt. 1. 256. 4. *
Nitidula abbreuiata. Oliv. Inſ. 2. 12. 5. 4.
tab. 1. fig 5.
Habitat in noua Zelandia. Muſ. D. Banks.

marginata. 6. N. ouata, elytris ſulcatis: margine punctisque
diſci ferrugineis. Ent ſyſt. 1. 256. 5. *
Nitidula marginata. Oliv. Inſ. 2. 12. 11. 13.
tab. 2. fig. 15.
Habitat in Italia. Dr. Allioni.

aeſtiua. 7. N. ſubtomentoſa, teſtacea, thorace transuerſo
emarginato, oculis nigris. Ent. ſyſt. 1. 256. 6.
Silpha aeſtiua. Linn. ſyſt. Nat. 2. 574. 32. Fn.
Sv. 465.
Nitidula aeſtiua. Oliv. Inſ. 2. 12. 16. 23. tab.
3. fig. 23.
Nitidula depreſſa. Illig. Col. Bor. 1. 385. 10.
Herbſt. Arch. tab. 22. fig. 24.

Herbſt.

Herbſt. Col. 5. tab. 53. fig. 5.
Payk. Fn. Sv. 1. 350. 5.
Habitat in Europae floribus.

8. N. ouata, pallida, pedibus flauefcentibus. Ent. *pallida.*
 fyſt. fuppl. 73. 6. °
Habitat in India orientali.

9. N. ouata, teſtacea, elytris laeuibus, thorace emar- *obſoleta.*
 ginato. Ent. fyſt. 1. 256. 7. *
 Nitidula vnicolor. Oliv. Inſ. 2. 12. 17. 24.
 tab. 2. fig. 9.
 Silpha depreſia. Linn. Syſt. Nat. 2. 514. 33.
 Illig. Col. Bor. 1. 384. 9.
 Herbſt. Col. 5. 240. 11. tab. 53. fig. 10.
 Payk. Fn. Sv. 1. 351. 6.
 Habitat in Europae borealis Betula. Muſ. Dom.
 Lund.

10. N. ouata, fubtomentoſa, ferruginea, elytris fub- *ferruginea.*
 ſtriatis. Ent. fyſt. 1. 257. 8. *
 Dermeſtes ferrugineus. Linn. fyſt. Nat. 2. 564.
 21. Fn. Sv. 433.
 Nitidula ſtriata. Oliv. Inſ. 2. 12. 14. 19. tab. 1.
 fig. 7.
 Oſtoma ferruginea. Laichart. 1. 104. 2.
 Strongylus aeſtiuus. Herbſt. Col. 4. 186. 6.
 Payk. Fn. Sv. 1. 356. 14.
 Habitat in Angliae et Sueciae Lycoperdis.

11. N. ouata, ferruginea, mandibulis porrectis, dor- *cornuta.*
 ſo dentatis.
 Habitat in America meridionali. D. Smidt. Muſ.
 D. de Seheſtedt.
 Magnitudo omnino N. ferrugineae, at forte proprii generis Antennae ferrugineae, claua perfoliata fuſca. Mandibulae porrectae, longitudine capitis, dorſo dente eleuato, valido, apice
            bifi-

bifidae. Thorax planus, latus, punctatus, ferrugineus. Elytra ftriata.

ftrigata. 12. N. ouata, fufca, thorace margine, elytris margine: lineola bafeos ftrigaque apicis: fufcis. Ent. fyft. 1. 257. 9. *

Nitidula ftrigata. Oliv. Inf. 2. 12. 13. 17. tab. 2. fig. 12.

Strongylus ftrigatus. Herbft. Col. 4. tab. 43. fig. 7.

Payk. Fn. Sv. 1. 356. 13.

Habitat Halae Saxonum. Dom. Hybner.

imperialis. 13. N. ouata, nigra, elytris maculis connatis, acutis, albis margineque rufo. Ent. fyft. 1. 257. 10. *

Herbft. Col. 5. 248. 24. tab. 54. fig. 8.

Payk. Fn. Sv. 1. 355. 12.

Habitat in Germania. D. Smidt.

5guttata. 14. N. ouata, fufca, thoracis margine elytrorumque punctis quinque pallidis. Ent. fyft. 1. 258. 11. *

Illig. Col. Bor. 1. 382. 5.

Herbft. Col. 5. 249. 26.

Payk. Fn. Sv. 1. 354. 10.

Habitat in Germania. D. Smidt.

varia. 15. N. ouata, thorace elytrisque nigro ferrugineoque variis. Ent. fyft. 1. 258. 12. *

Nitidula varia. Oliv. Inf. 2. 12. 12. 15. tab. 2. fig. 10.

Illig. Col. Bor. 1. 380. 2.

Herbft. Col. 5. tab. 53. fig. 4.

- - Arch. tab. 20. fig. 25.

Degeer. Inf. 4. 184. 10.

Payk. Fn. Sv. 1. 347. 1.

Habitat Kiliae.

16. N. ouata, nigra, thorace elytrisque obfcure fer- *fordida.*
 rugineis. Ent. fyft. 1. 258. 13. °
Illig. Col. Bor. 1. 379. 1.
Herbft. Col. 5. tab. 54. fig. 9.
Payk. Fn. Sv. 1. 348. 2.
Habitat in Germania. D. Smidt.

17. N. obfcura, elytris punctato-ftriatis aeneis.   *punctata.*
. Habitat in Sumatra. Dom. Daldorff.
Statura et magnitudo N. fordidae. Antennae ca-
pitatae huius generis. Thorax parum marginatus. obfcurus. Elytra valde punctato-ftriata,
aenea, obfcure nitida. Corpus obfcurum.

18. N. ouata, nigra, thoracis margine elytrorumque *flexuofa.*
maculà flexuofa flauis. Ent. fyft. 1. 258. 14. °
Nitidula flexuofa. Oliv. Inf. 2. 12. 7. 6. tab.
1. fig. 6.
Herbft. Col. 5. 246. 21. tab. 54. fig. 5.
Payk. Fn. Sv. 1. 354. 9.
Habitat in Gallia meridionali. Muf. D. Olivier.

19. N. ferruginea, elytris nigris: fafcia bafeos pun- *bicolor.*
ctoque apicis ferrugineis. Ent. fyft. 1. 259. 15.
Herbft. Col. 5. 240. 4. tab. 53. fig. 10. K. K.
Habitat Kiliae. D. Lund.

20. N. nigra, elytris ferrugineo-variis, thorace *Colon.*
emarginato. Ent. fyft. 1. 259. 16.
Silpha Colon. Linn. fyft. Nat. 2. 573. 27. Fn.
Sv. 462.
Nitidula Colon. Oliv. Inf. 2. 12. 4. 2. tab. 1.
fig. 1.
Geoff. Inf. 1. 164. 13.
Illig. Col. Bor. 1. 380. 3.
Degeer. Inf. 4. 187. 14. tab. 6. fig. 24.
Laichart. 1. 107. 4.
Habitat in Europa haud frequens.

21. N.

limbata.   21. N. nigra, thoracis margine elytrorumque limbo
ferrugineis. Ent. fyft. 1. 259. 17.
> *Nitidula limbata.* Oliv. Inf. 2. 12. 20. 31. tab.
> 3. fig. 18.
> Illig. Col. Bor. 1. 383. 8.
> Herbft. Col. 5. tab. 53. fig 9.
> Habitat Halae Saxonum. Dom. Hybner.

haemorrhoi 22. N. nigra, elytris apice ferrugineis. Ent. fyft. 1.
dalis.   259. 18. *
> *Nitidula haemorrhoidalis.* Oliv. Inf. 2. 12. 13.
> 16. tab. 1. fig. 4.
> Herbft. Col. 5. tab. 53. fig. 6.
> Payk. Fn. Sv. 1. 352. 7.
> Habitat Hamburgi. Dr. Schulz.
> *Varietatem* N. Colonis oredit D. Illiger, N. dif-
> coideae D. de Paykull, at diftincta videtur.

difcoides.   23. N. thorace marginato, nigra, coleoptrorum difco
ferrugineo. Ent. fyft. 1. 259. 19. *
> Illig. Col. Bor. 1. 381. 4.
> Herbft. Col. 5. tab. 53. fig. 7.
> Habitat in Anglia et Germania.

pediculia- 24. N. nigra, elytris laeuibus, thorace marginato.
ria.   260. 20. *
> *Silpha pedicularia.* Linn. fyft. Nat. 2. 574. 34
> Fn. Sv. 466.
> *Nitidula pedicularia.* Oliv. Inf. 2. 12. 19. 28.
> tab. 3. fig 21.
> *Nitidula folida.* Illig. Col. Bor. 1. 389. 16.
> *Strongvlus pfyllius.* Herbft. Col. 4. 189. 9.
> Payk. Fn. Sv. 1. 353. 8.
> Habitat in Europae floribus.

6puftulata. 25. N. nigra, elytris truncatis: punctis tribus, ano
pedibusque rufis. Ent. fyft. 1. 360. 21. *
> Habitat in Germaniae floribus. D. Prof. Helwig.
> > 26. N.

26. N. thorace testaceo: macula atra, elytris testa- *fasciata.*
ceis: fascia media nigra, testaceo-punctata.
Ent: syst. suppl. 74. 22. ✿
Habitat in Holsatia.
Forte potius ad Coccinellas demandanda.

27. N. testacea, elytris litura arcuata nigra. Ent. *litura.*
syst. 1. 260. 22. ✿
Coccinella litura. Illig. Col. Bor. 1. 419. 10.
Panz. Fn. Germ. 36. tab. 5.
Herbst. Col. 5. tab. 59. fig. 2.
Habitat Halae Saxonum. Dom. Hybner.

28. N. viridi-aenea, antennis pedibusque nigris. *aenea.*
Ent. syst. 1. 261. 24.
Strongylus psyllius. Herbst. Col. 4. tab. 43. f. 9.
Dermestes psyllius. Herbst. Arch. 4. tab. 20.
fig. 4.
Nitidula aenea. Oliv. Inf. 2. 12. 17. 25. tab. 3.
fig. 20.
Geoff. Inf. 1. 86. 30.
Illig. Col. Bor. 1. 888. 15.
Habitat in Europae floribus.

29. N. viridi-aenea, pedibus rufis. Ent. syst. 1. *viridescens.*
261. 25. ✻
Nitidula viridescens. Oliv. Inf. 2. 12. 18. 26.
tab. 4. fig. 30.
Herbst. Col. 5. tab. 54. fig. 1.
Habitat Kiliae. Dom. Daldorff.
Nimis praecedenti affinis, et forte mera eius va-
rietas.

30. N. ferruginea, elytris abbreuiatis, testaceis, im- *hemiptera.*
maculatis. Ent. syst. 1. 261 26. ✻
Habitat in Americae meridionalis Insulis. Dom.
Smidt.

Z   31. N.

humeralis. 31. N. nigra, nitida, elytris dimidiatis: puncto bafeos rufo. Ent. fyft. fuppl. 74. 26. *
Habitat ad Cap. Bon. Spei. Dom. Daldorff.

rupta. 32. N. ferruginea, elytris dimidiatis: apice nigris.
Habitat in America meridionali. D. Smidt. Muf.
D. de Seheftedt.
Maior N. hemiptera. Caput, thorax et corpus fer-
ruginea, immaculata. Elytra abdomine dimidio
breuiora; ferruginea, margine poftico nigro.
Varietas duplo minor vix differt.

quadrata. 33. N. nigra, elytris dimidiatis pallidis: litura communi fufca. Ent. fyft. fuppl. 74. 26. *
Habitat Cajennae. D. Prof. Cuvier.

cadauerina 34. N. obfcure ferruginea, elytris dimidiatis: macula apicis flaua.
Habitat in animalibus Americae conferuatis, ficcatis. Muf. D. Lund.
Corpus paruum, omnino diftinctum. Antennae
claua folida. Caput et thorax obfcura, ferruginea; immaculata. Elytra laeuia, ferruginea,
dimidiata, litura bafeos maculaque magna apicis flauis.

macroptera 35. N. atra, nitida, pedibus piceis, elytris dimidiatis.
Habitat in America meridionali. D. Smidt. Muf.
D. de Seheftedt.
Statura N. ruptae, at paullo minor, tota atra, ni-
tidula. Elytra laeuia, dimidiata. Pedes picei.

dimidiata. 36. N. nigra, elytris abbreuiatis fufcis, pedibus ferrugineis. Ent. fyft. 1. 261. 27. *
Habitat in Americae Infulis. Dr. Pflug.

truncata. 37. N. teftacea, elytris truncatis: macula communi
bafeos nigra. Ent. fyft. 1. 261. 28. *
Habitat in Germania. Dom. Smidt.

38. N.

38. N. nigra, nitida, pedibus pallidis. Ent. fyft. 1. *rufipes.*
261. 29. *

Nitidula rufipes. Oliv. Inf. 2. 12. 21. tab. 5.
fig. 23.

Silpha rufipes. Linn. fyft. Nat. 2. 573. 24.
Habitat in Anglia.

74. HETEROCERVS. *Palpi* breues, filiformes.
Maxilla vnidentata, lon-
gitudine palporum.
Labium emarginatum.
Antennae breues, recur-
uae: articulo tertio
quartoque cordatis, vl-
timis ferratis.

1. H. villofus, fufcus, elytris, margine punctisque *margina-*
ferrugineis. Ent. fyft. 1. 262. 1. * *tus.*

Heterocerus marginatus. Bofc. Act. Soc. Hift.
nat. Parif. 1. tab. 1. fig. 5.

Dermeftes feneftratus Thunb. nou. Inf. fp. 1.
Illig. Col. Bor. 1. 397. 1.

Panz. Fn. Germ. 28. tab. 11. 12.

Habitat Halae Saxonum, Dom. Hybner, in Gallia. D. Bofc.

2. H.

. Heteroceri corpus paruum, ouatum, villofum, immarginatum, tardum; *capite* ouato, latitudine fere thoracis, inler-
to; *clypeo* porrecto, rotundato; *oculis* globofis, lateráli-
bus; *antennis* vix capite longioribus, diftantibus, ante
oculos infertis; *thorace* rotundato, gibbo: marginibus
deflexis; *fcutello* rotundato; *elytris* rigidis, fornicatis,
tegentibus, longitudine abdominis; *pedibus* breuibus, validis; *tibiis* anticis dilatatis, ferratis; *tarfis* quinquearticulatis; *colore* obfcuro.

dubius.   2. H. villofus, fufcus. elytris macula marginali ferruginea. Ent. fyft. fuppl. 75. 2. *

Habitat Tranquebariae. Dom. Daldorff. Muf. D.
de Seheftedt.

laeuigatus.   3. H. villofus, fufcus, elytris fafciis inaequalibus
pallidis.

Habitat in Germania.

Paullo maior H. marginato et affinis. Caput et
thorax pubefcentia, fufca, obfcura. Elytra laeuia, glabra, fufea, fafciis tribus vndatis, abbreuiatis, albidis. Pedes flauefcentes, tibiis anticis
dilatatis, valde ferratis.

75. COCCINELLA.   *Palpi anteriores* fecuri-
formes.

posteriores filiformes.

Antennae claua folida.

marginata.   1. C. coleoptris rubris: margine nigro, thorace
vtrinque puncto marginali albo. Ent. fyft. 1.
266. 1.

Coccinella marginata. Linn. fyft. Nat. 2. 579. 1.

Habitat in America meridionali.

limbata.   2. C. atra, coleoptrorum difco rubro: punctis duobus atris. Ent. fyft. 1. 266. 2. *

Habitat Hamburgi. Dr. Schulz.

3. C.

Coccinellae corpus paruum, fubrotundum, faepius glabrum,
laeue, nitidum, fupra gibbum, fubtus planum., immarginatum, agile; *capite* ouato, inferto; *oculis* rotundatis, lateralibus; *antennis* breuibus, ante oculos infertis; *thorace*
fubmarginato: margine deflexo; *fcutello* minuto, rotundato; *elytris* rigidis, fornicatis, obtegentibus, longitudine
abdominis: margine fubtus canaliculato; *pedibus* breuibus, validis; *femoribus* compreffis; *tibiis* rotundatis; *tarfis* triarticulatis; *colore* vario. nitido, faepius punctato.

3. .C. coleoptris. obfcure teftaceis: margine. flauo. *marginella.*
    Ent. fyft. 1. 266..3.. *
    Habitat in America. Muf. Dom. Romani.

4. C. fubrotunda, thorace coleoptrisque teftaceo- *diaphana.*
    diaphanis immaculatis. Ent. fyft. fuppl. 76. 3.*
    Habitat Kiliae. Dom. Daldorff.

5. C. fubrotunda, obfcure teftacea, pubefcens, ocu- *pubefcens.*
    lis nigris. Ent. fyft. fuppl. 77. 3. *
    Habitat in India orientali. Dom. Daldorff.

6. C. oblonga, pallida, pectore nigricante.   *Abietis.*
    Coccinella Abietis. Payk. Fn. Sv. 2. 10. 10.
    Habitat in Europa boreali.
    Minuta, pubefcens, pallida, pectore folo parum
      nigricante. _

7. C. coleoptris ferrugineis immaculatis, thorace *immacula-*
    atro: margine punctisque dorfalibus albis.   *ta.*
    Ent. fyft. 1. 267. 5. *
    Habitat in Americae Infulis. Dom. Ifert.

8. C. thorace elytrisque teftaceis immaculatis. Ent. *vnicolor.*
    fyft. 1. 267. 6. *
    Habitat in India orientali. D. Prof. Abildgaard.

9. C. fubrotunda, coleoptris fanguineis immaculatis, *coccinea.*
    corpore rubro.
    Habitat in America meridionali. D. Smidt. Muf.
    D. Lund.
  Parua, fubrotunda, fanguinea, capite thoracisque
    antico paullo pallidiore. Elytra fanguinea, ni-
    tida, immaculata.

10. C. oblonga, coleoptris teftaceis immaculatis, tho- *M. nigrum.*
    race albo, M. nigro notato. Ent. fyft. 1. 267.
    7.
    Illig. Col. Bor. 1. 430. 17.
    Herbft. Col. 5. tab. 57. fig. 1 -7.
                          Payk.

Payk. Fn. Sv. 2. 41. 42.
Degeer Inf. 5. 383. 18.
Habitat Kiliae.

difcolor,   11. C. fubrotunda, coleoptris teſtaceis immaculatis, thoroce albo: baſi punctisque duobus atris. Ent. ſyſt. ſuppl. 77. 7. *
Habitat in India orientali. Dom. Daldorff.

tincta,   11. C. fubrotunda, flauefcens, thorace punctis quatuor nigris. Ent. ſyſt. ſuppl. 77. 8. *
Habitat in India orientali. Dom. Daldorff.

fanguinea.   12. C. coleoptris fanguineis immaculatis, thorace maculis nigris. Ent. ſyſt. 1. 267. 8.
     Coccinella fanguinea. Linn. ſyſt. Nat. 2. 579. 3. Amoen. acad. 6. 393. 4.
Habitat in America meridionali.

impunctata   14. C. coleoptris rubris: puncto nullo, thorace rubro, medio fufcefcente. Ent. ſyſt. 1. 267. 9.
Panz. Fn. Germ. 36. tab. 4.
     Coccinella impunctata Linn. ſyſt. Nat. 2. 579. 4.
     Coccinella globofa. Payk. Fn. Sv. 2. 11. 12.
Degeer Inf. 4. 369. 1.
Habitat in Sueciae hortis.

dimidiata.   15. C. coleoptris coccineis apice atris. Ent. ſyſt. 1. 268. 10. *
Habitat in Coromandel. Muf. D. Banks.

margine punctata.   16. C. coleoptris flauis: margine albido; punctis duobus nigris. Ent. ſyſt. 1. 268. 11. °
Illig. Col. Bor. 1. 438. 26.
Habitat in Europae hortis.

17. C.

Coccinellae ſpecies diffieillime eruuntur. Varietates forte plures, at adhuc vix rite obferuatae. Retinui ideo plurimas, vsque dum magis illucefcant. Differentia ſpecifica diſtinctae nil damni inferunt, et ſpecies nulla deletur.

17. C. coleoptris rubris: lineolis duabus bafeos api- *lineola.*
cisque nigris, Ent. fyft. 1. 268. 12. *
Habitat in noua Hollandia. Muf. D. Banks.

18. C. coleoptris rubris: fafcia lata nigra; punctis *dorfimacu-*
duobus rufis. Ent. fyft. fuppl. 77. 13. * *la.*
Habitat in India orientali. Muf. D. de Seheftedt.

19. C. coleoptris rubris: fafcia media atra. Ent. *vnifafciata.*
fyft. 1. 268. 13. *
Coccinella difpar. Illig. Col. Bor. 1. 447. var. 14.
Herbft. Col. 4. tab. 58. fig. 4.
Payk. Fn. Sv. 18. 18. var. γ.
Habitat Hamburgi. Dr. Schulz.

20. C. coleoptris rubris: macula fubannulari nigra. *annulata.*
Ent. fyft. 1. 268. 14.
Linn. fyft. Nat. 2. 579. 5.
Illig. Col. Bor. 1. 456. var. 9.
Habitat in Europae hortis.

21. C. coleoptris flauis: lineis tribus abbreuiatis *trilineata.*
flauis. Ent. fyft. 1. 268. 15. *
Habitat in America. Muf. Dom. Zfchuck.

22. C. coleoptris flauis: margine futura vittisque *vittata.*
duabus atris, thorace atro: margine antico
albo. Ent. fyft. 1. 269. 16. *
Habitat in Guinea. Muf. Dom. Ifert.

23. C. coleoptris teftaceis: futura vittisque duabus *futuralis.*
abbreuiatis atris. Ent. fyft. fuppl. 78. 16. *
Habitat in India orientali. Dom. Daldorff.

24. C. coleoptris fanguineis: maculis duabus magnis *limbata.*
futuraque atris.
Herbft. Col. 4. tab. 55. fig. 13.
Voet. Col. tab. 44. fig. 29.
Habitat ad Cap. Bon. Spei. Muf. D. Lund.
Magnitudo et fumma affinitas C. vittatae. Caput
album,

album, immaculatum. Thorax antice albus,
poſtice niger, interdum puncto vno alteroue
nigro, baſi nigra connexo. Elytra ſanguinea,
macula magna diſci futuraque atris. Corpus
nigrum.

ſtriata. 25. **C.** coleoptris flauis: margine, futura vittisque
duabus abbreuiatis atris, thorace flauo, punctis
duobus obſcurioribus. Ent. ſyſt. 1. 269.
17. *

Coccinella lineata. Thunb. nou. ſp. Inſ. 1.
Habitat in Guinea. Dom. Iſert.

oblongo - 26. **C.** coleoptris flauis: lineis quatuor abbreuiatis
punctata. punctisque ſex atris. Ent. ſyſt. 1. 269. 18. *
Habitat in Ruſſia auſtraliori. Dom. Boeber.

abbreuiata. 27. **C.** coleoptris rubris: faſcia poſtica abbreuiata
punctisque duobus nigris, thorace atro: lineis
duabus albis. Ent. ſyſt. 1. 269. 19. *

ſtriata. 28. **C.** coleoptris flauis: lineis ſex punctisque tribus
nigris. Ent. ſyſt. 1. 270. 20.
Coccinella hebraea. Linn. ſyſt. Nat. 2. 580. 10.
Fn. Sv. 473.
Payk. Fn. Sv. 2. 14. 13. β.
Illig. Col. Bor. 1. 437. β.
Habitat in Europa boreali, Muſ. D. Banks.
Varietas C. ocellatae DD. Illiger et Paykull.

2punctata. 29. **C.** coleoptris rubris: punctis nigris duobus. Ent.
ſyſt. 1. 270. 21.
Linn. ſyſt. Nat. 2. 580. 7.
Geoff. Inſ. 1. 320.
Friſh. Inſ. 9. 33. tab. 16. fig. 4.
Schaeff. Icon. tab. 9. fig. 9.
Sulz. Hiſt. Inſ. tab. 3. fig. 3.
Illig. Col. Bor. 1. 417. var. 19.

Payk.

Payk. Fn. Sv. 2. 17. 18. var. x.
Habitat in Europae hortis frequens.

30. C. coleoptris rubris: punctis nigris tribus. Ent. *3punctata.*
syft. 1. 270. 22.
Coccinella collaris. Payk. Fn. Sv. 2. 37. 37.
Linn. fyft. Nat. 2. 580. 8. Fn. Sv. 472.
Roff. Fn. Etr. 1. 61. 151.
Habitat in Germania: D. Schneider.

31. C. coleoptris luteis: maculis duabus longitudi- *hierogly-*
nalibus finuatis. Ent. fyft. 1. 270. 23. *phica.*
Linn. fyft. Nat. 2. 580. 14. Fn. Sv. 476.
Degeet Inf. 5. 382. 75.
Illig. Col. Bor. 1. 445. 31. var. γ.
Payk. Fn. Sv. 2. 35. 35.
Habitat in Europae hortis.

32. C. coleoptris luteis: fafciis duabus dorfalibus *riuularis.*
finuatis, punctisque fex nigris, thorace atro-
flauo bipunctato. Ent. fyft. 1. 270. 24. °
Coccinella transuerfalis. Thunb. nou. Inf. fp. 1.
Habitat in Suecia.

33. C. ouata, coleoptris rubris: fafciis tribus atris; *tricincta.*
anteriore abbreuiata tricufpidam. Ent. fyft. 1.
271. 25.
Habitat in China. Muf. D. de Seheftedt.

34. C. ouata, coleoptris rubris: punctis quatuor, fa- *arcuata.*
fciis duabus punctoque apicis, nigris. Ent. fyft.
1. 271. 26. *
Habitat in China. Muf. D. de Seheftedt.

35. C. ouata, coleoptris rubris: maculis annulari- *catenata.*
bus connatis atris.
Habitat in Amboina. D. Billardiere.
Corpus maiufculum. Caput album. Thorax ater,
angulo antico albo. Elytra rufa, nitida, annu-
lia

lis duobus atris, inter fe et cum futura connexis.   Exferunt dentem ad marginem exteriorem, et poftice ramus flexuofus exit, qui fere
futuram attingit.   Subtus fufca, puncto vtrinque collari albo.

reticulata. 36. C. coleoptris flauis nigro - reticulatis.
Habitat in maris pacifici Infulis. D. Billardiere.
Media. Caput album, immaculatum. Thorax albus, linea dorfali punctisque duobus paruis, bafi
connexis, nigris. Coleoptra flaua, nigro - reticulata. Corpus ferrugineum,

vndata. 37. C. oblonga, coleoptris luteis: fafcia flexuofa:
punctisque duobus nigris, thorace flauo pun-
ctato. Ent. fyft. 1. 271. 27. ♀
Habitat ad Cap. Bon. Spei. Muf. D. Banks.

flexuofa. 38. C. ouata, coleoptris luteis: fafcia flexuofa pun-
ctisque duobus nigris, thoracis margine albo.
Ent. fyft. 1. 272. 28. ♀
Coccinella hieroglyphica. Illig. Col. Bor. 1. 435.
31. β.
Coccinella trilineata. Herbft. Arch. 4. tab. 22.
fig. 12.
Herbft. Col. 5. tab. 58. fig. 23.
Habitat Hamburgi. Dr. Schulz.

cingulata. 39. C. coleoptris luteis: punctis quatuor bafeos,
fafcia poftica punctoque apicis nigris.   Ent.
fyft. 1. 272. 29. ♀
Habitat Tranquebariae. Dom. Hybner.

inaequalis. 40. C. coleoptris flauis: punctis anticis tribus, futura fafciaque apicis nigris. Ent. fyft. 1. 272.
30. ♀
Habitat in noua Hollandia. Muf. D. Banks.

41. C.

41. C. coleoptris flauefcentibus: puncto communi *varians.*
fafciisque duabus apicis nigris. Ent. fyft. fuppl.
78. 29. °
Habitat in India. Dom. Daldorff.

42. C. coleoptris rubris: fafciis nigris tribus abbre- *trifafciata.*
uiatis. Ent. fyft. 1. 272. 31.
Linn. fyft. Nat. 2. 580. 13. Fn. Sv. 475.
Raj. Inf. 87. 9.
Habitat in Europae hortis.

43. C. coleoptris flauis: fafciis duabus interruptis *interrupta.*
vndatis punctisque duobus pofticis nigris. Ent.
fyft. 1. 272. 32. °
Habitat in India orientali. Dom. Daldorff.

44. C. coleoptris ferrugineis: fafciis duabus pun- *afafciata.*
ctisque quatuor nigris. Ent. fyft. 1. 273. 33. °
Coccinella flexuofa. Thunb. nou. Inf. fp. 1. 17.
tab. 1. fig 24.
Habitat ad Cap. Bon. Spei.

45. C. coleoptris rubris: punctis quatuor bafeos ni- *4notata.*
gris, thoracis marginibus albis. Ent. fyft. 1.
273. 34. °
Habitat Kiliae. Dom. Daldorff.

46. C. coleoptris rubris: punctis quatuor nigris, *4maculata.*
thorace atro: macula marginali alba. Ent.
fyft. 1. 273. 35.
Illig. Col. Bor. 1. 443. 29. var. δ.
Herbft. Col. 5. 370. 99.
Panz. Fn. Germ. 1. tab. 14.
Habitat Halae Saxonum. Dom. Hybner.

47. C. coleoptris fanguineis: punctis quinque ni- *5punctata.*
gris. Ent. fyft. 1. 273. 36.
Linn. fyft. Nat. 2. 580. 4. Fn. Sv. 474.
Geoff. Inf. 1. 320. 2.

Illig.

Illig. Col. Bor. 1. 441. 28.
Herbſt. Col. 5. tab. 58. fig. 11.
Roſſ. Fn. Etr. 65. 152.
Schaeff. Icon. tab. 9. fig. 8.
Degeer. Inſ. 5. 370. 3.
Payk. Fn. Sv. 1. 16. 16.
Habitat in Europae plantis.

5maculata. 48. C. oblonga, coleoptris flauefcentibus: punctis
nigris quinque, thorace atro: margine antico
triradiato albo. Ent. ſyſt. 1. 273. 37. *
Coccinella mutabilis. Illig. Col. Bor. 1. 426.
15. var. u.
Habitat Halae Saxonum. Dom. Hybner.

6punctata. 49. C. coleoptris rubris: punctis nigris fex. Ent.
ſyſt. 1. 274. 38. *
Coccinella mutabilis. Illig. Col. Bor. 1. 420.
15. var. k.
Linn. ſyſt. Nat. 2. 580. 12.
Herbſt. Col. 5. tab. 57. fig. 12.
Habitat in Europae hortis.

glacialis. 50. C. coleoptris rubris: punctis fex nigris; intermediis maioribus finuatis. Ent. ſyſt. 1. 274.
39. *
Habitat in America boreali. Dom. Drury.

6maculata. 51. C. coleoptris rubris: punctis fex nigris: anticis quatuor transuerfis finuatis. Ent. ſyſt. 1.
274. 40. *
Act. Hall. 1. 262.
Habitat in India orientali. Muſ. D. Banks.

7punctata. 52. C. coleoptris rubris: punctis nigris feptem. Ent.
ſyſt. 1. 274. 41. *
Linn. ſyſt. Nat. 2. 581. 15. Fn. Sv. 477.
Geoff. Inſ. 1. 321. tab. 6. fig. 1.

Friſh.

Frifh. Inf. 4. 22. tab. 1. fig. 4.
Roef. Inf. 2. fcarab. 3. tab. 2.
Schaeff. Icon. tab. 9. fig. 7.
Illig. Col. Bor. 1. 439. 27.
Herbft. Col. 5. tab. 57. fig. 8.
Habitat in Europae plantis, frequentiffime in Madera. D. Rathje.

53. C. oblonga, coleoptris rubris: punctis nigris *7maculata.*
   feptem, communi trilobo.
   Coccinella notata. Laichart. Tyr. 1. 119. 8.
   Illig. Col. Bor. 1. 423. 13.
- Habitat in Germania. Dr. Schulz.

54. oblonga, coleoptris rubris: punctis feptem ni- *7notata.*
   gris, thoracis margine punctisque duobus albis.
   Ent. fyft. 1. 275. 43. *
   Coccibella mutabilis. Illig. Col. Bor. 1. 426.
   15. var. i.
   Degeer Inf. 5. 429. 6.
   Habitat in Germaniae hortis.

55. C. coleoptris rubris: punctis nigris octo, tho- *8punctata.*
   race albo: nigro-punctato. Ent. fyft. 1. 275.
   44. *
   Coccinella variabilis. Illig. Col. Bor. 1. 447.
   32. var. 9.
   Coccinella 4punctata. Linn. fyft. Nat. 2. 580. 9.
   Habitat in Europa boreali.
   Punctorum numerus in elytris interdum variat.
   Quaedam interdum obfoleta.

56. C. coleoptris flauis: maculis octo nigris; anti- *transuerfa-*
   cis quatuor transuerfis finuatis. Ent. fyft. 1. *lis.*
   275. 45. *
   Habitat in Coromandel. Muf. D. Banks.

57. C. coleoptris luteis: punctis nigris octo; anti- *8maculata.*
                    cis

cis fex transuerfis finuatis. Ent. fyft. 1. 276. 46. *

Habitat in - - Muf. D. Banks.

8notata. 58. C. coleoptris rubris: punctis nigris octo; duobus communibus: anteriore transuerfo.
Habitat in Oceani pacifici Infulis. D. Billardiere.
Media. Caput rubrum, immaculatum. Thorax ruber: maculis duabus magnis bafeos atris. Elytra laeuia, rubra: punctis tribus; intermedio fere marginali. Praeterea puncta duo communia: priore maiori, transuerfo. Corpus obfcurum.

9 maculata. 59. C. coleoptris rubris: punctis nigris nouem; poftico communi, thorace bipunctato. Ent. fyft. 1. 276. 47. *
Habitat in noua Hollandia. Muf. D. Banks.

9notata. 60. C. coleoptris rubris: punctis nigris nouem, capite thoracisque margine albis. Ent. fyft. fuppl. 76. 48. *.
Coccinella 9 notata. Herbft. Col. 5. tab. 48. fig. 16.
Habitat in America boreali. D. v. Rohr.

9punctata. 61. C. coleoptris rubris: punctis nigris nouem. Ent. fyft. 1. 276. 48.
Linn. fyft. Nat. 2. 581. 16. Fn. Sv. 478.
Geoff. Inf. 1. 322. 4.
Degeer Inf. 5. 373. 6.
Herbft. Col. 5 372. 102.
Illig. Col. Bor. 1. 443. 29. var. β.
Habitat in Europae hortis.

10punctata 62. C. coleoptris fuluis: punctis nigris decem, thorace quadrimaculato. Ent. fyft. 1. 276. 49.
Linn. fyft. Nat. 2. 581. 17. Fn. Sv. 479.
Degeer.

Degeer Inf. 5. 374. 7.
Illig. Col. Bor. 1. 448. 32. var. λ.
Herbft. Col. 5. tab. 58. fig. 17.
Habitat in Europae hortis.

63. C. oblonga, coleoptris fuluis: punctis nigris de- *10maculata*
cem; duobus communibus. Ent. fyft. 1. 276.
50. °
Habitat in America.   Muf. D. Banks.

64. C. oblonga, coleoptris teftaceis: punctis nigris *innuba.*
decem, thorace immaculato. Ent. fyft. 1. 277.
51. °
Habitat in Oriente. Muf. Britann.

65. C. fubrotunda, coleoptris marginatis fuluis: *dilatata.*
punctis nigris decem, thorace bipunctato. Ent.
fyft. 1. 277. 52. *
Habitat in America.   Muf. Britann.

66. C. coleoptris rubris: punctis nigris vndecim,. *11punctata.*
corpore nigro. Ent. fyft. 1. 277. 53. *
Linn. fyft. Nat. 2. 581. 18. Fn. Sv. 480.
Degeer Inf. 5. 375. 8.
Stroem. Act. Nidr. 3. tab. 6. fig. 2.
Illig. Col. Bor. 1. 442. 29.
Herbft. Col. 5. tab. 58. fig. 13.
    -   Arch. 7. tab. 43. fig. 15.
Habitat in Europa boreali.

67. C. coleoptris rubris: punctis nigris vndecim, *11maculata*
corpore ferrugineo. Ent. fyft. 1. 277. 54. °
Geoff. Inf. 1. 325. 9.
Illig. Col. Bor. 1. 468. 38.
Habitat in Hifpania. D. Prof. Vahl.

68. C. coleoptris flauis: punctis nigris duodecim: *12punctata*
extimis linearibus repandis. Ent. fyft. 1. 278.
55.

Linn.

Linn. fyft. Nat. 2. 581. 19.
Herbft. Arch. tab. 22. fig. 8.
Illig. (ol. Bor. 1. tab. 58. fig. 16.
Geoff. Inf. 1. 329. 16.
Herbft. Col. 1. 329. 16.
Habitat in Europae hortis.

variegata. **69.** C. coleoptris flauis: punctis duodecim fafciaque media nigris Ent. fyft. 1. 278. 56. ✹
Habitat ad Cap. Bon. Spei. Muf. D. Banks.

chryfomeli-na. **70.** C. coleoptris rufis: punctis nigris duodecim, thorace immaculato. Ent. fyft. 1. 278. 57. ✹
Coccinella capenfis. Thunb. nou. Inf. fp. 1. 16. tab. 1. fig. 21.
Habitat in Africae Cacto Opuntia.

borealis. **71.** C. coleoptris flauis: punctis nigris duodecim; duobus communibus, vltimis orbiculatis. Ent. fyft. 1. 278. 58. ✹
Coccinella borealis. Thunb. nou. Inf. fp. 1. 15. tab. 1. fig. 20.
Habitat in America boreali. D. Drury.

12notata. **72.** C. coleoptris rubris: punctis nigris duodecim; penultimo transuerfo.
Habitat in Auftralafia. D. Riche. Muf. D. Bofc.
Media. Caput rufum, immaculatum. Thorax rufus, macula magna, quadrata bafeos atra. Elytra laeuia, rufa, nitida, punctis 2 paruis, approximatis 2, 1 magno, transuerfo, et 1 terminali. Corpus atrum, abdominis margine ferrugineo.

caffidea. **73.** C. oblonga, rubra, coleoptris punctis duodecim, thorace quatuor nigris. Ent. fyft. 1. 278. 59.
Habitat in Marylandia. Muf. Britann.

74. C.

74. C. coleoptris flauis: punctis nigris tredecim; *13maculata*
corpore orbiculato. Ent. fyſt. 1. 279. 60. *
Coccinella 13maculata. Forſt. nou. Inſ. ſpec. 1.
Cent. 1. 18.
Coccinella variabilis. Illig. Col. Bor. 1. 448.
32. var. γ.
Roſſ. Fn. Etr. 1. 71. 160.
Habitat in Suecia.

75. C. coleoptris fuluis: punctis duodecim faſciis- *difpar.*
que duabus atris; poſteriore interrupta.
Coccinella variegata. Ent. fyſt. 4. App. 446.
59. *
Habitat in Senegallia. D. de Paykull.

76. C. coleoptris luteis: punctis nigris tredecim, *13punctata*
corpore oblongo. Ent. fyſt. 1. 279. 61.
Linn. Syſt. Nat. 2. 582. 20.
Geoff. Inſ. 1. 223. 6.
Degeer Inſ. 5. 375. 9.
Reaum. Inſ. 3. tab. 31. fig. 79.
Schaeff. Icon. tab. 43. fig. 6.
Illig. Col. Bor. 1. 425. 14.
Herbſt. Col. 5. tab. 57. fig. 11.
Habitat in Europae hortis.
Thorax niger margine albo: puncto nigro.

77. C. coleoptris rubris: punctis nigris tredecim, *laeta.*
thorace atro: margine punctisque duobus al-
bis. Ent. fyſt. ſuppl. 78. 61. *
Habitat in Mogador. D. Schousboe. Muſ. D. Lund.

78. C. coleoptris flauis: punctis nigris quatuorde- *verſicolor.*
cim; duobus communibus. Ent. fyſt. 1. 279.
62. *
Habitat in China. Muſ. D. de Seheſtedt.
Variat faepius corpore toto aut dimidiato nigro
aut oliuaceo, aut cafu, aut natura.

A a 79. C.

14maculata 79. C. coleoptris luteis: futura punctisque quatuordecim nigris diftinctis. Ent. fyft. 1. 279. 63.*
·· *Coccinella conglobata.* Illig. Col. Bor. 1. 462.
35. var. α.
Habitat Halae Saxonum. Dom. Hybner.

ocellată. 80. C.,coleoptris luteis: punctis nigris quindecim
fubocellatis. Ent. fyft. 1. 280. 64.
Linn. fyft. Nat. 2. 582. 23. Fn. Sv 484.
Degeer. Inf. 5. 376. 10. tab. 11. fig. 1.
Mirian Inf. Europ. tab. 48. fig. 5.
Schaeff. Icon. tab. 1. fig. 2.
Illig. Col. Bor. 1. 437. 25.
Herbft. Col. 5. tab. 59. fig. 9.
Habitat in Europae hortis.

16punctata. 81. C. coleoptris luteis: punctis nigris fedecim, ca-
pite quadripunctato. Ent. fyft. 1. 280. 65.*
Herbft. Col. 5. tab. 57. fig. 10.
        -    Arch. 4. tab. 22. fig. 6.
Habitat in Italia. Dr. Allioni.
Varietas C. margine punctatae; Dom. Illiger.

16maculata 82. C. coleoptris rofeis: punctis nigris fedecim, capite albo: immaculato. ·
Habitat in Germania. D. Smidt.
Statura oblonga, C. 13punctatae. Caput album,
immaculatum. Thorax albus, maculis nigris
quatuor in vna ferie pofitis. Elytra rofea, punctis octo 2. 2. 1. maiore ad futuram, $\frac{4}{3}$. Corpus
atrum, pedibus rufis.

16notata. 83. C. coleoptris flauis: punctis fedecim nigris fimplicibus, capite thoraceque flauis, immaculatis.
Habitat in Amboina. D. Billardiere.
Magnitudo C. ocellatae. Caput et thorax flaua,
omnino immaculata. Elytra flaua, nitida, punctis octo paruis fimplicibus atris, 2. 3. 2. 1. Corpus fubrotundum, flauum.

84. C.

84. C. coleoptris flauis: punctis nigris octodecim; *18punctata*
vltimo arcuato. Ent. fyft. 1. 280. 66. *
Linn. fyft. Nat. 2. 582. 24.
Habitat in Europa boreali.

85. C. coleoptris flauis: punctis nigris nouemde- *19punctata*
cim. Ent. fyft. 1. 280. 67. °
Linn. fyft. Nat. 2. 582. 25.
Geoff. Inf. 1. 325. 10.
Myll. Zool. Dan. 67. 632.
Illig. Col. Bor. 1. 429. 16. var. β.
Herbft. Col. 5. tab. 57. fig. 15.
    -     Arch. 4. tab. 22. fig. 9.
Habitat in Europae plantis.

86. C. coleoptris flauis: punctis nigris viginti. Ent. *20punctata*
fyft. 1. 280. 68. °
Geoff. Inf. 1. 320. 17.
Illig. Col. Bor. 1. 468. 37.
Herbft. Arch. tab. 22. fig. 10.
Habitat in Anglia. Dom. Acton.

87. C. coleoptris rubris: punctis nigris viginti duo- *22punctata*
bus. Ent. fyft. 1. 281. 69. °
Linn. fyft. Nat. 2. 582. 26. Fn. Sv. 486.
Raj. Inf. 87. 6.
Illig. Col. Bor. 1. 468. 37.
Herbft. Col. 5 tab. 57. fig. 14.
Habitat in Europae hortis.

88. C. ferruginea, coleoptris flauefcentibus: pun- *22macula-*
ctis nigris viginti duobus. Ent. fyft. 1. 281.   *ta.*
70. °
Habitat in Guinea. D. Ifert.

89. C. coleoptris rubris: punctis nigris viginti tri- *23punctata*
bus diftinctis. Ent fyft. 1. 281. 71. °
Coccinella globofa. Illig. Col. Bor. 1. 470. 39.
var. ϑ.

Aa 2   Linn.

Linn. fyft. Nat. 2. 582. 27.
Habitat in Europae hortis.

24punctata 90. C. coleoptris rubris: punctis viginti quatuor.
Ent. fyft. 1. 281. 72. *
Linn. fyft. Nat. 2. 583. 28. Fn. Sv. 487.
Geoff. Inf. 1. 526. 11.
Herbft. Arch. tab. 22. fig. 11.
Degeer. Inf. 5. 381. 6.
Habitat in Europae plantis.

24maculata. 91. C. ferruginea, coleoptris punctis nigris viginti
quatuor: quibusdam minoribus. Ent. fyft. 1.
281. 73. *
Habitat Tranquebariae. D. Lund.
A praecedente omnino diftincta. Puncta elytrorum 3. 3. 3. 2. 1.

28punctata 92. C. coleoptris rubris: punctis nigris viginti octo.
Ent. fyft. 1. 282. 74. *
Habitat Tranquebariae. Dr. Koenig.

conglome- 93. C. coleoptris flauefcentibus: punctis nigris plu-
rata. rimis contiguis, apice puncto nigro diftincto.
Ent. fyft. 1. 282. 75. *
Coccinella conglobuta. Illig. Col. Bor. 1. 462.
35. var. γ.
Linn. Syft. Nat. 2. 583. 31. Fn. Sv. 490.
Geoff. Inf. 1. 316. 12.
Herbft. Arch. tab. 22. fig. 14. 15.
Frifh. Inf. 9. 34. tab. 17. fig. 6.
Degeer. Inf. 5. 383. 17.
Schaeff. Icon. tab. 171. fig. 1.
Laichart. Tyrol. 1. 127. 10.
Coccinella 14punctata coleoptris flauis: punctis
nigris quatuordecim, quibusdam contiguis.
Linn. fyft. Nat. 2. 582. 21. Fn. Sv. 482.

Schaeff.

Schaeff. Icon. tab. 62. fig. 6.
Habitat in Europa frequens.

94. C. coleoptris flauis: punctis nigris plurimis *conglobata.*
contiguis apice immaculatis. Ent. fyft. 1.
282. 76. *

Coccinella impuftulata. Illig. Col. Bor. 1. 459.
34. var. γ.

Linn. fyft. Nat. 2. 583. 30. Fn. Sv. 489.
Geoff. Inf. 1. 326. 12.
Frifh. Inf. 9. tab. 17. fig. 6.
Degeer. Inf. 5. 3. 83.
Habitat in Europae hortis frequens.

95. C. coleoptris albis: punctis fufcis confluentibus. *confluens.*
Habitat in America meridionali. D. Smidt. Muf.
D. Lund.

Media. Caput album. Thorax albus punctis quinque bafeos fufcis. Elytra alba punctis fufcis
numerofis: hinc inde confluentibus. Corpus flauefcens.

96. C. coleoptris flauefcentibus: lineolis duabus *lineola.*
punctisque fubcontiguis fufcis. Ent. fyft. 1.
283. 77. *

Habitat in Americae meridionalis Infulis. Dom.
Smidt.

97. C. coleoptris flauis: punctis decem rubris, ma- *tricolor.*
culisque decem atris marginalibus. Ent. fyft. 1.
283. 78. *

Habitat in Infula Amfterdam. Muf. D. Banks.

98. C. flaua, coleoptris immaculatis, thorace albo- *detrita.*
maculato. Ent. fyft. 1. 283. 79. *

Habitat in noua Hollandia. Muf. D. Banks.

99. C. coleoptris rufis: ftriga abbreuiata alba. Ent. *ftrigata.*
fyft. fuppl. 79. 80. *

Habi-

Habitat in Tanger. D. Schousboe. Muf. D. de
Scheſtedt.

2guttata. 100. C. coleoptris rufis: punctis duobus flauis.
Ent. fyſt. 1. 284. 80. *
Habitat in Europa. Muf. Dr. Hunter.

8guttata. 101. C. coleoptris obfcure.rufis: punctis octo albis.
Ent. fyſt. 1. 284. 81. *
Habitat in Kamtfchatka. Muf. D. Banks.

10guttata. 102. C. coleoptris luteis: punctis albis decem.
Ent. fyſt. 1. 284. 82. *
Linn. fyſt. Nat. 2. 583. 33.
Herbſt. Arch. tab. 22. fig. 16.
Habitat in Suecia.

bis 6gutta- 103. C. coleoptris fuluis: punctis duobus albis,
ta. thoracis margine albido. Ent. fyſt. 1. 284.
83. *
Illig. Col. Bor. 1. 432. 19.
Herbſt. Col. 5. tab. 59 fig. 4.
- Arch. taa. 22. fig. 21.
Habitat in Norwagia. Muf D. Lund.

12guttata. 104. C. coleoptris fuluis: punctis duodecim lunulisque vtrinque duabus connatis albis. Ent.
fyſt. 1. 284. 84. *
Habitat Cayennae. D. v. Rohr.

14guttata. 105. C. coleoptris rufis: punctis albis quatuorde-
cim. Ent. fyſt. 1. 284. 85. *
Linn. fyſt. Nat. 2. 583. 34. Fn. Sv. 492.
Geoff. Inf. 1. 327. 13.
Illig. Col. Bor. 1. 435. 22.
Herbſt. Col. 5. tab. 59. fig. 3.
- Arch. tab. 22. fig. 17.
Degeer Inf. 5. 385. 20.

Schaeff.

Schaeff. Icon. tab. 9. fig. 11.

Habitat in Europae falicibus.

106. C. coleoptris fuluis: punctis albis quatuorde- *bis 7gutta-*
cim, thoracis margine albo. Ent. fyft. 1. 285. *ta.*
86. ♀

Illig. Col. Bor. 1. 433. 20.

Herbft. Col. 5. tab. 59. fig. 9.

Schall. Act. Hall. 1.

Habitat in Germania. D. Smidt.

107. C. coleoptris luteis: punctis albis quindecim: *15guttata.*
communi medio obfoleto. Ent. fyft. 1. 285.
87. ♀

Geoff. Inf. 1. 327. 14.

Illig. Col. Bor. 1. 433. 20. β.

Herbft. Col. 5. tab. 59. fig. 2.

– Arch. tab. 22. fig. 13.

Habitat in Germania. Dr. Schulz.

108. C. coleoptris rubris: punctis albis fedecim. *16guttata.*
Ent. fyft. 1. 285. 88. ♀

Linn. fyft. Nat. 2. 584. 35. Fn. Sv. 493.

Illig. Col. Bor. 1. 435. 23.

Degeer Inf. 5. 385. 21.

Herbft. Col. 5. tab. 59. fig. 6.

– Arch. 7. tab. 43. fig. 16.

Sulz. Hift. Inf. tab. 3. fig. 5. 6.

Habitat in Europae hortis.

109. C. coleoptris rubris: punctis albis octodecim. *18guttata.*
Ent. fyft. 1. 285. 89. ♀

Linn. fyft. Nat. 2. 385. 35.

Illig. Col. Bor. 1. 431. 18.

Schaeff. Icon. tab. 9. fig. 12.

Herbft. Col. 5. tab. 59. fig. 5.

– Arch. 4. tab. 22. fig. 19.

Habitat in Europae hortis.

110. C.

aoguttata. 110. C. coleoptris rubris: punctis albis viginti.
Ent. fyſt. 1. 285. 90. *
Linn. fyſt. Nat. 2. 584. 37. Fn. Sv. 495.
Herbſt. Arch. tab. 22. fig. 20.
Illig. Col. Bor. 1. 434. 21. β.
Degeer. Inſ. 5. 386. 22.
Habitat in Europae hortis.
Varietas C. tigrinae; D. Illiger.

oblongo-
guttata. 111. C. coleoptris rubris: lineis punctisque albis.
Ent. fyſt. 1. 286. 91. *
Linn. fyſt. Nat. 2. 584. 38. Fn. Sv. 496.
Illig. Col. Bor. 1. 436. 24.
Degeer Inſ. 5. 384. 19.
Sulz. Hiſt. Inſ. tab. 3. fig. 14.
Herbſt. Col. 5. tab. 59. fig. 7.
Schaeff. Icon. tab. 9. fig. 10.
Habitat in Europae hortis rarius.

impuſtulata 112. C. coleoptris nigris; puncto nullo. Ent. fyſt.
1. 286. 92. *
Linn. fyſt. Nat. 2. 584. 40.
Illig. Col. Bor. 1. 460. 34. var. ϑ.
Herbſt. Col. 5. tab. 56. fig. 15.
Habitat in Germaniae nemoribus.

aenea. 113. C. coleoptris pubeſcentibus nigro-aeneis, abdomine pedibusque rufis.
Habitat in America meridionali. D. Smidt. Muſ.
D. de Seheſtedt.
Media. Caput et thorax tomentoſa, nigro-aenea,
ore parum rufeſcente. Elytro concolora. Abdomen pedesque rufa.

nitidula. 114. C. coleoptris nigro-aeneis immaculatis, thoracis margine rufo. Ent. fyſt. 1. 286. 93. *
Habitat in Americae Inſulis. D. Iſert.

115. C.

115. C. coleoptris nigris immaculatis, ore pedibus- *flauipes.*
  que rufis.
  Coccinella capitata. Ent. fyft. fuppl. 79. 93. *
  Coccinella flauipes. Illig. Col. Bor. 1. 415. 3.
  Tritoma flauipes. Panz. Fn. Germ. 2. tab. 4.
  Herbft. Col. 7. 342. 3. tab. 316. fig. 3?
  Habitat in Suecia. D. de Paykull.

116. C. coleoptris atris immaculatis, rufa, thorace *nigrita.*
  poftice atro. Ent. fyft. fuppl. 79. 93. *
  Habitat Tranquebariae. D. Daldorff.

117. C. coleoptris nigris, capite, thorace pedibusque *paruula.*
  rufis. Ent. fyft. 1. 286. 94. *
  Scymnus collaris. Herbft. Col. 7. tab. 116. f. 9.
  Illig. Col. Bor. 1. 414. 4.
  Geoff. Inf. 1. 333. 44.
  Panz. Fn. Germ. 13. tab. 2.
  Habitat Parifiis. Muf. D. Bofc.

118. C. pubefcens, coleoptris obfcure brunneis: fu- *difcoidea.*
  tura nigra pedibus rufis.
  Coccinella difcoidea. Illig. Col. Bor. 1. 418. 9.
  Scymnus pilofus. Herbft. Col. 7. 343. 6. tab.
  116. fig. 6.
  Habitat in Germania. D. Smidt.
  Statura minuta C. paruulae. Caput et thorax nigra immaculata. Elytra obfcure brunnea et
  fere nigra, primo intuitu apparent futura nigra. Pedes rufi.

119. C. pubefcens, nigra, capite, ano, elytris pedi- *floralis.*
  busque rufis, elytrorum futura nigra.
  Nitidula floralis. Ent. fyft. 1. 260. 23. *
  Habitat in Americae meridionalis Infulis, in flo-
  ribus Zeae Mays. D. Smidt.
  Statura

Scymni auctorum parui, pubefcentes, vix genere differunt.

Statura et fumma affinitas praecedentis. Caput rufum. Thorax niger: margine rufo. Elytra pubefcentia, teftacea, futura tota nigra. Corpus nigrum: ano pedibusque rufis.

biverrucata 120. C. coleoptris fubpubefcentibus nigris: punctis duobus rubris pone medium.

Coccinella 2verrucata. Illig. Col. Bor. 1. 415. 5.
Panz. Fn. Germ. 24. tab. 11.
Herbft. Col. 7. 343. 5. tab. 116. fig. 5. e.
Habitat in Germania.
Parua, pubefcens, tota nigra, puncto rotundo rufo pone medium elytrorum.

villofa. 121. C. villofa nigra, coleoptrorum marginibus flauis. Ent. fyft. 1. 286. 95. ♂
Habitat Cayennae. D. v. Rohr.
Corpus maximum in hac familia.

analis. 122. C. coleoptris atris, apice rubris immaculatis. Ent. fyft. 1. 286. 96.
Coccinella paruula. Illig. Col. Bor. 1. 414. 4. β.
Panz. Fn. Germ. 13. tab. 3.
Roff. Fn. Etr. App. 28. 29.
Habitat Halae Saxonum. Dom. Hybner.

thoracica. 123. C. coleoptris atris: margine apicis rufo, capite thoraceque albis.
Habitat in America meridionali. D. Smidt. Muf. D. Lund.
Parua, fubrotunda. Caput album, oculis nigris. Thorax albus puncto mox maiori, mox fere nullo bafeos nigro. Elytra atra margine poftico ferrugineo. Corpus album pectore abdominisque bafi fufcis.

marginella. 124. C. coleoptris atris: punctis duobus ante apicem thoracisque margine rufis.

Habi-

Habitat in Tanger. D. Schousboe. Muf. D. de
Seheftedt.

Omnino diftincta. Magnitudo C. Cacti. Caput
atrum, immaculatum. Thorax laeuis, ater, vtrinque macula magna, marginali, rufa. Elytra
atra, macula magna, fere marginali; ante apicem rufa. Corpus atrum.

125. C. coleoptris atris, apice rubris: fafcia nigra. *haemorrhoi*
Ent. fyft. 1. 287. 97. ° *dalis.*
Coccinella globoſa. Illig. Col. Bor. 1.)470. 39.
var. *a.*
Habitat Hamburgi. Dr. Schulz.

126. C. coleoptris atris: maculis duabus rubris, tho- *oculata.*
race vtrinque macula marginali alba. Ent. fyft.
1. 287. 98.
Habitat in America boreali.

127. C. coleoptris atris: maculis duabus rufis, tho- *Cacti.*
race immaculato. Ent. fyft. 1. 287. 99.
Linn. fyft. Nat. 2. 584. 41.
Petiv. Gazoph. tab. 1. fig. 5.
Sloan. tom. 2. tab. 237. fig. 31. 33.
tab. 9. fig. 13.
Habitat in Americae Cactis, faepius inter Coccos
Cacti lecta.

128. C. coleoptris rubris: punctis duobus compofi- *2puftulata.*
tis, abdomine fanguineo. Ent. fyft. 1. 287.
100.
Linn. fyft. Nat. 2. 545. 42. Fn. Sv. 498.
Geoff. Inf. 1. 334. 26.
Illig. Col. Bor. 1. 475. 43.
Degeer. Inf. 5. 387. 23. tab. 10. fig. 25.
Roef. Inf. 2. fcar. 3. tab. 3.
Frifh. Inf. 9. tab. 16. fig. 6.
Roff. Fn. Etr. 1. 72. 169.

Herbft.

Herbſt. Col. 5. tab. 59. fig. 12.

　-　　Arch. 4. tab. 22. fig. 25.

Habitat in Europae hortis.

lateralis.　129. C. coleoptris atris: punctis duobus poſticis thoracisque margine rufis.

Coccinella *lateralis.* Illig. Col. Bor. 1. 472. 40.

Panz. Fn. Germ. 4. tab. 9.

Herbſt. Col. 5. tab. 59. fig. 15.

　-　　Arch. 4. tab. 22. fig. 24.

Habitat in Germania auſtraliori. D. de *Meyerle.*

variabilis.　130. C. coleoptris nigris: punctis duobus lunatis ſubmarginalibus rubris, corpore oblongo. Ent. ſyſt. 1. 287. 101.

Illig. Col. Bor. 447. 32.

Herbſt. Col. 5. tab. 58. fig. 10.

Roſſ. Fn. Etr. 1. 75. 174.

Herbſt. Arch. 4. tab. 22. fig. 22.

Habitat Hamburgi. Dr. Schulz.

rufipes.　131. C. coleoptris nigris: maculis duabus magnis marginalibus pedibusque rufis. Ent. ſyſt. ſuppl. 80. 101. *

Habitat in Europa auſtrali. Prof. Vahl. Muſ. D. Lund.

morio.　132. C. coleoptris nigris: punctis duobus marginalibus tibiisque rufis.

Coccinella *frontalis.* Illig. Col. Bor. 1. 417. 8. var. γ.

Scymnus *bimaculatus.* Herbſt. Col. 7. 340. 1. tab. 116. fig. 1.

Coccinella *marginalis.* Roſſ. Fn. Etr. App. 87. 28.

Geoff. Inſ. 1. 333. 23.

Habitat in Gallia. Muſ. D. Boſc.

Affinis certe C. frontali, at differre videtur. Ca-

put

put et thorax nigra, immaculata. Macula elytrorum ad marginem dilatatur. Femora nigra.

133. C. coleoptris nigris: punctis duobus rubris, *frontalis?*
fronte pedibusque anticis rufis. Ent. fyft. 1.
288. 102.
Geoff. Inf. 1. 331. 22.
Illig. Col. Bor. 1. 417. 8.
Herbft. Col. 7. tab. 116. fig. 2.
Panz. Fn. Germ. 13. tab. 4.
Habitat Halae Saxonum. Dom. Hybner.

134. C. coleoptris atris: fafcia interrupta punctis- *dentipes.*
que duobus rufis, tibiis anticis acute dentatis.
Habitat in Carolina. Muf. D. Bofc.
Maiuscula. Caput fuluum, margine poftico atro.
Thorax ater, nitidus, margine laterali late, antico tenuiffime fuluo. Elytra atra, nitida: fafcia media ad futuram abbreuiata, punctoque
poftico fuluis. Pedes antici flaui, tibiis extus
acute dentatis; poftici flaui, femoribus nigris.

135. C. coleoptris nigris: punctis rubris quatuor, *4puftulata.*
orbita oculorum thoracisque margine pallidis.
Ent. fyft. 1. 288. 103. *
Linn. fyft. Nat. 2. 585. 43. Fn. Sv. 499.
Degeer Inf. 5. 389. 24.
Illig. Col. Bor. 1. 455. 33. var. γ.
Schall. Act. Hall. 1. 269. 6.
Herbft. Col. 5. tab. 58. fig. 9.
Schaeff. Icon. tab. 30. fig. 16. 17.
Habitat in Europae Vrtica.

136. C. coleoptris nigris: punctis rubris quatuor, *4verrucata.*
ano rufo. Ent. fyft. 1. 288. 104. *
Coccinella 4puftulata. Illig. Col. Bor. 1. 473.
41.
Herbft. Col. 5. tab. 59. fig. 12.

Geoff.

Geoff. Inf. 1. 333. 25.

Schaeff. Icon. tab. 30. fig. 16. 17.

Habitat Kiliae.

fafciata.   137. C. coleoptris nigris: fafciis duabus interruptis lunatisque duabus pofticis rufis.

Habitat in America meridionali. D. Smdit. Muf. D. de Seheftedt.

Parua. Caput pallidum. Thorax ater, nitidus, margine antico albo. Elytra atra, nitida: fafciis duabus, altera bafeos, altera in medio, interruptis, lunulaque poftica flauis. Corpus nigrum, pedibus flauis.

diuifa.   138. C. coleoptris fufcis: margine, fafcia apiceque albis.

Habitat in America meridionali. D. Smidt. Muf. D. Lund.

Media. Caput album. Thorax fufcus margine albo. Elytra laeuia, fufca: margine, fafcia dentata: ftria, parua, cruciata albis. Apex albus, puncto paruo fufco. Pectus fufcum, abdomine pedibusque albis.

bis zpuftu-   139. C. coleoptris nigris: punctis rubris quatuor, *lata.*   capite thoraceque nigris, obfcuris. Ent. fyft. 1. 288. 105. *

Illig. Col. Bor. 1. 415. 6.

Herbft. Col. 5. tab. 116. fig. 7.

Geoff. Inf. 1. 322. 22.

Habitat in Europae plantis.

arctica.   140. C. coleoptris atris, margine lunulis duabus punctisque duobus pallidis. Ent. fyft. fuppl. 4. App. 446. 105. *

Coccinella arctica. Payk. Fn. Sv. 2. 40. 41.

Herbft. Col. 5. 383. 114. tab. 59. fig. 10.

Habitat in Lapponia. D. de Paykull.

141. C.

141. C. coleoptris atris: punctis rubris fex, capite *erythro-*
thoracisque margine pallide rufefcentibus. Ent. *cephala.*
fyft. 1. 289. 106. ✽

Habitat Kiliae.

142. C. coleoptris nigris: punctis rubris fex, cor- *6 puftulata.*
pore atro. Ent. fyft. 1. 289. 107.
Linn. fyft. Nat. 2. 585. 44. Fn. Sv. 500.
Geoff. Inf. 1. 331. 10.
Illig. Col. Bor. 1. 455. 33. var. ξ.
Roff. Fn Etr. 1. 74. 172.
Herbft. Col. 5. tab. 58. fig. 8.
Degeer Inf. 5. 390. 25.
Habitat in Europae hortis.
Variat rarius puncto rubro ad futuram.
Sulz. Hift. Inf. 1. tab. 9. fig. 4.
Bergftr. Nomencl. 1. tab. 9. fig. 4.

143. C. coleoptris atris, nitidis: punctis fex rubris, *bis 3puftu-*
thoracis margine rufo. *lata.*
Habitat in America meridionali. D. Smidt. Muf.
D. de Seheftedt.
Media. Caput rufefcens. Thorax ater, nitidus,
margine late rufo. Elytra atra, nitida, punctis
tribus rufis 2 1. Corpus nigrum pedibus rufis.

144. C. coleoptris atris: punctis fex albis, thorace *6 verrucata.*
rufo: margine albo.
Habitat in America meridionali. D. Smidt. Muf.
D. Lund.
Parua, fubrotunda. Caput rufum, immaculatum.
Thorax rufus, margine late albo. Elytra laeuia,
atra, punctis tribus albis 2. 1. Corpus nigrum
pedibus pallidis.

145. C. coleoptris atris: punctis octo rubris, capite *8 puftulata.*
thoracisque margine rubris.

Habi-

Habitat in America meridionali. D. Smidt. Muſ.
   D. Lund,

Parua, ſubrotunda. Caput ferrugineum. Thorax
ater, margine late ferrugineo. Elytra atra,
laeuia, nitida, punctis quatuor rufis 2. 2. Corpus atrum, ano pedibusque rufis.

lunata.   146. C. coleoptris nigris: maculis decem rubris, ſex
   lunatis. Ent. ſyſt. 1. 289. 108. *

Habitat in Inſula St. Helena. Muſ. D. Banks.

10puſtulata 147. C. coleoptris nigris: punctis flauis decem.
Ent. ſyſt. 1. 289. 109.

Coccinella variabilis. Illig. Col. Bor. 1. 449.
32. var. α.

Linn. ſyſt. Nat. 2. 585. 45. Fn. Sv. 501.

Geoff. Inſ. 1. 330. 19.

Herbſt. Col. 5. tab. 59. fig. 16.

Degeer Inſ. 5. 391. 26.

Habitat in Europae hortis.

Variat punctis rubris. et flauis.

bis 5puſtu- 148. C. coleoptris atris: punctis quinque albis, ca-
lata.   pite thoracisque margine albis.

Habitat in America meridionali. D. Smidt. Muſ.
D. de Seheſtedt.

Parua, ſubrotunda. Caput album, nitidum. Thorax ater, margine antico late albo, qui dentem
in medio exſerit. Elytra laeuia, atra, punctis
quinque albis 2. 2. 1. Corpus atrum, pedibus
albis.

bis 6puſtu- 149. C. coleoptris nigris: punctis duodecim albis,
lata.   exterioribus margine connexis. Ent. ſyſt. 1.
290. 110. *

Coccinella conglobata. Illig. Col. Bor. 1. 463.
35. var. γ.

Coccinella fimbriata. Sulz. Inſ. tab. 3. fig. 7.

                         Herbſt.

Herbſt. Col. 5. tab. 57. fig. 18.
Habitat Hamburgi. Dr. Schulz.

150. C. coleoptris nigris: punctis duodecim albis. *12puſtulata*
    Ent. ſyſt. ſuppl. 80. 110. ⍟
Linn. ſyſt Nat. 2. 585. 45.
Habitat in Europae hortis.

151. C. coleoptris nigris: lunulis duabus baſeos *12verruca-*
    punctisque decem rubris.   *ta.*
Habitat ad Cap. Bon. Spei. Muſ. D. Lund.
Magna. Caput et thorax atra, immaculata. Ely-
    tra ſubobſcura, lunula magna baſeos punctis-
    que quinque 2. 2. 1. rubris. Corpus nigrum.

152. C. coleoptris nigris: punctis albis quatuorde- *14puſtula-*
    cim. Ent. ſyſt. 1. 290. 111.   *ta.*
Linn. ſyſt. Nat. 2. 585. 46. Fn. Sv. 502.
Geoff. Inf. 1. 530. 18.
Degeer Inf. 5. 391. 27.
Illig. Col. Bor. 1. 445. 30.
Herbſt. Col. 5. tab. 59. fig. 17.
Roſſ. Fn. Etr. Mant. 1. 364. 65.
Schaeſſ. Icon. tab. 30. fig. 10.
Habitat in Europae plantis.

153. C. coleoptris nigris: punctis duobus flauis *guttato-*
    quatuorque rufis. Ent. ſyſt. 1. 290. 112. ⍟ *puſtulata.*
Habitat in noua Hollandia. Muſ. D. Banks.

154. C. coleoptris atris: punctis ſex albis, corpore *felina.*
    globoſo. Ent. ſyſt. 1. 290. 113. ⍟
Habitat in America boreali. D. Drury.

155. C. coleoptris nigris: punctis flauis octo. Ent. *pantherina.*
    ſyſt. 1. 291. 114.
Coccinella pantherina. Linn. ſyſt. Nat. 2. 585.
    48. Fn. Sv. 504.
Coccinella diſpar. Payk. Fn. Sv. 2. 17. 18. var. ε.
                 Degeer.

Degeer. Inf. 5. 392. 28.
Habitat in Europae plantis.
Species mihi haud rite nota, indiftincta videtur.

pardalina. 156. C. coleoptris nigris: punctis decem margine-
que finuato-albis. Ent. fyft. 1. 291. 115. °
Chryfomela guttata. Ent. fyft. 1. 313. 28. *
Habitat ad Cap. Bon. Spei. Muf. D. Banks.

vrfina. 157. C. coleoptris atris: punctis decem albis, capite thoracisque margine antico albis. Ent. fyft.
1. 291. 116. °
Habitat in America boreali. Muf. Dr. Hunter.
Puncta elytrorum 2. 2. 1.

argulata. 158. C. coleoptris atris: annulis duodecim flauis.
Ent. fyft. fuppl. 50. 116. *
Habitat in Africa. Muf. D. Bofc.
Elytrorum annuli 2. 2. 2. vltimis oblique pofitis.

vulpina. 159. C. coleoptris atris: punctis octo flauis lunulisque quatuor rubris. Ent. fyft. fuppl. 50.
116. *
Habitat in India. Dom. Daldorff.

leonina. 160. C. coleoptris nigris: punctis albis fedecim.
Ent. fyft. 1. 291. 117. *
Habitat in noua Hollandia. Muf. D. Banks.
Elytrorum puncta 2. 3. 2. 1.

tigrina, 161. C. coleoptris nigris: punctis albis viginti, tho-
race maculato. Ent. fyft. 1. 291. 118. *
Illig. Col. Bor. 1. 434. 21.
Linn. fyft. Nat. 2. 586. 49. Fn. Sv. 505.
Herbft. Arch. tab. 22. fig. 27.
Schaeff. Icon. tab. 30. fig. 9.
Degeer Inf. 5. 386. 22.
Herbft. Col. 5. 389. 122. tab. 59. fig. 18.
Habitat in Europa boreali.

Mer

Mera varietas C. 20guttatae videtur. Elytrorum
puncta 1. 3. 3. 2. 1.

162. C. coleoptris nigris: punctis albis viginti, ca- *canina.*
pite thoraceque villofis immaculatis. Ent. fyft.
1. 291. 119. *

Habitat ad Cap. Bon. Spei. Muf. D. Banks.
Elytrorum puncta 2. 3. 2. 2. 1. intermedio lunato.

76. CASSIDA. *Palpi anteriores* clauati.
pofteriores filiformes.
Labium elongatum, integrum.
Antennae moniliformes.

1. C. viridis, pedibus pallidis: femoribus nigris. *viridis.*
Ent. fyft. 1. 292. 1. Linn. fyft. Nat. 2. 547.
1. Fn. Sv. 467.
Caffida viridis. Oliv. Inf. 97. tab. 2. fig. 29.
Caffida rubiginofa. Illig. Col. Bor. 1. 479. 4.
Geoff. Inf. 1. 313. 1.
Roef. Inf. 2. fcarab. 3. tab. 6.
Reaum. Inf. 3. tab. 18.
Schaeff. Icon. tab. 27. fig. 5.
Merian. Inf. Eur. tab. 115.
Habitat in Europae plantis variis, inprimis Carduis.

Corpus

Caffidae corpus rotundatum, fupra gibbum, fubtus planum,
marginatum, glabrum, nitidum; *capite* paruo, rotundato,
fub thoracis clypeo dilatato, recondito; *oculis* ouatis, approximatis; *antennis* longitudine thoracis, inter oculos infertis; *thorace* transuerfo, margine dilatato, plano, latitudine elytrorum: *fcutello* triangulo, paruo; *elytris* rigidis, longitudine abdominis: margine dilatato, plano; *pedibus* breuibus, validis; *femoribus* compreffis; *tibiis* rotundatis; *tarfis* quadriarticulatis; *colore* vario.

Bb 2

Corpus àtrum:'pedibus apice pallidis.

Larua hexapoda, depreſſa, ſpinis lateralibus acutis ciliata, cauda biſeta; proprio ſtercore obtecta obambulat.

thoracica. 2. C. thorace ſanguineo, elytris viridibus: macula baſeos rufa.

Caſſida thoracica. Illig. Col. Bor. 1. 478. 3.

Panz. Fn. Germ. 38. tab. 24.

Habitat in Germania.

Paullo minor C. viridi et affinis. Corpus nigrum, abdominis margine vireſcente.

equeſtris. 3. C. viridis, elytrorum baſi ſtriga argentea, abdomine atro: margine pallido. Ent. ſyſt. 1. 292. 1.

Caſſida viridis. Illig. Col. Bor. 1. 430. 5.

Oliv. Inſ. 97. tab. 1. fig. 3.

Habitat in Saxoniae Mentha aquatica. D. Hybner.

Striga baſeos elytrorum argentea cum vita perit. Pedes flaueſcentes.

praſina. 4. C. viridis, antennis pedibusque pallidis.

Caſſida praſina. Illig. Col. Bor. 1. 381. 6.

Habitat in Germaniae plantis.

Affinis certe C. viridi, at duplo minor. Color viridis magis aequalis. Corpus atrum: abdominis margine vireſcente. Antennae totae pallidae. Pedes pallidi, femoribus baſi nigris.

affinis. 5. C. elytris griſeis, nigro-punctatis, thorace flaueſcente, immaculato. Ent. ſyſt. 1. 293. 3.

Caſſida nebuloſa. Illig. Col. Bor. 1. 483. 9.

Oliv. Inſ. 97. tab. 3. fig. 47.

Friſh. Inſ. 4. tab. 15.

Schaeff. Icon. tab. 27. fig. 4.

Herbſt. Arch. 4. 50. 3.

Habitat in Germaniae Chenopodiis. D. de Hattorff.

Ely-

Elytrorum margo flauefcens antice immaculatus,
poftice punctis quatuor nigris.

6. C. virens, futura dorfali fanguinea, femoribus ni- *vibex.*
gris. Ent. fyft. 1. 293. 4. Linn. fyft. Nat. 2.
575. 5.
Oliv. Inf. 97. tab. 2. fig. 30.
Illig. Col. Bor. 1. 477. 2.
Habitat in Germaniae plantis.
Praecedentibus nimis affinis, at diftincta tamen vi-
detur.

7. C. pallida, elytris fanguineis: margine pallido.   *azurea.*
Habitat in Hungaria. Dom. Meyerle.
Viua coerulea, qui vero color cum vita perit, et
in pallidum tranfit.   Elytra punctato - ftriata,
rufa, margine pallido.   Corpus atrum, pedibus
pallidis.

8. C. viridis, nitens, elytris macula futurali cocci- *fanguino-*
nea, pedibus pallidis. Payk. Fn. Sv. 2. 46. 3.   *lenta.*
Caffida fanguinolenta. Illig. Col. Bor. 1. 482. 7.
Habitat in Europa boreali. Muf. D. de Seheftedt.
A C. vibice omnino diftincta, duplo fere minor,
tota viridis, nitens, macula futurali coccinea ad
bafin. Pedes omnes pallidi.

9. C. flauefcens, elytris punctatis: vitta media fan- *cruenta,*
guinea. Ent. fyft. 1. 293. 5. *
Habitat in India orientali.
Statura parua praecedentium.   Clypeus rotundatus, flauefcens, linea media maculaque vtrinque laterali fanguineis.   Elytra flauefcentia:
punctis plurimis impreffis vittaque media fanguinea.   Sutura etiam fanguinea.   Corpus nigrum, abdomine pedibusque flauefcentibus.

10. C.

auſtriaca.   10. C. thorace elytrisque obſcuris nigro-punctatis:
         margine rufo immaculato. Ent. ſyſt. 1. 293. 6. *
      Habitat in Auſtria. D. Schneider.
      Tota ſupra obſcura, punctis numeroſis, impreſſis,
        nigris, margine omni prominente ferrugineo.

nebuloſa.   11. C. pallide nebuloſa: fuſco-punctata. Ent. ſyſt.
         1. 293. 7.
      Linn. ſyſt. Nat. 2. 575. 3. Fn. Sv. 468.
      Caſſida obſoleta. Illig. Col. Bor. 1. 484. 10.
      Geoff. Inſ. 1. 313. 2.
      Habitat in Europae Carduis.

echinata.   12. C. thorace transuerſo, elytris dorſo vniſpinoſis:
         margine emarginato ſerrato.
      Habitat in Auſtralaſia. D. Riche. Muſ. D. Boſc.
      Animalculum ſingulare Peltis potius videtur. Ca-
        put ferrugineum, antennis: claua elongata quin-
        quearticulata flauis. Thorax transuerſus, teſta-
        ceus, antice valde emarginatus, lateribus dila-
        tatis, rotundatis, punctis eleuatis, ſcabris. Ely-
        tra baſi ad ſuturam punctato-ſtriata, viridia,
        margine dilatato teſtaceo, in medio emargina-
        to, ſerrato, apice fuſca: ſpina erecta valida:
        poſtice carinata. Corpus ferrugineum.

atrata.   13. C. atra, clypeo antice ſanguineo. Ent. ſyſt. 1.
         294. 8. *
      Habitat in Auſtria. D. Saldoner.

murrata.   14. C. ſupra rubra aut viridis, elytris nigro-macu-
         latis, corpore nigro. Ent. ſyſt. 1. 294. 9.
      Linn. ſyſt. Nat, 2. 575. 2.
      Geoff. Inſ. 1. 314. 5. β.
      Illig. Col. Bor. 1. 476. 1.
      Oliv. Inſ. 97. tab. 1. fig. 7.
      Herbſt. Arch. tab. 22. fig. 28.
      Payк. Fn. Sv. 2. 48. 5.

Caſſ.

Caffida maculata. Linn. fyft. Nat. 2. 575. 6.
Geoff. Inf. 1. 315. 5. tab. 5. fig. 6.
Degeér Inf. 5. 175. 3.
Habitat in Germaniae plantis.

15. C. fupra rubra, thorace lineis tribus, elytris vit- *vittata.*
ta interrupta atris. Ent. fyft. fuppl. 81. 9. *
Habitat in Heluetia. D. de Clairville.

16. C. nigra, thorace elytrisque ferrugineis imma- *ferruginea.*
culatis. Ent. fyft. 1. 294. 10. *
Illig. Col. Bor. 1. 482. 8.
Oliv. Inf. 97. tab. 1. fig. 2.
Herbft. Arch. 4. 50. 6. tab. 22. fig. 29.
Roff. Fn. Etr. 1. 72. 184,
Habitat in Germania. D. de Hattorff.

17. C. brunnea, clypeo elytrorumque margine fer- *brunnea.*
rugineo. Ent. fyft. fuppl. 81. 9. *
Habitat Cayennae. D. Prof. Cuvier.

18. C. ferruginea immaculata, elytris punctato- *unicolor.*
ftriatis.
Habitat in India orientali. Muf. D. Lund.
Statura omnino et magnitudo C. ferrugineae. Ca-
pitis clypeus rotundatus, punctatus, integer.
Elytra punctis impreffis ftriata.

19. C. pallida, coleoptrorum difco atro: vittis dua- *fcalaris.*
bus dentatis pallidis.
Caffida fcalaris. Web. Inf. 51. 4.
Habitat in Sumatra. Dom. Daldorff.
Statura C. punctulariae. Clypeus rotundatus, integer, pallidus, in medio bafeos fanguineus.
Elytra atra, vitta media pallida, interne tri -,
externe bidentata, margineque pallido. Corpus pallidum.

20. C.

marginella. 20. C. viridis, thoracis elytrorumque marginibus flauis. Ent. fyft. 1. 294. 12. *
Habitat in Brafilia. Muf. D. Banks.

punctaria. 21. C. pallida, difco atro, pallido punctato.
Caffida punctata. Weo. Inf. 51. 3.
Habitat in Sumatra. Dom. Daldorff.
Statura et magnitudo C. annuli. Clypeus rotundatus, pallidus, in medio bafeos ater: punctis
tribus pallidis. Coleoptra pallida: difco communi atro: punctis numerofis, pallidis. Corpus
pallidum.

sincta. 22. C. thorace elytrisque obfcuris: margine flaue-
fcente, elytris ante marginem albo - hyalina.
Ent. fyft. 1. 295. 13. *
Habitat in Africa. Muf. D. Banks.

ornata. 23. C. elytris flauis nigro - punctatis: futura ferruginea margineque pallido. Ent. fyft. fuppl.
81. 13. *
Habitat in India orientali. Muf. D. de Seheftedt.

kebraea. 24. C. pallida, coleoptris lineolis numerofiffimis dif-
formibus nigris. Ent. fyft. 1. 295. 14. *
Oliv. Inf. 97. tab. 1. fig. 8.
Habitat Cayennae. Dr. Schulz.

Iudaica. 25. C. ferruginea, coleoptrorum difco punctis impreffis maculisque nigris. Ent. fyft. 1. 295.
15. *
Oliv. Inf. 97. tab. 2. fig. 23.
Habitat Cayennae. Dr. Schulz.

obfcura. 26. C. obfcure ferruginea immaculata, elytris punctatis. Ent. fyft. 1. 295. 16. *
Habitat in India orientali.

triftriata. 27. C. elytris pallidis: difco lineis tribus approximatis

matis atris: inter media minora. Ent. fyſt. I. 295. 17.

Habitat Surinami. Muſ. D. Boſc.

28. C. laeuis flaueſcens: diſco oliuaceo; annulo *Zona.* medio flaueſcente.

Habitat in America meridionali. D. Smidt. Muſ. D. Lund.

Statura omnino C. annuli. Margo flaueſcens, pellucidus. Thoracis baſis obſcure oliuaceus ſcutello flaueſcente. Diſcus laeuis oliuaceus annulo medio magno, flaueſcente.

29. C. laeuis, nigra, immaculata. *Morio.*

Habitat in America meridionali. D. Smidt. Muſ. D. de Seheſtedt.

Statura omnino C. purpurea. Corpus totum laeue, atrum, nitidum, immaculatum.

30. C. obſcure aenea, elytris maculis duabus mar- *brachiata.* ginalibus, ferrugineis. Ent. fyſt. ſuppl. 82. 16.

Habitat in America meridionali. D. Smidt. Muſ. D. Lund.

31. C. aurea, diſco atro: medio rufo; faſcia atra. *aurulenta.*

Habitat in America meridionali. D. Smidt. Muſ. D. de Seheſtedt.

Paullo maior C. annulo. Margo aureus, pellucidus, nitidus. Diſcus ater, medio communi ferrugineo: ſtriga aurea colores terminante. Corpus flaueſcens.

32. C. flaueſcens: diſco purpureo: punctis duobus *purpurea.* flaueſcentibus.

Caſſida purpurea, flaua, ſupra corpus purpurea. Linn. fyſt. Nat. 2. 576. 12.

Degeer Inſ. 5. tab. 15. fig. 19.

Habi-

Habitat in America meridionali. D. Smidt. Muf.
D. Lund.

Statura C. annuli. Margo late aureus, difco purpureo, et in medio difco vtrinque ad futuram
punctum flauefcens.

Cyclops.   33. C. flauefcens, difco atro: macula futurali communi flauefcente.

Habitat in America meridionali. D. Smidt. Muf.
D. de Seheftedt.

Statura omnino et magnitudo C. purpureae. Margo obfcure flauefcens, pellucidus. Difcus punctatus, ater, macula magna, futurali, flauefcente.

annulus.   34. C. flauefcens, coleoptrorum difco atro: annulo
fafciaque poftica flauefcentibus.   Ent. fyft. 1.
296. 18. *

Oliv. Inf. 97. tab. 1. fig. 14.
Herbft. Col. tab. 133. fig. 3.
Habitat Cayennae. Dr. Schulz.

6nptata.   35. C. flauefcens, elytris punctis tribus nigris.

Habitat in India orientali. Dom. Daldorff.

Magnitudo C. nebulofae.   Corpus totum flauefcens, elytris punctis tribus longitudinaliter
difpofitis, nigris.

bifafciata. 36. C. flauefcens: difco fafciis duabus fufcefcen-
tibus.

Caffidu bifafciata. Linn. fyft. Nat. 2. 576. 10.
Degeer Inf. 5. tab. 15. fig. 18.
Habitat in America meridionali. D. Smidt. Muf.
D. Lund.

Statura praecedentis.   Margo flauefcens, macula
parua ad bafin thoracis et quatuor maiores in
difco fufcae.

37. C.

37. C. flauefcens: difco obfcuriore linea nigra cin- *quadrata.*
cto.

Caffida quadrata. Degeer Inf. 5. tab. 15. f. 16.
Habitat in America meridionali. D. Smidt. Muf.
D. de Seheftedt.
Statura parua C. purpureae. Margo late pallide
flauefcens, immaculatus. Difcus obfcurior, li-
nea nigra cinctus.

38. C. flauefcens: difco atro flauo maculato. *reticulata.*
Caffida reticularis. Degeer Inf. 5. tab. 15. f. 17.
Habitat in America meridionali. D. Smidt. Muf.
D. Lund.
Statura parua C. annuli. Corpus et margo flaue-
fcentia, pellucida, immaculata. Difcus ater,
punctis flauefcentibus.

39. C. flauefcens, coleoptrorum difco ferrugineo. *6punctata.*
Ent. fyft. 1. 296. 19. *
Habitat Cayennae. Dr. Schulz.

40. C. flauefcens, thorace immaculato, elytris ante *interrupta.*
marginem punctisque nigris. Ent. fyft. 1.
296. 20. *
Oliv. Inf. 97. tab. 3. fig. 34.
Habitat in noua Hollandia. Muf. D. Banks.

41. C. rufefcens, thorace punctis duobus, elytris *8punctata.*
quatuor cyaneis. Ent. fyft. 1. 296. 20. *
Oliv. Inf. 97. tab. 3. fig. 38.
Habitat in Siam. Muf. D. Banks.

42. C. teftacea, thorace maculis fex, elytris pluri- *fcripta.*
mis atris. Ent. fyft. fuppl. 82. 21. *
Caffida capenfis. Herbft. Col. tab. 133. fig. 10.
Habitat ad Cap. Bon. Spei. Muf. D. de Seheftedt.

43. C. obfcure rufa, elytris gibbofis: maculis nigris *gibba.*
numerofiffimis. Ent. fyft. fuppl. 82. 21. *
Habitat Cayennae. D. Prof. Richard.

44. C.

deusta. 44. C. rufefcens, thorace punctis duobus, elytris
numerofis cyaneo - nigris, clypeo integro. Ent.
fyft. 1. 297. 22. *
Oliv. Inf. 97. tab. 1. fig. 17.
Habitat in noua Hollandia. Muf. D. Banks.

clathrata. 45. C. rufefcens, thorace punctis nouem, elytris
clathratis. Ent. fyft. fuppl. 83. 22. *
Habitat in India orientali. Muf. D. de Seheftedt.

cribraria. 46. C. rufefcens, thorace punctis quatuor, elytris
numerofis nigris, clypeo emarginato. Ent. fyft.
1. 297. 23. *
Oliv. Inf. 97. tab. 3. fig. 44.
Habitat in America. Muf. D. Banks.

nobilis. 47. C. grifea, elytris linea coerulea nitidiffima.
Ent. fyft. 1. 297. 24.
Linn. fyft. Nat. 2. 575. 4.
Geoff. Inf. 1. 313. 3.
Oliv. Inf. 97. tab. 2. fig. 24.
Schaeff. Icon. tab. 96. fig. 6.
Illig. Col. Bor. 1. 485. 11.
Panz. Fn. Germ. 39. tab. 15.
Habitat in Europae Carduis, Stellatis.
Linea elytrorum perit cum vita.

bicolor. 48. C. clypeo elytrisque grifeis: margine pallidiore, corpore atro. Ent. fyft. fuppl. 82. 24. *
Habitat in America boreali. D. Mauerhoff.

taeniata. 49. C. ferruginea, elytris macula marginali flaua,
difco fpinis quatuor parium; pofticis connatis.
Habitat in mari pacifico. D. Billardiere.
Parua. Clypeus emarginatus, pallide ferrugineus.
Elytra obfcuriora, punctato-ftriata, macula
magna, marginali, flaua. Difcus fpinis quatuor
parium breuibus, eleuatis. Paria duo pofterio-
ra connata, lineolas duas transuerfas, eleuatas
formant. Corpus pallidum.

50. C.

50. C. viridis, coleoptris vittis tribus abbreuiatis *trivittata.*
atris.

Habitat in noua Cambria. D. Billardiere.

Minor C. nobili. Clypeus rotundatus, laeuis, virefcens, puncto bafeos nigro. Coleoptra laeuia, viridia, vittis tribus abbreuiatis, hinc inde
viridi-punctatis atris: futurali breuiore.

51. C. virens, elytris viridi-argenteis nitidis, ca- *margarita-*
pite pectoreque nigris. Ent. fyft. 1. 297. 25. *cea.*

Oliv. Inf. 97. tab. 2. fig. 19.

Schall. Act. Hall. 1. 259.

Habitat Halae fub lapidibus. Dom. Hybner.

Color perit cum vita.

52. C. flauefcens, coleoptrorum difco nigro: macu- *cruciata.*
lis quatuor flauefcentibus. Ent. fyft. 1. 297.
26. *

Oliv. Inf. 97. tab. 1. fig. 13.

Habitat in Americae plantis.

53. C. aurea, nitidiffima: margine pallido, corpore *aurichalcea*
atro.

Habitat in Carolina. Muf. D. Bofc.

Paullo maior C. nobili, aenea, nitidiffima, qui
tamen color cum vita perit et in fordide flauum tranfit. Margo omnis pallidus. Corpus
atrum, pedibus flauefcentibus.

54. C. flaua, thoracis linea dorfali ferruginea, co- *crux.*
leoptrorum difco ferrugineo maculis quatuor
flauis. Ent. fyft. 1. 298. 27. *

Caffida cruciata. Linn. fyft. Nat. 2. 576. 9.

Degeer Inf. 5. tab. 15. fig. 15.

Voet. Col. 2. tab. 44. fig. 27.

Habitat Cayennae. Dr. Schulz.

55. C. flauefcens, thoracis puncto medio, coleoptro- *11punctata.*
rum vndecim nigris. Ent. fyft. 1. 298. 28.

Voet.

Voet. Col. 2, tab. 43. fig. 16.
Habitat Cayennae. Muf. Dr. Hunter.

13punctata 59. C. flauefcens, thorace bipunctato, coleoptrorum
difco ferrugineo: punctis vndecim nigris.
Habitat in Sumatra. Dom. Daldorff.
Statura omnino C. finuatae. Clypeus rotundatus,
obfcure pallidus: punctis duobus dorfalibus
nigris. Elytra fulcata: fulcis punctatis, brunnea: punctis bafeos quinque atris, duobus in
medio ad marginem, tribus ad futuram et communi verfus bafin. Margo et corpus pallida.

finuata. 60. C. flauefcens ferruginea, thorace poftice finuato,
coleoptris punctis vndecim nigris. Ent. fyft. 1.
298. 29. *
Habitat in Afia. Muf. Britann.

arcuata. 61. C. aeneo-flauefcens, coleoptris maculis quatuordecim atris: quibusdam arcuatis. Ent. fyft. 1.
298. 30. *
Caffida arcuata. Oliv. Inf. 97. tab. 2. fig. 26.
Habitat in America meridionali. D. Olivier.

clauata. 62. C. flauefcens, elytris tuberculatis medio nodofis
fufcis: maculis duabus lateralibus pallidis.
Ent. fyft. fuppl. 83. 30. *
Habitat in America boreali. D. Herfchell.

2notata. 63. C. teftacea, pallido-marginata, elytris immaculatis bafi vnituberculatis. Ent. fyft. 1. 299.
31. *
Habitat Cayennae. D. v. Rohr.

micans. 64. C. flauefcens, coleoptrorum difco ferrugineo:
tuberculo futurali.
Habitat in Sumatra. Dom. Daldorff.
Statura parua praecedentium. Antennae flauae,
apice nigrae. Thoracis clypeus rotundatus,
flauus,

flauus, immaculatus. Elytra ad futuram in-
aequaliter ferruginea, qui color bafi ad marginem excurrit. Tuberculum paruum ad bafin
futurae.

65. C. cinerea, coleoptris medio tuberculatis, ante *elevata*.
marginem albidis.
Habitat in Sumatra. Dom. Daldorff.
Statura et magnitudo C. tuberculatae. Clypeus
rotundatus, cinereus. Coleoptra cinerea, interdum obfcuriora, limbo dilatato albo, margine
tamen ipfo cinereo. Corpus cinereum.

66. C. brunnea, albo-marginata, elytris nigro-ma- *atubercula-*
culatis, bafi vnituberculatis. Ent. fyft. 1. 299. *ta.*
32. *
Habitat Cayennae. D. v. Rohr.

67. C. teftacea, flauo-marginata: coleoptris tritu- *tuberculata*
berculatis. Ent. fyft. 1. 299. 33. *
Habitat in Sierra Leon Africae.

68. C. nigro-aenea, coleoptris flauis: futura anti- *dilatata.*
ce pofticeque dilatata, aenea.
Habitat in America meridionali. D. Smidt. Muf.
D. Lund.
Statura C. futuralis, at paullo maior. Antennae
brunneae. Capitis clypeus transuerfus, nigro-
aeneus, immaculatus. Elytra laeuia, aenea,
macula magna marginali, laeui, flaua. Corpus
obfcure brunneum.

69. C. brunnea, elytris flauis: futuris brunneis. *futuralis.*
Ent. fyft. 1. 299. 34. *
Habitat in America meridionali.
Corpus paruum, brunneum.

70. C. thorace flauo, elytris rufefcentibus: margine *2guttata.*
nigro; maculis duabus flauis. Ent. fyft. 1.
299. 35. *
Oliv.

Oliv. Inf. 97. tab. 3. fig. 40.

Habitat Cayennae. D. Mauduit.

miliaris. 71. C. flaua, thorace immaculato, elytris nigro-punctatis: margine bifafciato. Ent. fyft. 1. 300. 36. *

Oliv. Inf. 97. tab. 2. fig. 25.

Habitat in Infula St. Helena. Muf. D. Banks.

adhaerens. 72. C. flaua, elytris margine vittaque poftice cum margine coëunte atris.

Caffida adhaerens. Web. Inf. 51. 2.

Habitat in Oceani pacifici Infulis. D. Billardiere.

Statura praecedentis. Clypeus rotundatus, integer, flauus, immaculatus. Elytra laeuia, flaua, margine lato vittaque media, quae poftice cum margine coit, atris. Corpus flauum.

Rarius vitta poftice etiam cum futura coit.

2maculata. 73. C. flaua, elytrorum margine nigro: macula magna flaua. Ent. fyft. 1. 300. 37. *

Habitat in Guinea. D. Ifert.

punctata. 74. C. nigra, clypeo brunneo, elytris flauis nigro-punctatis. Ent. fyft. 1. 300. 38. *

Habitat ad Cap. Bon. Spei. Muf. D. Lund.

adfperfa. 75. C. clypeo flauefcente, pallidis, nigro-punctatis.

Habitat in Guinea. Muf. D. de Seheftedt.

Statura omnino C. punctatae. Clypeus rotundatus, flauefcens, immaculatus. Elytra laeuia, pallida, punctis nigris, fparfis, in primis ad futuram. Corpus atrum, abdomine pallido.

marginata. 76. C. cyaneo-nigra, elytris teftaceis: margine nigro. Ent. fyft. 1. 300. 39.

Linn. fyft. Nat. 2. 578. 23.

Oliv. Inf. 97. tab. 1. fig. 11.

Voet. Col. 2. tab. 42. fig. 5.

Herbft.

Herbft. Arch. tab. 45. fig. 1.
Naturforfch. 9. tab. 2.
Degeer Inf. 5. 185. 10.
Habitat in Indiis.

77. C. thorace obfcuro, elytris ferrugineis: margine *4pustulata.*
cyaneo; maculis duabus rubris. Ent. fyft. 1.
301. 40. *
Habitat Cayennae. Muf. Dr. Hunter.

78. C. thorace elytrisque obfcuris, elytris fpina fu- *dorfata.*
turali margineque albicante: bafi obfcuro. Ent.
fyft. 1. 301. 41. *
Oliv. Inf. 97. tab. 3. fig. 45.
Habitat in Siam. Muf. D. Banks.

79. C. flaua, coleoptrorum difco fufco: margine fa- *5fafciata.*
fciisque quinque fufcis.
Habitat in Guinea. Muf. D. Lnnd.
Statura et magnitudo C. Iamaicenfis. Clypeus
rotundatus, integer, obfcure flauus. Coleoptrorum difcus obfcurus, interdum ater, interdum punctis variis pallidis. Margo flauefcens,
pellucidus, vtrinque fafciis duabus futuraque
fufcis. Corpus obfcurum.

80. C. teftacea, coleoptris aureis, bafi tritubercula- *St. Crucis*
tis: margine pallido; fubtus fafciis tribus dua-
bus nigris. Ent. fyft. 4. App. 450. 41. *
Habitat in America meridionali.

81. C. luteo-aenea, elytris immaculatis, excauato- *Iamaicenfis*
punctatis. Ent. fyft. 1. 301. 42.
Linn. Syft. Nat. 2. 577. 21.
Oliv. Inf. 97. tab. 2. fig. 32.
Sloan. tom. 2. 208. tab. 233. fig. 27. 28.
Habitat in Americae meridionalis Infulis, in foliis
Cordiae febeftenae.

Chinenfis. 82. C. teftacea, margine pallidiore: macula nigra.
Ent. fyft. fuppl. 84. 42. *
Habitat in China. Muf. D. Lund.

exaltata. 83. C. elytris cyaneis: difco vitta finuata, margine macula oblonga flauis.
Habitat in America meridionali. D. Smidt. Muf. D. de Seheftedt.
Magna. Clypeus fufcus: margine flauefcente. Antennae fufcae. Elytra gibba, margine valde dilatato, antice fubfpinofo, punctata, cyanea, difco vitta inaequali, finuata, quae tamen apicem haud attingit. Margo cyaneus: macula magna, oblonga, teftacea. Corpus atrum.

cyanea. 84. C. nigro-aenea, elytris reticulatis: macula venofa rufa. Ent. fyft. 1. 302. 46.
Linn. fyft. Nat. 2. 577. 39. Muf. Lud. Vlr. 39.
Degeer Inf. 5. tab. 15. fig. 9.
Petiv. Gazoph. tab. 57. fig. 6.
Habitat in Indiis.
Defcriptio D. a Linné vix quadrat, at melius defcriptio et figura D. Degeer.

fpinifex. 85. C. ferruginea, elytris angulo antico, fpina porrecta, thorace vtrinque fpina transuerfa. Ent. fyft. 1. 302. 47.
Linn. fyft. Nat. 2. 576. 7. Amoen. acad. 6. 392. 7.
Oliv. Inf. 97. tab. fig.
Voet. Col. 2. tab. 43. fig. 21.
β. *Caffida perforata*, elytris angulo antico fpinofo bafique perforatis. Ent. fyft. 1. 301. 43.
Caffida perforata. Pall. Spicil. Zool. fafc. 9. 3. tab. 1. fig. 1.
Habitat in America meridionali,

86. C.

86. C. cyanea, elytris angulo antico fpina truncata. *bicornis.*
 Ent. fyft. 1. 301. 44.
 Linn. fyft. Nat. 2. 576. 8. Amoen. acad. 6. 393. 9.
 Habitat in Indiis.

87. C. atra, elytris angulo antico fpina truncata. *Taurus.*
 Ent. fyft. 1. 302. 45. *
 Habitat Cayennae. D. v. Rohr.

88. C. atra, elytris antice porrectis: fpina futurali *bidens.*
 erecta. Ent. fyft. 1. 302. 48. *
 Caffida atra. Oliv. Inf. 97. tab. 2. fig. 20.
 Habitat in Brafilia. Muf. D. Banks.

89. C. atra, thorace maculis duabus villofo-aureis, *gibbofa.*
 elytris virefcenti-reticulatis: fpina futurali
 obtufa. Ent. fyft. 1. 302. 49. *
 Oliv. Inf. 97. tab. 1. fig. 6.
 Habitat in Brafilia. Muf. D. Banks.

90. C. rufa, elytris fubreticulatis nigro-maculatis *truncata.*
 dorfo gibbis. Ent. fyft. 1. 303. 50. *
 Oliv. Inf. 97. tab. 1. fig. 9.
 Habitat - - - Muf. D. Banks.

91. C. flaua, immaculata, corpore teftaceo: puncto *flaua.*
 fcutellari nigro. Ent. fyft. 1. 303. 51.
 Linn. fyft. Nat. 2. 576. 11.
 Oliv. Inf. 97. tab. 1. fig. 8.
 Voet. Col. 2. tab. 44. fig. 28.
 Degeer. Inf. 5. tab. 15. fig. 13.
 Habitat in America auftrali.

92. C. teftacea, margine punctisque flauis. Ent. fyft. *leucophaea.*
 1. 303. 52. *
 Linn. fyft. Nat. 2. 576. 13. Amoen. acad. 6.
 393. 10.
 Habitat in America meridionali.

transuersa. 93. C. rufa, elytrorum margine futura, vitta media
lineolaque vtrinque transuersa nigris. Ent. fyst.
fuppl. 84. 52. *

Caffida clathruta. Linn. fyst. Nat. 2. 577. 18.

Degeer. Inf. 5. tab. 15. fig. 7.

Voet. Col. 2. tab. 41. fig. 3.

Habitat in India. Muf. D. Lund.

reticularis. 94. C. flaua, elytris coeruleo-variegatis: lateribus
vnifasciatis. Ent. fyst. 1. 303. 53.

Linn. fyst. Nat. 2. 576. 15.

Herbst. Arch. 4. 50. 8. tab. 20. fig. 30.

Voet. Col. 2. tab. 41. fig. 4.

Degeer Inf. 5. tab. 15. fig. 17.

Habitat in America meridionali.

variegata. 95. C. rufa, elytris coeruleo-variegatis: lateralibus
bifasciatis. Ent. fyst. 1. 303. 54.

Linn. fyst. Nat. 2. 576. 16.

Oliv. Inf. 97. tab. 2. fig. 22. 28.

Voet. Col. 2. tab. 42. fig. 8.

Degeer Inf. 5. tab. 15. fig. 6.

Habitat in America meridionali.

punctum. 96. C. flaua, elytris fasciis duabus punctoque futurali atris.

Habitat in Oceani pacifici Infulis. D. Billardiere.

Statura praecedentium. Clypeus rotundatus, integer, flauus, immaculatus. Elytra punctato-
striata, flaua, fasciis duabus latis, atris, quarum anterior futuram haud attingit, posterior
in disco dilatata, puncto flauo. In medio futurae punctum magnum, atrum. Corpus flauefcens.

trifasciata. 97. C. rufa, elytrorum lateribus trifasciatis. Ent.
fyst. 1. 304. 55. *

Habitat in America. D. Daldorff.

98. C.

98. C. nigra, thorace bimaculato, elytris flauis ni- *retiformis.*
gro - reticulatis. Ent. fyft. 1. 304. 56. *
Caffida punctata. Degeer. Inf. 5. tab. 15. fig. 8.
Habitat Cayennae. D. v. Rohr.
Variat thoracis margine minus nigro, elytrisque
fere fafciatis, vix reticulatis.

99. C. nigra, thorace immaculato, coleptrorum difco *venofa.*
rufo reticulato, margine maculato. Ent. fyft.
fuppl. 84. 56. *

100. C. nigra, elytris rufo - reticulatis. *neruofa.*
Habitat in America meridionali. D. Smidt. Muf.
D. de Seheftedt.
Affinis praecedenti. Clypeus transuerfus, laeuis,
niger, margine parum rufefcente. Elytra nigra, neruis eleuatis, reticulatis, rufis. Corpus
atrum.

101. C. nigro - aenea, elytris rufis, nigro - aeneo - va- *varians.*
riegatis.
Habitat in America meridionali. D. Smdit. Muf.
D. Lund.
Statura praecedentium. Antennae nigrae. Clypeus transuerfus, nunc aeneo - niger, nunc rufus, nunc rufus linea media aenea. Elytra nunc
obfcuriora, nunc dilutiora, rufa, aeneo - variegata. Corpus obfcurum.

102. C. coerulea, thorace maculis duabus, elytris *annulata.*
annulis rufis. Ent. fyft. 1. 304. 57. *
Caffida annulata. Naturforfch. 6. tab. 4.
Habitat in Indiis. Dr. Schulz.

103. C. fanguinea, elytris difco punctis nigris fpar- *groffa.*
fis, margine lineis ramofis nigris. Ent. fyft. 1.
304. 58. *
Caffida groffa. Naturf. 6. tab. 4. fig. 4.
Linn. Syft. Nat. 2. 577. 17.

Oliv.

Oliv. Inf. 97. tab. 1. fig. 1.

Degeer Inf. 5. tab. 15. fig. 5.

Voet. Col. 2. tab. 42. fig. 8.

Habitat in America meridionali.

lineata. 104. C. cinerafcens, elytris lineis quatuor albidis.
Ent. fyft. 1. 305. 59. *
Habitat ad Cap. Bon. Spei. Dr. Schulz.

exclamatio- 105. C. elytris lineis ternis nigris: intermedia fi-
nis. gnum! referente. Ent. fyft. 1. 305. 60. *
Linn. fyft. Nat. 2. 577. 20.
Oliv. Inf. 97. tab. 1. fig. 16.
Habitat in America meridionali.

flauo ma- 106. C. cyaneo - aenea, coleoptris fafcia lata in me-
culata. dio interrupta flaua.
Habitat in America meridionali. D. Smidt. Muf.
D. de Seheftedt.
Statura omnino C. inaequalis. Clypeus obfcurus,
immaculatus. Elytra cyanea, macula magna,
transuerfa, fere fafciam conftituente, flaua, antice verfus futuram parum dilatata. Corpus
nigrum.

irrorata. 107. C. nigro - aenea; elytris macula magna flaua
nigro - punctata.
Voet. Col. 2. tab. 41. fig. 1.
Habitat in America meridionali. D. Smidt. Muf.
D. Lund.
Media. Clypeus magis transuerfus, quam in re-
liquis, integer, nigro - aeneus, immaculatus.
Elytra laeuia, nigro - aenea, macula magna fla-
ua, punctis numerofis, nigris.

inaequalis. 108. C. ferrugineo - aenea, elytris macula flaua fub-
ouata difci. Ent. fyft. 1. 305. 61.
Linn. fyft. Nat. 2. 678. 24.
Oliv. Inf. 97. tab. 3. fig. 49.
Sulz.

Sulz. Hift. Inf. tab. 3. fig. 2.
Voet. Col. 2. tab. 41. fig. 2.
Naturf. 9. tab. 2. fig. 5.
Degeer. Inf. 5. tab. 16. fig. 10.
Habitat in America meridionali.

109. C. fufco-aenea, elytris macula flaua laterali. *lateralis.*
   Ent. fyft. 1. 305. 62. *
   Linn. fyft. Nat. 2. 578. 26.
   Voet. Col. 2. tab. 43. fig. 24.
   Sulz. Hift. Inf. tab. 3. fig. 2.
   Degeer Inf. 5. tab. 15. fig. 12.
   Habitat in America meridionali.

110. C. nigra, thorace villofo virefcente, elytris vi- *palliata.*
   ridibus: margine lineaque media ferrugineis.
   Ent. fyft. 1. 305. 63. *
   Voet. Col. 2. tab. 42. fig. 14.
   Habitat Cayennae. D. v. Rohr.

111. C. thorace elytrisque variolofis viridibus: mar- *variolofa.*
   gine aureo.
   Caffida variolofa. Web. Inf. 50. 1.
   Habitat in Brafilia. D. Weber.
   Magna. Caput aureum. Thorax punctis latis excauatis, viridi-aeneus, nitidus, margine aureo. Elytra gibba, punctis excauata, viridia,
   margine late aureo. Corpus aureum.

112. C. viridi-aenea, elytris macula didyma flaua *difcoidea.*
   difci. Ent. fyft. 1. 306. 64.
   Linn. fyft. Nat. 2. 578. 17.
   Oliv. Inf. 97. tab. 2. fig. 18.
   Voet. Col. 2. tab. 4. fig. 12.
   Degeer. Inf. 5. tab. 15. fig. 11.
   Habitat in America meridionali.

113. C. oblonga, gibba, elytris viridi-aeneis: ma- *apuftulata.*
   cula inaequali fanguinea. Ent. fyft. 1. 306. 65.

   Linn.

Linn. fyft. Nat. 2. 578. Amoen. acad. 6. 392. 8.
Oliv. Inf. 97. tab. 3. fig. 35.
Voet. Col. 2. tab. 42. fig. 6.
Naturf. 6. tab. 4.
Habitat Cayennae.
Variat punctis elytrorum duobus aut nullis.

difcors.   114. C. fubrotunda, elytris viridi - aeneis: macula
             inaequali fanguinea.

             Habitat in America meridionali. Muf. D. de Se-
             heftedt.

             Nimis forte praecedenti affinis, at ftatura magis
             rotundata et minus gibba.

             Variat elytris immaculatis punctisque duobus
             rufis.

cuprea.   115. C. fupra cuprea, thoracis margine elytrisque
             maculis duabus marginalibus rufis. Ent. fyft.
             1. 306. 66. *

             Habitat Cayennae. D. v. Rohr.

6puftulata 116. C. cyanea, elytris maculis tribus rufis.   Ent.
             fyft. 1. 306. 67. *
             Oliv. Inf. 97. tab. 3. fig. 36.
             Habitat in Brafilia. Muf. D. Banks.

12puftulata 117. C. thorace cupreo, elytris viridi - aeneis:, ma-
             culis fex rubris. Ent. fyft. fuppl. 85. 67. *
             Habitat Cayennae. D. Richard.

16punctata. 118. C. nigra, thorace punctis duobus, elytris fe-
             ptem rubris. Ent. fyft. 1. 307. 68. *
             Oliv. Inf. 97. tab. 3. fig. 41.
             Voet. Col. 2. tab. 43. fig. 20.
             Habitat in America meridionali. Muf. Dr. Hunter.

2punctata. 119. C. flauefcens, elytris punctis duobus nigris.
             Ent. fyft. 1. 307. 69.
             Linn. fyft. Nat. 2. 578. 19.

                                                   Oliv.

Oliv. Inf. 97. tab. 3. fig. 42.
Habitat in India orientali.

77. ADORIVM. *Palpi* quatuor fubaequales,
extrorfum craffiores.
Maxilla membranacea, bifida.
Ligula membranacea, in-
tegra.
Antennae filiformes.

1. A. ouatum, teftaceum, elytris macula fufca.   *2puncta-*
Chryfomela 2punctata. Ent. fyft. 1. 329. 110.   *tum.*
Oides 2punctata. Web. Inf. 53. 1.
Habitat ad Cap. Bon. Spei. Muf. D. Banks.
Os maxillis palpisque. *Palpi* quatuor breues,
fubaequales, extrorfum craffiores, *anteriores*
quadriarticulati: articulo primo breui, orbiculato, fecundo longiori, obconico, tertio parum
craffiori, quarto breuiffimo, obtufo adhaerentes
maxillae dorfo; *pofteriores* breues, craffiuf-
culi, triarticulati: articulo vltimo obtufo, adnati ligulae bafi. *Mandibula* breuis, cornea,
dentata, apice truncata, denticulata. *Maxilla*
breuis, membranacea, rotundata, bifida: laciniis aequalibus, obtufis. *Ligula* breuis, membranacea, integra. *Labium* corneum, transuerfum.

2. A.

―――――――――――――

Adorii corpus ouatum, gibbum, immarginatum, glabrum,
tardum; *capite* paruo, transuerfo, fere latitudine thoracis,
inferto; *oculis* oblongis, lateralibus: *antennis* frontalibus,
longitudine thoracis: articulo primo maiori; *thorace* transuerfo, breui, latitudine fere elytrorum; *scutello* paruo, triangulari; *elytris* magnis, fornicatis, abdomine multo latioribus; *pedibus* longiufculis, compreffis, curforiis; *tarfis* omnibus quadriarticulis; *colore* obfcuro.

palleatum.   2. A. pallidum, antennis apice corporeque fufcis.

Habitat in Oceani auftralis Infulis. D. Billardiere.

Affinis praecedenti. Antennae filiformes, fufcae bafi pallidae. Caput, thorax, elytra pallida, obfcura, immaculata. Corpus fufcum, pedibus pallidis.

teftaceum.   3. A. teftaceum, antennis nigris apice albis.

Habitat in Sumatra. D. Daldorff. Muf. D. Lund.

Antennae nigrae, articulis duobus vltimis albis. Caput thorax, elytra laeuia, teftacea. Corpus atrum, femoribus pofticis parum incraffatis, forte faltatoriis.

liuidum.   4. A. pallidum, capite thoracis punctis duobus, pectore pedibusque nigris.

Habitat in Sumatra. D. Daldorff. Muf. D. de Seheftedt.

Reliquis magis ouatum. Thorax laeuis, pallidus, nitidus, punctis duobus nigris impreffus. Corpus nigrum, abdomine pallido.

vittatum.   5. A. pallidum, coleoptris vittis tribus abbreuiatis fufcis.

Habitat in Auftralafia. D. Billardiere.

Paruum. Antennae fufcae, bafi pallidae. Elytra punctato - ftriata: vitta media futuraque fufcis. Pedes pallidi. Corpus fufcum.

concolor.   6. A. flauefcens, nitidum, oculis fufcis.

Galleruca concolor. Ent. fyft. 2. 16. 16.

Habitat in Africa aequinoctiali. Muf. D. Banks.

78. COLASPIS. *Palpi* quatuor inaequales.
　　　　　　　　anteriores fubclauati.
　　　　　　Labrum porrectum, planum,
　　　　　　　　truncatum.
　　　　　　Antennae tenues, filiformes:
　　　　　　　　articulis cylindricis.

1. C. punctata, pallide teftacea, immaculata.　　*teftacea.*
　Habitat in America meridionali. D. Smidt. Muf.
　　D. de Seheftedt.
　Magna in hóc genere. Caput et thorax punctata,
　　paullo obfcuriora, capite bafi canaliculato.
　　Elytra pallidiora, punctata ftriataque. Corpus
　　pallide teftaceum.

2. C. punctata, aenea, fubtus cuprea, antennis fla- *crenata.*
　uis: articulo quinto vltimoque fufcis.
　Galleruca crenata. Ent. fyft. 1. 2. 14. 6.
　Habitat Cayennae. D. v. Rohr.
　Os mandibulis palpisque. *Labrum* valde porre-
　　ctum, planum, apice truncatum. *Palpi* qua-
　　tuor inaequales: *anteriores* longiores, quadri-
　　articulati: articulis tenuibus; fecundo lon-
　　giori, vltimo ouato, crassiori, clauato; adhae-
　　rentes maxillae dorfo, *pofteriores* paullo bre-
　　uiores, fubclauati, triarticulati: articulis fub-
　　aequalibus; vltimo vix crassiori, adnati ligulae
　　　　　　　　　　　　　　　　　bafi.

Colafpidis corpus ouatum, eleuatum, tardum, immarginatum; *capite* paruo, rotundato, inferto; *labro* magno, os
tegente; *oculis* magnis, rotundatis, lateralibus, vix prominulis; *antennis* longis, ante oculos infertis; *thorace*
elytris anguftiore, rotundato, antice parum anguftiore;
fcutello paruo, rotundato; *elytris* rigidis, faepius punctatis, abdominis longitudine; *pedibus* mediocribus, validis;
femoribus pofticis fubclauatis: *tarfis* quadriarticulatis:
articulo vltimo ad bafin fere fisso; *colore* faepius aeneo,
interdum teftaceo, nunquam variegato.

bafi. *Mandibula* breuis, cornea, craſſa, incurua, apice bifida. *Maxilla* breuis, membran-
cea, vnidentata. *Ligula* breuis, membranacea,
truncata. Caput et thorax punctata, obſcure
cuprea. Elytra ſtriata, ſtriis punctatis. Corpus
aeneum, pedibus concoloribus.

Variat rarius antennis pedibusque totis flauis.

glabrata. **3.** C. thorace laeui, aenea, nitida, elytris punctato-
ſubſtriatis, corpore nigro.

Habitat in America meridionali. D. *Smidt.* Muſ.
D. Lund.

Paullo minor C. crenata. Antennae nigrae. Caput et thorax laeuia, obſcure aenea, nitida,
margine tenuiſſime cyaneo. Elytra obſcure
aenea, punctis paruis, impreſſis ſubſtriata. Corpus nigrum, femoribus interdum ſubferrugi-
neis.

flauicornis. **4.** C. punctata, viridi-aenea, antennis pedibusque
flauis.

Galleruca flauicornis. Ent. ſyſt. 1. 2. 13. 5.

Habitat Cayennae. D. v. Rohr.

Antennae flauae. Caput et thorax punctatà. Elytra ſtriato-punctata et fere crenata. Corpus
viridi-aeneum, pedibus flauis.

luteicornis. **5.** C. ſubpunctata, nigro-aenea, antennis pedibusque flauis.

Chryſomela luteicornis. Ent. ſyſt. 1. 1. 316. 42.

Habitat in Americae meridionalis Inſulis. Dr.Pflug.

Statura et magnitudo praecedentis, at minus punctata, nigro-aenea, obſcure nitida.

Crotonis. **6.** C. ſubpunctata, nigro-aenea, antennis flauis, pedibus nigris.

Chryſomela Crotonis. Ent. ſyſt. 1. 1. 327. 100.

Habi-

Habitat in Crotone glandulofo Americae meridionalis. Dr. Pflug.
Nimis praecedenti affinis, at pedes nigri.

7. C. cyanea nitida, pedibus rufis.   *rufipes.*
 Cryptocephalus rufipes. Ent. fyft. 1. 2. 63. 51.
 Habitat ad Cap. Bon. Spei. Muf. D. Banks.
 Supra cyanea, interdum viridis, nitida, immacu-
  lata. Antennae teftaceae. Pedes rufi.
 Varietas minor ex America meridionali vix differt.

8. C. thorace aeneo-nitido, elytris punctatis, ob- *viridis.*
  fcure viridibus.
 Galleruca viridis. Ent. fyft. fuppl. 94. 5.
 Habitat in Carolinae quercu. Muf. D. Bofc.
 Paullo minor C. flauicorni. Caput viridi-aeneum,
  antennis flauis. Thorax laeuis, aeneus, nitidus. Elytra punctata, viridia, obfcura. Corpus
  et pedes nigra.

9. C. aenea, nitida, fubtus nigra, antennis, ano pe- *tricolor.*
  dibusque ferrugineis.
 Chryfomela tricolor. Ent. fyft. 1. 316. 41.
 Habitat in Virginia.
 Magnitudo C. flauicornis. Antennae ferrugineae.

10. C. fubpunctata, viridi-aenea, nitida, elytrorum *aenea.*
  margine tenuiffime corporeque cyaneis, pedibus fuluis.
 Habitat in America meridionali. D. Smidt. Muf.
  D. de Seheftedt.
 Statura et fere magnitudo C. flauicornis. Antennae teftaceae, apice nigrae. Caput aeneum,
  clypeo porrecto, teftaceo. Thorax punctatus,
  aeneus, nitidus. Elytra punctata, viridi-aenea,
  nitida, margine parum cyaneo. Corpus cyaneum, pedibus fuluis.

11. C.

fuluipes.   11. C. fubpunctata, obfcure aenea, abdomine, antennis pedibusque fuluis.

Habitat in América meridionali. D. Smidt. Muf. D. Lund.

Magnitudo praecedentis.   Antennae fuluae, articulo vltimo obfcuro.   Caput obfcure aeneum, clypeo porrecto, ferrugineo.   Thorax punctatus, obfcure aeneus.   Elytra fubftriata, punctata, obfcura.   Corpus piceum, pedibus fuluis.

cuprea.   12. C. punctata, brunnea, thoracis elytrorumque margine viridi-aeneis.

Habitat in America meridionali. D. Smidt. Muf. D. de Seheftedt.

Statura et magnitudo C. glabratae.   Caput brunneum, viridi-micans.   Antennae flauae.   Thorax punctatus, brunneus, margine aeneo, nitido.   Elytra ftriata: ftriis punctatis, brunnea, margine aeneo.   Pedes flauefcentes.

obfcura.   13. C. punctata, obfcura, fubtus cyanea, femoribus rufis.

Habitat in America meridionali. D. Smidt. Muf. D. Lund.

Statura C. flauicornis.   Antennae nigrae, bafi ferrugineae.   Caput et thorax punctata, obfcure aenea, parum nitida, clypeo porrecto, brunneo.   Elytra punctata, ftriata, obfcura, aeneo parum nitida.   Corpus cyaneum, nitidum, femoribus rufis.

fulua.   14. C. thorace laeui, nitido, teftacea, antennis nigris.
Habitat in America meridionali. Muf. D. Lund.
Praecedente minor.   Antennae breuiores, quam in reliquis, nigrae, bafi teftaceae.   Caput et thorax laeuia, teftacea, nitida.   Elytra punctata, vix ftriata.

15. C.

5. C. atra, nitida, elytris punctatis, antennis baſi *barbara.*
flauefcentibus.

Habitat in Barbaria. Muf. Dom. Desfontaines.

Antennae baſi flauefcentes, apice nigrae. Caput
et thorax atra, nitida, vix punctata. Elytra
atra, punctata, margine tenuiſſime ferrugineo,
obfoleto. Corpus nigrum, tarſis rufis.

6. C. brunnea, thorace laeui, nitido, elytris pun- *ferruginea.*
ctatis.

Habitat in America meridionali. D. Smidt. Muf.
D. de Seheftedt.

Statura et magnitudo C. flauicornis. Corpus totum, cum antennis pedibusque brunneum. Elytra punctata et fubftriata.

7. C. thorace laeui, aeneo-nitido, elytris puncta- *nitidula.*
tis, obfcuris, pectore pedibusque ferrugineis.

Habitat in America meridionali. D. Smidt. Muf.
D. Lund.

Media. Antennae nigrae baſi ferrugineae. Caput
et thorax laeuia, aenea, nitida. Elytra punctata, nullo modo ftriata, obfcura. Corpus nigricans, pectore piceo. Pedes ferruginei.

8. C. punctata, viridi-aenea, nitida, antennis ni- *nigricornis.*
gris, baſi abdominis, margine pedibusque fuluis.

Habitat in America meridionali. D. Smidt. Muf.
D. de Seheftedt.

Minor C. flauicorni. Antennae nigrae, baſi fuluae.
Caput viridi-aeneum, nitidum, clypeo fuluo.
Thorax et elytra punctata, viridi-aenea, niti-
da. Abdomen parum margine anoque fuluis.
Pedes fului.

9. C. laeuis, fupra obfcure aenea, fubtus atra. *laeuigata.*

Habitat in America meridionali. D. Smidt. Muf.
D. Lund.

Sta-

Statura praecedentium, at paullo minor, tota laeuis, fupra obfcure aenea, fubtus atra. Antennae nigrae, bafi parum ferrugineae.

marginata. 20. C. ferruginea, nitida, elytris punctatis: margine nigro, antennis pedibusque flauis.

Habitat in America meridionali. D. Smidt. Muf.
D. de Seheftedt.

Minor et magis rotundata. Antennae flauae. Caput et thorax laeuia, ferruginea, nitida. Elytra fubpunctata, ferruginea, margine nigro.
Pedes flaui.

metallica. 21. C. punctata, obfcure aenea, elytris bafi prominulis.

Bruchus aeneus Ent. fyft. fuppl. 159. 7.

Habitat in India orientali. D. Daldorff.

Praecedentibus minor, tota punctata, obfcure aenea.
Antennae fufcae. Elytra fubftriata, angulo
bafeos prominulo.

ruficornis. 22. C. atra, nitida, antennis pedibusque ferrugineis.

Habitat in America meridionali. D. Smidt. Muf.
D. de Seheftedt.

Minor. Antennae ferrugineae. Caput et thorax
laeuia, atra, labio porrecto, ferrugineo. Elytra fubftriata, nigra. Corpus nigrum, pedibus
ferrugineis.

Variat rarius pedibus nigris.

brunnea. 23. C. punctata, teftacea, elytrorum margine tenuiffime abdomineque nigris.

Galleruca brunnea. Ent. fyft. fuppl. 94. 4.

Habitat in America. Dom. Hybner.

Corpus totum punctatum, teftaceum, margine
elytrorum fubtus abdomineque nigris. Pedes
poftici elongati, at femora haud incraffata, vix
faltatoria.

24. C.

24. C. nigro-aenea, obfcura, elytris pedibusque ci- *fuilla.*
nereis.

Habitat in Carolina. Muf. D. Bofc.

Statura omnino C. brunneae, at caput, thorax et
corpus nigra, aeneo obfcure nitida.

** *faltatoriae.*

25. C. faltatoria, punctata, aenea, antennis pedibus- *faliens.*
que aeneis.

Habitat in India orientali. D. Daldorff. Muf. D.
Lund.

Corpus minutum, fupra punctatum, aeneum, antennis pedibusque totis ferrugineis. Femora
poftica valde incraffata.

26. C. faltatoria, atra, elytris teftaceis apice nigris. *gibba.*
Galleruca gibba. Ent. fyft. fuppl. 99.

Habitat Cayennae. D. Richard.

Gibba. Caput et thorax atra, immaculata, antennis teftaceis. Elytra laeuia, glabra, nitida, teftacea, apice nigra. Corpus nigrum, femoribus
pofticis incraffatis.

27. C. faltatoria, atra, antennis pedibusque ferrugi- *quercata.*
neis, elytris punctis duobus rufis.

Habitat in Carolina. Muf. D. Bofc.

Saltatoria mihi videtur, femoribus pofticis parum
incraffatis. Caput nigrum, ore antennisque flauefcentibus. Thorax laeuis, niger, immaculatus. Elytra laeuia, glabra, nitida, atra, puncto
humerali pofticoque rufis. Corpus nigrum, femoribus rufis.

Varietas paullo maior, elytris totis nigris, vix
differt.

79. EVMOLPVS. *Palpi* fex inaequales:
intermedii articulis duo-
bus vltimis craffiori-
bus, ouatis.
Ligula porrecta, membranacea, integra.
Antennae filiformes.

ignitus.   1. E. cyanea, nitidiffima, elytris aureis, antennis
plantisque fufcis.
Chryfomela ignita. Ent. fyft. 1. 314. 30. *
Habitat Cayennae. Muf. Dr. Hunter.

nitidus.   2. E. cyanea, aut viridi - aenea, antennis cyaneis
apice fufcis.
Chryfomela nitida. Ent. fyft. 1. 325. 86. *
Habitat in India. Muf. D. Banks.
Os maxillis palpisque. *Labrum* elongatum, quadratum, corneum, integrum. *Palpi* fex inaequales, *anteriores* breuiores, longitudine
maxillae, filiformes, biarticulati: articulis
aequalibus, cylindricis; vltimo obtufo, adhaerentes maxillae dorfo, *intermedii* longiores,
quadriarticulati: articulo primo breui, orbiculato, fecundo longiori, obconico, vltimis duobus
aequalibus, craffioribus, ouatis, ad bafin anteriorum inferti, *pofteriores* longitudine intermediorum, triarticulati: articulo primo breui,
rotun-

Eumolpi corpus ouatum, glabrum, immarginatum, tardum;
capite ouato, obtufo, inferto; *oculis* oblongis, lateralibus,
hamo firmatis; *antennis* thorace longioribus: articulo
primo craffiori, ante oculos infertis; *thorace* rotundato,
elytris anguftiore: margine deflexo; *fcutello* breui, rotundato; *elytris* rigidis, longitudine elytrorum, fornicatis:
margine deflexo; *pedibus* longiufculis, compreffis, curforiis; *tarfis* quadriarticulatis; *colore* nitido.

rotundato, fecundo obconico, tertio fubouato, acutiufculo, adnati ligulae bafi. *Mandibula* crafia, cornea, incurua, apice immargin ta. *Maxilla* breuis, membranacea, integra, obtufa. *Ligula* porrecta, membranacea, cylindrica, integra. *Labium* breue, corneum, transuerfum. *Variat* colore aeneo et cyaneo.

3. E. viridi-aeneus, nitidiffimus, elytris cyaneis.   *Afiaticus.*
Chryfomela Afiatica. Ent. fyft. 1. 314. 32. *
Habitat in Ruffia. Muf. D. Banks.

4. E. cyaneus, nitidus, pedibus nigris.   *cyaneus.*
Chryfomela cyanea. Ent. fyft. 1. 324. 84. *
Habitat in America meridionali. Muf. D. Banks.

5. E. cyaneus, nitidus, thorace latitudine elytrorum. *pretiofus.*
Chryfomela pretiofa Ent. fyft. 1. 324. 85. *
Habitat in Germania. D. Smidt.
Affinis praecedenti, at diftinctus et alius. Thorax magis globofus, et latior.

6. E. thorace cyaneo, elytris aureis: margine cya- *auratus.*
neo.
Chryfomela aurata. Ent. fyft. 1. 325. 87. *
Habitat in America boreali.

7. E. cyaneus, nitidiffimus, elytris punctatis viridi- *compreffi-*
aeneis, antennis compreffis.   *cornis.*
Habitat in Guinea. Muf. D. de Seheftedt.
Statura et magnitudo praecedentis. Antennae extrorfum parum craffiores, compreffae, cyaneae. Caput et thorax cyanea, nitida, immaculata. Elytra punctata, viridi-aenea, nitida. Corpus cum pedibus cyaneum.

8. E. punctatus, ater, antennis compreffis.   *antennatus.*
Habitat in Infula Iaua. D. Billardiere.
Statura et magnitudo omnino E. comprefficornis,

at tota atra, thorace elytrisque punctatis. Antennae extrorfum paullo craffiores, compreffae.

fplendidus. 9. C. ouatus, viridi-aeneus, antennis plantisque ni-
gris.
- *Chryfomela fplendida.* Ent. fyft. 1. 324. 81. *
Habitat Tranquebariae. Muf: D. Lund.

fumptuo- 10. E. nitidiffimus, capite thoraceque aeneis, elytris
fus. violaceis.
Chryfomela fumptuofa. Ent. fyft. fuppl. 88 85. *
Habitat in Infula Trinidad. D. Ryan. Muf. D. Lund.

glabratus. 11. E. ouatus, teftaceus, nitidus, elytrorum limbo
cyaneo.
Chryfomela glabrata. Ent. fyft. 1. 318. 51. *
Habitat Surinami. Muf. D. Bofc.

modeftus. 12. E. ouatus, viridi-aeneus, thorace lineis quatuor,
elytris duabus cupreis.
Chryfomela modefta. Ent. fyft. 1. 323. 77. *
Habitat in India orientali. D. Abildgaard.

metallicus. 13. E. obfcure aeneus, antennis nigris.
Habitat in Amboina. D. Billardiere.
Statura et magnitudo E. fplendidi, at tota ob-
fcure aenea, punctata, antennis folis nigris.

hirtus. 14. E. viridi-coeruleus, cinereo-hirtus.
Habitat in Sumatra. Dom. Daldorff. Muf. D. de
Seheftedt.
- Statura et magnitudo praecedentium, totus pilis
denfis cinereis hirtus, fupra coeruleus, fubtus
viridi-aeneus. Antennae obfcurae.

dentipes. 15. E. viridi-aeneus, nitidus, femoribus pofticis
acute dentatis.
Habitat in Sumatra. D. Daldorff. Muf. D. Lund.
Paullo minor E. aurato. Antennae ferrugineae.
Caput et thorax fubpunctata, aenea, nitidiffi-
ma.

ma. Elytra punctato - ftriata, aenea, nitida,
margine vix cyaneo. Corpus obfcurum. Pedes
nigri, femoribus pofticis in medio dente acuto,
valido.

16. E. viridi- aeneus, nitidus, thoracis elytrorum- *aeneus.*
que margine tenuiffime coerulefcente, antennis
nigris.

Habitat in India orientali. Muf. D. de Sehestedt.

Statura et magnitudo omnino E. nigriti. Antennae nigrae. Caput et thorax laeuia, aenea,
nitida, Elytra fubpunctata, aenea, margine futuraque coeruleis. Corpus aeneum.

17. E. ater, nitidus, antennis fufcis: bafi ferrugineis. *nigritus.*
Habitat in America meridionali. D. Smidt. Muf.
D. Lund.

Duplo maior E. atrato. Antennae fufcae, articulis duobus bafeos ferrugineis. Thorax laeuis,
ater, nitidus. Elytra fubtiliffime punctato-
ftriata. Corpus nigrum.

18. E. obfcure aeneus, nitidulus, fubtus niger, an- *nitidulus.*
tennis nigris bafi ferrugineis.
Habitat in America meridionali. D. Smidt. Muf.
D. de Sehestedt.

Statura praecedentium. Antennae nigrae, bafi
ferrugineae. Caput et thorax laeuia, obfcure
aenea, nitida. Elytra punctato- ftriata, obfcure
aenea, nitidula. Corpus nigrum.

19. E. niger, obfcurus, pedibus pofticis elongatis. *obfcurus.*
Cryptocephalus obfcurus. Ent. fyft. 2. 60.
35. °
Chryfomela obfcura. Linn. fyft. Nat. 2. 599.96.
Panz. Fn. Germ. 5. tab. 12.
Payk. Fn. Sv. 2. 141. 14.
Degeer Inf. 5. 336. 40.
Habitat in Europae plantis.

20. E.

vitis. 20. E. niger, glaber, elytris rufis.
Cryptocephalus Vitis. Ent. fyft. 2. 60. 36.
Geoff. Inf 1. 232. 2.
Schaeff. Icon. tab. 86. fig. 6.
Habitat in vite vinifera Europae auftralis, quam
 mifere faepe depafcit.

atratus. 21. E. ater, nitidus, antennis ferrugineis.
Cryptocephalus atratus. Ent. fyft. fuppl. 106.
 34. *
Habitat in America. Dom. Hybner.

variabilis. 22. E. ater, nitidus, thorace laeui, elytris punctatis.
Habitat in America meridiohali. Muf D. Lund.
Statura parua E. nitiduli. Antennae ferrugineae.
Caput et thorax laeuia, atra, nitida, immacu-
 lata. Elytra fubpunctata, atra, nitida. Pedes
 rufi.

ruficollis. 23. E. ater, nitidus, thorace pedibusque nigris.
Habitat in America meridionali. D. Smidt. Muf.
 D. de Seheftedt.
Medius. Antennae rufae, apice nigrae. Caput et
 thorax laeuia, rufa, nitida. Elytra fubftriata,
 atra, nitida. Corpus rufum, pedibus nigris.

femoratus. 24. E. niger, femoribus quatuor anticis ferrugineis.
Habitat in America meridionali. D. Smidt. Muf.
 D. Lund.
Paruus. Antennae bafi ferrugineae, articulis quin-
 que vltimis craffioribus fubcompreffis, nigris.
Caput et thorax laeuia, nigra, fubpunctata.
Elytra fubftriata, nigra. Corpus nigrum femo-
 ribus quatuor anticis rufis.

aerugineus. 25. E. aeneus, pedibus ferrugineis.
Chryfomela aeruginea. Ent. fyft. 1. 330. 116. *
Chryfomela metallica. Roff. Fn. Etr. 84. 212.
 tab. 3. fig. 11.
Habitat in Italia. Muf. D. Bofo.
          26. E.

26. E. fuſcus, immaculatus, obſcurus. *arenarius.*
  Cryptocephalus arenarius. Ent. ſyſt. ſuppl. 109.
    90. *
  Habitat in Germania. D. Panzer.

80. CHRYSOMELA. *Palpi* ſex extrorſum craſ-
            ſiores.
         Labium corneum, inte-
            grum.
         Antennae moniliformes.

      * *Ouatae.*

1. C. atra, elytris flauis: punctis numeroſiſſimis *punctatiſſi-*
    atris, ſterno cornuto. Ent. ſyſt. 1. 307. 1. * *ma.*
  Oliv. Inſ. tab. fig.
  Habitat Cayennae. Muſ. D. Olivier.

2. C. atra, elytris faſciis quinque punctorum fuluo- *puſtulata.*
    rum. Ent. ſyſt. 1. 308. 2.
  Habitat Cayennae. Dr. Schulz.

3. C. aptera, atra, antennis pedibusque violaceus. *tenebricoſa.*
    Ent. ſyſt. 1. 308. 3.
  Geoff. Inſ. 1. 195. 19.
  Linn. ſyſt. Nat. 2. 678. 29.
  Roſſ. Fn. Etr. 1. 74. 186.
  Schaeff. Icon. tab. 126. fig. 1.
  Habitat in Europae auſtralioris plantis.
  Larua gibba, violacea, ano rufo, in plantis her-
    baceis polyphaga. 4. C.

Chryſomelae corpus ouato-oblongum, gibbum, immarginа-
  tum, tardum, ſaeplus laeue, nitidum; *capite* ouato, inſerto; *oculis* ouatis, lateralibus; *antennis* longitudine thoracis, ante oculos inſertis; *thorace* tranſuerſo, ſere latitudine elytrorum: margine ſaepius incraſſato; *ſcutello* paruo, rotundato; *elytris* rigidis, fornicatis, longitudine abdominis: margine deflexo; *pedibus* mediocribus, validis;
  tarſis quadriarticulatis; *colore* vario, ſaeplus nitido.

rugofa. 4. C. aptera, atra, elytris rugofis, pedibus violaceis. Ent. fyft. 1. 308. 4. *

Tenebrio rugofus. Linn. fyft. Nat. 2. 678. 27.

Habitat in Africa. Muf. D. de Seheftedt.

Simillimam, at duplo minorem mifit ex Auftria D. de Meyerle, an diftincta?

Morio. 5. C. atra, antennis pedibusque nigris. Ent. fyft. 1. 308. 5. *

Habitat in Terra Diemenii. Muf. D. Banks.

coriaria. 6. C. atra, pedibus totis violaceis. Ent. fyft. 1. 309. 6. *

Chryfomela coriaria. Laichart. Tyr. 143. 2.

Habitat in Germania auftraliori.

Surinamen- 7. C. gibba, cyanea, glaberrima, antennis plantisque
fis. fufcis.

Chryfomela Surinamenfis. Ent. fyft. 1. 314. 31. *

Chryfomela Americana. Sulz. Inf. tab. 3. f. 12.

Habitat Surinami. Muf. D. Banks.

Thorax vtrinque impreffus.

3maculata. 8. C. cyanea, coleoptris flauis: fafcia maculisque duabus nigris. Ent. fyft. 1. 312. 22. *

Habitat in America meridionali.

Fafcia elytrorum interdum interrupta.

vittata. 9. C. cyanea, elytris margine vittaque media flauis. Ent. fyft. 1. 310. 11.

Hybn. Naturf. 24. 37. 1. tab. 2. fig. 1.

Voet. Col. 2. tab. 31. fig. 17.

Habitat in America. Muf. Dr. Schulz.

gibbofa. 10. C. nigra, elytris flauis: fafciis duabus punctisque bafeos nigris. Ent. fyft. 1. 311. 19. *

Habitat in America meridionali.

11. C.

11. C. obscure ferruginea, elytris maculis quatuor *8maculata.*
flauis. Ent. syst. 1. 311. 20. *
Habitat Surinami. D. Smidt.

12. C. viridi - aenea, elytris nitidis: sutura vitta- *submargi-*
que submarginali cupreis. *nata.*
Habitat in Senegallia. Muf. D. de Sehestedt.
Praecedente paullo minor. Caput et t. orax laeuia, obscure aenea. Elytra punctata, aenea, ni-
tidiora, sutura vittaque submarginali, tenui cupreis. Corpus cum pedibus nigrum.

13. C. obscure brunnea, elytris nigris: vittis duabus *coniugata.*
postice coëuntibus nigris.
Habitat Surinami. Dom. Stenersen. Muf. D. de
Sehestedt.
Staturae C. pulcrae, at maior. Antennae ferrugineae, apice nigrae. Caput et thorax obscure
brunnea, immaculata. Elytra striato - punctata,
nigra, vittis duabus latis flauis, ante apicem
coëuntibus. Corpus cum pedibus ferrugineum.

14. C. obscure testacea, elytris flauis: fasciis dua- *trifasciata.*
bus viridi - aeneis. Ent. syst. 1. 313. 25. *
Voet. Col. tab. 31. fig. 13.
Habitat Surinami. D. Prof. Helwig.

15. C. testacea, coleoptris flauis: fasciis duabus *suturalis.*
aeneis: baseos bipunctata. Ent. syst. 1. 313.
26. *
Habitat Cayennae. D. v. Rohr.
Elytra laeuia, flaua, basi aenea: puncta magno
flauo. Fascia altera in medio obliqua. Sutura
aenea.

16. C. aenea, elytris flauis: sutura vittaque aeneis. *pulcra.*
Ent. syst. 1. 313. 27. *
Habitat Septentrionali. Muf. D. Banks.

17. C.

cruciata.   17. C. atra, elytris maculis duabus finuatis, flauefcentibus. ,

Habitat in America meridionali. D. Smidt. Muf.
D. Lund.

Magna. Caput et thorax laeuia, atra, obfcura.
Elytra laeuia maculis duabus magnis, finuatis,
flauis. Corpus atrum.

1.guttata.   18. C. obfcure ferruginea, elytris aeneis: punctis
fex albis.

Habitat in America meridionali. D. Smidt. Muf.
D. de Seheftedt.

Paullo praecedente minor. Caput et thorax obfcure ferruginea, immaculata. Elytra fere laeuia, nitida, aenea, punctis fex albis 1. 2. 2. 1.
Corpus obfcure ferrugineum.

thoracica.   19. C. teftacea, elytris viridi-aeneis, immaculatis.

Habitat in Guinea. Muf. D. de Seheftedt.

Magnitudo et ftatura C. 8maculatae. Caput et
thorax laeuia, obfcure teftacea, immaculata.
Elytra laeuia, aenea, nitida. Corpus teftaceum.

affinis.   20. C. obfcure aenea, fubtus violacea, elytris laeuibus.

Habitat fub Barbariae lapidibus. D. Vahl.

ftriata.   21. C. atra, nitida, elytris ftriatis, teftaceis: futura
atra. Ent. fyft. 1. 321. 65. *

Habitat ad Cap. Bon. Spei. Muf. D. Banks.

alternans.   22. C. obfcure aenea, elytrorum ftriis viridibus ru-
fisque alternis. Ent. fyft. 4. App. 447. 65. *

Habitat in Americae Infulis. D. de Paykull.

Auftrala-   23. C. teftacea, elytrorum difco obfcuro: lituris
fiae.   flauefcentibus.

Habitat in Oceani pacifici Infulis. D. Billardiere.

Caput et thorax teftacea, laeuia, nitida, immaculata.

lata. Elytra vix puncta a, margine teftaceo,
difco obfcuriore, lituris variis flauefcentibus.
Corpus et pedes teftacea.

24. C. fupra aurea nitidiffima, fubtus atra.   *globus.*
Habitat in America meridionali. Muf. D. Lund.
Corpus medium, gibbum, fubrotundum, capite,
thorace elytrisque laeuiffimis, aureis, nitidiffi-
mis. Corpus atrum.

25. C. obfcure brunnea, antennis apice, pedibusque *varicornis.*
atris.
Habitat in América meridionali. D. Smidt. Muf.
D. Lund.
Statura praecedentis eiusdemque magnitudinis.
Antennae fubcompreffae, bafi brunneae, apice
nigrae: articulo feptimo flauo. Caput, thorax,
elytra obfcura, brunnea, fublaeuia, nitida. Corpus brunneum, pedibus atris.

26. C. cyanea, nitida, corpore ferrugineo.   *amethyfti-*
Habitat in America meridionali. D. Smidt. Muf.   *na.*
D. de Seheftedt.
Parua. Caput, thorax, elytra laeuia, cyanea, ni-
tida, immaculata. Corpus cum antennis pedi-
busque ferrugineum.

27. C. teftacea, antennis pedibusque pallidis.   *teftacea.*
Habitat in America meridionali. D. Smidt. Muf.
D. Lund.
Statura et magnitudo omnino praecedentis. An-
tennae pallidae: articulo vltimo fufco. Caput,
thorax et elytra laeuia, teftacea, immaculata.
Corpus teftaceum, pedibus pallidis.

28. C. aenea, nitida, elytris punctatis cupreis.   *bractea.*
Habitat in America meridionali. D. Smidt. Muf.
D. de Seheftedt.
Statura parua ouata praecedentium. Antennae
bafi

bafi teftaceae, apice fufcae. Caput et thorax
aenea, nitida. Elytra punctata, obfcuriora, cuprea. Corpus cum pedibus nigrum.

orbicula. 29. C. atra, capite, thorace pedibusque flauefcentibus.

Habitat in America meridionali. D. Smidt. Muf.
D. Lund.

Statura parua C. amethyftinae. Antennae flauae,
dimidiato fufcae. Caput et thorax flaua, immaculata. Elytra punctato-ftriata, nigra, nitida. Corpus nigrum, pedibus flauis.

micans. 30. C. fupra aenea, nitida, thoracis margine poftico
elytrorumque macula difci cupreis. Ent. fyft.
4. App. 447. 69. *

Habitat in Infula Sumatra. D. de Paykull.

Centaurei. 31. C. cuprea, nitens, fubtus viridi-aenea, pedibus
cupreis. Ent. fyft. 1. 315. 40. *

Chryfomela Centaurii. Herbft. Arch. tab. 23.
fig. 15.

Chryfomela varians. Payk. Fn. Sv. 2. 60. 12. β.

Habitat in Germaniae Centaurio.

Varietatem C. variantis credit D. de Paykull, at
vix rite. Thorax nullo modo marginatus.

3vittata. 32. C. atra, coleoptris ferrugineis: vittis tribus
atris; lateralibus abbreuiatis.

Chryfomela 3maculata ouata, nigra, elytris flauis: maculis tribus oblongis nigris; intermedia futura communi. Linn. fyft. Nat. 2. 592.
45.

Habitat in America meridionali. D. Smidt. Muf.
D. Lund.

Parua. Caput ferrugineum, immaculatum. Thorax ferrugineus, macula magna, quadrata, bafeos atra. Elytra laeuia, ferruginea, vitta lata,
atra,

atra, quae tamen apicem haud attingit. Sutura tota late atra. Corpus atrum, pedibus ferrugineis.

33. C. flauefcens, elytris viridi-cinereis. Ent. fyft. *flauicans.*
    1. 328. 104. *
Habitat Halae Saxonum. Dom. Hybner.

34. C. rufefcens, elytris, futura lineaque longitudi- *litura.*
    nali atris. Ent. fyft. 1. 328. 103. *
Chryfomela litura. Payk. Fn. Sv. 2. 74. 28.
Herbft. Arch. tab. 23. fig. 18.
Habitat in Angliae fabuletis.

** *Oblongae, thoracis margine faepius incraffato.*

35. C. cyanea, elytris punctatis obfcurioribus. Ent. *nigrita.*
    fyft. 1. 309. 7. *
Geoff. Inf. 1. 259. 6. α.
Habitat Parifiis. Muf. D. Bofc.

36. C. atra, pedibus violaceis, palpis tarfisque rufis. *Goettingen-*
    Ent. fyft. 1. 309. 8. *   *fis.*
Linn. fyft. Nat. 2. 586. 4. Fn. Sv. 506.
Degeer Inf. 5. 298. 8.
Payk. Fn. Sv. 2. 51. 1.
Habitat in Germaniae plantis.

37. C. atro-coerulea, antennis pedibusque concolo- *Hottentot-*
    ribus, elytris vage punctatis. Ent. fyft. 1. 309.   *ta.*
    9. *
Habitat Kiliae.

38. C. nigra, fubtus obfcurior, elytris vage puncta- *Aethiops.*
    tis. Ent. fyft. 1. 309. 10. *
Habitat in Germania. D. Smidt.

39. C. viridi-aenea, fubtus violacea, elytris puncta- *bicolor.*
    to-ftriatis. Ent. fyft. 1. 310. 12. *
Chryfomela viridi-coerulea. Forfk. Defcr. 77. 2.
Habitat Alexandriae.

40. C.

Lusitanica. 40. C. thorace cupreo, elytris aeneis: punctis impressis coerulescentibus, subtus violacea. Ent. syst. 1. 310. 14. *

Habitat in Lusitania. Muf. D. Banks.

rufipes. 41. C. nigra, antennis, thoracis elytrorumque margine pedibusque rufis.

Habitat in Auftralafia. D. Billardiere.

Statura et magnitudo C. Bankii. Caput nigrum ore antennisque ferrugineis. Thorax niger, margine tenuiffime rufo. Elytra punctato-ftriata, nigra, margine tenuiffime rufo. Corpus nigrum, pedibus rufis.

ferruginea. 42. C. ferruginea, fubtus nigra. Ent. syst. 1. 310. 15. *

Habitat in Africa aequinoctiali. Muf. D. Banks.

Bankii. 43. C. fupra aenea, fubtus teftacea. Ent. syst. 1. 310. 16. *

Roff. Fn Etr. 1. 75. 188.

Habitat in Lufitaniae plantis polyphaga.

metallica. 44. C. aenea, nitida, antennis pedibusque teftaceis. Ent. syst. 1. 311. 17. *

Habitat in Germania. D. Prof. Helwig.

lamina. 45. C. viridi-aenea, thorace glaberrimo, elytris punctato ftriatis. Ent. syst. 1. 311. 18. *

Habitat in Germania. D. Smidt.

obfcurata. 46. C. fupra obfcure aenea, thorace glaberrimo, elytris vage punctatis. Ent. syst. fuppl. 85. 18. *

Habitat in Germania. Dom. Daldorff.

Raphani. 47. C. viridis, nitida, elytris aeneis.

Galleruca Raphani. Ent. syst. 2. 19. 26.

Chryfomela Raphani. Payk. Fn. Sv. 262. 15.

Chryfomela viridula. Degeer Inf. 5. 311. 19.

Herbft.

Herbſt. Arch. tab. 23. fig. 21.
Habitat in Betula Alno, Raphano.

48. C. atra, elytris ſtriato - punctatis, tibiis apice *calcarata.*
vnidentatis.
Galleruca calcarata. Ent. ſyſt. 2. 19. 27. *
Habitat in Germania. Muſ. D. Löwenſkiold.

49. C. atra, elytris punctato - ſtriatis, antennis pedi- *punctulata.*
busque flauis.
Galleruca punctulata. Ent. ſyſt. 2. 19. 28. *
Habitat in Germania. Muſ. D. Löwenſkiold.

50. C. nigra, antennis, thorace, abdomine pedibus- *morbilloſa.*
que flaueſcentibus.
Galleruca morbilloſa. Ent. ſyſt. 2. 19. 29. *
Habitat in Germania. Muſ. D. Löwenſkiold.

51. C. nigra, elytris punctis quinque rufis. Ent. *10puſtulata*
ſyſt. 1. 312. 21. *
Habitat in Inſula St. Domingo Americae. Muſ.
D. Gigot d'Orcy.

52. C. atra, thoracis margine flauo: puncto nigro, *Adonidis.*
elytris flauis: ſutura vittaque nigris. Ent. ſyſt.
1. 312. 23. *
Herbſt. Arch. tab. 23. fig. 17.
Pall. Iter. 1. 463. 29.
Hybn. Naturf. 24. 88. 2. tab. 2. fig. 2.
Habitat in Auſtriae plantis. Dr. Schulz.

53. C. capite thoraceque ferrugineis, elytris nigris: *clauata.*
vitta flaueſcente. Ent. ſyſt. 1. 312. 24. *
Habitat – – Dr. Hunter.

54. C. teſtacea, coleoptris flauis, punctis ſedecim ni- *14punctata*
gris; duobus communibus. Ent. ſyſt. 1. 314.
29. *
Linn. ſyſt. Nat. 2. 599. 94.
Habitat in India orientali.

55. C.

14guttata. 55. C. obscure testacea: punctis sex albis. Ent. syst.
　suppl. 85. 28, *
　　Habitat ad Cap. Bon. Spei. Muf. D. Lund.

ebraea. 56. C. atra, nitida, elytris albis: maculis variis atris.
　Ent. syst. suppl. 86. 29. *
　　Habitat ad Cap. Bon. Spei. Muf. D. Lund.

sapphirus. 57. C. oblongus, cyaneus, elytris subrugosis.
　Habitat in India. Muf. D. de Sehestedt.
　　Omnino distincta. Statura oblonga C. graminis
　　　eiusdemque magnitudinis. Totum corpus cya-
　　　neum. Antennae apice fuscae. Thorax planus,
　　　margine incrassato. Elytra subrugosa.

graminis. 58. C. viridi-coerulea, nitida, antennis pedibusque
　concoloribus. Ent. syst. 1. 314. 33.
　　Linn. syst. Nat. 2. 587. 7. Fn. Sv. 509.
　　Geoff. Inf. 1. 260. 10.
　　Degeer Inf. 5. 304. 16.
　　Schaeff. Icon. tab. 21. fig. 10.
　　Payk. Fn. Sv. 2. 63. 16.
　　Habitat in Europae gramine.

fulgida. 59. C. viridi-aenea, elytris punctatis, auro-nitidulis.
　Habitat in Austria. D. de Meyerle.
　　Statura C. graminis. Caput viridi-aeneum, anten-
　　　nis nigris. Thorax viridi-aeneus, vix puncta-
　　　tus, nitidus. Elytra punctata, aenea, aureo co-
　　　lore, nitidula. Pedes aenei.

bifrons. 60. C. viridi-aenea, nitida, corpore cyaneo. Ent.
　syst. 1. 314. 34. *
　　Habitat in Italiae plantis. Dr. Allioni.

cuprea. 61. C. capite thoraceque aeneis, elytris cupreis, cor-
　pore atro. Ent. syst. 1. 315. 35. *
　　Degeer Inf. 5. 305. 17.
　　Geoff. Inf. 1. 263. 15.
　　Habitat in Germania. D. de Hattorff.
　　　　　　　　　　　　　　　　　　62. C.

62. C. cyanea, antennis fuscis. Ent. syst. 1. 315. *tristis.*
36. *
Habitat in Europa australi. Muf. D. de Seheftedt.

63. C. violacea, plantis alisque rubris. Ent. syst. 1. *haemoptera*
315. 37. *
Linn. syst. Nat. 2. 587. 11. Fn. Sv. 572.
Geoff. Inf. 1. 258. 5.
Habitat in Europae plantis variis.

64. C. coerulea siue aenea, antennis pedibusque ni- *varians.*
gris. Ent. syst. 1. 315. 38. *
Chrysomela. varians. Act. Hall. 1. 272. 20.
tab. 9. fig. 13.
Chrysomela Hyperiti. Degeer. Inf. 5. 312. 20.
Payk. Fn. Sv. 2. 60. 12.
Habitat in Germaniae Hyperico.

65. C. cyanea, antennis pedibusque concoloribus. *violacea.*
Ent. syst. 1. 315. 39. *
Act. Hall. 1. 272. 21.
Habitat in Germania. D. Smidt.

66. C. nigra, elytris flauis: fascia media nigra, an- *semistriata.*
tice posticeque nigro - striatis. Ent. syst. 1. 316.
43. *
Habitat in Brasilia. Muf. D. Banks.

67. C. capite thoraceque albis, elytris punctatis, bafi *Amboinen-*
albis: fufco - irroratis, apice brunneis. *fis.*
Habitat in Amboina. D. Billardiere.
Magna. Antennae nigrae, bafi pallefcentes. Caput et thorax niuea, difco fufco variegato.
Elytra bafi alba, punctis fufcis impreffis, irroratis, apice brunnea, atomis albis. Margo elytrorum ferrugineus. Corpus et pedes brunnea.

68. C. thorace coerulefcente, elytris rubris, apice ni- *populi.*
gris. Ent. syst. 1. 316. 44.

Linn.

Linn. fyft. Nat. 2. 590. 30. Fn. Sv. 523.
Geoff. Inf. 1. 256. 1.
Degeer Inf. 5. 290. 1. tab. 8. fig. 16.
Merian. Europ. 14. tab. 27.
Schaeff. Icon. tab. 21. fig. 9.
Albin. Inf. 63. fig. 6.
Payk. Fn. Sv. 2. 55. 6.
Habitat in Europae Populo.
Laruae hexapodae, albo nigroque variae, duplici
    ferie tuberculorum, e quibus humoris lutei gut-
    tulas fundunt. Odorem fpargunt grauem et
    ingratum.

tremulae.   69. C. coerulefcens, elytris teftaceis. Ent. fyft. 1.
        317. 45. *
      Geoff. Inf. 1. 25. 2.
      Payk. Fn. Sv. 2. 55. 7.
      Habitat in foliis Populi tremulae.

groffa.   70. C. cyanea, nitida, elytris teftaceis: immaculatis.
       Ent. fyft. 1. 317. 46.
      Habitat in Italia. Dr. Allioni.

ftaphylaea.   71. C. obfcure teftacea. Ent. fyft. 1. 317. 47.
      Linn. fyft. Nat. 2. 590. 26. Fn. Sv. 518.
      Geoff. Inf. 1. 263. 15.
      Schaeff. Icon. tab. 21. fig. 12.
      Degeer Inf. 5. 294. 3. tab. 8. fig. 24.
      Payk. Fn. Sv. 2. 53. 4.
      Habitat in Europae plantis polyphaga.

fcruida.   72. C. teftacea, elytris aeneis: margine teftaceo.
       Ent. fyft. 1. 317. 48.
      Habitat in Infula Iaua. Muf. Dr. Hunter.

polita.   73. C. thorace aurato, elytris teftaceis. Ent. fyft. 1.
        317. 49.
      Linn. fyft. Nat. 2. 590. 27. Fn. Sv. 522.
      Geoff. Inf. 1. 257. 2.
                             Degeer

Degeer. Inf. 5. 294. tab. 8. fig. 23.
Schaeff. Icon. tab. 65. fig. 9.
Payk. Fn. Sv. 2. 54. 5.
Habitat in Europae Salice, Populo,

74. C. ferruginea, elytris, margine, vitta lunulaque *lunata.*
media flauicantibus.
Habitat - - - Muf. D. Banks.

75. C. nigra, elytris ftriato - punctatis caftaneis. *lurida.*
Ent. fyft. r. 318. 52.
Linn. fyft. Nat. 2. 590. 28.
Geoff. Inf. 1. 258. 3.
Habitat in Galliae Vite.

76. C. thorace nigro, aeneo, coleoptris flauis: vit- *linea.*
tis nouem fufcis. Ent. fyft. 1. 318. 53. *
Habitat ad Cap. Bon. Spei. Muf. D. Banks.

77. C. thorace pedibusque ferrugineis, coleoptris *exclamatio-*
flauis: ftriis nouem atris; exterioribus inter- *nis.*
ruptis abbreuiatisque. Ent. fyft. fuppl. 86.
53. *
Habitat in America boreali. D. Smith Barton.

78. C. ferruginea, capite thoraceque flauis, elytris *ftolida.*
variegatis. Ent. fyft. 1. 318. 54.
Habitat in America meridionali.

79. C. nigro - aenea, capite, thoracis lateribus, ely- *nigricornis.*
trorumque macula duplici bafeos, ferrugineis.
Ent. fyft. r. 318. 35. *
Habitat in noua Hollandia. Muf. D. Banks.

80. C. violacea, thoracis marginibus albis: puncto *collaris.*
nigro. Ent. fyft. 1. 319. 56. *
Linn. fyft. Nat. 2. 591. 37. Fn. Sv. 528.
Degeer Inf. 5. 302. 13.
Schaeff. Icon. tab. 52. fig. 11. 12.

Payk.

Payk. Fn. Sv. 2. 58. 10.
Habitat in Europae et Americae falicibus.

falicis.   81. C. coerulea, thorace laeui: margine incraffato
       ferrugineo. Ent. fyft. 1. 319. 57. *
       Habitat in Saxoniae falice. D. Smidt.

Senegalen-   82. C. obfcure aenea, thorace elytrisque margine
fis.   ferrugineis, thoracis puncto nigro. Ent. fyft. 1.
       319. 58. *
       Habitat in Senegallia. Muf. Dom. Olivier.

viminalis.   83. C. nigra, thorace rufo bimaculato, elytris rufis.
       Ent. fyft. 1. 319. 59.
       Linn. fyft. Nat. 2. 590. 31. Fn. Sv. 524.
       Geoff. Inf. 1. 265. 18.
       Degeer. Inf. 5. 297. 6.
       Payk. Fn. Sv. 2. 68. 21.
       Habitat in Europae falice.

cyanipes.   84. C. rufa, elytris, punctis pofticeque nigris. Ent.
       fyft. 1. 320. 60. *
       Habitat in noua Hollandia. Muf. D. Banks.

cyanicornis 85. C. rufa, thorace, macula dorfali punctisque duo-
       bus, coleoptris maculis octo cyaneis. Ent. fyft.
       1. 320. 61. *
       Habitat in noua Hollandia. Muf. D. Banks.

10punctata. 86. C. thorace rubro, poftice nigro, elytris rufis:
       punctis fubquinis nigris. Ent. fyft. 1. 320. 62.
       Linn. fyft. Nat. 2. 590. 32. Fn. Sv. 525.
       Geoff. Inf. 1. 258. 4.
       Degeer. Inf. 5. 294. 4. tab. 8. fig. 25.
       Schaeff. Icon. tab. 21. fig. 10.
       Payk. Fn. Sv. 2. 68. 21. β.
       Habitat in Europae Populo.

6punctata.   87. C. thorace rufo: punctis duobus, elytris rufis:
       punctis tribus nigris. Ent. fyft. 1. 320. 63.

Chry-

Chryfomela rufipes. Payk. Fn. Sv. 2. 69. 22.
H.bitat in Europae plantis.

88. C. thorace elytrisque pallidis: punctis duobus *6notata.*
    nigris. Ent. fyft. fuppl. 86 63. *
Habitat in Tanger. D. Schousbve. Muf. D. Lund.

89. C. pallida, thorace punctis duobus, elytris ftriis *aegrota.*
    quibusdam punctatis nigris.   Ent. fyft. fuppl.
    87 63. *
Habitat in Hifpania. Muf. D. Lund.

90. C. flauefcens, oculis nigris. Ent. fyft. 1. 321. 64. *pallida.*
    Chryfomela difnar. Payk. Fn. Sv. 2. 66. 20.
    Linn. fyft. Nat. 2. 590. 25. Fn. Sv. 521.
    Geoff. Inf. 1. 243.
    Habitat in Europae Sorbo.

91. C. thorace fuluo: punctis quatuor nigris, ely- *notata.*
    tris pallidis nigro variis.   Ent. fyft. 1. 321.
    66. *
Habitat ad Cap. Bon. Spei. Muf. D. Banks.

92. C. thorace fuluo: punctis quatuor nigris, ely- *Rumicis.*
    tris fuluis: futura vittaque media nigris. Ent.
    fyft. 1. 321. 67. *
Habitat in Hifpaniae Rumice fpinofa. Prof. Vahl.

93. C. atra, elytris margine,   punctis quatuor api- *vulpina.*
    ceque nigro maculato, albis. Ent. fyft. 1. 321.
    68.
Habitat ad Cap. Bon. Spei. Muf. D. Banks.

94. C. flauefcens, elytris maculis duabus nigris. *crafficornis*
    Ent. fyft. 1. 321. 69. *
Habitat in noua Hollandia. Muf. D. Banks.

95. C. thorace viridi, elytris rubris: fafcia inter *Lapponica.*
    punctum maculamque lunatam, coerulea. Ent.
    fyft. 1. 322. 70.
    Linn. Syft. Nat. 2. 591. 35. Fn. Sv. 526.
                   Degeer

Degeer Inf. 5. 302. 12. tab. 9. fig. 3.
Schaeff. Icon. tab. 44. fig. 2.
Payk. En. Sv. 2. 57. 9.
Habitat in Lapponiae Salicibus, Fraxino.

interrupta. 96. C. nigro - coerulea, thoracis margine albido:
puncto coerulefcente, elytris pallidis: punctis
quatuor maculaque coeruleis.
Habitat in Carolinae falice. Muf. D. Bofc.
Statura omnino oblonga C. Lapponicae. Antennae cyaneae, bafi albidae: articulo primo cyaneo. Thorax cyaneus, margine incraffato, albido: puncto paruo, cyaneo. Elytra punctata,
albida, punctis 2. 2. faepe in fafciam confluentibus, maculaque in margine poftico cyaneis.
Corpus obfcure cyaneum.

Cajennenfis 97. C. ferruginea, elytris maculis quatuor fafciaque media nigris. Ent. fyft. fuppl. 87. 70. *
Habitat in Cajenna. D. Richard.

marmorata 98. C. nigra, thoracis margine antico elytrisque flauis nigro - maculatis. Ent. fyft. fuppl. 87. 70.
Habitat in Cajenna. D. Cuvier.

fcripta. 99. C. nigra, thoracis margine albido: puncto nigro. elytris pallidis: lineolis interruptis nigris.
Habitat in Carolina. Muf. D. Bofc.
Statura et magnitudo omnino C. Lapponicae. Caput nigrum, immaculatum. Thorax niger, margine incraffato, pallido: puncto paruo, nigro.
Elytra punctata, pallida, lineolis nigris; intermedia longiori; lineari. Corpus nigrum.

vndulata. 100. C. rufa, elytris fafciis tribus vndulatis, atro-
coeruleis. Ent. fyft. 1. 322. 71. *
Linn. fyft. Nat. 2. 591. 35. Amoen. acad. 6. 393.
14.
Habitat in India.

101. C. elytris fuscis: punctis octo pallidis, quibus- *18guttata.*
dam connexis. Ent. syst. 1. 322. 72. *
Habitat in noua Hollandia. Muf. D. Banks.

102. C. coerulea, thorace, femoribus anoque rufis. *Polygoni.*
Ent. syst. 1. 322. 73.
Linn. syst. Nat. 2. 589. 24. Fn. Sv. 520.
Geoff. Inf. 1. 283. 4.
Reaum. Inf. 3. tab. 17. fig. 14. 15.
Degeer Inf. 5. 322. 26.
Schaeff. Icon. tab. 51. fig. 5.
            tab. 161. fig. 4.
            tab. 173. fig. 4.
Payk. Fn. Sv. 2. 61. 14.
Habitat in Europae Polygono auiculari.
Grauida vltra coleoptra ventricosa euadit.

103. C. cyanea, antennarum basi, thorace, ano pedi- *Ruffica.*
busque rufis. Ent. syst. 1. 323. 74. *
Habitat in Ruffia meridionali. D. Boeber.

104. C. testacea, elytris sutura lineolaque media fu- *brunnea.*
scis. Ent. syst. 1. 323. 75. *
Habitat in noua Zelandia. Muf. D. Banks.

105. C. aurata, thorace lineis tribus coleoptrisque *cerealis.*
quinque coeruleis. Ent. syst. 1. 323. 76. *
Linn. syst. Nat. 2. 588. 17.
Geoff. Inf. 1. 262. 14.
Schaeff. Icon. tab. 3.
Habitat in Europae Spartio scopario.

106. C. cuprea, thorace linea dorsali, elytris, vittis *Megerlei.*
coerulescentibus.
Habitat in Germania australiori. D. de Megerle.
Statura omnino C. cerealis, at paullo minor. Corpus cupreum, obscure nitidum. Thorax punctatus linea dorsali coerulescente. Elytra punctata

ctata vittis tribus aut quatuor obfoletis, coeru-
lefcentibus.

D. de Megerle, infectorum collector oculatus,
quae beneuole communicauit.

Americana. 107. C. viridi-aenea, elytris ftriis quinque fangu-
neis. Ent. fyft. 1. 323. 78. *
Linn. fyft. Nat. 2. 592. 46.
Habitat in America, in Galliae, Italiae Lavendula.
D. Brouffonet.

feftiua. 108. C. nigro-aenea, elytris lineis tribus futuraque
antica flauis. Ent. fyft 1. 323. 79. *
Chryfomela lineata. Degeer Inf. 7. tab. 49.
fig. 12.
Habitat in America.

faftuofa. 109. C. aurea, coleoptris lineis tribus coeruleis.
Ent. fyft. 1. 324. 80.
Linn. Syft. Nat. 2. 588. 19.
Geoff. Inf. 1. 261. 11.
Scopol. Carn. 232.
Payk. Fn. Sv. 2. 64. 18.
Habitat in Europae Lamio albo.

fplendidula 110. C. nigra, thorace elytrisque viridibus, cupro
micantibus.
Habitat in Sumatra. D. Daldorff.
Statura et magnitudo C. faftuofae. Caput cum
antennis nigrum. Thorax aeneus, cupro micans, obfcure nitidus. Elytra punctato-ftriata,
viridia, cupro micantia. Corpus nigrum.

gloriofa. 111. C. viridis, nitida, elytris linea coerulea. Ent.
fyft. 1. 324. 82. *
Chryfomela Cacaliae. Schrank.
Habitat in Italia. Dr. Allioni.

112. C. viridi-fericea, elytris lineis duabus aureis. *fpeciofa.*
    Ent. fyft. 1. 324. 83. *
Linn. fyft. Nat. 2. 588. 19.
Holl. tab. 6. fig. 2.
Habitat in Europae fyluis.

113. C. atra, coleoptrorum limbo fanguineo. Ent. *limbata.*
    fyft. 1. 325. 88. *
Geoff. Inf. 1. 260. 9.
Schaeff. Icon. tab. 21. fig. 20.
Payk. Fn. Sv. 2. 70. 23.
Habitat in Germania et Anglia.

114. C. nigra, elytris laeuiffimis: margine exteriori *carnifex.*
    fanguineo. Ent. fyft. 1. 325. 89. *
Habitat in Germania. D. Smidt.

115. C. atra, elytris punctatis: margine exteriori *fanguino-*
    flauefcente. Ent. fyft. 1. 325. 90. *   *lenta.*
Linn. fyft. Nat. 2. 591. 38. Fn. Sv. 529.
Geoff. Inf. 1. 259. 8. tab. 4. fig. 8.
Degeer. Inf. 5. 298. 7. tab. 8. fig. 26.
Schaeff. Icon. tab. 21. fig. 15.
Sulz. Hift. Inf. tab. 3. fig. 10.
Payk. Fn. Sv. 2. 52. 3.
Habitat in Europae plantis.

116. C. nigro-aenea, elytris punctatis: margine *marginata.*
    luteo. Ent. fyft. 1. 325. 91. *
Linn. fyft. Nat. 2. 591. 39. Fn. Sv. 529.
Degeer Inf. 5. 303. 14.
Schaeff. Icon. tab. 21. fig. 19.
Payk. Fn. Sv. 2. 71. 24.
Habitat in Europae pratis apricis.

117. C. thorace nigro-aeneo nitidiffimo, elytris ob- *Schach.*
    fcurioribus laeuibus: margine fanguineo.
Habitat in Germania. D. Smidt.

118.

analis.   118. C. atra, elytris fufcis: margine exteriori te-
ftaceo. Ent. fyft. 1. 326. 93. *
Linn. fyft. Nat. 2. 582. 42.
Payk. Fn. Sv. 2. 72. 25.
Habitat ad praedium Equitis a Linné, Hammarby,
prope Vpfaliam.

aucta.   119. C. thorace cyaneo nitido, elytris punctatis
cyaneis: margine rubro. Ent. fyft. 1. 326.
94. *
Chryfomela aucta. Payk. Fn. Sv. 2. 72. 26.
Habitat Dresdae. D. Zfchuck.

mediata.   120. C. villofa, ferruginea, thoracis elytrorumque
difco fufco.
Habitat in Iaua. D. Billardiere.
Statura omnino C. analis, tota villofa. Caput cum
antennis ferrugineum. Thorax niger, margine
omni, fiue limbo ferrugineo. Elytra nigra, margine tenuiori ferrugineo. Corpus et pedes ferruginea.

20punctata   121. C. viridi-aenea, thoracis marginibus albis, ely-
tris albis: maculis decem aeneis.
Galleruca 20punctata. Ent. fyft. 2. 21. 36. *
Chryfomela 20punctata. Panz. Fn. Germ. tab.
Bergftr. Nomencl. 1. 87. tab. 13.
Schaeff. Icon. tab. 3. fig. 4.
tab. 51. fig. 7.
Habitat in Anglia et Italia.

marginella.   122. C. nigro-coerulea, thorace elytrisque margine
luteis. Ent. fyft. 1. 326. 96.
Linn. fyft. Nat. 2. 591. 40. Fn. Sv. 531.
Degeer Inf. 5. 304. 15.
Payk. Fn. Sv. 2. 73. 27.
Habitat in Europae Ranunculis.

123. C. cyanea, thorace margine; elytris margine *Hannoue-* ***rana.***
    vittaque ferrugineis. Ent. fyft. 1. 326. 97.
    Payk. Fn. Sv. 2. 73. 27. β.
    Habitat in Europae Sifymbrio.

124. C. atra, thorace elytrisque laeuiffimis: margi- ***arcuta.***
    ne rufo. Ent. fyft. 1. 327. 98. *
    Habitat Parifiis. Muf. D. Bofc.

125. C. nigra, thorace rufo, coleoptris teftaceis: ***5punctata.***
    punctis quinque nigris. Ent. fyft. 1. 327. 99. °
    Habitat Hamburgi. Dr. Schulz.

126. C. atra, elytris bafi rufis. ***dimidiata.***
    Habitat in America meridionali. D. Smidt. Muf.
        D. de Seheldt.
    Statura et magnitudo praecedentium. Caput et
        thorax atra, nitida, immaculata. Elytra pun-
        ctata, atra, bafi rufa. Corpus cum pedibus
        atrum.

127. C. rufa, coleoptris maculis quinque nigris. Ent. ***fcutellata.***
    fyft. 1. 327. 101. *
    Chryfomela fcutellata. Herbft. Arch. 88. 32.
        tab. 23. fig. 24.
    Coccinella fcutellata. Illig. Col. Bon 1. 421. 12.
    Strongylus 5punctatus. Herbft. Col. 4. tab. 43.
        fig. 2.
    Panz. Fn. Germ. 26. tab. 12.
    Habitat in Germania. D. Schneider.

128. C. rufa, pectore abdominisque bafi nigris. Ent. ***pectoralis.***
    fyft. 1. 328. 102. *
    Coccinella pectoralis. Illig. Col. Bor. 1. 420. 11..
    Dermeftes rufus. Herbft. Arch. 4. tab. 20. f. 7.
    Habitat Kiliae.

129. C. flaua, coleoptris punctis vndecim lineisque ***lineola.***
    duabus nigris. Ent. fyft. 1. 328. 105. *
    Linn. fyft. Nat. 2. 593. 47.
    Habitat in America. 130.

facra.   130. C. fupra rufa, thoracis linea punctisque duobus elytrorumque futura nigris. Ent. fyft. 1.
328. 106.
Linn. fyft. Nat. 2. 593. 49. Muf. Lud. Vlr. 40.
Habitat in Palaeftina.

hacmorrhoi 131. C. nigra, nitida, antennis bafi flauefcentibus,
  dalis.   ano fupra rubro. Ent. fyft. 1. 329. 107.
Linn. fyft. Nat. 2. 587. 6. Fn. Sv. 5c8.
Chryfomela viminalis. Payk. Fn. Sv. 2. 69. 21.
var. *e.*
Habitat in Betula Alno.

fucata.   132. C. atra, thorace elytrisque viridi - aeneis. Ent.
fyft. 1. 329. 108. ⁕
Habitat in Italia. Dr. Allioni.

aenea.   133. C. viridi-aenea, ano ferrugineo, antennis ti-
biisque nigris. Ent. fyft. 1. 329. 109.
Linn. fyft. Nat. 2. 587. 8. Fn. Sv. 510.
Geoff. Inf. 1. 261. 12.
Payk. Fn. Sv. 2. 59. 1.
Degeer Inf. 5. 305. 18.
Habitat in Betula Alno.

Bulgharen 134. C. cyanea, nitida, elytris vage punctatis, an-
  fis.   tennis fufcis. Ent. fyft. fuppl. 88. 109. ⁕
Chryfomela Bulgharenfis. Schrank. Enum.
Habitat in Germania. D. Daldorff.

Philadel- 135. C. viridis, elytris flauis, viridi - maculatis, an-
  phica.   tennis pedibusque ferrugineis. Ent. fyft. 1.
329. 111.
Linn. fyft. Nat. 2. 592, 44.
Degeer. Inf. 5. 353. 6. tab. 16. fig. 13.
Petiv. Gazoph. tab. 26. fig. 11.
Habitat in Penfyluania.

136. C. coerulefcens, nitida, fubtus nigra. Ent. fyft. *Armora-*
    1. 330. 112.   *ciae.*
    Payk. Fn. Sv. 2. 60. 13.
    Degeer Inf. 5. 318, 24. tab. 9. fig. 24.
    Habitat in Europae Armoracia.

137. C. coerulefcens, fubtus nigra, elytris ftriatis. *Cochleariae*
    Ent. fyft. 1. 330. 113. ¤
    Chryfomela Armoraciae. Linn. fyft. Nat. 2. 588.
    16. Fn. Sv. 815.
    Chryfomela Cochleariae. Payk. Fn. Sv. 2. 75. 29.
    Chryfomela Plantaginis. Degeer. Inf. 5. 322. 25.
    Habitat in Germaniae plantis tetradynamis.

138. C. nigra, elytris pedibusque pallefcentibus. *pallipes.*
    Ent. fyft. 1. 330. 114. ¤
    Habitat Kiliae. D. Daldorff.

139. C. coerulea, tibiis plantisque flauis. Ent. fyft. *Sophiae.*
    1. 330. 115.
    Chryfomela Sophiae. Schall. Act. Hall. 1. 272.
    Habitat in Sifymbrio Sophiae Saxoniae.

*** *faltatoriae.*

140. C. faltatoria, ferruginea, coleoptrorum difco *difcoidea.*
    atro.
    Galleruca difcoidea. Ent. fyft. 2. 25. 56.
    Habitat in America boreali.

141. C. faltatoria, fulua, elytris atris: difco albo. *Iauanica.*
    Habitat in Iaua Infula. D. Billardiere.
    Magna in hac familia, fere orbiculata. Antennae
    fufcae, articulo primo fubferrugineo. Caput et
    thorax laeuia, glabra, fulua, immaculata. Ely-
    tra laeuia, atra, macula magna difci niuea.
    Corpus ferrugineum.

picta.   142. C. faltatoria, flaua, elytris nigro-maculatis.
Galleruca picta. Ent. fyft. 2. 20. 63. °
Habitat Tranquebariae. Muf. D. de Seheftedt.

aeftuans.   143. C. faltatoria, viridi-aenea, elytris violaceis, pedi-
bus flauis.
Galleruca aeftuans: Ent. fyft. 2. 27. 70. *
Habitat in America meridionali. D. Smidt.

calida.   144. C. faltatoria, nigra, thorace viridi-aeneo, ely-
tris violaceis.
Galleruca calida. Ent. fyft. 2. 28. 72. °
Habitat in Americae meridionalis Infulis. Dom.
Smidt.

Indica.   145. C. faltatoria, cyanea, capite, thorace pedibus-
que rufis.
Galleruca Indica. Ent. fyft. fuppl. 98. 72: * –
Habitat in India orientali. Muf. D. de Seheftedt.

varicornis.   146. C. faltatoria, ferruginea, antennis albis, ante apicem nigris.
Habitat in America meridionali. D. Smidt. Muf.
D. Lund.
Statura magna praecedentium. Antennae albae,
articulis tribus penultimis nigris. Caput et
thorax pallide ferruginea, laeuia. Elytra obfcuriora. Femora poftica valde incraffata.

fuluicollis.   147. C. faltatoria, thorace rufefcente, elytris palli-
dis: futura maculisque duabus nigris.
Galleruca fuluicollis Ent. fyft. 2. 29. 77. *
Habitat ad Cap. Bon. Spei. Muf. D. Banks.

Napi.   148. C. faltatoria, coeruleo-nigra, antennarum bafi
pedibusque teftaceis: femoribus pofticis nigris.
Galleruca Napi. Ent. fyft. 2. 29. 78. °
Galleruca Hyofcyami. Payk. Fn. Sv. 2. 105. 25. β.
Habitat in Germania. D. Prof. Helwig.

149.

149. C. faltatoria, viridis, nitida, pedibus teftaceis: *Hyofcyami*
femoribus pofticis violaceis.
Galleruca Hyofcyami. Ent. fyft. 2. 29. 79.
Chryfomela Hyofcyami. Linn. fyft. Nat. 2. 594.
5. Fn. Sv. 536.
Payk. Fn. Sv. 2. 104. 25.
Degeer Inf. 5. 345. 51.
Geoff. Inf. 1. 248. 11.
Habitat in Europae Hyofcyamo.

150. C. faltatoria, viridi-aenea, pedibus nigris. *nigripes.*
Galleruca nigripes. Ent. fyft. 1. 29. 80. *
Geoff. Inf. 1. 246. 5.
Habitat in Anglia. Muf. Dr. Hunter.

151. C. faltatoria, viridis, nitens, capite thoraceque *nitidula.*
aureis, pedibus ferrugineis.
Galleruca nitidula. Ent. fyft. 1. 30. 81.
Linn. fyft. Nat. 2. 594. 60. Fn. Sv. 542.
Geoff. Inf. 1. 249. 13.
Degeer Inf. 5. 346. 54.
Habitat in Europae falice.

152. C. faltatoria, viridi-aenea, antennis fufcis, pe- *Helxines.*
dibus teftaceis.
Galleruca Helxines. Ent. fyft. 1. 30. 82.
Linn. fyft. Nat. 2. 594. 58. Fn. Sv. 543.
Geoff. Inf. 1. 249. 14.
Degeer Inf. 5. 345. 52.
Sulz. Hift. Inf. tab. 3. fig. 12.
Habitat Polygono Fagopyro.

153. C. faltatoria, aurea, antennis pedibusque flauis. *fuluicornis.*
Galleruca fuluicornis. Ent. fyft. 1. 30. 83. *
Habitat in Suecia. Muf. D. de Seheftedt.

154. C. faltatoria, fupra atra: fafciis tribus fufcis. *3fafciata.*
Galleruca 3fafciata. Ent. fyft. 2. 30. 84. *

Linn.

Linn. fyft. Nat. 2. 594. 61.
Habitat in Europae plantis.

Modeeri. 155. C. faltatoria, viridi-aenea, elytris, macula po-
ftica pedibusque anticis flauis.
　　Galleruca Modeeri. Ent. fyft. 2. 30. 85.
　　Linn. fyft. Nat. 2. 594. 57.
　　Habitat in Europae plantis.

femiaenea. 156. C. faltatoria, thorace aeneo, elytris punctatis,
nigris, apice rufis.
　　Galleruca femiaenea. Ent. fyft. 2. 30. 86. ⁰
　　Payk. Fn. Sv. 2. 109. 32.
　　Chryfomela ruftica. Linn. fyft. Nat. 2. 595. 63.
　　Habitat in Germania. D. Smidt.

erythroce-   157. C. faltatoria, atro-coerulea, capite geniculisque
phala.   pedum rufis.
　　Galleruca erythrocephala. Ent. fyft. 2. 31. 87.
　　Fn. Sv. 538.
　　Geoff. Inf. 1. 246. 4.
　　Habitat in Europae plantis.

relicta. 158. C. faltatoria, atra, capite thoraceque rufis, tho-
race puncto medio nigro.
　　Galleruca dimidiata. Ent. fyft. fuppl. 99. 94. *
　　Habitat Cayennae. D. Richard.

teftacea. 159. C. faltatoria, teftacea, gibba, elytris laeuiffimis.
　　Galleruca teftacea. Ent. fyft. 2. 33. 99. ⁰
　　Geoff. Inf. 1. 250. 17.
　　Habitat in Anglia. Muf. D. Banks.

globofa. 160. C. faltatoria, fubrotunda, pallida, antennis apice nigris.
　　Habitat in America meridionali. Muf. D. de Se-
　　heftedt.
　　Praecedente triplo maior. Antennae nigrae, bafi
　　pallidae. Corpus totum laeue, pallidum, niti-
　　dum.

81. CRIO-

81. CRIOCERIS. *Palpi* quatuor filiformes.
Maxilla bifida.
Labium corneum, integrum.
Antennae filiformes.

1. C. fulua, elytris pallidis: margine omni fuluo. *2tubercula-*
Ent. fyft: 1. 2. 1. 1. *ta.*
Habitat in Africa aequinoctiali. Muf. D. Banks.
Scutellum fufcum. Pedes fului: plantis fufcis.
Variat fexu, tuberculis coleoptrorum duobus ver-
fus apicem approximatis, eleuatis, fuluis.

2. C. flaua, elytris nigris, apice rufefcentibus. Ent. *2dentata.*
fyft. 1. 2. 1. 2.
Habitat in Africa aequinoctiali. Muf. D. Banks.
Tuberculum paruum, eleuatum ad futuram. Tar-
fi omnes nigri.

3. C. ferruginea, pectore, elytrorum fafciis duabus *bifpinofa.*
pedibusque nigris. Ent. fyft. fuppl. 89. 1. *
Habitat in Africa. Muf. D. Bofc.
Corpus magnum, craffum, ferrugineum, pectore
nigro.
Variat fexu, tuberculis coleoptrorum duobus bafeos eleuatis, approximatis, compreffis.

4. C. teftacea, mandibulis oculisque nigris. *fulua.*
Habitat in noua Cambria. D. Billardiere.

Magna

Crioceridis corpus oblongum, glabrum, immarginatum, tardum, faepius laeuiufculum, nitidum; *capite* rotundato,
inferto; *oculis* rotundatis, prominulis, marginalibus; *antennis* approximatis, frontalibus, inter oculos infertis;
thorace breui, transuerfo, vix marginato, planiufculo;
fcutello paruo, rotundato; *elytris* molliufculis, fornicatis,
longitudine abdominis; *pedibus* mediocribus, validis, curforiis; *tarfis* quadriarticulatis; *colore* vario.

Ff

Magna, tota teſtacea mandibulis oculisque ſolis nigris. Elytra laeuia, nitida.

bicolor. 5. C. viridis, nitida, capite, thorace pedibusque ferrugineis.

Habitat in Iaua. Muſ. D. Billardiere.

Statura praecedentis. Antennae ferrugineae. Caput ferrugineum, baſi viridi-aeneum. Thorax laeuis, obſcure ferrugineus, immaculatus. Elytra laeuia, viridia, nitida. Corpus viride, nitidum, pedibus obſcure ferrugineis.

cyanipes. 6. C. rufa, elytris faſciis duabus, antennis pedibusque cyaneis.

Habitat in noua Cambria. D. Billardiere.

Magna. Antennae totae cyaneae. Caput et thorax laeuia, rufa, immaculata. Elytra laeuia, rufa, faſciis duabus latis, cyaneis, quarum anterior ad baſin ſuturae, poſterior ad apicem extenditur. Corpus rufum.

melanocephala. 7. C. rufa, capite nigro, elytris violaceis. Ent. ſyſt. I. 2. I. 3.

Habitat in noua Hollandia. Muſ. D. Banks.

Scutellum rufum. Pedes nigri, femoribus rufis.

detrita. 8. C. obſcure teſtacea, elytris vittis albidis obſoletis.

Habitat in Americae Inſulis. D. Smidt. Muſ. D. Lund.

Corpus magnum teſtaceum. Caput et thorax obſcure teſtacea, laeuia, immaculata. Elytra laeuia, teſtacea, vittis tribus, nunc magis, nunc minus obſoletis, albidis, quarum exteriores apice coëunt, intermedia abbreuiata.

obſoleta. 9. C. teſtacea, elytris punctis tribus baſeos fuſcis.

Habitat in America meridionali. Muſ. D. de Seheſtedt.

Magna. Antennae nigrae, articulo primo incuruo

baſi ferrugineo. Caput et thorax teſtacea. Elytra teſtacea : punctis tribus fuſcis, obſcuris 2. 1.
Corpus et pedes teſtacea.

10. C. ferruginea, elytris obſcuris violaceo - nitidulis. *cyanipen_i_*
Habitat in America meridionali. D. Smidt. Muſ.
D. Lund.
Statura et magnitudo fere praecedentis. Antennae nigrae, baſi ferrugineae. Caput et thorax
ferruginea, immaculata, nitida. Elytra ſubtiliſſime punctata, obſcure violacea, nitidula. Corpus ferrugineum.

11. C. atra, thorace ferrugineo, elytris margine vit- *innuba.*
taque ſuturali flauis. Ent. ſyſt. 1. 2. 12. 49.
Habitat in Americae Inſulis.
Antennae pedesque ferruginei. Elytra ſtriata.

12. C. ferruginea, elytris atris : margine punctisque *3punctata*
tribus ferrugineis, antennis ante apicem albis.
Habitat in America meridionali. D. Smidt. Muſ.
D. Lund.
Antennae nigrae, ante apicem albae. Caput atrum.
Thorax ferrugineus, nitidus, immaculatus Ely-
tra laeuia, nitida, margine punctisque tribus fer-
rugineis. Corpus ferrugineum, pectore nigro.

13. C. flaueſcens, elytris atris, puncto margine api- *modeſta.*
ceque pallidis.
Habitat in America meridionali. D. Smidt. Muſ.
D. de Seheſtedt.
Statura praecedentis. Caput nigrum, antennis obſcuris. Thorax laeuis, teſtaceus, nitidus, immaculatus. Elytra laeuia, atra, puncto ad ſuturam, margine apiceque late pallidis. Corpus
pallidum, pectore atro.

14. C. oliuacea, elytris punctis quinque nigris. *oliuacea.*

Ha-

Habitat in America meridionali. D. Smidt. Muf.
D. Lund.

Caput oliuaceum, antennis nigris. Thorax oliuaceus, immaculatus. Elytra laeuia, oliuacea,
punctis duobus bafeos, tertio in medio transuerfo, fere fafciam conftituente, duobusque pofticis: anteriore maiore. Corpus oliuaceum.

3 fafciata. 15. C. atra, elytris fafciis tribus fuluis, antennis ante apicem albis.

Habitat in America meridionali. D. Smidt. Muf.
D. de Seheftedt.

Statura et magnitudo praecedentium. Antennae
nigrae, bafi et ante apicem albae. Caput et thorax nigra, immaculata. Elytra laeuia, atra,
bafi fafcia vel potius macula magna, lunata, in
medio fafcia marginem haud attingente et apice magna fuluis. Corpus atrum, pedibus albis.

capitata. 16. C. flauefcens, elytris ferrugineis: margine punctisque duobus albis.

Galleruca melanocephala. Ent. fyft. fuppl. 95.
53.

Habitat in Cayenna. D. Richard.

Caput nigrum. Thorax pallidus, nitidus, immaculatus. Elytra laeuia, ferruginea, margine
apice dilatato punctisque duobus dorfalibus
albis.

5 maculata. 17. C. pallida, capite coleoptrorumque maculis
quinque atris.

Habitat in America meridionali. D. Smidt. Muf.
D. Lund.

Caput atrum. Antennae fufcae, ante apicem albidae. Thorax pallidus, nitidus, immaculatus.
Elytra laeuia, pallida, nitida: maculis duabus
bafeos, altera communi, aliaque verfus apicem
atris. Corpus pallidum, pectore atro.

18. C.

18. C. thorace teftaceo, elytris pallidis: vitta abbre- **abrupta.**
uiata punctoque fufcis.

Habitat in America meridionali. D. Smidt. Muf.
D. de Seheftedt.

Media. Caput atrum, antennis apice albidis. Thorax nunc teftaceus, nunc rufus, nitidus. Elytra laeuia, pallida, vitta lata apicem haud attingente, ante marginem punctoque interiori
nigris. Corpus pallidum, pectore atro.

19. C. flauefcens, capitis bafi elytrisque aeneis, an- **nigricornis.**
tennis nigris.

Galleruca nigricornis. Ent. fyft. 1. 2. 24. 53.
Chryfomela Halenfis. Linn. fyft. Nat. 2. 589. 20.
Herbft. Arch. tab. 45. fig. 5.
Habitat in Germania.

Thorax puncto vtrinque impreffo. Abdomen flauefcens.

20. C. pallida, elytris viridibus, capite pectoreque **aeruginea.**
nigris.

Ciftela aeruginea. Ent. fyft. 1. 2. 46. 27.
Habitat in Aefchynomenes floribus Africae, quos
deftruit.

Antennae albidae, annulo medio apiceque nigris.
Caput nigrum, labio albido. Thorax pallidus,
nitidus, immaculatus. Pectus nigrum. Abdomen pallidum. Pedes virefcentes.

21. C. viridis, elytris maculis tribus fufcis. **viridula.**
Habitat in America meridionali. D. Smidt. Muf.
D. de Seheftedt.

Statura omnino praecedentis. Caput viride, antennis nigris. Elytra fubftriata, viridia, maculis tribus fufcis.

22. C. thorace ferrugineo nitido, elytris teftaceis: **ruficollis.**
maculis tribus nigris.

Ha-

Habitat in America meridionali. D. Smidt. Muf.
D. Lund.

Caput atrum, nitidum. Antennae pallidae: articulis apice nigris. Thorax laeuis, rufus, nitidus. Elytra laeuia,' maculis tribus magnis, nigris. Sutura ad bafin nigra. Corpus flauefcens,
pectore nigro.

elata.   23. C. pallida, capite elytrorumque maculis duabus
atris.

Habitat in America meridionali. D. *Smidt.* Muf.
D. de Seheftedt.

Caput atrum, antennis teftaceis. Thorax laeuis,
glaber, pallidus, nitidus, immaculatus. Elytra
laeuia, palhida, nitida, bafi maculaque magna
verfus apicem atris. Corpus pallidum, pectore
atro.

lacta.   24. C. capite thoraceque ferrugineis, elytris atris:
puncto, ftriga media margineque albis.

Habitat in America meridionali. D. Smidt. Muf.
D. Lund.

Antennae pallidae, apice nigrae. Caput et thorax
ferruginea, immaculata. Elytra laeuia, atra,
macula bafeos oblonga, ftriga media margineque albis: futura pone ftrigam alba. Corpus
atrum, pedibus albis.

marginalis. 25. C. capite thoraceque rufis, elytris pallidis: vitta marginali punctisque duobus nigris,

Habitat in America meridionali. D. Smidt. Muf.
D. Lund.

Caput ferrugineum, antennis nigris, apice ferrugineis. Thorax glaber, ferrugineus. Elytra crenato - ftriata, pallida, vitta ante marginem, apicem haud attingente, punctisque duobus: altero bafeos, altero verfus apicem, nigris. Corpus pallidum.   26. C

26. C. thorace ferrugineo, elytris atris: margine *avittata*. vittaque futurali albis.

Habitat in America meridionali. D. Smidt. Muf. D. de Seheftedt.

Antennae nigrae, bafi ferrugineae, ante apicem albae. Caput nigrum, labio obfcure ferrugineo. Thorax glaber, ferrugineus, nitidus. Elytra l..euia, atra, nitida, vitta verfus futuram margineque exteriori poftice coëuntibus albis. Corpus nigrum, pedibus albis.

27. C. thorace rufo, elytris flauis: vitta nigra. Ent. *vittata*. fyft. 1. 2. 12. 48.

Petiv. Gazoph. tab. 17. fig. 11.

Habitat in Carolinae Cucumere Melone.

Caput nigrum, antennis bafi pallidis. Abdomen nigrum. Pedes flauefcentes, geniculis nigris.

28. C. glabra, atra, elytris punctatis, pedibus rufis. *glabrata*. Ent. fyft. fuppl. 89. 10. °

Crioceris glabrata. Panz. Fn. Germ. 34. tab. 6.

Habitat in Germania. D. Panzer.

Antennae fubferrugineae. Thorax rotundatus, margine medio prominulo fubfpinofo. Elytra punctata. Pedes rufi.

29. C. rufa, elytris cyaneis, antennis nigris, bafi rufis, *impreffa*. apice albis.

Habitat in Sumatra. D. Daldorff. Muf. D. de Seheftedt.

Statura et magnitudo C. glabratae. Caput rufum. Antennae nigrae: articulo primo maiori, incuruo, rufo: vltimis quatuor laete albis. Thorax laeuis, rufus, immaculatus, punctis duobus dorfalibus impreffis. Elytra ftriata, cyanea, nitida. Corpus ferrugineum.

30. C.

Cerafi. 30. C. capite thoraceque fuluis, elytris pedibusque teftaceis. Ent. fyft. 1. 2. 5. 12.

Galleruca Cerafi. Ent. fyft. 1. 2. 22. 43.

Chryfomela Cerafi. Linn. fyft. Nat. 2. 600. 101.

Geoff. Inf. 1. 242. 6.

Habitat in Gallia. Muf. D. Bofc.

Antennae fufcae, articulo primo rufo. Caput fuluum margine poftico nigricante. Corpus obfcurum lanugine cinerafcente. Pedes teftacei.

ocreata. 31. C. teftacea, pectore tibiisque nigris. Ent. fyft. 1. 2. 4. 10.

Habitat in Infula Guadeloupe.

Antenae teftaceae, articulo vltimo nigro. Caput, thorax elytraque laeuia, teftacea. Scutellum nigrum. Pedes teftacei, tibiis nigris.

ferruginea. 32. C. brunnea, immaculata, thorace laeui, elytris punctato-ftriatis.

Habitat in noua Cambria. Muf. D. Billardiere.

Corpus totum cum antennis pedibusque brunneum, immaculatum, obfcure nitidum. Thorax omnino laeuis. Elytra punctato-ftriata.

pallida. 33. C. pallida, antennis pectoreque nigris.

Habitat in India orientali. Dom. Daldorff.

Parua. Antennae nigrae, bafi pallidae. Caput, thorax, elytra laeuia, glabra, pallida, immaculata. Corpus pallidum, pectore nigro. Pedes pallidi.

lufca. 34. C. capite thoraceque rufis, elytris atris: macula magna alba.

Habitat in Sumatra. D. Daldorff. Muf. D. de Seheftedt.

Paullo maior C. bioculata. Antennae nigrae. articulo primo incuruo, rufo. Caput et thorax laeuia,

CRIOCERIS. CRIOCERIS.

laeuia, rufa, immaculata: Elytra laeuia, atra, macula magna difci alba. Corpus et pedes fufca, femoribus fubrufefcentibus.

35. C. nigra, thorace elytrorumque lunula, margine *variegata.* fafciisque duabus pallidis. Ent. fyft. 1. 2. 4. 7.
Habitat in Cayenna. Muf. D. Bofc.
Antennae pallidae, medio nigrae, in altero fexu articulo fecundo tertioque elongatis, tertio apice fpinofo. Corpus nigrum, abdomine pedibusque pallidis.

36. C. nigra, vertice thoraceque fuluis, elytris fa- *thoracica.* fciis duabus albis.
Habitat in St. Domingo. Muf. D. Bofc.
Media. Antennae defunt. Caput nigrum, poftice fuluum. Thorax laeuis, rotundatus, fuluus, immaculatus. Elytra laeuia, nigra: fafciis duabus finuatis, albis, altera in medio, altera ante apicem abbreuiata.

37. C. nigra, thorace, elytrorum margine, punctis *denticornis.* duobus fafciaque ferrugineis.
Galleruca denticornis. Ent. fyft. 1. 2. 24. 52.
Habitat in Dolicho Sinenfi Americae. Dr. Pflug.
Antennae rufae, articulo tertio maiori, late emarginato. Pedes rufi, femoribus pofticis apice nigris.

38. C. capite thoraceque fuluis, elytris nigris: fa- *albicornis.* fciis duabus albis.
Galleruca albicornis. Ent. fyft. fuppl. 96. 53.
Habitat in St. Domingo. D. Brongniard.
Antennae albae, articulis duobus bafeos nigris. Fafciae elytrorum vndatae, altera in medio, altera verfus apicem.

39. C. thorace flauefcente, elytris viridibus: pun- *12punctata* ctis fex nigris.

Gal-

Galleruca 12punctata. Ent. fyft. 1. 2. 15. 12.

Habitat in Carolina. Muf. D. Bofc.

Caput nigrum, antennarum articulo fecundo tertioque virefcentibus.

fucata.   40. C. cyanea, elytris flauis: maculis duabus cyaneis. Ent. fyft. 2. 2. 9. 33.

Habitat in Infula St. Bartholomaei Americae. D. de Paykull.

Pedes obfcuri, femoribus cyanei.

aulica.   41. C. viridi-aenea, nitida, elytris teftaceis: maculis duabus cyaneis. Ent. fyft. 1. 2. 9. 34.

Melyris aulicus. Oliv. Inf. 2. 21. 7. 6. tab. 1. fig. 4.

Habitat ad Cap. Bon. Spei. Muf. D. Banks.

Antennae fufcae. Os teftaceum. Macula elytrorum poftica maior. Pedes teftacei, femoribus aeneis.

cuprea.   42. C. pallida, elytris bafi fafciaque poftica cupreis.

Habitat in noua Cambria. D. Billardiere.

Parua. Caput et thorax pallida, immaculata. Elytra laeuia, pallida, bafi fafciaque poftica cupreis, quae tamen marginem exteriorem haud attingit. Pedes pallidi.

oculata.   43. C. flaua, elytris bafi nigris: puncto flauo. Ent. fyft. 1. 2. 9. 30.

Habitat in noua Hollandia. Muf. D. Banks.

Antennae flauae longitudine corporis. Elytra vix ftriata, flaua, bafi nigra: puncto magno flauo. Pectus nigrum. Abdomen flauum. Pedes flaui, femoribus nigris.

bioculata.   44. C. teftacea, thorace immaculato, elytris maculis duabus ocellaribus albis. Ent. fyft. 1. 2. 9. 31.

Habitat ad Cap. Bon. Spei. Muf. D. Banks.

Anten-

Antennae nigrae, bafi ferrugineae. Macula anterior elytrorum puncto antico nigra, pofterior pone medium annulo nigro cincta. Tibiae fufcae.

45. C. flauefcens, thorace rufo, elytris albis: maculis quinque nigris. Ent. fyft. 1. 2. 8. 24. *ebraea,*
Habitat in Cayenna. Dr. Schulz.
Caput teftaceum, ore oculisque nigris. Antennae fubferrugineae. Elytra alba: maculis tribus bafeos, exteriori elongata, lineari, et duabus verfus apicem nigris.

46. C. thorace flauo, elytris flauis: vitta ante marginem maculisque tribus futuralibus nigris. *caminea,*
Habitat in Carolinae plantis oleraceis. D. Bofc.
Antennae nigrae, bafi flauae. Caput nigrum, ore laete flauo. Thorax laeuis, flauus, immaculatus. Scutellum nigrum. Elytra laeuia, flaua, vitta ante marginem, quae tamen apicem haud attingit, maculisque tribus ad futuram nigris. Corpus nigrum, femoribus flauis.
Variat colore flauo rufoque.

37. C. pallida, antennis nigris. Ent. fyft. 1. 2. 9. 32. *pallens.*
Habitat - - Muf. D. Banks.
Caput magis obfcurum, antennis elongatis, nigris. Pedes pallidi.

48. C. ferruginea, elytris flauefcentibus: fafciis duabus atris. *2fafciata,*
Habitat - - Muf. D. de Seheftedt
Statura et magnitudo omnino C. bioculatae. Antennae flauae. Caput et thorax laeuia, rufa, nitida, immaculata. Elytra flauefcentia: fafciis duabus atris; altera bafeos, altera ante apicem. Corpus cum pedibus rufum.

49. C.

æqueftris. 49. C. capite thoraceque teftaceis, elytris brunheis: margine, lineola bafeos fafciaque media flauis. Ent. fyft. 1. 2. 11. 47.

Habitat in Cayenna. D. v. Rohr.

Antennae flauefcentes. Corpus nigrum, pedibus flauefcentibus.

4notata. 50. C. pallida, elytris maculis duabus fufcis.

Galleruca bifafciata Ent. fyft. 1. 2. 27. 67. haud faltatoria.

Habitat in Sumatra. D. Daldorff. Muf. D. Lund.

Statura parua C. bioculatae. Caput et thorax laeuia, glabra, pallida, immaculata. Elytra laeuia, pallida, maculis duabus fufcis: altera bafeos, altera transuerfa ante apicem. Corpus pallidum.

triangulum 51. C. ferruginea, elytris margine maculaque communi bafeos nigris.

Habitat in America meridionali. D. Smidt. Muf. D. Lund.

Caput et thorax ferruginea, laeuia, nitida. Elytra laeuia, ferruginea, margine maculaque bafeos communi nigris.

humeralis. 52. C. thorace flauo, elytris atris: puncto bafeos flauo.

Habitat in noua Cambria. D. Billardiere.

Paullo maior C. flauipede. Caput cum antennis flauum. Thorax flauus, immaculatus. Elytra laeuia, atra, nitida, puncto bafeos laete flauo. Abdomen nigrum. Pedes flaui.

4pur-lata. 53. C. thorace fuluo, elytris atris: punctis duobus flauis.

Habitat in noua Cambria. Muf. D. Billardiere.

Statura et fumma affinitas praecedentis. Elytra laeuia, nitida: punctis duobus fuluis.

54. C.

54. C. atra, nitida, antennarum bafi pedibusque fla- *rufipes.*
   uis. Ent. fyft. 1. 2. 10. 39.
   Panz. Init. Fn. Germ.
   Habitat in Germaniae plantis.
   Antennae nigrae, bafi flauefcentes. Corpus totum
   atrum, pedibus folis flauis.
   Mera varietas C. flauipedis obferuante Helwigio.

55. C. nigra, thorace pedibusque flauis. Ent. fyft. *flauipes.*
   1. 2. 10. 37.
   Chryfomela flauipes. Linn. fyft. Nat. 2. 601.
   106.
   Habitat in Germaniae plantis.

56. C. capite thoraceque rufis, elytris teftaceis: ma- *adufta.*
   cula apicis fufca.
   Crioceris adufta. Creutz. Inf. 121. 12. tab. 2.
   fig. 24.
   Habitat in Auftriae floribus. D. de Meyerle.
   Statura et magnitudo C. 4punctatae. Antennae
   fufcae, bafi rufae. Caput et thorax laeuia, rufa, nitida. Elytra laeuia, teftacea, macula magna, ouata, ante apicem fufca. Corpus nigrum.

57. C. nigra, capite, thorace pedibusque rufis, tho- *fubfpinofa.*
   race fpinofo. Ent. fyft. 1. 2. 10. 38.
   Habitat in Europae Betula. Muf. D. Banks.
   Antennae nigrae, bafi rufae. Thorax fubpunctatus.

58. C. cyanea, thorace rufo, antennis pedibusque *cyanocepha*
   fufcis. Ent. fyft. 1. 2. 10. 40. *la.*
   Habitat in noua Hollandia. Muf. D. Banks.
   Thorax planus, glaber.

59. C. pallida, capite elytrorumque lineola bafeos *liciens.*
   atris.
   Habitat in America meridionali. D. Smidt. Muf.
   D. Lund.

   Caput

Caput nigrum, antennis obfcure pallidis. Thorax
laeuis, pallidus, nitidus. Elytra laeuia, pallida, lineola parua bafeos atra. Corpus pallidum,
pectore nigricante.

cantharoi-
des.
60. C. violacea, capite, thorace pedibusque rufis.
Ent. fyft. 1. 2. 1. 4.
Habitat in Anglia. Muf. Britann.
Antennae fufcae, bafi rufefcentes.

Betulae.
61. C. nigra, elytrorum margine, antennis pedibusque flauis. Ent. fyft. 1. 2. 5. 11.
Habitat in Lapponiae Betula. D. de Paykull.
De genere haefito. Caput, thorax rotundatus ely-
tràque nigra. Antennae, margo elytrorum et
pedes flaua.
Femina vitta futurali elytrorum ferruginea.

lineola.
62. C. nigra, thorace fanguineo: lineola dorfali nigra, elytris pallidis. Ent. fyft. fuppl.
Crioceris lineola. Panz. Fn. Germ. 34. tab. 5.
Habitat in Germania. Dr. Panzer.
Statura C. Betulae, at minor. Antennae ferrugineae apice obfcuriores. Caput nigrum. Thorax pallido - ferrugineus, lineola lata dorfali,
nigra, quae tamen nec bafin nec apicem attingit. Elytra laeuia, pallida. Abdomen et pedes
ferruginea.

pygmaea.
63. C. rufa, capite abdomineque atris. Ent. fyft. 1.
2. 4. 8.
Habitat in Cayenna. D. v. Rohr.
Minuta, tota rufa, capite abdomineque atris.

minuta.
64. C. nigra, thorace elytrisque pallidis, immaculatis. Ent. fyft. 1. 2. 5. 13.
Habitat ad Cap. Bon. Spei. Muf. D. Banks.
Caput nigrum, puncto bafeos pallido. Elytra laeuia.
**sal-

** *faltatoriae.*

65. C. faltatoria, pallida, coleoptris, macula dorfali *ephippium.*
bafeos nigra.
Habitat in America meridionali. D. Smidt. Muf.
D. de Seheftedt.
Statura omnino C. Sifymbrii, at paullo maior.
Caput pallidum antennis nigris. Thorax laeuis, pallidus, immaculatus. Elytra laeuia, pallida, macula magna, communi bafeos atra. Corpus pallidum, pedibus atris.

66. C. faltatoria, laeuis, ferruginea, antennis nigris: *emarginata*
articulo quarto et feptimo emarginatis.
Habitat in America meridionali. D. Smidt. Muf.
D. Lund.
Magna in hac familia. Antennae fingulares, nigrae: articulo primo ferrugineo, quarto et feptimo intus late emarginatis, emarginatura
acuta. Corpus totum laeue, glabrum, ferrugineum, immaculatum. Femora poftica incraffata.

67. C. faltatoria, nigra, elytris viridi-aeneis, tho- *collata.*
race, abdominis margine femoribusque albidis.
Habitat in Carolina. D. Bofc.
Antennae nigrae. Caput atrum, ore pallido. Thorax laeuis, nitidus. Elytra laeuia. Corpus nigrum, abdominis margine femoribusque albidis.

68. C. faltatoria, coerulea, capite, thorace pedibus, *fuluipes.*
et antennarum bafi rufis.
Galleruca rufipes. Ent. fyft. 1. 2. 32. 94.
Chryfomela rufipes. Linn. fyft. Nat. 2. 595. 65.
Fn. Sv. 545.
Altica nigra. Geoff. Inf. 1. 245. 2.
Degeer Inf. 5. 343. 47. tab. 10. fig. 11.
Schaeff. Icon. tab. 166. fig. 5.
Habitat in Europae Malua paruiflora.

69. C.

fuscipes.   69. C. saltatoria, violacea, capite thoraceque rufis,
         pedibus nigris. Ent. syst. 1. 2. 32 95.
         Payk. Fn. Sv. 2. 107. 28.
         Habitat in Europae Maluis.
         Affinis praecedenti, et forte mera eius varietas.
         Differt tantum pedibus nigris.

ruficornis.   70. C. saltatoria, coerulea, capite, thorace, antennis
         pedibusque rufis. Ent. syst. 1. 2. 32. 96.
         Linn. syst. Nat. 2. 32. 96.
         Payk. Fn. Sv. 2. 108. 29.
         Degeer Inf. 5. 343. 48.
         Habitat in Germania. D. Smidt.
         Distincta a C. rusipede.   Antennae totae rufae.
         Elytra crenato - striata.

anglica.   71. C. saltatoria, atra, elytris tibiisque pallidis.
         Galleruca anglica. Ent. syst. 1. 2. 32. 92.
         Habitat in Anglia. Muf. Dr. Hunter.
         Affinis C. atricillae, at thorax ater et tibiae pallidae.

4pustulata.   72. C. saltatoria, nigra, coleoptris lineolis quatuor
         flauescentibus.
         Galleruca 4pustulata. Ent. syst. 1. 2. 32. 93.
         Altica. Geoff. Inf. 1. 250. 15.
         Payk. Fn. Sv. 2. 99. 17.
         Habitat in Angliae et Galliae hortis.
         Lineola elytrorum altera ad basin, altera ad apicem.

2pustulata.   73. C. saltatoria, nigra, elytris maculis duabus fer-
         rugineis.
         Habitat in Carolinae plantis. Muf. D. Bofc.
         Parua, tota atra, elytris tantum maculis duabus,
         magnis, lunatis, ferrugineis, altera ad basin, al-
         tera versus apicem.

S. littera.   74. C. saltatoria, pallida, elytris nigris : linea longi-
         tudinali flexuofa alba.

                                                    Gel-

Galleruca S. littera. Ent. fyft. r. 2. 35. 109.
Chryfomela S. littera. Linn. fyft. Nat. 2. 995. 70.
Degeer Inf. 5. 357. 13. tab. 16. fig. 21.
Habitat Surinami.
Variat minor, tota pallida, elytris tamen femper
   linea flexuofa albidiore.

75. C. faltatoria, nigra, thorace elytrisque cinereis. *atricilla.*
   Galleruca atricilla. Ent. fyft. r. 2. 31. 89.
   Chryfomela atricilla. Linn. fyft. Nat. 2. 594.
      55. Fn. Sv. 537.
   Payk. Fn. Sv. 2. 102. 23. β.
   Degeer Inf. 5. 348. 57.
   Altica. Geoff. Inf. r. 251. 19.
   Habitat in Europae plantis.

76. C. faltatoria, atra, thorace fuluo, elytris palli- *Sifymbrii.*
      dis: margine omni atro.
   Galleruca Sifymbrii. Ent. fyft. r. 2. 31. 88.
   Habitat in Kiliae Sifymbrio.
   Duplo maior C. atricilla. Antennae nigrae, bafi
      pallidae. Thorax pallide fuluus. Elytra lae-
      uia, pallidiora: futura margineque nigris, qui
      tamen color apicem haud attingit. Pedes an-
      tici pallidi, poftici nigri.

77. C. faltatoria, atra, elytris teftaceis: margine *Nafturtii.*
      omni nigro.
   Galleruca Nafturtii. Ent. fyft. r. 2. 31. 89.
   Galleruca atricilla. Payk. Fn. Sv. 2. 102. 23. γ.
   Habitat in Holfatiae oleribus.
   Statura et magnitudo C. atricillae.

78. C. faltatoria, nigra, thorace elytrorumque mar- *dorfalis.*
      gine pallidis.
   Galleruca dorfalis. Ent. fyft. r. 2. 31. 90.
   Habitat in Anglia. Muf. D. Banks.

Gg   Mera

·Mera forté C. atricillae varietas.   Differt tantum elytrorum dorfo nigro.

phthifica.   79. C. faltatoria, laeuis, pallida, immaculata.
Habitat in America meridionali. D. Smidt. Muf. D. Lund.
Statura parua C. Sifymbrii, at tota pallida, immaculata, a tabida omnino diftincta et duplo maior. Oculi prominuli, fufci. Femora poftica valde incraffata:
Karvetus minor, magis teftacea vix diftincta.

exoleta.   80. C. faltatoria, ferruginea, elytris ftriatis.
Galleruca exoleta Ent. fyft. 1. 2. 33. 100.
Chryfomela exoleta. Linn. fyft. Nat. 2. 594. 59. Fn. Sv. 541.
Pa k. Fn. Sv. 2 108. 30.
Geoff. Inf. 1. 25°. 16.
Habitat in Echii floribus.

laeuigata.   81. C. faltatoria, pallide teftacea, elytris laeuiffimis.
Habitat in Tanger. D. Schousboe. Muf. D. de Seheftedt.
Statura parua omnino exoletae. Caput, thorax, elytra laeuiffima, pallide teftacea, immaculata. Antennae et pedes concolores.

Volkameriae.   82. C faltatoria, rufa, elytris coeruleis.
Galleruca Volkameriae. Ent. fyft. 1. 2. 28. 71.
Habitat in Volkameria aculeata Americae. Dr. Pflug.
Elytra vix ftriata. Antennae fufcae.

copalina.   83. C. faltatoria, ferruginea, elytris ftriatis nigris.
Habitat in Carolinae Rhoe copalino. Muf. D. Bofc.
Corpus paruum, totum obfcure ferrugineum, elytris obfolete ftriatis.

84. C.

84. C. faltatoria, viridi - coerulea, antennis nigris: *St. Crucis.*
articulo primo ferrugineo. Ent. fyft. 1. 2. 35.
110.

Habitat in Infula St. Crucis Americae. D. Smidt.
Antennae folae nigrae, articulo primo ferrugineo.

85. C. faltatoria, nigra, nitida, elytris apice puncto *Holfatica.*
rubro.

Galleruca Holfatica. Ent. fyft. 1. 2. 33. 101.
Chryfomela Holfatica. Linn. fyft. Nat. 2. 595.
67. Fn. Sv. 544.
Payk. Fn. Sv. 2. 99. 18.
Habitat apud nos frequens, olera depafcens.

86. C. faltatoria, pallida, oculis nigris. *tabida.*
Galleruca tabida. Ent. fyft. 1. 2. 33. 102.
Galleruca atricilla. Payk. Fn. Sv. 2. 102. 23.
Habitat in Anglia. Muf. D. Banks.

87. C. faltatoria, atra, pedibus pallidis: femoribus *Euphor-*
pofticis nigris. *biae.*

Galleruca Euphorbiae. Ent. fyft. 1. 2. 34. 106.
Payk. Fn. Sv. 2. 101. 20.
Habitat in Germaniae Euphorbia. D. Smidt.
Atra, parum aeneo - nitida. Antennae bafi palli-
dae.

88. C. faltatoria, atra, antennarum bafi pedibusque *atra.*
piceis.

Galleruca atra. Ent. fyft. 1. 2. 34. 105.
- *Altica nigra.* Geoff. Inf. 1. 247. 8.
Payk. Fn. Sv. 2. 100. 19.
Habitat Hafniae.

89. C. faltatoria, atra, elytris vitta longitudinali *nemorum.*
flaua.

Galleruca nemorum. Ent. fyft. 1. 2. 34. 104.
Chryfomela nemorum. Linn. fyft. Nat. 2. 595.
62. Fn. Sv. 543.

Gg 2   Geoff.

Geoff. Inf. 1. 247. 9.
Payk. Fn. Sv. 2. 98. 16.
Degeer. Inf. 5. 347. 55.
Sulz. Hift. Inf. tab. 3. fig. 11.
Habitat in Pulmonaria, Dentaria, aliisque.

Braſſicae. 90. C. faltatoria, atra, elytris pallide teſtaceis: mar-
gine omni faſciaque media atris.
Galleruca Braſſicae. Ent. fyſt. 1. 2. 34. 103.
Habitat in Germaniae Oleribus.
Antennae baſi pallidae. Pedes atri.

Surinamen- 91. C. faltatoria, flaueſcens, elytris margine faſcia-
ſis. que fanguineis.
Galleruca Surinamenſis. Ent. fyſt. 1. 2. 34. 108.
Chryfomela Surinamenſis. Linn. fyſt. Nat. 2.
595. 69.
Degeer Inf. 5. 355. 10. tab. 16. fig. 17.
Habitat Surinami.
Antennae et pedes pallidi.

Rubi. 92. C. faltatoria, atra, antennis pedibusque rufis.
Galleruca Rubi. Payk. Fn. Sv. 2. 112. 35.
Habitat in Germaniae Rubo. Muf. D. Lund.
Corpus parulm. Caput et thorax nigra, laeuia.
Elytra ſtriata. Pedes et antennae rufae.

hortorum. 93. C. faltatoria, pallide teſtacea, antennis nigris.
Galleruca hortorum. Ent. fyſt. 1. 2. 35. 111.
Habitat in America meridionali. D. Smidt.
Corpus minutum, pallide teſtaceum, nitidum, an-
tennis folis nigris.

varuula. 94. C. faltatoria, teſtacea, elytris faſcia abbreuiata,
fufca.
Habitat in America meridionali. D. Smidt. Muf.
D. de Seheſtedt.
Minuta. Caput et thorax teſtacea, immaculata.
Elytra laeuia, teſtacea: faſcia media fufca.
Corpus fubtus obfcurum.

95. C.

95. C. faltatoria, atra, nitida, elytris vitta flauefcente. *vittata*.
Habitat in Carolina. Muf. D. Bofc.
Praecedente paullo maior. Antennae obfcurae.
Caput et thorax punctata, atra, nitida, imma-
culata. Elytra laeuia, atra, nitida, vitta media
flauefcente, quae tamen apicem haud attingit.

82. HELODES. *Palpi* fex inaequales.
Labium emarginatum, cor-
neum.
Antennae extrorfum craffiores.

1. H. nigra, thoracis margine elytrorumque lineis *Phellandrii*
duabus flauis.
Helodes Phellandrii. Payk. Fn. Sv. 2. 84. 1.
Crioceris Phellandrii. Ent. fyft. 2. 11. 43.
Chryfomela Phellandrii. Linn. fyft. Nat. 2. 601.
111. Fn. Sv. 569.
Geoff. Inf. 1. 266. 20.
Naturforfch. 24. tab. 1. fig. 24.
Degeer. Inf. 5. 324. 25. tab. 9. fig. 34.
Habitat ad Phellandrii aquatici radices.
Os maxillis palpisque. *Palpi* fex inaequales, *anteriores* breuiores, biarticulati, fubfiliformes:
articulo primo breuiore, fecundo truncato, maxillae dorfo adhaerentes, *intermedii* paullo
longiores, filiformes, quadriarticulati: articulis fubaequalibns; vltimo obtufo anteriorum
bafi

Helodae corpus elongatum, glabrum, immarginatum, tardum; *capite* ouato, obtufo, inferto; *oculis* oblongis,
transuerfis, lateralibus; *antennis* thorace breuioribus, ante oculos infertis; *thorace* plano, aequali, capite multo
latiore; *fcutello* breui, triangulari; *elytris* rigidis, fornicatis, longitudine abdominis; *pedibus* breuibus, validis,
curforiis; *tarfis* quadriarticulatis; *colore* vario.

bafi adnati, *pofteriores* intermediis breuiores, filiformes, triarticulati: articulis fubaequalibus: fub labii medio inferti. *Mandibula* breuis, cornea, vnidentata, apice fiffa. *Maxilla* membranacea, integra: *Labium* breue, corneum, apice rotundatum, emarginatum, vtrinque denticulo minuto. Dom. Paykull.

campeftris 2. H. nigro - coerulefcens, thoracis limbo rufo, elytris punctis tribus: pofticis margine flauo connexis.

Crioceris campeftris. Ent. fyft. 2. 11. 44. *
Chryfomela campeftris. Linn. fyft. Nat. 2. 602. 113.
Schaeff. Icon. tab. 52. fig. 9. 10.
Roff. Fn. Etr. 1. 107. 273.
Habitat in Europa auftraliori. D. de Slangbufch.

violacea. 3. H. nigro - violacea, elytris ftriatis.
Crioceris violacea. Ent. fyft. 2. 11. 42. *
Geoff. Inf. 1. 254. 6.
Habitat Parifiis. Muf. D. Bofc.

elongata. 4. H. nigra, elytris vitta flaua.
Crioceris elongata. Ent. fyft. 2. 11. 45. *
Habitat ad Cap. Bon. Spei. Muf. D. Banks.

porrecta. 5. H. elongata, thorace rufo, elytris vitta flaua.
Habitat ad Cap. Bon. Spei.
Affinis certe H. elongatae, tota pilofa. Caput nigrum, antennis rufis. Thorax rufus. Elytra ftriata: vitta lata, flaua. Corpus atrum, abdomine bafi rufo. Pedes rufi.

83. LEMA. *Palpi* inaequales, filiformes.
Maxilla cornea, bifida.
Labium membranaceum, rotunda-
tum, bifidum.
Antennae filiformes.

1. L. nigra, elytris maculis duabus testaceis.　　　*4pustulata.*
Crioceris 4pustulata. Ent. syst. 1. 2. 5. 15.
Habitat in Siam. Muf. D. Banks.
Thorax cylindricus, puncto vtrinque impreffo.
Elytra laeuia, punctis duobus: altero bafeos,
altero pone medium.
Attelabus fpeciofus. Ent. syst. 1. 2. 384. 2.
huius generis vix, differt.

2. L. atra, elytris ftriatis rubris immaculatis.　　*impreffa.*
Crioceris impreffa. Ent. syst. 1. 2. 5. 16.
Habitat in Siam. Muf. D. Banks.
Elytra punctato-ftriata. Pedes nigri, femoribus
fubclauatis.

3. L. fupra rubra, elytris puncto medio atro.　　*vnipuncta-*
Habitat in Iaua. Muf. D. Billardiere.　　　　　　*ta.*
Statura et magnitudo L. merdigerae. Antennae
nigrae. Caput et thorax vtrinque impreffus,
rufa, immaculata. Elytra ftriata, punctata,
rufa: puncto magno medio atro. Corpus nigrum. Pedes rufi, femoribus quatuor pofticis
clauatis atris.
Variat interdum puncto altero elytrorum.

　　　　　　　　　　　　　　　　4. L.

***

Lemae corpus paruum, oblongum, immarginatum, tardum;
capite ouato, inferto; *oculis* rotundatis, prominulis, lateralibus; *antennis* thorace longioribus, cantho anteriori
oculorum infertis; *thorace* gibbo, cylindrico, faepius compreffo; *fcutello* paruo, rotundato; *elytris* rigidis, fornicatis, longitudine abdominis; *pedibus* mediocribus, tenuibus; *tarfis* quadriarticulatis; *colore* vario, obfcuro.

semipuncta- 4. L. brunnea, elytris laeuibus, bafi punctatis.
ta. Habitat in Sumatra. D. Daldorff. Muf. D. de Seheftedt.
  Paullo maior L. merdigera. Antennae craffae.
  Corpus totum obfcure brunneum. Thorax
  vtrinque impreffus. Femora fubclauata.

armata. 5. L. atra, capitis vertice, thorace fubfpinofo elytrisque punctato-ftriatis ferrugineis.
  Habitat in Guinea. Muf. D. Lund.
  Statura omnino praecedentium. Caput cum antennis nigrum, vertice rufo. Thorax ferrugineus, vtrinque fpina parua armatus. Elytra
  punctato-ftriata, ferruginea, immaculata.

cyanipennis 6. L. ferruginea, thorace vtrinque impreffo, elytris
  cyaneis.
  Habitat in Sumatra. D. Daldorff. Muf. D. de Seheftedt.
  Thorax tenuis, vtrinque impreffus. Corpus ferrugineum, elytris punctatis, cyaneis, nitidis.

praeufta. 7. L. rufa, elytris apice atris.
  Crioceris praeufta. Ent. fyft. 2. 8. 25. *
  Habitat - - Muf. D. Lund.

albicornis. 8. L. rufa, elytris cyaneis, antennis apice albis.
  Habitat in America meridionali. D. Smidt. Muf.
  D. Lund.
  Statura et fumma affinitas L. Tranquebaricae.
  Antennae nigrae, apice albae. Caput nigrum.
  Thorax cylindricus, rufus. Elytra ftriata, cya-
  nea. Corpus ferrugineum. Fedes ferruginei,
  tibiis fufcis.

merdigera. 9. L. nigra, fupra rubra, ano pedibusque rubris.
  Crioceris merdigera. Ent. fyft. 2. 6. 19.
  Chryfomela merdigera. Linn. fyft. Nat. 2. 599.
  97. Fn. Sv. 563.
  Geoff.

Geoff. Inf. 1. 239. 1.
Degeer. Inf. 5. 338. 43.
Reaum. Inf. 3..tab. 17. fig. 12.
Sulz. Hift. Inf. tab. 3. fig. 14.
Schaeff. Icon. tab. 4. fig. 4.
Payk. Fn. Sv. 2. 80. 5.
Habitat in Europae Convallaria.
Characterem generis naturalem in Ent. fyft. fuppl.
    dedi.

10. L. thorace ferrugineo, elytris teftaceis: lineola *retufa.*
    bafeos atra.
    Crioceris retufa. Ent. fyft. 2. 6. 18. *
    Habitat in Infula Guadeloupe. Muf. D. Bofc.

11. L. ferruginea, antennis, pectore abdominisque *brunnea.*
    bafi nigris.
    Crioceris brunnea. Ent. fyft. 2. 6. 10. *
    Habitat in Germania. D. Smidt.

12. L. rubra, elytris punctis fex nigris.   *12punctata*
    Crioceris 12punctata. Ent. fyft. 2. 7. 20.
    Chryfomela 12punctata. Linn. fyft. Nat. 2. 601.
        110. Fn. Sv. 568.
    Geoff. Inf. 1. 241. 2. tab. 4. fig. 5.
    Schaeff. Icon. tab. 4. fig. 5.
    Frifh. Inf. 13. tab. 28.
    Payk. Fn. Sv. 2. 81. 6.
    Habitat in Europae Afparago, quem mifere de-
        pafcit.

13. L. rufa, elytris punctato-ftriatis cyaneis. Ent. *Tranqueba*
    ' fyft. fuppl. 92. 15. *   *rica.*
    Leptura Tranquebarica. Ent. fyft. fuppl. 154.
        53. *
    Habitat Tranquebariae. D. Daldorff. Muf. D. Lund.

14. L. thorace fuluo: punctis quinque nigris, ely- *14punctata*
    tris|flauis: punctis feptem. Ent. fyft. fuppl.
    91. 12.
                                                Crio-

Crioceris 14punctata. Ent. fyft. 2. 7. 13. *
Attelabus 14punctatus.. Scop. Carn. 116.
Habitat in Germania. Dr. Schulz.

ruficollis. 15. L. thorace rufo, elytris flauis: fafciis duabus
nigris. Ent. fyft. fuppl. 91. 13.
Crioceris ruficollis. Ent. fyft. 2. 7. 14.
Habitat Cayennae. D. v. Rohr.

melanura. 16. L. rufa, elytris punctato-ftriatis, apice cyaneis.
Ent. fyft. fuppl. 91. 14. *
Habitat Tranquebariae. D. Daldorff. Muf. D. Lund.

Afparagi. 17. L. thorace rubro, punctis duobus nigris, coleo-
ptris flauis: cruce punctisque quatuor nigris.
Ent. fyft. fuppl. 93 24.
Crioceris Afparagi. Ent. fyft. 2. 10. 41.
Chryfomela Afparagi. Linn. fyft. Nat. 2. 601.
112. Fn. Sv. 567.
Geoff. Inf. 1. 241. 3.
Schaeff. Icon. tab. 52. fig. 9. 10.
Roef. Inf. 2. fcarab. 3. tab. 4.
Frifh. Inf. 1. 27. tab. 6.
Payk. Fn. Sv. 2. 82. 7.
Degeer Inf. 5. 341. 45.
Habitat in Europae Afparago.

atrata. 18. L. corpore atro, immaculato.
Habitat in America meridionali. D. Smidt. Muf.
D. de Seheftedt.
Statura et magnitudo omnino L. merdigerae, at
corpus totum atrum, immaculatum.

nigricornis. 19. L. rufa, coleoptris maculis quatuor cyaneo-ni-
gris: duobus communibus. Ent. fyft. fuppl. 91.
10. *
Habitat in Cayenna. D. Richard.

20. L.

20. L. nigra, thorace rufo, coleoptris flauescenti- **5punctata.**
bus: maculis quinque nigris, Ent. fyst. suppl.
91. 10.
Crioceris 5punctata. Ent. fyst. 2. 7. 23. ✻
Habitat in Germania. Dr. Schulz.

21. L. rufa, pectore, elytris pedibusque cyaneis. **Coroman-**
Leptura Coromandeliana. Ent. fyst. suppl. 154. **deliana.**
54. ✿
Habitat Tranquebariae. D. Daldorff. Muf. D. Lund.

22. L. thorace rufo, elytris cyaneis: margine fa- **Solani.**
fciaque media flauis. Ent. fyst. suppl. 93. 18. ✿
Habitat in Carolinae Solano nigro. Muf. D. Bofc.

23. L. coerulea, thoracis lateribus gibbis. Ent. fyst. **cyanella.**
suppl. 93. 19.
Crioceris cyanella. Ent. fyst. 2. 9. 35.
Chryfomela cyanella. Linn. fyst. Nat. 2. 600.
104. Fn. Sv. 572.
Geoff. Inf. 1. 343. 5.
Herbft. Arch. tab. 23. fig. 34.
Payk. Fn. Sv. 2. 83. 9.
Degeer. Inf. 5. 340. 44.
Habitat in Europae plantis.

24. L. rufa, elytris punctato-ftriatis atris, capite **cornuta.**
tuberculato.
Habitat in Carolina. Muf. D. Bofc.
Statura et magnitudo L. cyanellae. Antennae nigrae. Caput nigrum, ore fufeo naribusque tuberculis duobus eleuatis, obtufis. Thorax rotundatus, rufus, nitidus, ftriga poftica impreffa. Elytra punctato-ftriata, atra, immaculata.
Corpus rufum. Pedes nigri, femoribus rufis.

25. L. viridis, elytris ftriato-punctatis, cyaneis. **cyanea.**
Ent. fyst. suppl. 92. 17.

Habi-

Habitat in India orientali. Dom. Daldorff.

Vix a Lema cyanella fatis diftincta.

bicolor.   26. L. fufca, capite elytrisque viridi-atris, thorace
pedibusque rufis.

Crioceris bicolor. Ent. fyft. fuppl. 89. 35. *

Habitat in India orientali. D. Daldorff.

melanopa.   27. L. coerulea, thorace pedibusque rufis. Ent. fyft.
fuppl. 93. 2ọ.

Crioceris melanopa. Ent. fyft. 2. 10. 36.

Chryfomela melanopa. Linn. fyft. Nat. 2. 601.
105. Fn. Sv. 573.

Sulz. Inf. 3. tab. 3. fig. 19.

Degeer. Inf. 5. 342. 46.

Payk. Fn. Sv. 2. 82. 8.

Habitat in Europae borealis plantis.

vnifafciata. 28. L. rufa, elytris, fafcia atra.   Ent. fyft. fuppl.
92. 12.

Crioceris vnifufciata. Ent. fyft. 2. 8. 26. *

Habitat in noua Hollandia. Muf. D. Banks.

2fafciata.   29. L. rufa, elytris, fafciis duabus. atris. Ent. fyft.
fuppl. 92. 13. *

Crioceris 2fafciata. Ent. fyft. 2. 8. 27. *

Habitat in noua Hollandia. Muf. D. Banks.

nigripes.   30. L. ferruginea, antennis, pectore pedibusque nigris. Ent. fyft. fuppl. 92. 14.

Crioceris nigripes. Ent. fyft. 2. 8. 28. *

Habitat in noua Hollandia. Muf. D. Banks.

obfcura.   31. L. obfcura, elytris punctato-ftriatis.

Habitat in America meridionali. D. Smidt. Muf.
D. de Seheftedt.

Statura omnino L. cyanellae, at paullo minor,
tota obfcura, minime nitida. Femora bafi parum ferruginea.

** *fal*

** *faltatoriae.*

32. L. faltatoria, fupra cuprea, elytris, futura vitta- *vittata.*
que viridibus, nitidis, pedibus flauis.

Habitat in America meridionali. D. Smidt. Muf.
D. Lund.

Parua. Antennae longitudine corporis, fufcae.
Caput nigrum, immaculatum. Thorax cupreus,
linea dorfali virefcente. Elytra punctato-ftriata, cuprea, futura vittaque lata, viridibus, nitidis. Corpus flauefcens. Pedes flauefcentes,
femoribus pofticis incraffatis.

33. L. faltatoria, viridi-aenea, elytris ftriatis, cu- *cuprea.*
préis, pedibus flauis.

Habitat in America meridionali. D. Smidt. Muf.
D. deSeheftedt.

Praecedenti nimis affinis; differt tantum elytris
totis cupreis.

34. L. faltatoria, ferruginea, elytris ftriatis, viridi- *nitidula.*
nitidulis.

Habitat in America meridionali. D. Smidt. Muf.
D. Lund.

Summa affinitas praecedentium, at minor. Antennae fufcae, bafi rufae. Caput et thorax
atra, immaculata. Elytra ftriata, viridi-niti-
dula. Pedes flaui, femoribus pofticis incraffatis.

35. L. faltatoria, nigra, thorace albo-lineato, ely- *ftriata.*
tris ftriatis, pedibus quatuor anticis pallidis.

Habitat in America meridionali. D. Smidt. Muf.
D. Lund.

Media. Caput nigrum, ore pallefcente. Antennae
nigrae, bafi apiceque pallidae. Thorax cylindricus, niger, lineis tribus fere obfoletis, albidis. Elytra ftriata, immaculata. Pedes quatuor
antici pallidi. Femora poftica valde incraffata,
atra, nitida.

36. L.

varia.   36. L. faltatoria, ferruginea, elytris ftriatis, bafi nigris.

Habitat in America meridionali. D. Smidt. Muf.
D. de Seheftedt.

Statura et magnitudo omnino praecedentis.   Antennae ferrugineae. Thorax cylindricus, ferrugineus. Elytra ftriata, ferruginea, bafi nigra. Corpus ferrugineum, femoribus pofticis
compreffis, valde incraffatis.

pofticata.   37. L. faltatoria, laevis, teftacea, elytris apice nigris.
Habitat in America meridionali. Muf. D. Lund.

Statura omnino praecedentium, at minor. Antennae, caput, thorax cylindricus, ferruginea, nitida. Elytra teftacea, apice nigra. Corpus. ferrugineum, femoribus pofticis incraffatis, compreffis, apice nigris.

84. GALLERVCA. *Palpi* fex: articulo vltimo acuto,

Labium bifidum.

Antennae filiformes.

2maculata. 1. G. atra, elytris teftaceis: macula atra. Ent. fyft.
2. 12. 1. *

Habitat in America. D. Drury.
Affinis Adoriis videtur, mihi haud rite nota.

2. G.

Gallerucae corpus oblongum, glabrum, depreffiufculum, immarginatum, tardum; *capite* paruo, rotundato, inferto;
oculis rotundatis, lateralibus, prominulis; *antennis* approximatis, ante oculos infertis; *thorace* breui, transuerfo, faepius linea transuerfa, impreffa; *fcutello* paruo,
rotundato; *elytris* rigidis, planiufculis; longitudine abdominis; *pedibus* mediocribus, validis, curforiis; *tarfis* quadriarticulatis, colore vario.

:. G. teſtacea, ſubtus nigra. Ent. ſyſt. 2. 13. 2. ⁰   *teſtacea.*
Habitat ad Cap. Bon. Spei. Muſ. D. Banks.

;. G. ferruginea, elytris, apice abdomineque nigris. *pallipes.*
Habitat in Sumatra. Dom. D..ldorff.
Magna. Caput et thorax rufa, immaculata. Elytra
ſublaeuia, rufa, apice nigra. Abdomen nigrum.
Pedes quatuor antici pallidi, poſtici nigri, plan-
tis pallidis.

}. G. rufa, elytris nigris, apice rufis.   *roſea.*
Habitat in Sumatra. D. Daldorff. Muſ. D. de Seheſtedt.
Statura magna praecedentis. Antennae pallidae:
articulo primo rufo. Caput et thorax laete rufa, thoracis medio ſtriga compreſſa. Elytra
laeuia, atra, apice laete rufa. Corpus rufum,
tibiis nigris.

. G. atra, elytris faſciis tribus flauis. Ent. ſyſt. 2. *faſciata.*
13. 3. ⁰
Habitat in America. D. Drury.

: G. viridi-aenea, thorace pedibusque rufis. Ent. *ruficollis.*
ſyſt. 2 13. 4. ⁰
Geoff. Inſ. 1. 263. 16.
Habitat in Anglia. D. Lee.

, G. atra, elytris porcatis. Ent. ſyſt. 2. 14. 7. ⁰   *littoralis.*
Galleruca atro-fuſca. Geoff. Inſ. 1. 252. 1.
tab. 4. fig. 6.
Habitat ad Europae auſtralioris littora.

. G. ſupra ferruginea, elytris apice lunula cyanea. *Tranqueba*
Ent. ſyſt. 95. 6. ⁰   *rica.*
Habitat Tranquebariae. D. Daldorff.

. G. teſtacea, immaculata, thoracis angulo poſtico *unicolor.*
ſubſpinoſo.
Galleruca unicolor. Illig. Widem. Archiv. 1. 2.
135. 30.
Habitat in Sumatra. D. Daldorff.   Corpus

Corpus magnum, totum teſtaceum, immaculatum,
abdomine interdum obſcuriore.   Thorax ſtriga
media impreſſa, angulo poſtico parum producto, ſubſpinoſo.

Sumatrae.   10. G. teſtacea, elytris baſi apiceque cyaneis.
     Galleruca Sumatrae. Web. Inſ. 55. 2.
     Habitat in Sumatra. D. Daldorff.
     Statura omnino praecedentis.   Caput cum anten-
     nis teſtaceum.   Thorax teſtaceus, ſtriga media
     impreſſa anguloque poſtico ſubſpinoſo. *Elytra*
     laeuia, teſtacea, baſi apiceque cyanea.   Abdo-
     men nigrum.

Cajennenſis   11. G. atra, capite, thorace femoribusque quatuor
     anticis obſcure ruſis. Ent. ſyſt. 2. 14. 8. [*]
     Habitat in Cajenna. D. v. Rohr.

nigripennis   12. G. pallida, capite elytrisque nigris. Ent. ſyſt. 2.
     14. 9. [*]
     Habitat Surinami. Muſ. D. Boſc.

obſcura.   13. G. thorace pallido, nigro - punctato, elytris fu-
     ſcis: margine lineisque pallidis.
     Habitat in Guinea. Muſ. D. Lund.
     Magno. Antennae nigrae: articulo primo ſecun-
     doque pallidis.   Caput pallidum, puncto verti-
     cali nigro, Thorax pallidus, obſcurus, punctis
     quinque, 4. intermediis minoribus 1.   Elytra
     laeuia, obſcura: margine lineisque aliquot in-
     diſtinctis, pallidis.   Corpus et pedes variegata.

Bacchari-   14. G. capite thoraceque pallidis, nigro - maculatis,
dis.   elytris nigris: margine vittaque abbreuiata pal-
     lidis.
     Galleruca Baccharidis. Web. Inſ. 57. 6.
     Habitat in Carolinae Baccharidibus. D. Boſc.
     Maior G. Nympheae. Antennae totae fuſcae. Ca-
     put pallidum, macula media baſeos fuſca. Tho-

rax laeuis, pallidus, maculis tribus fufcis. Elytra fufca, margine vittaque a bafi ad medium
ducta, attenuata, pallidis. Corpus et pedes obfcura.

15. G. nigra, thorace elytrisque grifeis. Ent. fyft. 2. *ruftica.*
15. 11.
Galleruca fufca. Geoff. Inf. 1. 253. 1. β.
Galleruca ruftica. Act. Hall. 1. 274.
Payk. Fn. Sv. 2. 87. 3.
Habitat in Germaniae fruticibus.

16. G. punctata nigra, elytris coriaceis. Ent. fyft. 2. *Tanaceti.*
15. 10.
Linn. fyft. Nat. 2. 587. 5. Fn. Sv. 507.
Degeer Inf. 5. 299. 4. tab. 8. fig. 27.
Roef. Inf. 2. fcarab. 3. tab. 5.
Schaeff. Icon. tab. 21. fig. 14.
Merian. Inf. Europ. tab. 68.
Payk. Fn. Sv. 2. 36. 1.
Habitat in Europae Tanaceto.

17. G. atra, elytris fafcia rufa, antennis pedibusque *tricolor.*
flauefcentibus.
Habitat in Sumatra. D. Daldorff.
Magna. Caput atrum, ore antennisque flauefcentibus. Thorax ater, dorfo impreffo. Elytra vix
punctata, atra, fafcia media lata, rufa. Pedes
flauefcentes, femoribus pofticis extus, tibiis totis nigris.

18. G. thorace pallido, nigro - maculato, elytris *marginata.*
atris: margine omni pallido.
Habitat in America meridionali. D. Smidt. Muf.
D. de Seheftedt.
Statura omnino G. nigripennis. Antennae nigrae,
apice albae. Caput nigrum, ore albo. Thorax
albus, punctis duobus magnis, nigris. Scutel-
Hh   lum

lum nigrum, apice pallidum. Elytra laeuia, atra, margine suturaque pallidis. Corpus pallidum, pedibus nigris.

pallicornis. 19. G. rufa, elytris, apice corporeque atris.

Habitat in Sumatra. D. Daldorff. Muf. D. Lund.

Statura et magnitudo sequentis. Caput cum antennis pallidum. Thorax laeuis, rufus. Elytra subpunctata, rufa, apice late atra. Corpus atrum, pedibus quatuor anticis albis.

luteicornis. 20. G. nigra, elytris testaceis, apice nigris.

Habitat in Sumatra. D. Daldorff.

Statura et magnitudo praecedentium. Antennae flauae. Caput et thorax atra, immaculata. Elytra laeuia. testacea, apice nigra. Corpus cum pedibus nigrum.

bicolor. 21. G. nigra, capite, thorace elytrorumque apicibus rufis.

Galleruca bicolor. Web. Inf. 56. 4.

Habitat in Sumatra. D. Daldorff.

Affinis praecedentibus. Caput rufum, antennis pallidis. Thorax pallidus. Elytra laeuia, atra, apice rufa. Pectus et abdomen nigra, lanugine cinerea, nitida. Pedes rufescentes.

analis. 22. G. fulua, elytris maculis duabus cyaneo - nigris.

Galleruca analis. Web. Iuf. 55. 3.

Habitat in Sumatra. D. Daldorff.

Media. Caput, thorax, antennae fuluae, immaculatae. Elytra laeuia, testacea, maculis duabus magnis, cyaneo - nigris, altera baseos, altera ante apicem. Corpus fuluum, ano nigro.

atripennis. 23. G. ferruginea, alis atris.

Habitat in Sumatra. D. Daldorff.

Statura omnino praecedentium. Antennae pallidae, articulo primo obscuriore. Caput et thorax

rax ferruginea, nitida, thoracis ftriga media
impreffa. Scutellum ferrugineum. Elytra laeuia, atra. Corpus ferrugineum.

24. G. fanguinea, thorace immaculato, elytris pun- *cruenta.*
ctis tribus nigris. Ent. fyft. 2. 19. 30. *
Habitat ih India orientali. Muf. D. Banks.

25. G. oblonga, ferruginea, antennis nigris. *ferruginea.*
Habitat in America meridionali. D. Smidt. Muf.
D. Lund.
Statura praecedentium. Antennae nigrae, bafi
ferrugineae. Corpus totum glabrum, ferrugi-
neum, obfcurum, minime nitidum.

26. G. flaua, antennis abdomineque fufcis! alo fla- *abdomina-*
no. Ent. fyft. 2. 23. 23. * *lis.*
Crioceris teftacea. Ent. fyft. 2. 4. 9.
Hybn. Naturf. 24. 43. 8. tab. 2. fig. 9.
Habitat in India et ad Cap. Bon. Spei.

27. G. violacea, elytris vage punctatis, pedibus an- *Alni.*
tennisque nigris. Ent. fyft. 2. 16. 13.
Linn. fyft. Nat. 2: 587. 9. Fn. Sv. 511.
Geoff. Inf 1. 132. 1.
Schaeff. Icon. tab. 65. fig. 6.
Payk. Fn. Sv. 2. 87. 2.
Roff. Fn. Etr. 1. 79. 199.
Degeer Inf. 5. 314. 20. tab. 9. fig. 18.
Sulz. Hift. Inf. tab. 3. fig. 13.
Frifh. Inf. 7. 13. tab. 8.
Habitat in Europae Betula Alno.

28. G. capite thoraceque cinereis nigro - punctatis, *compreffi-*
elytris fufcis, antennis compreffis. *cornis.*
Habitat in America meridionali. D. Smidt. Muf.
D. de Seheftedt.
Antennae fingulares, vix huius generis, breues,
extrorfum craffiores, articulo primo cylindrico,

Hh 2 2-3.

2 - 3. rufis, reliquis nigris, compreffis. Caput cinereum, punctis duobus inter oculos nigris. Thorax cinereus, punctis plurimis nigris. Elytra laeuia, obfcura. Corpus obfcurum.

Baffiae.　29. G. cyanea, antennis pedibusque nigris, oculis albis.

Galleruca Iamaicenfis. Ent. fyft. 2. 16. 14. *

Habitat in Baffia longifolia Indiae orientalis. Muf. D. Lund.

Lawfoniae.　30. G. cyanea, antennis, pedibus oculisque nigris. Ent. fyft. fuppl. 95. 14. *

Habitat in Lawfonia fpinofa Indiae orientalis. D. Daldorff.

Abfinthii.　31. G. pallida, thorace macula, elytris lineis tribus nigris. Ent. fyft. 2. 16. 15. *

Chryfomela Abfinthii. Pall. Icon. 2. 725. 70.

Habitat in Siberia. Muf. D. Banks.

picea.　32. G. picea, pedibus teftaceis. Ent. fyft. 2. 17. 18. *

Habitat in Africa aequinoctlali. Muf. D. Banks.

Betulae.　33. C. violacea, elytris punctato - ftriatis. Ent. fyft. 2. 17. 19. *

Chryfomela Betulae. Linn. fyft. Nat. 2. 587. 10. Fn. Sv. 514.

Degeer. Inf. 5. 318. 24. tab. 9. fig. a. b.

Roef. Inf. 2. fcarab. 3. tab. 1.

Habitat in Betulae albae foliis paginam inferiorem exedens.

Larua fufca, lineis quatuor tuberculorum aluentorum. Tubercula tacta guttulam lacteam excernunt, quam ftatim retrahunt.

tricolor.　34. G. thorace fuluo, viridi - punctato, elytris viridibus, nitidis, abdomine nigro. Ent. fyft. 2. 17. 20. *

Habitat in Indiis. Muf. D. Banks.

35. G. capite thoraceque testaceis, fusco-maculatis, *sericea*,
    elytris viridibus. Ent. syst. suppl. 95. 20. *
Cantharis sericea, thorace marginato, capiteque
    testaceo, nigroque variis, elytris viridibus.
    Ent. syst. suppl. 69. 29. *
Habitat in India orientali. D. Daldorff.

36. G. thorace testaceo, immaculata, elytris testa-   *4maculata.*
    ceis: maculis duabus nigris. Ent. syst. 2. 20.
    35. *
Crioceris 4maculata, thorace rufo, elytris te-
    staceis: maculis duabus atris. Ent. syst. 2. 12.
    50. * 4. 5. *
Cryfomela 4maculata. Herbst. Arch. tab.
Habitat in nemoribus Kiloniensibus. Muf. D. Lund.

37. G. nigricans, thorace pallido, elytris albidis: *6punctata.*
    punctis sex nigris.
Crioceris 6punctata. Ent. syst. 2. 4. 6. *
Habitat ad Cap. Bon. Spei. Muf. D. Banks.

38. G. rufa, thoracis dorfo impreffo bidentato, ely- *impressa.*
    trorum difco nigro.
Habitat Tranquebariae. Muf. D. de Scheftedt.
Antennae rufae: articulo primo craffiori, cylin-
    drico. Caput rufum. Thorax rufus, dorfo val-
    de impreffo: margine impreffurae vtrinque
    eleuato, vnidentato. Elytra laeuia, nigra, mar-
    gine omni rufo. Corpus nigrum, pedibus rufis.

39. G. rufa, antennis elytrorumque difco nigris.   *difcoidea.*
Habitat in Carolina. Muf. D. Bofc.
Statura et magnitudo praecedentis. Caput ferru-
    gineum, antennis nigris. Thorax ferrugineus,
    nitidus, dorfo punctis duobus impreffis. Elytra
    laeuia, nigra: margine omni ferrugineo. Cor-
    pus rufum, abdomine obfcuriore. Pedes rufi,
    apice nigri.

limbata. 40. G. rufa, elytrorum difco atro.

Habitat in Carolina. Muf. D. Bofc.

Statura omnino G. difcoideae, at paullo minor, et alia. Caput cum antennis rufum. Thorax rufus, nitidus, macula media transuerfa parum impreffa. Elytra laeuia, atra, nitida, margine omni rufo. Corpus et pedes rufa.

cincta. 41. G. pallida, elytrorum margine omni atro. Ent. fyft. 2. 22. 42. *

Hybn. Naturf. 24. 42. 7. tab. 1. fig. 6-8.

Habitat Tranquebariae. Dr. Koenig.

Antennae in altero fexu fingulares, articulo fecundo minuto, globofo, tertio vtrinque fpinofo, quarto et quinto compreffo, extrorfum emarginato.

trilineata. 42. G. pallida, thorace maculis tribus, elytris ftriis tribus abbreuiatis nigris.

Crioceris trilineata. Ent. fyft. 2. 11. 46. *

Habitat ad Cap. Bon. Spei.

triloba. 43. G. capite thoraceque flauefcentibus, nigro-maculatis, elytris grifeis, corpore fufco. Ent. fyft. 2. 21. 37. *

Habitat ad Cap. Bon. Spei. Muf. D. Banks.

Elytra laeuia, obfcura. Corpus fufcum.

lineola. 44. G. grifea, thorace linea dorfali, elytris puncto bafeos nigris. Ent. fyft. 2. 21. 38. *

Payk. Fn. Sv. 2. 90. 6.

Degeer Inf. 5. 325. 30.

Habitat in Italia. Dr. Allioni.

Nympheae. 45. G. fufca, elytrorum margine prominulo flauefcente, Ent. fyft. 2. 21. 31.

Chryfomela Nympheae. Linn. fyft. Nat. 2. 600. 90. Fn. Sv. 565.

Geoff. Inf. 1. 254. 4.

Degeer

Degeer Inf. 4. 326. 31. tab. 20. fig. 1. 2.
Payk. Fn. Sv. 2. 92. 10.
Habitat in Europae Nymphaeis.

46. G. thorace nigro maculato elytrisque grifeis, *capreae.*
antennis nigris. Ent. fyft. 2. 21. 32. °
Chryfomela capreae. Linn. fyft. Nat. 2. 606.
100. Fn. Sv. 516.
Geoff. Inf. 1. 254. 5.
Degeer Inf. 5. 325. 30.
Payk. Fn. Sv. 2. 88. 4.
Habitat in foliis Salicis capreae.

47. G. ferruginea, elytris cyaneis. Ent. fyft. 2. 18. *Auicenniae.*
24. °
Habitat in Americae meridionalis Auicenniis. Dr.
Ifert.

48. G. nigra, elytris viridibus, ano rufo. Ent. fyft. *ruficauda.*
2. 18. 23. °
Chryfomela ruficauda. Thunb. Differt.
Habitat ad Cap. Bon. Spei. Muf. D. Bofc.

49. G. coerulea aut viridis, elytris punctato - ftria- *vitellinae.* ...
tis, ano rufo. Ent. fyft. 2. 18. 22.
Chryfomela vitellinae. Linn. fyft. Nat. 2. 589.
23. Fn. Sv. 519.
Degeer Inf. 5. 323. 27.
Roef. Inf. 2. fcarab. 3. tab. 1.
Payk. Fn. Sv. 2. 94. 12.
β. *Chryfomela vulgatiffima.* Linn. fyft. Nat. 2.
589. 22. Fn. Sv. 517.
Degeer Inf. 5. 317. 23.
Habitat in Europae Salicibus frequens.

50. G. capite thoraceque obfcure ferrugineis, ely- *lactucae.*
tris nigro - aeneis. Ent. fyft. 2. 18. 25. °
Habitat Dresdae. Muf. D. Romanus.
Species obfcura mihi haud rite nota.

51. G.

palliata. 51. G. lutea, elytris nigris. Ent. fyft. 2. 22. 35. *
   Chryfomela palliata. Act. Hall. 1. 279.
   Hybn. Naturf. 24. 44. 9. tab. 2. fig. 10.
   Habitat Tranquebariae. Dom. Hybner.
   Antennae flauefcentes, in altero fexu 3. 4. 5. di-
    latatis, et in his abdomen nigrum.

Calmarien- 52. G. cinerea, elytris, vitta lineolaque bafeps ni-
fis.   gris. Ent. fyft. 2. 23. 46.
   Chryfomela Calmarienfis. Linn. fyft. Nat. 2. 600.
    101.
   Geoff. Inf. 1. 253. 3.
   Payk. Fn. Sv. 2. 90. 8.
   Habitat in Europae Salice.

Morio 53. G. nigra, obfcura, pedibus ferrugineis. Ent. fyft.
   2. 23. 48. *
   Habitat ad Cap. Bon. Spei. Muf. D. Banks.

fanguinea. 54. G. rufa, antennis oculisque nigris. Ent. fyft. 2.
   23. 49. ☼
   Payk. Fn. Sv. 2. 94. 11.
   Habitat in Europa boreali. Dom. Schaller.

marginella. 55. G. capite thoraceque ferrugineis, elytris cyaneis: margine rufo.
   Habitat in America meridionali. D. Smidt. Muf.
   D. Lund.
   Antennae nigrae. Caput et thorax rufa, immaculata, thoracis dorfo impreffo. Elytra laeuia,
   cyanea, nitida, margine laete rufo. Corpus
   atrum.

notata. 56. G. ferruginea, thorace punctis tribus, elytris
   punctatis: vittis tribus abbreuiatis nigris.
   Habitat in Carolina. Muf. D. Bofc.
   Statura G. lineolae. Antennae nigrae, bafi ferrugineae. Caput ferrugineum, linea verticali nigra. Thorax ferrugineus, punctis tribus nigris.
            Elytra

Elytra punctata, ferruginea, vittis tribus nigris,
quarum exteriores ante apicem coëunt, interior
vero valde abbreuiata. Corpus fufcum, pedibus ferrugineis.

57. G. ferruginea, thorace maculato, elytris laeui- *notulata.*
bus: vittis quatuor nigris.

Habitat in Carolina. Muf. D. Bofc.

Affinis certe praecedenti, at alia et diftincta. Caput
cum antennis nigrum. Thorax rufus, maculis
tribus nigris; intermedia maiori. Elytra laeuia, ferruginea: vittis quatuor nigris, quarum
tres exteriores ante apicem coëunt, interior
ante medium proximae iungitur. Pedes pallidi.

58. G. nigra, obfcura, antennis, apice, elytris, mar- *Maura.*
gine pallefcentibus.

Habitat in America meridionali. D. Smidt. Muf.
D. de Seheftedt.

Statura et magnitudo G. palliatae. Antennae nigrae, articulis tribus vltimis pallefcentibus.
Thorax niger, linea transuerfa media, impreffa. Elytra linea vnica fere obfoleta, eleuata,
abbreuiata, nigra: margine pallefcente. Corpus nigrum, femoribus pallidis.

59. G. fupra tomentofa, obfcure ferruginea, elytris *Americana.*
vittis tribus nigris.

Habitat in Carolinae plantis. Muf. D. Bofc.

Statura G. Calmarienfis. Antennae nigrae, bafi
ferrugineae. Caput obfcure ferrugineum, linea
dorfali nigra. Thorax ferrugineus, obfcurus,
lineis tribus fufcis. Elytra punctata, fericea,
obfcure ferruginea, vittis tribus paruis, nigris,
interiore obfoletiore. Corpus fufcum, pedibus
ferrugineis.

60. G.

atomaria. 60. G. pallida, elytrorum futura, atomisque ferrugineis.

Habitat in Carolina. Muf. D. Bofc.

Statura parua G. tenellae. Antennae ferrugineae. Caput ferrugineum, vertice nigro. Thorax marginatus, pallidus, immaculatus. Elytra laeuia, pallida, futura, quae tamen apicem haud attingit, puncto maiori diftincto in medio atomisque ferrugineis. Corpus pallidum.

gelatina- 61. G. thorace flauefcente: punctis tribus impref-
riae. fis fufcis, elytris fufcis: margine omni flauefcente.

Habitat in Carolinae Gelatinaria (planta aquatica nondum defcripta). Muf. D. Bofc.

Statura et magnitudo G. Calmarienfis. Antennae nigrae, articulis bafi parum pallefcentibus. Caput fufcum, ore flauefcente. Thorax flauefcens: punctis duobus dorfalibus, impreffis, fufcis: margine futuraque flauefcentibus. Corpus fufcum, pedibus flauefcentibus.

tenella. 62. G. ferruginea, thorace elytrorumque margine flauis. Ent. fyft. 2. 23. 50.

Chryfomela tenella. Linn. fyft. Nat. 2. 600. 102. Fn. Sv. 564.

Payk. Fn. Sv. 2. 93. 10.

Habitat in Europae Salice.

haemorrhoi 63. G. rufa, elytris atris, apice rufis.
dalis. Habitat in noua Cambria. D. Billardiere.

Antennae bafi rufae, medio nigrae, apice rufae, articulo vltimo nigro. Caput, thorax, corpus, pedes nunc rufa, nunc albida. Elytra laeuia, atra, apice laete rufa.

hiftrionica. 64. G. fufca, capite thoraceque flauis, nigro - maculatis.

Gal-

Galleruca picta. Ent. fyft. 2. 23. 51. *

Habitat in India. Muf. Dr. Hunter.

55. G. teftacea, antennarum articulo tertio emargi- *varicornis.*
nato, vltimis albis.

Habitat in America meridionali. Muf. D. de Seheftedt.

Statura praecedentium. Antennae fingulares:
articulo primo elongato, incuruo, pallido, fecundo breuiffimo, rotundato, tertio elongato,
incuruo, late emarginato, pallido, 4-7. nigris,
reliquis albis. Caput et thorax glabra, teftacea,
nitidula, thoracis dorfo impreffo. Elytra fulcata, fulcis fubrugofis, teftacea. Corpus pallide teftaceum, abdomine nigro.

** *faltatoriae, femoribus pofticis incraffatis.*

66. G. faltatoria, flauefcens, elytris viridibus: mar- *famelica.*
gine pallido. Ent. fyft. 2. 27. 68.

Habitat in America. D. Drury.

Maxima in hac familia.

67. G. faltatoria, pallida, elytris cyaneis: fafcia *fafciata.*
pallida. Ent. fyft. fuppl. 96. 55. *

Habitat in St. Domingo. D. Brongiard.

68. G. faltatoria, flauefcens, thorace punctis duo- *Carolinia-*
bus, coleoptris vittis quinque nigris. Ent. fyft. *na.*
2. 24. 55. *

Ciftela vittata teftacea vittaque media nigris.
Ent. fyft. 2. 47. 30. * vix differre videtur.

Habitat in Carolinae Amarantho fpinofo.

69. G. faltatoria, thorace elytrisque albis: margine *equeftris.*
bafeos fafciaque media ferrugineis. Ent. fyft.
2. 29. 61. *

Habitat in America. Muf. Dr. Hunter.

70. G.

macula.   70. G. faltatoria, pallida, elytris maculis duabus nigris.

Habitat in America meridionali. D. Smidt. Muf.
D. Lund.

Magna. Caput et thorax poftice impreffus pallida, immaculata. Elytra laeuia, maculis duabus
magnis, nigris. Corpus pallidum, pedibus
fufcis.

roguttata.   71. G. faltatoria, ferruginea, thorace elytrorumque
punctis quinque albis.

Habitat in America meridionali. D. Smidt. Muf.
D. de Seheftedt.

Magna. Caput obfcure ferrugineum, ore pallido,
antennisque nigris. Thorax albus, immaculatus. Elytra laeuia, brunnea, cyaneo parum nitida, punctis quinque albis 1. 2. 1. transuerfo 1. Corpus ferrugineum.

nobilitata.   72. G. faltatoria, ferruginea, elytrorum margine fafciaque albis. Ent. fyft. 2. 20. 64. *

Hybn. Naturf. 24. 411. 5. tab. 2. fig. 4.

Habitat in Cayenna. D. v. Rohr.

4fafciata.   73. G. faltatoria, ferruginea, elytris ftrigis quatuor
albis. Ent. fyft. 2. 20. 65. *

Habitat in Cayenna. D. v. Rohr.

fellata.   74. G. faltatoria, teftacea, thorace albo: punctis
quatuor nigris.

Habitat in America meridionali. D. Smidt. Muf.
D. de Seheftedt.

Magna. Antennae nigrae, apice albidae. Caput
albidum. Thorax marginatus, albus: punctis
quatuor nigris; duobus bafeos, duobus apicis.
Elytra laeuia, teftacea, immaculata. Corpus
pallide teftaceum.

75. G.

75. G. faltatoria, nigra, thorace elytrorumque fafciis *abbreuiata* duabus albis. Ent. fyft. fuppl. 97. 63. *

Habitat in Cayenna. D. Richard.

76. G. faltatoria, nigra, thoracis limbo, elytrorum *limbata.* margine vittaque fuluis. Ent. fyft. fuppl. 96. 54. *

Habitat in Tanger. D. Schousboe.

77. G. faltatoria, flaua, thorace nigro-punctato, ely- *thoracica.* tris violaceis. Ent. fyft. 2. 24. 54. *

Habitat in America. D. Lee.

78. G. faltatoria, atra, thorace elytrorumque fafcia *nitida.* albis.

Habitat in America meridionali. D. Smidt. Muf. D. Lund.

Magna. Caput cum antennis atrum, immaculatum. Thorax laeuis, albus, nitidus. Elytra atra, cya- neo parum nitida, margine bafeos fafciaque la- ta albis. Abdomen album. Pedes atri, femori- bus pofticis valde incraffatis.

79. G. faltatoria, thorace rubro, elytris violaceis: *aequinoctia* maculis quatuor albis alternis. Ent. fyft. 2. 28. *lis.* 73. *

Chryfomela aequinoctialis. Linn. fyft. Nat. 2. 596. 71.

Degeer Inf. 5. 356. 11. tab. 16. fig. 19.

Habitat in America meridionali.

80. G. faltatoria, nigra, thorace albo, elytris obfcure *albicollis* ferrugineis: punctis quatuor albis; interiori lineari. Ent. fyft. 2. 27. 66. *

Habitat in Cayenna. D. v. Rohr.

81. G. faltatoria, ferruginea, capite thoraceque al- *4notata.* bis, elytris ferrugineis: punctis quatuor albis fimplicibus. Ent. fyft. fuppl. 98. 66. *

Habitat in Cayenna. D. Cuvier.

82. G.

bicolor.   82. G. faltatoria, rufa, elytris femoribusque pofticis
coeruleis. Ent. fyft. 2. 27. 69. *

       Chryfomela bicolor. Linn. fyft. Nat. 2. 593. 52.

       Degeer Inf, 5. 357. 12. tab. 16. fig. 20.

       Habitat in Cytifo Cajan Americae. Dom. Ifert.

humeralis.   83. G. faltatoria, pallide teftacea, elytris puncto humerali nigro.

       Habitat in America meridionali. D. Smidt. Muf.
D. de Sehestedt.

       Statura et magnitudo omnino G. fellatae. An-
tennae pallidae. Caput et thorax pallidiora.
Elytra laeuia, pallide teftacea, puncto humerali atro. Corpus teftaceum, femoribus valde
incraffatis.

       Variat elytris immaculatis.

lunata.   84. G. faltatoria, ferruginea, thorace elytrorum lunula fafciisque duabus albis.

       Habitat in America meridionali. D. Smidt. Muf.
D. Lund.

       Magna. Caput ferrugineum, antennis fufcis. Tho-
rax albus, immaculatus. Elytra laeuia, brunnea, nitida, lunula bafeos, margine fafciisque
duabus albis. Corpus ferrugineum.

collaris.   85. G. faltatoria, nigra, thorace anoque rufis. Ent.
fyft. fuppl. 97. 57. *

       Habitat in America. Dom. Hybner.

cyanipennis 86. G. faltatoria, ferruginea, capite elytrisque cyaneis. Ent. fyft. fuppl. 97. 57. *

       Habitat in Infula St. Domingo. D. Brongiard.

glabrata.   87. G. faltatoria, thorace pallido: punctis tribus nigris, elytris nigris: vittis duabus albis. Ent.
fyft. 2. 25. 57. *

       Habitat in Iamaicae Myrto Pimenta. Dr. Schwartz.

                                      88. G.

88. G. faltatoria nigra, thorace rubro, elytris ru- *miniata.*
bris: futura vittaque lata nigris.
Habitat in Carolina. Muf. D. Bofc.
Magna. Caput nigrum. Thorax vix punctatus,
ruber, macula media obfcuriore. Elytra fubpunctata, rubra, vitta lata futuraque nigris.
Corpus nigrum, pedibus piceis, femoribus valde incraffatis.
Poft mortem color rufus, viuaciffimus, in pallidum obfcurum tranfit.

89. G. faltatoria, capite thoraceque ferrugineis, ely- *quercata.*
tris atris: margine ferrugineo.
Habitat in Carolinae quercu. Muf. D. Bofc.
Antennae ferrugineae, apice nigrae. Caput et
thorax laeuia, ferruginea, immaculata. Elytra
laeuia, atra, margine ferrugineo. Corpus atrum,
pedibus anticis quatuor ferrugineis.

90. G. faltatoria, ferruginea, elytris vittis duabus *coniugata.*
flauis, poftice coeuntibus.
Habitat in Carolinae plantis. Muf. D. Bofc.
Statura et fumma affinitas G. glabratae. Caput
ferrugineum, antennis nigris. Thorax ferrugineus, immaculatus. Elytra laeuia, ferruginea,
vittis duabus flauis, poftice coeuntibus. Corpus ferrugineum, pectore tibiisque nigris.

91. G. faltatoria, atra, thoracis limbo, elytrorum *Petaurifta*
margine vittisque duabus ferrugineis.
Habitat in Carolina. Muf. D. Bofc.
Magna in hac familia. Caput atrum. Thorax flauus, difco macula magna, atra. Elytra punctata, atra, margine vittisque duabus, poftice coeuntibus, ferrugineis. Corpus atrum, femoribus craffiffimis.

92. G

oculata. 92. G. faltatoria, teftacea, elytris maculis tribus obfcuris: pofteriore macula teftacea.

Habitat in America meridionali. D. Smidt. Muf.
D. Lund.

Statura omnino praecedentium. Antennae obfcurae, bafi pallidae. Caput pallidum. Thorax
marginatus, pallidus, immaculatus. Elytra pallide teftacea, maculis duabus oblongis bafeos,
tertia poftica, elongata: macula oblonga pallida, femoribus incraffatis.

coccinea. 93. G. faltatoria, fanguinea, fubtus obfcure oliuacea.

Habitat in Aquapim Guineae. Muf. D. de Seheftedt.

Magna. Caput cum antennis, thorax, elytra laeuia, nitida, ferruginea, immaculata. Corpus
cum pedibus obfcure oliuaceum.

hectica. 94. G. faltatoria, laeuis, pallida, thorace poftice impreffo.

Habitat in America meridionali. D. Smidt. Muf.
D. Lund.

Statura praecedentium, at tota laeuis, pallida,
immaculata. Antennae et tibiae paullo obfcuriores.

impreffa. 95. G. faltatoria, laeuis, obfcure ferruginea, thorace
poftice impreffo.

Habitat in Tanger. D. Schousboe. Muf. D. de Seheftedt.

Magnitudo G. marginellae. Antennae ferrugineae,
apice fufcae. Corpus totum laeue, ferrugineum,
immaculatum, thorace poftice linea transuerfa
bafeos impreffa.

marginella. 96. G. faltatoria, nigra, elytris viridi-aeneis: margine punctisque duobus albis. Ent. fyft. 2. 26.
62. *

Habitat in Lufitania. Dr. Gray.

97. G.

97. G. faltatoria, coerulea, nitens, thorace, pectore *flauicollis.*
pedibusque pallidis. Ent. fyft. fuppl. 98. 72. ^c
Habitat in America auftrali, lecta inter Coccos
Cacti. Muf. D. Lund.

98. G. faltatoria, nigra, thorace ferrugineo, elytris *obfoleta.*
vitta obfoleta, teftacea.
Habitat in America meridionali. D. Smidt. Muf.
D. de Seheftedt.
Statura praecedentium. Caput cum antennis nigrum. Thorax laete ferrugineus, immaculatus.
Elytra laeuia, nigra: vitta obfoleta, teftacea,
quae tamen apicem haud attingit. Pedes rufi,
femoribus pofticis valde incraffatis, apice nigris.

99. G. faltatoria, coerulea, nitida, antennis nigris. *Erucae.*
Ent. fyft. 2. 28. 26. p:
Habitat in Germania. D. Smidt.

100. G. faltatoria, cyanea, nitida, antennis pedibus- *cyanea.*
que nigris.
Habitat in Sumatra. D. Daldorff.
Affinis certe G. Erucae, at paullo maior, tota cyanea, nitida, antennis, pedibus abdomineque nigris.

101. G. faltatoria, pallida, antennis tibiisque nigris. *pallens.*
Ent. fyft. 2. 25. 58.
Habitat in Infula Guadeloupe. Muf. D. Lund.

102. G. faltatoria, ferruginea, thorace elytrorum- *2guttata.*
que maculis duabus albis. Ent. fyft. 2. 25. 59.
Habitat in America boreali. D. Drury.

103. G. faltatoria, ferruginea, thorace albo, elytris *4guttata.*
atris: punctis quatuor albis. Ent. fyft. 2. 25.
60.
Habitat in Cayenna. Dr. Schulz.

liturata. 104. G. faltatoria, fupra pallida, elytris linea media atra. Ent. fyft. fuppl. 98. 69. *

Habitat in Sumatra. D. Daldorff.

trifafciata. 105. G. faltatoria, pallida, elytris nigris: puncto bafeos fafciisque tribus albis.

Habitat in America meridionali. D. Smidt. Muf. D. de Seheltedt.

Statura praecedentium. Caput cum antennis atrum. Thorax laeuis, pallide teftaceus, immaculatus. Elytra laeuia, puncto bafeos, fafciis duabus maculaque apicis albis. Corpus pallide teftaceum.

geminata. 106. G. faltatoria, pallida, elytris linea geminata atra.

Habitat in Tanger. D. Schousboe. Muf. D. Lund.

Statura et fumma affinitas G. lituratae. Caput ferrugineum. Thorax pallidus, linea bafeos transuerfa, impreffa. Elytra fubftriata, pallida, lineis duabus in medio poftice coëuntibus, nigris. Corpus ferrugineum.

reftituta. 107. G. faltatoria, laeuis, nitida, teftacea, antennis nigris, bafi teftaceis.

Habitat in America meridionali. D. Smidt. Muf. D. Lund.

Corpus totum laeue, glabrum, teftaceum, nitidum, thorace linea transuerfa, bafeos impreffa. Antennae nigrae, bafi teftaceae.

oleracea. 108. G. faltatoria, viridi-aenea, elytris punctatis. Ent. fyft. 2. 23. 74.

Chryfomela oleracea. Linn. fyft. Nat. 2. 593. 51. Fn. Sv. 534.

Degeer Inf. 5. 344. 49.

Payk. Fn. Sv. 2. 96. 12.

Habi-

Habitat in plantarum Cotyledonibus, inprimis Te-
tradynamiftarum.

Pellitur cineribus vegetabilium, inprimis Tabaci.

109. G. faltatoria, atra, abdominis margine rufo.　*concinna.*
Habitat in Carolina. Muf. D. Bofc.
Corpus maiufculum totum laeue, atrum, obfcure
nitidum, abdominis margine folo ferrugineo.

110. G. faltatoria, thorace pallido, elytris aeneis:　*4punctata.*
maculis duabus fafciaque aureis. Ent. fyft. 2.
29. 76. ⁰
Habitat in noua Hollandia. Muf. D. Banks.

111. G. faltatoria, pallida, elytrorum puncto medio　*futuralis.*
futuraque fufcis.
Habitat in Carolina. Muf. D. Bofc.
Corpus paruum, laeue, pallidum, puncto minuto,
in medio futuraque late fufcis, qui tamen color apicem haud attingit. Femora valde incraffata.

112. G. faltatoria, atra, nitida, thoracis margine, ely-　*obfidiana.*
trorum apice pedibusque pallidis.
Habitat in Carolina. Muf. D. Bofc.
Magnitudo praecedentis. Caput atrum, ore antennisque pallidis. Thorax laeuis, ater, nitidus,
margine prominulo pallido. Elytra laeuia,
atra, nitida, apice parum albida. Corpus atrum,
pedibus albis, femoribus pofticis incraffatis,
atris.

113. G. faltatoria, fubrotunda, atra, nitida, anten-　*mercurialis*
nis pedibusque nigris. Ent. fyft. 2. 33. 97.
Habitat in Germaniae Mercuriali annua. D. Prof.
Helwig.

114. G. faltatoria, gibba, cyanea, nitida, antennis　*aduena.*
fufcis. Ent. fyft. 2. 33. 98. ⁰

Habi-

Habitat in Americae meridionalis Infulis.　Dom. Smidt.

filiformis. 115. G. faltatoria, fulua, elytris nigris: margine omni pallido.

Habitat in America meridionali. D. Smidt. Muf. D. de Seheftedt.

Statura magis elongata, quam in reliquis. Caput et thorax laeuia, fulua, nitida, immaculata, antennis folis nigris. Elytra laeuia, nigra, margine omni pallido. Corpus pallido - ferrugineum, femoribus pofticis incraffatis.

porrecta. 116. G. faltatoria, albida, thorace nigro - lineata, elytris vittis duabus fufcis.

Habitat in America meridionali. D. Smidt. Muf. D. Lund.

Statura elongata praecedentis. Caput pallidum, puncto frontali antennisque fufcis. Thorax pallidus, lineis tribus fufcis. Elytra laeuia, albida, vittis duabus nigris, quae tamen apicem haud attingunt, at punctum diftinctum fufcum ante apicem. Corpus album, pedibus apice fufcis.

elongata. 117. G. faltatoria, nigro - aenea, elytris vitta albida. Ent. fyft. fuppl. 99. 109. *

Habitat in America boreali. D. Smith Barton.

frontalis. 118. G. faltatoria elongata, nigra, vertice rufo.

Habitat in Carolina. Muf. D. Bofc.

Statura elongata praecedentium. Antennae nigrae: articulis 3. 4. 5. 6. pallidis. Vertex late rufus. Thorax et elytra laeuia, atra, obfcure nitida, immaculata. Corpus atrum.

85. CYPHON. *Palpi* quatuor:

> *anteriores* fubulati ;
> *pofteriores* articulo vltimo bi-
> fido.
> *Labium* bifidum.
> *Antennae* filiformes.

1. C. pallidus, capite elytrorumque apicibus fufcis. *pallidus,*
Cyphon pallidus. Payk. Fn. Sv. 2. 118. 1.
Ciftela pallida. Ent. fyft. 1. 2. 46. 26.
Habitat in Anglia. Muf. Dr. Hunter.
Genus, mihi haud rite examinatum, fecundum D.
de Paykull, recipio. *Palpi* quatuor inaequales:
anteriores longiores, 4articulati; articulo primo breui, tenuiore, fecundo longiori, fubfiliformi, tertio breuiori, obconico, quarto longiori, fubulato, adhaerentes maxillae dorfo,
pofteriores triarticulati: articulo primo tenui,
fecundo fubfiliformi, tertio pauilo craffiori, bi-
furcato, fub labii apice inferti. *Mandibula*
elongata, cornea, acutiffima, edentula. *Maxilla* membranacea, porrecta, apice bifida. *Labium*
breue, membranaceum, apice bifidum : laciniis
acutis.

2. C. liuidus, antennis fufcis. *liuidus.*
Galleruca liuida. Ent. fyft. 1. 2. 22. 44.
Habi-

Cyphonis corpus paruum, fubrotundum, villofum, immarginatum, agile; *capite* paruo, transuerfo, inferto; *oculis* magnis, rotuudatis, prominulis, lateralibus; *antennis* thorace
longioribus, diftantibus, ante oculos infertis; *thorace* planiufculo, margine antico prominulo, laterali, rotundato,
elytris anguftiore ; *fcutello* paruo, fubrotundo; *elytris*
molliufculis, fornicatis, longitudine abdominis; *pedibus*
longiufculis, compreffis; *tarfis* quinquearticulatis; *colore*
liuido, nullo modo nitido.

Habitat in Dania. Muf. D. de Seheftedt.

Corpus totum laeue, glabrum, obfcure liuidum, antennis folis fufcis.

grifeus. 3. C. niger, elytris pedibusque teftaceis.

Galleruca liuida. Ent. fyft. 1. 2. 17. 21.

Habitat in Germania. D. Smidt.

Statura praecedentis. Caput nigrum, ore liuido. Elytra laeuia, fubuillofa, teftacea. Corpus nigrum, pedibus teftaceis.

Variat colore dilutiore.

pubefcens. 4. C. pubefcens, grifeus, capite abdomineque fufcis.

Ciftela pubefcens. Ent. fyft. 1. 2. 47. 32.

Habitat in Dania. Muf. D. Lund.

Caput fufcum, antennis ferrugineis. Thorax grifeus, obfcurus. Elytra grifea, futura parum nigricante. Corpus nigrum, pedibus grifeis.

marginatus. 5. C. niger, thoracis margine rufo.

Ciftela marginata. Ent. fyft. fuppl. 103. 25.[*]

Habitat in Dalekarliae Alpibus. D. de Paykull.

Caput nigrum, antennarum articulo primo rufo. Thorax rotundatus, marginatus: margine anteriori et laterali rufis. Elytra laeuia, nigra. Corpus nigrum,

melanurus. 6. C. fubteftaceus, elytrorum apicibus abdomineque fufcis,

Galleruca melanura. Ent. fyft. 1. 2. 22. 45.

Habitat in Suecia. Muf. D. de Seheftedt.

Paullo minor C. liuido. Antennae teftaceae, apice nigrae. Caput, thorax, pedes laeuia, glabra, nitida, teftacea. Elytra magis liuida, apice nigra.

** *faltatorii.*

haemifphaericus. 7. faltatorius, fuborbiculatus, depreffus, niger,

Cyphon haemifphaericus. Payk. Fn. Sv. 2. 119. 2.

Gal-

Galleruca haemifphaerica. Ent. fyft. 1. 2. 34.
107.

Chryfomela haemifphaerica. Linn. fyft. Nat. 2.
595. 68.

Degeer Inf. 5. 348. 56.

Habitat in Europae Corylo.

8. C. faltatorius, niger, thoracis margine elytrorum- *orbicolatus.*
que puncto futurali ferrugineis.

Habitat in Carolina. Muf. D. Bofc.

Statura omnino et magnitudo praecedentis, at diftinctus thoracis margine punctoque in medio
futurae elytrorum ferrugineis. Pedes ferruginei.

9. C. faltatorius, fufcus, antennis compreffis nigris. *compreffi-*
Habitat in America meridionali. D. Smidt. Muf. *cornis.*
D. de Seheftedt.

Paullo maior C. haemifphaerico. Antennae valde
compreffae, nigrae, articulo primo pallido.
Thorax depreffus, fufcus. Elytra fufca, lanugine cinerea fubftriata. Pedes nigri.

10. C. faltatorius, ater, elytris fafciis duabus fuluis. *fafciatus.*
Habitat in America. D. Smidt. Muf. D. de Sehe-
ftedt.

Corpus paruum, atrum. Thorax limbo fubferru-
gineo. Elytra laeuia, glabra, atra, fafciis duabus diftinctis fuluis.

11. C. faltatorius, pallide teftaceus, antennis nigri- *teftaceus.*
cantibus.

Habitat in America meridionali. D. Smidt. Muf.
D. Lund.

Praecedentibus paullo maior et longior. Antennae nigrae, bafi pallidae. Caput, thorax, elytra
pallide teftacea, immaculata. Corpus pallidum,
femoribus incraffatis.

12. C.

depreſſus. 12. C. faltatorius, [orbiculatus, depreſſus, grifeus, antennis nigris.

Habitat in America meridionali. D. Smidt. Muſ. D. de Seheſtedt.

Statura praecedentis, at minor, fere orbiculatus, depreſſus, grifeus, antennis nigris, baſi grifeis. Femora poſtica valde incraſſata.

86. ENDOMYCHVS. *Palpi* quatuor inaequales: articulo vltimo truncato.

Labium elongatum, corneum, integrum.

Antennae apice moniliformes.

margina- 1. E. niger, obſcurus, thoracis margine elytrorum-
tus. que apice fanguineis.

Hábitat in America meridionali. D. Smidt. Muſ. D. de Seheſtedt.

Maior. Antennae nigrae, baſi ferrugineae, articulis tribus vltimis craſſioribus, fubperfoliatis. Caput obſcurum. Thorax planus, marginatus, niger, margine rufo. Elytra laeuia, nigra, margine tenuiſſime, apice latius rufo. Corpus nigrum, abdomine pedibusque rufis.

2. E.

Endomychi corpus paruum, depreſſiufculum, ouatum, glabrum, tardum; *capite* ouato, plano, inſerto; *oculis* rotundatis, vix prominulis, lateralibus; *antennis* thorace longioribus, diſtantibus, ante oculos inſertis; *thorace* plano, marginato: angulo antico prominente; *ſcutello* minuto, rotundato; *elytris* abdomine longioribus, rigidis, fornicatis; *pedibus* breuibus, validis; *tarſis* quadriarticulatis; *colore* nitido.

E. thorace fanguineo, macula nigra, elytris fan- *coccineus.*
guineis maculis duabus nigris. Ent. fyft. fuppl.
100. 2.

Endomychus coccineus. Payk. Fn. Sv. 2. 112. 1.
Galleruca coccinea. Ent. fyft. 2. 20. 31.
Chryfomela coccinea. Linn. fyft. Nat. 2. 592.
43. Fn. Sv. 532.
Degeer. Inf. 5. 301. 10. tab. 9. fig. 1.
Naturf. 24. 14. 20. tab. 1. fig. 20.
Habitat in Europae borealis Corylo.

E. ruber, coleoptris cruce rubro. Ent. fyft. fuppl. *cruciatus.*
100. 3.

Galleruca cruciata. Ent. fyft. 2. 20. 32. *
Endomychus cruciatus, Payk. Fn. Sv. 2. 114. 2.
Chryfomela cruciata. Schall. Act. Hall. 1. 273.
Habitat Halae Saxonum.

E. niger, thoracis margine, elytrorum maculis *4puftulatus*
duabus pedibusque rufis. Ent. fyft. fuppl.
100. 4.

Endomychus fuccinctus. Payk. Fn. Sv. 2. 114. 3.
Silpha fuccincta. Linn. fyft. Nat. 2. 573. 26.
Galleruca 4puftulata. Ent. fyft. 2. 20. 33. *
Habitat in Europae Lycoperdis. Dr. Allioni.

E. rufus, elytris laeuibus: macula magna fufca. *fafciatus.*
Habitat in Hungaria. Muf. D. Lund.
Statura et magnitudo praecedentium. Caput, thorax, antennae, corpus rufa, immaculata. Elytra laeuia, rufa, macula magna, fafciam latam
fere formans, fufca.

E. ater, nitidus, antennis pedibusque ferrugineis. *Bouiftae.*
Ent. fyft. fuppl. 101. 5.

Endo-

Endomychus Bouiſtae. Payk. Fn. Sy. 2. 115.

Galleruca Bouiſtae. Ent. ſyſt. 2. 20. 34.

Habitat in Germaniae Lycoperdo Bouiſta.   Dom.
     Prof. Helwig.

CPSIA information can be obtained at www.ICGtesting.com
Printed in the USA
BVOW01s1116050914

365655BV00025B/440/P

9 781277 360172